U0138918

創意原理與設計

沈翠蓮 著

五南圖書出版公司 印行

序

「媽咪，妳怎麼都看沒有圖畫的書。」當三歲的女兒和蕙翻閱著小百科圖書時，突然問我這樣的問題，讓我聯想到著名的捷克大教育家康美紐斯（John Amos Comenius, 1591-1670），在1657年出版一本語言教學課本《世界圖解》（*Orbis Pictus*），這是教育史上第一本每課都有圖畫的教科書。大人世界的書，汲汲於專業知識的建構，已經少了抽象畫的話敘新意，當然，也少了意想不到的想像創意。如何把創意是什麼？如何和別人分享創意？如何透過實例或圖畫，簡單體現創意理論、技法、模式和行動方案，一直是三年來，作者從事教學創意課程和研究創意理論的思維核心。

本書共九章，主要分成三部分，第一部分包括創造力、創意人、創意教學，創意設計等四章；第二部分包括創意直覺法則、創意邏輯法則和創意精靈法則等三章，第三部分包括創意問題解決模式和撰寫創意行動計畫書等兩章。本書三部分，主要是從融入式創意概念（第一、二、三、四章），操作式創意技法（第五、六、七章），和體現式創意行動（第八、九章）三大取向進行創意思考。另外，設計創意問題轉圈圈和創意經典故事盒，深化創意全腦開發。

第一部分是專為創意工作者所需具備的基本概念和素養而寫。第一章創造力，說明創造力的指標和意涵、創造力的來源、創造力的阻力和活力願景等概念，以了解創造力的why、why not、what、how、who等問答。第二章創意人，探討創意先驅的性格和範例，創意人的思考歷程，創意人的知識庫等概念，作為想成為創意典範的思路探尋。第三章創意教學，分析創意教學的基本概念、影響因素及創意教學常用的策略，使創意的教和學有交流平台。第四章創意設計，闡述創意設計的基本概念、構想發展，以及創意設計的實例舉隅，了解原來創意設計並不是只有專業設計師才能做的事，人人都可以嘗試。構想此四章，讓想有創意原理與設計動力的師生、社會大眾、創意工作者，在腦筋裡隨時冒出新點子的同時，能夠了解創造力的意涵，願意當個有品味的創意人，也懂得和他人分享教學和學習的宴饗，自己或參與團隊也能進行創意設計。

第二部分論及進行創意活動所需具備的創意技法，提供有理論基礎的實務構想，讓創意美夢成真的氣勢銳不可當。第五章創意直覺法則，主要探究連結創意法則，包括：連結法、焦點法、聯想法和連結法則的實囊；其次是探討類比創意法則，包括：類比法、仿生法、NM 法、比擬法和類比法教學和實作練習；第三是探討腦力激盪法法則，包括：腦力激盪法、筆寫式腦力激盪法、創意角色激盪法、有創意的腦力激盪議題和成功的腦力激盪議題等。善用連結、類比和腦力激盪等三個創意直覺法則，可以讓人在進行創意思維時，輕鬆運用直覺，使人在不用思考的情況下，直接進入心智模式並做出創意反應。第六章創意邏輯法則，主要探究型態分析法、屬性列舉法和W創意推理等法則，此三法則擁有紮實的科學演繹、歸納、推論過程，可以經由層層分析、矩陣判斷、特徵改良、W 法等歷程，建構理性的創意產品、技術和服務。第七章創意精靈法則，主要探究核花法則的檢核表法和蓮花綻放法，繞道法則的非線性思考和反焦點法，以及轉移法則的轉移法和說服力實作法，讓創意精靈像點燃靈感的火星塞，可由原點觸媒奔放許多不可思議的火花。

第三部分是為創意實踐而寫的，許多絕妙點子的發想，對經常從事創意思維的人來說不難，但如何將創意問題發展出一套完整體系的解決模式，做出實際具有可利用性、有進步性、新穎性等專利屬性，有智價的產品、技術和服務，是一門值得學習的學問。因此，第八章創意問題解決模式，提出創意問題解決模式的基本概念，各領域常用的創意問題解決模式，和創意問題解決的案例評析，本章是提供磨光創意問題解決的功夫門。第九章撰寫創意行動計畫書，是為已經有一套創意問題解決模式功夫的人，做好完整的書面溝通行銷，主要探究創意主題和團隊，創意發想與實踐方案的撰寫，以具體實例格式，提供愛創意、會創意的人，寫一份出色的計畫書。

作者有幸自九十二年二月起，參加教育部創造力教育中程計畫由吳思華教授、陳以亨教授所領導的「創意的發想與實踐」大學團隊，結識各大學創意教授和創意團隊，在創意專業社群中學習的感覺，真好！作者也在國立虎尾科技大學，開授「創意思維與設計」通識課程，許多創意激盪讓修課學生有勇氣組隊參加創意競賽，榮獲教育部在「2003 年全國創造力教育博覽會」，舉辦的第一屆創意的發想與實踐全國觀摩總決賽第一名；2005 年第三屆創意的發想與實踐全國觀摩總決賽榮獲最佳創業獎（最佳獎項之一）；2005 年參加國科會主辦第六屆全國大學校院學生創意實作競賽暨國際名校創意邀請觀摩賽，已獲入圍獎。諸多教學、研究和指導學生實作的顯性、隱性知識互輝，一種很想和大家分享經驗的聲音，終於可以從暗藏的角落發聲傳遞出來了。

本書能夠順利出版，首先，感謝五南圖書出版公司楊發行人榮川慨允出版，陳副總編輯念祖和石曉蓉編輯時時費心出版事宜，以及吳艾真、余宛鶯助理協助文書處理。其次，撰寫本書二年多來，感謝「創意的發想與實踐」大學團隊，許多創意先進同好，和張進南、賴新一、余玉照等教授的鼓勵指導，以及修課學生腦力激盪的創意參與，在此敬致崇高謝意。最後，要感謝張老師和王叔、我的公公婆婆、摯愛的父母親和兄姊的支持，外子文英教授經常提供我創意發想與實踐，用心仔細地校稿，女兒和蕙、和學的童言童語，隨時都讓我感受到創意哲思。

本書期望自認沒創意卻又愛創意、需要創意的全民，或是創意無限的教師、學生、創意工作者，惺惺相惜，研究創意知識展現創意業績，打拼出台灣創意國度的魅力。然限於作者學識和創意實務經驗有限，敬祈專家學者和創意方家不吝指正。

沈翠蓮 謹識

國立虎尾科技大學通識及教育學程中心

目次

第9章

撰寫創意行動計畫書 365

參考書目 405

附錄 421

圖次

表次

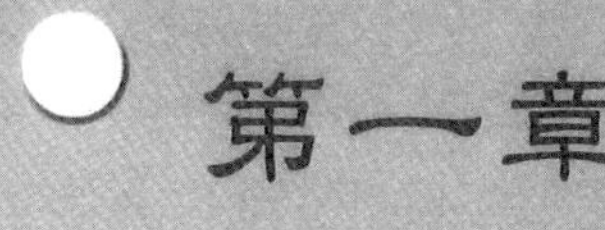

第一章

創造力

我的動機純粹只是好奇，開始時並不是為了得到名利或讚美，只是想要試試看，靠自己的力量解決問題。

——**美國．健身器發明人．** *Arohur Jones*

1994 年，澳洲政府體認到未來是一個充滿新鮮事務、讓人探索不完的「產型」社會，於是訂定「創意之國」作為它們的文化政策。新加坡在 2000 年時所提出的《文藝復興城報告》中也有明確的表示：新加坡未來的建設將要跳脫硬體格局，從軟體面著手，期許新加坡人能成為具有創新、多領域學習能力，以及具備人文素養的文藝復興人，以提升國家的美感與品味及國家的競爭力（洪懿妍，*2001*）。在國內，教育部於 2002 年提出《創造力教育白皮書》，說明未來創造力教育的願景、規劃原則及行動方案，並宣示以創造力教育作為貫穿日後教育改革之重點（*www.creativity.edu.tw*）。

創造力（creativity）是可教的（陳龍安，*1988*；*Torrance, 1972*），創意是創造力的代名詞，創意隨時可以各種形式出現，可能是大學實驗室專業知識的創意發明產物，也有可能是在香蕉園泥土上發現的技術奇蹟。所以，當科技、理工、醫農、管理、人文、藝術、設計等創意纏上身，有系統的開創新點子，或許，有的創意夢想成為泡影，有的創意經過嚴格的標準測試可行性，胡思亂想很可能挖到金礦。

第一節 創造力的指標和意涵

在這一個以知識為競爭和合作利基，無國界、瞬息萬變的全球化市場中，創意知識已成為引領文明永續邁進的指標。有創意知識的個體，得以突破傳統知識和舊觀念，掌握生活先機創造驚奇；有創意知識的團隊，得以更新僵化思維和現況困頓，變化情境色彩創造新畫面；有創意知識的國度，無論現實如何考驗，照樣可以突破危機創造新境界。所以，當創意知識在廣泛社群中，不斷吸收分享、轉化創造知識資產內容時，嘎然靜默一切的休止符，將再度響起動人的交響樂章。以下說明創造力的指標和意涵。

壹 創造力的五個指標

創造力的指標，最早是由 Guilford 於 1950 年在美國心理學會提出呼籲，於 1967 年研究指出創造力是經由擴散性思考（divergent thinking）而表現於外的行為，此行為包括流暢性（fluency）、變通性（flexibility）和獨創性（originality）等三個特徵（*Guilford, 1967*）。之後，產官學研各界再加入精密力（elaboration）和敏覺力（sensitivity）指標，作為鑑定創造力的五個指標。

一、流暢力：多

流暢力係指能有相當多創意點子的產出，即快速流暢思考主題的能力，遇到詰問事項能即時回應、文思湧泉、滔滔不絕、正確無誤的表現，通常流暢力高的人，其記憶力和想像力都很高，因為記憶力高對於見識過的事務（物），能因時、因人、因地適時回憶情境而表達，想像力高則對應表現事項流暢無誤。

例如：「哪些東西可以拿來畫圖？」、「如果哆啦A夢住在我家一星期，我會變得……」等題目，可以拿來問受試者，同一時間快速回答多數又有想像力的答案者，那麼其想像力較高。例如下圖 1-1「大魚吞小魚」、圖 1-2「狗舔小老虎」，可以比賽說說看，到底大魚（狗）想對小魚（老虎）表達什麼感情？大魚（狗）和小魚（老虎）是什麼關係？透過看圖說話（故事）比賽和看圖提問題比賽，一定時間之內能激發聯想表達許多答案者，其流暢力表現越佳。

圖 1-1　大魚吞小魚圖

圖 1-2　狗舔小老虎

資料來源：http://www.maineiac.com/inspirational/2004.10.22

二、變通力：變

變通力是指由不同向度擴大思考類別，即能夠舉一反三，充分發揮窮則變、變則通的魅力，發現相同事物的更多可能性。

例如：電影技術的專利發明發想歷程，法國的馬瑞（Etienne Jules Marey）相較於英國的麥布里吉（Eaweard Muybridge）的變通性想法如下（仲新元、張芝芳，*2005*；蔡秀女、王琇玲，*1996*）：

㈠發現問題

十九世紀觀賞賽馬成為一種時尚風潮，英國的幾位賽馬愛好者常為馬在奔跑時，四個蹄子著地的先後順序和時間快慢的答案究竟如何？爭論不休最後打起賭來。因為馬奔跑時速度很快，蹄子的快速舞動令人眼花撩亂，難以訂出大家都信服的結論。

㈡麥布里吉的問題解決方法

1879 年，英國的麥布里吉，用十二架使用玻璃感光板的照相機，以快速曝光拍了一系列馬在跑的照片，他的目的是在凝住（freeze）運動的剎那，證明馬能四腳騰空，這種系列影像的攝影就是電影攝影的前身。當馬跑過各台相機前時，就拉動繫在快門上的線使相機曝光，因此記錄馬在運動時的形態。接著，他將各相機得到的圖像按順序印在一個可旋轉的玻璃盤上，另用一個挖有槽口的圓盤作反向運動，使畫片輪流在槽中出現，並用聚光燈把照片依次連續地投射到螢幕上，人就可以依此看到馬在奔跑中的一組連續動作圖像，用這一裝置果然證明了馬在奔跑時，的確始終有一個蹄子是著地的。

㈢馬雷的變通性問題解決

麥布里吉用多台照相機對一個物體逐次拍攝，然後再將它們組合起來，設備龐大，費時耗力。馬雷心想為什麼不能用一個照相機，將畫面按照順序連續拍攝呢？經過長時間的研究試製，終於在 1882 年成功地在一台照相機中的感光玻璃盤上，以每秒 12 幅的速度拍下了連續畫面，人們將這種攝影設備稱為「馬雷槍」。這種槍型攝影機的鏡片被裝在類似槍身的長管上，它的圓型暗室有一玻璃的感光板，這圓型感光板每秒鐘會在暗室中轉動十二次，使得十二次曝光的效果落在玻璃感光板上，排列成一個圈圈，攝影製造了更流暢的分析動作，完成後的影片，就像是超現實的多重曝光一樣。賽璐珞膠片問世後，馬雷又用膠片代替玻璃盤，使其可在 9 毫米寬的膠片上，以每秒 60 幅畫面的速度來拍攝。馬雷的發明無疑是現代電影器材的始祖，由於他在申請專利時，填在專利表中的名稱是「電影」，以後，「電影」這一名稱就流傳開來並沿用至今。當然，經過美國的愛迪生發明手搖的攜帶型攝影機後，整個電影拍攝事業更為完善。

三、獨創力：奇

獨創力係指能提出不尋常既新穎、又令人意想不到的想法，能夠獨樹一幟，超群構思，充分發揮高人一等的想像力和可行性決策。

例如：「牙膏開口多一毫厘」的故事對話，可以看出「大腦多一毫厘」的獨創力表現，故事如下（*www.geocities.com/lcworkshop*）：

美國有一間生產牙膏的公司，產品優良，包裝精美，深受廣大消費者的喜愛，每年營業額蒸蒸日上。

記錄顯示，前十年每年的營業增長率為 10-20%，令董事部雀躍萬分。不過，業績進入第十一年，第十二年及第十三年時，則停滯下來，每個月維持同樣的數字。總裁對此三年之業績表現感到不滿，便召開全國經理級高層會議，以商討對策。會議中，有名年輕經理站起來，對總裁說：「我手中有張紙，紙裡有個建議，若您要使用我的建議，必須另付我五萬元！」總裁聽了很生氣說：「我每個月都支付你薪水，另有分紅、獎勵，現在叫你來開會討論，你還要另外要求五萬元，是否過分？」，年輕經理自信地回答總裁先生：「請別誤會。若我的建議行不通，您可以將它丟棄，一毫錢也不必付。」總裁接過那張紙後，閱畢，馬上簽了一張五萬元支票給那年輕經理。那張紙上只寫了一句話：「將現在的牙膏開口擴大 1 毫米。」總裁馬上下令更換新的牙膏開口。試想：每天早上，每個消費者多用 1 毫米的牙膏，每天牙膏的消費量將多出多少倍呢？

這個決定，使該公司第十四年的營業額增加了 32%。

遇到困境時多數人退縮不前、想法保守。但是有獨創力的人刷新觀念、創造奇蹟，如果人人有獨創力地讓大腦多一毫厘，像年輕經理觀察現象，突破僵化慣性做法，不再拘泥於傳統行銷、縮減人力、精簡成本、合併公司等觀念，相信很多創意都能有突出表現。

四、精密力：全

精密力是指由基本觀念（idea）再加新觀念，融合出新的概念（concept），發想創意過程不斷增加細節和組成概念群的創意，這將使想法或實踐物品精益求精，透過深思熟慮的過程，可以達到錦上添花之效果。

例如：一般花瓶透過有創意的設計師某種概念性的延伸，即可設計出一連串功能相同而風格與意義特殊的系列花瓶。從義大利設計師艾道爾．索特薩斯模擬童子的思維，發展出構成與堆疊的遊戲概念，從「文明&河流」創意點設計出具象徵性的「尼羅河瓶」（圖 1-3）、「底格里斯河瓶」（圖 1-4）、「幼發拉底河瓶」（圖 1-5），這些瓶子除了本身功能外，更讓人聯想到宴會後所留下堆積的一堆盤子。

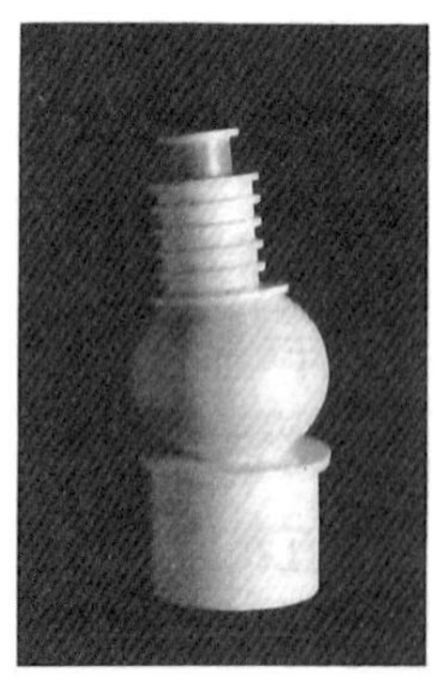

圖 1-3 堆疊—尼羅河瓶

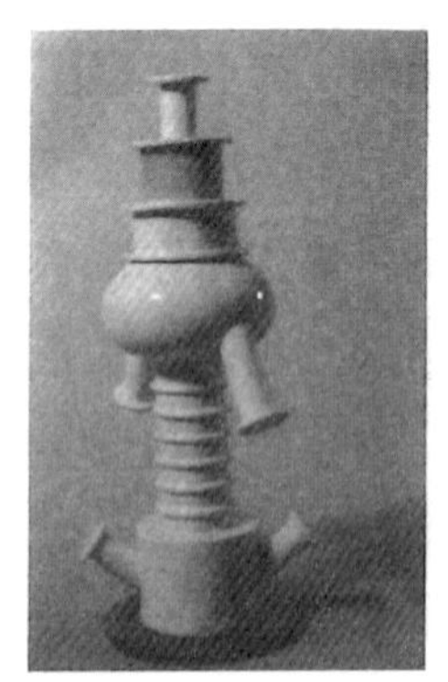

圖 1-4 堆疊—底格里斯河瓶

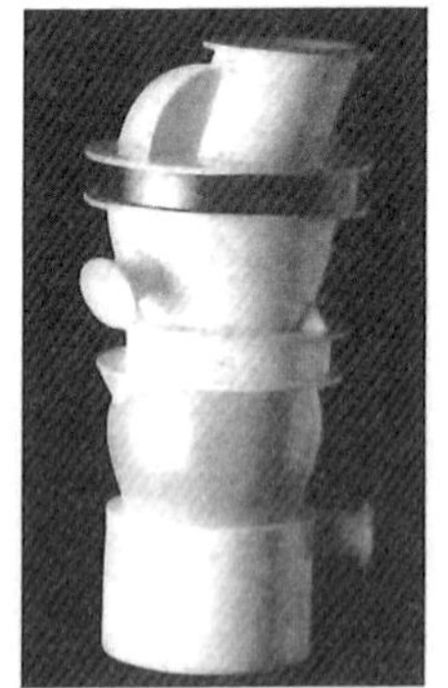

圖 1-5 堆疊—幼發拉底河瓶

資料來源：出自臺北市立美術館主編（2001：95）。

藉由上述創意瓶子設計，可以說明精密力的表現是：1.從模組化概念的延伸來看：透過某概念，在外形作型態的增加、挖空、堆疊等不一樣的思維延伸，產生多個不同造型或功能產品，而且有趣聯想的結果；2.從既有物的精益求精思維：瓶子不再只是瓶子的既定形象，而是可以是極具現代感或反射生活思維的創新物象。

五、敏覺力：覺

敏覺力意味著個體可以發現缺漏、需求、不尋常部分，簡言之為明察秋毫、機警過人的能力表現。

例如：成功大學的大地工程館，有座以聲、光顯示的「三覺鐘和九銅鐘」（如圖 1-6），讓世人可以用耳朵和眼睛來察覺時間的脈動。三覺鐘是在英國製造的，與倫敦西敏寺大笨鐘同廠牌，九個銅鐘是手工製作，來自荷蘭，這座時鐘可以配合時間、季節演奏不同曲目，晚上還會點燈照亮夜空。

藉由此三覺鐘可以了解大地工程館設計者敏覺力的表現思維：1.從發現缺漏、需求點來看：工程館多為機械系所建築較為鋼硬方正，透過鐘的搖擺與聲音的創意，可以賦予工程館柔和面和藝術性，這說明設計者了解工程館師生缺乏變化和需求藝術的取向；2.從不尋常觀點來看：三覺鐘的造型與意義，和一般學校時鐘所呈現造型和報時意義與眾不同。據此不尋常部分，可以提醒大地工程館的師生、觀察者和欣賞者，時時提醒工程館人文與科技表現的空間美感。

圖 1-6　成功大學工程館的三覺鐘和九銅鐘

貳、創造力的意涵

創造力普遍性觀點可被概念化為一種能力、特質或心理歷程，但由於研究取向不同，因此人言言殊。例如 Boden（*1994*）指出創造力是一個疑題，一個矛盾的事物，有時被說成一個謎。Torrance（*1966*）認為創造力是對於「不協調」、「缺少的元素」、「知識內的分歧」、「能力的不足」、「問題」等變得敏感，找出困難所在，尋求強化能力的方案，做出猜測或形成假設，重複分析能力不足的真正原因，傳達最終的結果。

從字義上來看，「創造」一詞根據張氏心理學辭典的解釋，指的是：在問題情境中超越既有的經驗、突破習慣限制，形成新觀念的歷程（張春興，*1989*）。能在創造活動中可以意志集中和冒險前進，展現意想不到、改變慣性、產出新技術、服務、產品的能力，就是創造力。換言之，創造力需要在解決問題的情境中，運用創造思考運作能力解決問題。Rhodes（*1961*）研究蒐集了 50 餘種創造力的定義，歸納出創造的 4P 因素：創造者（person）、歷程（process）、產品（product）、環境（place），將創造力視為是一個包含創造者的「人格特質」、「思維心理歷程」、「表現創意成品」、「創造者與環境的互動」的整體（陳振明，*2004*；*Rhodes, 1961*）。此一觀點界定創造力的 4P 範圍，除了環境另外再加上壓力成為一組定義外（place/press），往後學者研究創造力涵義，多依此再加以引申創造力之意義。

一、創造力是指能表現有創造力的產品（Product）

創造力是指能表現有創造力的產品，亦即以創造產品成果來判斷個人的創造力，探討什麼樣的產品創意高。此一觀點強調創造的成果，在一般現實脈絡中是不尋常的、但卻是有用的，而且使人覺得驚奇與滿足，創造力的成果不僅是改善舊有的事物，而且是超越傳統限制並能產生新的形式。觀賞許多繪畫藝術、工藝設計、科學研發產品等具體表現，即可看出創造力表現之高低。

所以，Goleman, Kaufman, & Ray（*1998*）認為創意像是燉一鍋菜（周怜利譯，*1998*）。燉一鍋菜需要食材、調味技法和火候，創意也需具備：1.像烹飪食材一樣的專門知能（專業技法），這意味著像畫家需要具備相當專業繪畫技巧，才能在畫作上有傑出表現。創意有了專業知能，才知道如何操作電腦軟體，或如何進行科學實驗；2.像調味技法的創意技法，善於應用創意技法，可以在面對真實世界時找出更新穎的可能性，而且貫徹以不同的態度看待世界，並擅長在這鍋中融合各種材料的獨特風味，產生另一種新味道；3.像最具創意、最具突破性的科學家做實驗那般火候熱情，因為通常不具天賦的科學家，是被那些強烈的好奇心所驅使，展現熱情投入實驗創作，這種火候般的熱情，讓調味料的味道與基本材料融合在一起，並燉出絕佳的風味。

遇見具有創造力的產品，創意像是燉一鍋菜，要有大膽行動、付諸實現的專業知能、創意技法和參與熱情，才能做出色香味俱全的滿漢全餐，吸引消費者駐足流連忘返。

二、創造力是指能表現有創造力的個人特質（Person）

創造力是指能表現具有高創造力人格特質的人。

在 1985 年 Business Week 的封面故事中提出高創造力者須具備的六大特質包括：1.人格：獨立、堅持、高度自我動機、高度懷疑論、冒險、非偶像崇拜；2.童年：生活在多樣化環境、父母給予開放自由的成長空間、大於平均水準的文化、智性刺激；3.社交習慣：外向、喜與人交換意見；4.教育背景：學校教育幫助不大甚至有礙，強調高邏輯反而使創造力隨年齡降低；5.智商：130 以上的智商就算是進入創造力高的門檻；6.訣竅：創造力高的人，其成功仍需經長期的苦練。

Davis & Subkoviak（*1975*）研究認為創造力高的人具有特殊的人格特質，即高創造力者較有信心、獨立、願意冒險、精力充沛、熱心、大膽、好奇、有赤子之心、愛好美學、富理想主義、情緒敏感。

Sternberg & Lubart（*1995*）研究指出，具有創造力的人具有：1.不接受傳統上看待問題的方法，而是以新的方法來看待問題；2.對自己想要做出貢獻的領域有所了解，但不必專精，至少不會讓自己的知識影響了看待問題的方法；3.喜歡具有創造力；4.面對困難時有毅力；5.對新的經驗採開放態度；6.願意冒合理的風險；7.創造力由本質動機影響；8.尋找對自己的創造能力有所獎勵的環境。

Bobic, Davis, & Cunnignham（*1999*）綜合近年來學者們對創造思考人格特質的研究結果，認為高創造力者具有下列的人格特質：廣泛的興趣、容易被事物的複雜性所吸引、敏銳的直覺、高度的審美觀、對模糊情境的忍耐度高，以及強烈的自信心等，可以看出創造力的人格特質善於表現對創造力積極態度。

陳昭儀（*1992*）研究指出，有關創造力人格特質之研究，多採取心理分析法、傳記及相關資料、分析法、心理計量法、觀察法、訪談法、問卷調查法、綜合法等七種方法，且研究對象多半是以具有高創造性且已有成就者為主，如發明家、科學家、藝術家、作家、建築家等人。簡言之，多數有創造力人格表現的研究，多是以具有傑出創造力人格特質的人為對象。

整體而言，要成為高創造力者的重要人格特質是：較易察覺出事情的不完美或問題所在，進而尋求解決之道，不易滿足於現狀，會不斷的嘗試尋求改進或追求更高境界的創意。

三、創造力是指能表現創造的歷程（Process）

創造力是一種能表現心理思考歷程，著重萌生創意至形成新概念的整個階段。美國學者 Dewey 早在 1910 年其名著《我們如何思維》（*How We Think*）（姜文閩譯，*1992*）提出五階段問題解決法：1.遭遇困難問題；2.分析確認問題之所在；3.找出可能解決方法；4.獲得結果；5.驗證結果的正確性並接受或捨棄。五段式問題解決方法，是科學思考的共通模式。

Wallas（*1926*）所提出的四大創造歷程，是最早也最有名的創造思考歷程說：1.準備期（preparation）：蒐集相關資料，融合新舊知識。好學和注意力是此一階段的要素；2.醞釀期（incubation）：暫時擱置問題，在潛意識裡繼續思考如何解決問題。智能的自由是此一階段的要素；3.豁朗期（illumination）：頓悟解決問題的方法。此一階段的要素為冒險、容忍失敗及容忍曖昧；4.驗證期（verification）：將頓悟的觀點付諸實施，檢驗可行性。此一階段必須仰賴智能的訓練，邏輯推論方能成功。

之後，不少學者修正 Wallas 四段式創造思考歷程。Mackinnon（*1962*）提出五階段創造思考的主張：1.準備期（preparation period）：獲得技巧、技術和經驗以處理問題；2.困知期（concentrated effort period）：努力解決問題，可能沒延誤即可解決，更常見的是挫折、緊張和不舒服，以尋求方案；3.退出期（withdraw period）：抽離退出問題核心，或暫時放棄問題，有如作家主觀的體驗後，準備從情境中退出以作客觀的描述；4.領悟期（insight period）：伴隨著興奮、成長和興高采烈的頓悟期，此時已獲得新方案；5.驗證期（verification period）：評鑑所得觀念、方案或加以精進使之更為周延的時期。

事實上，創造思考的歷程是因人而異的，並沒有一個固定不變的模式，但創造的發生，必須先對問題有關的各項事實有明確的概念及認知，繼而運用各種心智能力去發展對問題的解決的各項方案，最後發現並驗證有效的方案，並付諸實施（陳龍安，*1990*）。

四、創造力是指創造解套的壓力／環境（Press/Place）

此觀點主要是探討什麼樣的壓力或環境因素有利於創造。

有壓力／環境的特殊社會和物理環境對創造力產品研發有明顯的影響。特別是處於產業界兼具複雜性及挑戰性的工作情境中，而且主管人員是抱持支持的態度時，員工最能產生富有創意的產品（*Oldham & Cummings, 1996*）。創造力起源於人們對於實際的生活情境中遭遇問題時，為解決問題所產生的獨特方法。因此，創造力的本質是多向度的思維，創造力的行為必須是原創的、新奇的，而創造力行為的調適則與問題解決有關。

然而，新產品的創意發明經常會碰到環境中的許多障礙和壓力，有些是舊產品的反撲、創意實驗的資金和時間、研發機密的曝光、團隊的低壓情緒，甚至是消費者的無知等等，都是創造力的壓力和待解決的環境問題。例如，3M 公司的迪克．朱如何面對他的壓力和環境，創造出汽車隔熱紙、透明膠等產品（楊子江、王美音譯，*1997*）：

當迪克．朱還在賣砂紙的時候，他發現到汽車業的顧客在為雙色車上漆時非常困難。有一天他答應一個客戶為他製造一種能為他解決問題的膠帶。迪克和 3M 都沒有製造膠帶的經驗，前幾次的嘗試都失敗。由於怕損及公司的信譽以及和汽車客戶的關係，當時擔任總經理的麥克萊特決定將迪克調離膠帶專案，回到原有的砂紙部門。

迪克被分派研究彈性的縐綢紙如何用來做砂紙內襯，然而迪克對客戶的問題仍舊念念不忘，他興起以縐綢紙加上黏膠的想法。正當他準備到研究室去測試他的想法時，正巧碰到了麥克萊特，麥克萊特問他是否知道被調回砂紙部的事情，迪克承認他知道這件事，但是他滿懷信心地解釋何以他的想法應該可以行得通，以及這個想法對客戶將會產生多大的好處。麥克萊特允許他繼續研究，在數百次失敗之後，一種可供遮蔽物體用、以防加工時受到污損的膠帶終於誕生了，這也是3M所做的第一種膠帶。五年之後，迪克又發明了透明膠帶。

在3M鼓勵創意員工「自由地追尋你的夢想」的環境，加上有伯樂欣賞千里馬的主管部屬關係，再加上迪克·朱抗壓強的研發精神，創意產品自然可以發酵成功上市。

第二節 創造力的來源

在古希臘時代，有一位哲學家名叫迪奧哲內斯正在屋外曬太陽，有一天亞歷山大大帝來造訪他，想請他出來協助他打天下，亞歷山大大帝說：「如果你肯幫忙的話，等到天下征服之後，我會把雅典城的一半送給你。」可是迪奧哲內斯不為所動，亞歷山大大帝又提出更優渥的條件說：「那麼，我把整個雅典城送給你，怎麼樣？」

迪奧哲內斯仍然不理不睬，一句話也不說。納悶的亞歷山大大帝只好又問道：「那麼，請你自己開出條件來好了。」此時，正坐在空酒桶上曬太陽的迪奧哲內斯突然開口了，他說出了哲學界甚為有名的一句話，那就是：「請你走開點，不要擋住我的太陽」。

創造力的來源可以是多樣化、有個人品味風格，創造力的表現也可能像是亙古恆今的太陽，無法直視其光芒，有點本位、不知如何是好。拉開有關創意商品美夢成真的故事，專利研發成功技術、產品或發明，甚至是科學家的實驗過程，可以簡單歸納創造力的來源包括：聰明的笨蛋、意外的發生、需求的驅動和技術的研發等四部分。

壹 聰明的笨蛋

屬於聰明型的人，執著於科學、藝術、社會、人文、設計等專門研究；屬於笨蛋型的人，執著於本我的放蕩、好奇的想像、興趣的沈迷等蒐集或放棄；屬於聰明的笨蛋，在擇善固執發揮變通、流暢、精密、敏覺和獨創的探索中，經常創造出許多結合人性本質、生活需求和昇華價值的創意作品。當聰明人看到可以創新之處會變通思維、突破現況，聰明的笨蛋在遇到困境時，能秉持聰明人想法努力經營下去。

一、實例一：麥當勞的創意

多變詭譎的全球市場，考驗的不僅是跨國企業的經營管理能力，同樣也考驗著企業本土化的能力。對跨國企業而言，「全球佈局，在地執行」（Think global and act local）幾乎是個共同的法則，但能真正徹底落實的卻不多，而麥當勞無疑是跨國企業的經典。麥當勞到 2004 年為止，每年收入接近二百億美元，有三萬間分店遍布一百一十九個國家，是全球最為人熟悉的品牌之一，麥當勞常被視為美國文化的同義詞。

㈠麥當勞的創意故事

麥當勞的故事就是美國的故事，這也是一個聰明的笨蛋不斷革新的故事，一個屬於社會價值改變的故事，以下說明麥當勞的創意故事（黃寰，*2005*；蕭羨一譯，*2000*）。

故事從 1948 年說起，那時名叫迪克和麥克的麥當勞兩兄弟，開設了一間以生產線為運作基礎的餐廳。服務快捷，不量身訂造，餐單只提供九款食物，目標就是要把漢堡包、奶昔和炸薯條的銷量盡量推高。麥當勞兄

弟的成功引起了克羅克（Ray Kroc）的注意。克羅克這位推銷員對於兩兄弟下訂的奶昔混合器數目之多，感到驚訝。雖然麥當勞兄弟對自己的成功感到滿意，但克羅克有更大的志願。他於 1954 年與麥當勞兩兄弟簽署專利權協議，結果十年內開店一百間。之後，六〇年代創設麥當勞叔叔吉祥物，提供了一種人人負擔得起又自在的用餐體驗；七〇年代麥當勞創新增設兒童玩樂區與汽車乘客外賣專用通道，麥當勞成為忙碌的家庭愛到的聚腳點；到了九〇年代麥當勞關注全球環保議題，開始用可回收物料製造漢堡包裝紙、飲品杯，用心行動保護地球。

㈡麥當勞的經驗反思

由於克羅克的成功關鍵在於不斷革新，除了使用專利權來經營餐廳的革命開始，並制定一套制度維持各間分店統一風格，讓分店老闆可以高度參與業務，食物品質也能按著嚴謹的標準生產，建立了麥當勞一項非常簡單清楚的原則：「品質、服務、清潔」。自從麥當勞發布三大原則，可以看出聰明人著眼於賣漢堡速食賺取現金，但麥當勞寧可當聰明的笨蛋，讓顧客看得到品質、服務和清潔具體化作業。麥當勞花費許多人力在維持餐桌和廁所的清潔，並隨餐贈送玩具、開設兒童遊樂區等深具意義的作法，確實建立品牌形象。

麥當勞產品之所以在全球形成最受矚目的速食文化，是因為它們能夠在人們需要的時候，提供令人滿意的服務。許多人到麥當勞用餐，並不是為了吃漢堡而去，而是帶小孩或自己去享受一種滿意或簡單的用餐經驗。此亦顯露出人們之所以會需要某項商品，是因為他們想要這項商品帶給他們滿意的使用經驗。

二、實例二：7-ELEVEn的創意故事

㈠ 7-ELEVEn的創意故事

7-ELEVEn最早是 1927 年創設於美國德州的達拉斯，初名為南方公司（The Southland Corporation），主要業務是零售冰品、牛奶、雞蛋，1946 年創舉「延長銷售時間為清晨 7 點到晚間 11 點」，改名為 7-ELEVEn，並加賣各種民生用品。台灣統一集團於 1978 年集資 1.9 億引進國內，創辦「統一超級商店股份有限公司」，並於 1979 年全台 14 家同時開始營業。然而經過連續 6 年虧損，7-ELEVEn積極摸索中西方零售業的差異文化，同時改善整個物流運輸、製造行銷、POS（point of sales）服務情報系統（或稱電腦銷售點管理系統）、商品設計、開發、生產、配送到銷售等流程，並由專業經營團隊緊密結合與嚴格控管。

至今，終於反敗為勝在台灣創設超過 3500 家的 7-ELEVEn便利超商，贏得台灣零售商第一名的地位，在 2004 年榮獲「亞洲企業一千大」的第 442 名，連續十年獲得天下雜誌標竿企業肯定，並首次獲得「擔負企業公民責任」第一名殊榮，並獲得美國 7-ELEVEn永久授權契約（*http://www.7-11.com.tw*），也開啟了台灣便利商店的黃金時代。

㈡ 7-ELEVEn真好的反思

7-ELEVEn提出「有 7-ELEVEn真好」的行銷口號，透過經營團隊創意，標榜下列經營創意取向：

1. 突顯零售事業差異化

結合御飯糰、代收業務、電子商務、免費叫車、網路商店、國際快遞、國內宅急便、影印傳真、預購、ATM 金融便等經營各項生活機能，建構消費者生活中心，引領新優質生活型態，不斷推出高質感、高便利、滿足消費需求的新產品，帶領新的消費行為與生活型態，與傳統台灣雜貨

店零售事業有所差異。

2.建立品牌形象先驅者

統一超商致力於正派穩健經營、服務與產品品質的提升。就商品研發而言，在門市販售的商品大致可分「一般商品」、「自有品牌商品」與「服務性商品」三大品項，並透過下列重要運作機制，來貫徹商品開發政策：⑴廠商聯誼會：讓供應廠商了解未來一年的行銷與商品計畫，尋求彼此間的合作契機；⑵春、秋季商品展：商品未正式上市前，及早測試未來新商品的特點，並依據工作人員在門市直接面對顧客的經驗，代替顧客反應對商品的建議，提升顧客整體滿意度；⑶國際採購：將國外的優質商品引進國內消費市場，讓台灣的顧客能購買到與世界同步的多樣化的商品；⑷全球共購（global merchandising）：針對全球 7-ELEVEn家族的共同需求，藉由集體採購的力量，共同開發符合顧客需求的優質商品，一來不僅大幅降低物流及採購成本，二來顧客也可用一般價格購買到世界級的商品。也因此，7-ELEVEn與消費者建立強大的信賴感與忠誠度。

3.打造高科科技資訊系統

統一超商斥資 40 億打造第二代 POS 服務情報系統，透過完整的系統架構與即時的消費資訊傳輸，使各單店門市和統一超商管理中心，得以更明確地掌握各類商品銷售狀況、即時回報庫存量、明列每位會員的消費明細、發票管理、查詢訂進退貨明細、完整的盤點清查單品庫存等等。其中，完整的經營統計分析報表及圖表，可以讓經營者更加了解，門市每日營收、毛利、消費價格分析、消費高峰期、產品供應商等多種交叉分析報表，讓經營者時時掌握最新銷售狀況，以利最好最佳的行銷管理。

三、點子銀行：聰明的笨蛋加油站

㈠專家的特質

麥當勞和 7-ELEVEn聰明靈活的掌握規劃控制流程方法，提供企業創意經營專家形象，誠如Hoover（*1988*）在參考相關文獻後，針對專家的特質做出下列敘述：

1. 專家傾向以專業範疇的重要原理為準則，建構專門的知識架構。與新手相較，專家具備更多的專業知識，以及更好的問題解決策略。
2. 多年來沈浸研究的結果，讓專家擁有較好的記憶能力（就專業知識而言）；記憶能力則圍饒著專業範疇內的抽象概念與特殊原理，呈現階梯式組織架構。
3. 在遇到問題時，受到專業知識的影響，專家能夠更有效尋求解決方案，並採用更適當的策略來處理問題。
4. .在問題解決歷程中，專家傾向於建構問題的物理陳述（physical representation），讓自己能夠透過圖表，了解問題的本質。
5. 專家傾向使用前推式策略（forward-working strategies）來解決問題；相反地，新手則喜好在進行分析時，採用後推式策略（backward-working strategy）。
6. 在整個問題陳述過程中，專家有能力使用特殊、合適的基模（schemata）來解決問題；新手則否，他們採用的基模一方面完整性不足，另一方面則稍嫌缺乏邏輯性。

㈡創意專家釋放策略思考

要當個創意專家，需要後設思考「創意」、「專家」是什麼？才能有效釋放策略思考，成為善於策略思考的人，並且有系統的訂定計畫和實踐，以達成心目中的目標。以下是釋放策略思考的好法子（顏湘如譯，*2005*）：

1. 拆解問題

「一碼一碼攀，人生難上加難；一吋一吋走，人生易如反掌」，策略思考的第一步，就是把問題分解成比較小、比較容易處理的細目，如此才能更確實的專心處理。

2.詢問「怎麼做」之前，先問「為什麼」

美國伯利恆鋼鐵公司（Bethlehem Steel）總裁葛雷斯（Eugene Grace）說：「數以千計的工程師懂得設計橋樑、計算張力與壓力，以及撰寫機器說明書，但只有偉大的工程師才能判定，究竟有沒有架設橋樑或機器的必要，以及架設的地點與時間」。問「為什麼」可以幫助你思考促成決定的每一個原因，以及打開心胸接受一切可能和機會。

3.認清真正的問題與目標

提出一些問題來探查，努力揭露真正的重點，或者挑戰所有假設，也可以蒐集資料，即使你自認已經認清問題。也許你還是必須依靠不完整的資料採取行動，但在蒐集到足夠資料、開始釐清真正問題之前，最好不要驟下決定。

4.檢視資源

列一份清單，看看你有多少時間？多少錢？擁有什麼材料、設備或存貨？還有哪些資產？將來會有哪些負債與責任？哪個工作夥伴具有影響力？

5.展開計畫行動

要展開計畫行動，宜系統性展開下列幾個階段的行動原則：

階段一：效果，做對的事

階段二：效率，把對的事做好

階段三：改善，把事情做得更好

階段四：斬斷，廢除一些事情

階段五：適應，做其他人做的事

階段六：差異，做其他人不做的事

階段七：不可能的任務，做其他人做不到的事

6.把對的人放在對的位置

創意需要團隊激盪，如果不考慮人的因素，再好的策略思考也沒有用。如果錯置人、位置和計畫，可能會有以下後果：

錯置的人：造成問題而非潛力。

錯置的位置：造成沮喪而非成就感。

錯置的計畫：造成失敗而非成長。

所以，把對的人放在對的位置，共同激盪加持創意，創意百分百。

7. 不斷重複

策略思考像瀑布一樣，必須不斷沖水。如果你期望一次解決某個大問題，必然會失望。所以，不斷重複將造就更多竄流的創意。

貳 意外的發生

創意的來源，不少是來自意外的發生後，一連串持續性的積極研發。

一、實例一：3M的創意故事

(一) 3M是從糾葛的纖維找出科技道路

什麼樣的物質讓你在哈爾濱零下十幾度的氣溫可以猶仍溫暖？什麼的材料可以吸附1微米（人類的頭髮為40-50微米）的灰塵、病毒細菌？什麼樣的產品能去除心愛傢俱上的塵垢又不傷其本質？所有的答案，全都來自於不織布。以下說明3M進行創意產品研發時，許多公司研發人員意外的發現，卻成了生活不可或缺的商品（*http://www.3M.com.tw*）。

不織布絕處逢生現商機，在一般人的生活中並不陌生，但它基本的形成原理和織布的區別在哪裡卻鮮有人知！其實簡單的來區分，只是規矩與紊亂的原理罷了，織布是一些規則性架構的纖維所形成的產品（長的纖維絲由經紗及緯紗交織而成），不織布則利用不經編織組合成的網纖維固結在一起（短纖維以膠或熱結合成網狀），以避免鬆散。

善用科技材料的3M則早在1960年代，即發現了這條科技道路，而且發明第一片不織料，研究人員在一團被輪壓機（滾壓機）大滾軸壓扁的醋脂纖維中發現了纖維的秘密，它後來成為許多不織布材料製成的始祖，創造了諸多利於生活中的成品。例如，3M 所出產的膠帶、菜瓜布、外科面罩、地墊、保溫材料及吸油棉……等，均是不織布奇蹟式的製造品。時間不斷在流逝，3M 的不織布技術也在恆久地成長，一直未間斷的產生新製品，3M 的研究人員非常珍視不易得之的不織布技術，多方面的融合製造，致使新產品不斷推陳出新，賦予使用者有最小的發明，卻能享受最大用處的感受。

㈡便利貼 post-it 是唱出來的靈感

3M 是一個不停追求創新及突破的企業組織，並鼓勵組織成員想像力無遠弗界地自由翱翔，突破所有藩籬以滿足顧客的需求，以便利貼的發明為例（post-it），是由 3M™ 的化學工程師雅特．富萊（Art Fry）發明的，雅特在工作之餘喜歡到教會做禮拜唱詩歌，並在詩歌歌本內夾紙片標示預定獻唱的詩歌，可是紙片卻常常飄落讓他白費工夫，1974 年的某個星期天，他一如往常地獻唱詩歌，一個靈感突然閃過：「如果在紙片上塗膠，紙片就不會掉落；如果撕除紙片時又不會破壞紙張，那就更完美了」。

雅特發明這種完美的黏膠之後，為使得黏膠能廣泛應用推廣到業界，他更進一步改良這種膠，同時設計出能大量生產黏性便利紙的機器，公司員工剛開始也不看好這樣產品，但雅特卻不氣餒秉持信念繼續研發推廣，分給公司員工用，結果小兵力大功，上市後營業額急速成長獲得熱烈採用（楊子江、王美音譯，*1997*）。

㈢挑戰創意求新求變

從 3M 的挑戰創意求新求變，可以歸納出其求新求變的創意包括：

1. 小發現大用途

3M透過一種基材，四種技術和萬樣商品多方面的融合製造，3M新產品不斷推陳出新，賦予使用者有最小的發明，卻能享受最大用處的感受。

2.接近顧客、共同成長

顧客需求和滿意度是 3M 的重要創意經營指標。因此，3M 美國本土以外的子公司，絕大多數甄選當地優秀人才，憑藉著優秀人才對公司的積極創意人格，可以帶動公司深入當地消費，創造更多的就業機會，更多的社會財富和穩定的成長，所賦予的是公司所創發的願景。

3.尊重個人、啟發潛能

3M 視其所擁有的數萬員工為最寶貴的資產，該公司更認為經由同仁的創造力才能達到公司不斷成長的目標；因此尊重個人權力、尊嚴、價值和充分的工作自由，則為促進員工創造力的原動力。

二、實例二：佛萊敏的創意發現

㈠小毛刷的意外收穫

佛萊敏（Alexander Fleming, 1881-1955）於 1906 年在倫敦大學獲得醫學博士後，積極從事醫學研究工作，在第一次世界大戰期間，開始著手抗菌藥物的研究，1928 年將含有抗菌物質命名盤尼西林（penicillin）為青黴素，1945 年得到諾貝爾生理醫學獎。

佛萊敏發現青黴素純屬意外，1928 年佛萊敏研究某些引起癤和傳染病的細菌。在他實驗室裡，有一百個以上的膠碟，他每天打開蓋子，檢查在膠碟裡細菌的生長。有一天，「幸運的事」發生了，他注意到一堆藍綠色的黴菌，在其中的一個碟子生長，那一定是他打開蓋子不注意時，飄進去的黴菌，這事常發生在細菌的實驗室裡，普通的科學家便說：「又毀了一碟」就拋開不顧了。

但佛萊不是普通的科學家，他的好奇心告訴他，最好檢查，他把這碟子放在顯微鏡下嚴密的觀察那黴菌，他馬上認為那不是普通的黴菌，屬於「盤尼西林」一類，「盤尼西林」源自拉丁字義即「小毛刷」，正好形容這微生物的形狀。

這一點兒特殊的黴菌發生了不平凡的現象，它殺死了碟上的毒菌！因為殺菌是它的特性，佛萊敏博士對這新的黴菌很感興趣，他稱它為盤尼西林，他開始找出更多的黴菌。他把一些黴菌換置在乾淨無菌的膠碟，然後開始放各種不同的細菌，和盤尼西林放在一起，有些碟子裡的細菌毫無反應，但有些細菌被黴菌完全消滅了，他發現這可驚的事實！接著想在各種不同的溶液裡培養黴菌，他發現這些液體也可以殺死某些細菌。

經過多年一連串的實驗觀察紀錄思考和人體試驗，他終於找出盤尼西林可以有效對抗治癒白喉、肺炎和腦膜炎等病症（仲新元、張芝芳，*2005*）。

㈡意外到投入研究是發明踏板

佛萊敏小毛刷的意外收穫來自於他精密力、變通力和獨創力的創意表現，否則一盤與眾不同的有害物質，在一般人想法中很容易排除「與目的不同的」、「不合程序的」、「容易干擾物質」的物質或情境。事實上，創意發明最大損失是「無法有智慧辨識的素養」和「投入後續研發的熱情」。因此，意外發現經常無疾而終，佛萊敏、牛頓、愛因斯坦等許多偉大的科學發明家，由於本身具備相當高的創造力人格特質。所以，從意外發現到認真投入研究是發明踏板，在意外發現中常有豐富的收穫。

三、點子銀行：意外的發生加油站

從3M挑戰創意求新求變的創意故事，和佛萊敏發現盤尼西林治療感染性疾病，可以在點子銀行發現儲量創意的原則。

㈠有創意的態度

這些態度包括：興趣、幽默、創意、熱情等行為模式和價值思想。有興趣的個體或團隊經常想參與行動，有幽默的個體或團隊經常想製造奇蹟改變窘境，有創意的個體或團隊經常想海闊天空表現自我，有熱情的個體或團隊經常想與人分享傾聽回音。

㈡有創意的延伸

有創意的延伸經常製造驚奇，但也有可能是無意義的探索。

製造驚奇的可能延伸經常是發現和發明的起點，像佛萊敏觀察到青黴素，會發現其突出的「差異性」，接著以其「專業知識」繼續延伸研究發現青黴素。當然，在延伸連續性的探索之際，或許由於錯誤的推估或判斷，也有可能是無意義的探索。但善於思考的人經常思考最好、最佳化的答案，並會擬定替代方案作為第二選擇。

㈢有創意的實踐

事實上，多數的創意人都是在別人已發明的創意再改變創意，而這些創意之所以得到肯定在於有勇氣有智慧的實踐。

佛萊敏之所以成功展現其創意固然來自於意外的發現，但若無實踐則一切歸零，尤其是從 1928 年開始從事青黴素研究，到 1945 年獲得諾貝爾獎期間已非歸因於意外而已，而是歷經生物現象探究、藥物注射動物實驗、人體實驗到整體流程定位，這須有創意地調整自我不確定感、記取經驗避免重蹈覆轍、實踐自我創意願景。

當然，多數發明家對於創新發明都有共同特徵，即是解決現有的方法和工具所無法解決的矛盾和衝突問題。

參、需求的驅動

一、實例一：隨身碟的創意展現

隨身碟相對於傳統主機硬碟而言，顯得小而美、小而巧和小而精緻。

然而，隨身碟的創新確有許多需求創意的延伸。

㈠旋轉隨身碟

創意旋轉碟，用免蓋子造型設計，免去蓋子遺失後的不便，高級皮革繩、頸鏈更具質感及特色，更採用最新金屬雕刻貼紙專利，整體性具有畫龍點睛效果，以下參見圖 1-7「旋轉式隨身碟」（*www.ezmvp.com.tw/*）：

㈡指紋隨身碟

指紋隨身碟（MAGIC Finger Drive）（如圖 1-8）是全球首支採用先進生物指紋辨識科技（biometric technologies），目前這項技術獲得台北市政府採用，作為身份確認與指紋辨識系統，指紋隨身碟整合高速快閃記憶體（high speed flash ram），USB即插即用的傳輸介面。以下說明指紋隨身碟所具有的四項重大功能與特色（*www.prowol.com*）：

1. 檔案保護：使用指紋來保護指紋隨身碟及電腦內的所有檔案，不必擔心資料被偷竊，或者隨身碟遺失時，裡面的機密型資料遭到他人破壞或散播。

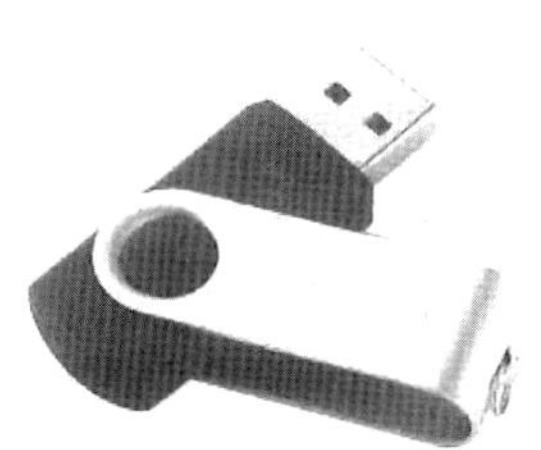

圖 1-7　旋轉隨身碟
資料來源：
www.ezmvp.com.tw/

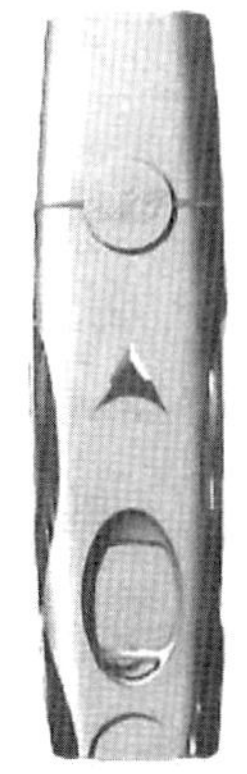

圖 1-8　指紋隨身碟
資料來源：
www.prowol.com

圖 1-9　瑞士刀隨身碟
資料來源：
beerbsd.blogspot.com

2. 隨身密碼庫：使用指紋來存取電腦或網路帳號密碼時，不需要記憶起來，也不用擔心密碼遭破解或盜用，因為指紋即是該隨身碟的密碼，如果沒有使用者的指紋就無法開啟資料庫，而使用者也不須去記憶一堆密碼，既方便又安全。
3. 檔案同步：在資料變更、修改或回到設定同步的電腦時，指紋碟可與電腦間自動進行檔案的同步處理，隨時 UPDATE 最新資料。
4. 我的最愛：指紋碟還可記憶冗長的網址，隨身攜帶個人之「我的最愛」，在其他地方使用別的電腦時，只要直接點選我的最愛就可進入最常使用的網站，有效節省記錄和搜尋時間，相信如此優異的功能，將會使隨身碟的市場掀起一股新潮流。

㈢瑞士刀隨身碟

瑞士刀大家都知道，隨身碟對很多人來說是幫忙記憶的好工具，結合兩個工具在一起倒真是個挺有趣的好主意。不要懷疑了，就真有這麼樣的產品。

瑞士刀 Victorinox 原廠推出了兩款內建有 USB 隨身碟的瑞士刀，如圖 1-9 所示，給這個擁有歷史的產品加進了資訊時代的新武器！這個產品有以下特色：

1. 旅行安全設計：特別針對國際機場安檢設計，可以瑞士刀隨身碟上的刀剪以便利旅途隨身攜帶。瑞士刀隨身碟還有書寫加壓式原子筆、LED 手電筒、鑰匙圈和 128MB USB 隨身碟等功能。
2. 延展性工具設計：即配有小刀、剪刀、指甲銼刀和一字起子，加壓式原子筆、LED 紅光燈、鑰匙圈以及隨身碟等。

二、實例二：液晶螢幕的應用

冰箱電視機（如下圖 1-10）和寬頻影像電話（如下圖 1-11）是液晶螢

幕在生活需求的實際運用，透過冰箱面板的科技處理，讓現代人在生活的視、聽、言、行等各方面更加舒適。

㈠冰箱電視機

冰箱電視機結合錄放影機、數位 DVD、有線電視三位一體的理念，讓家庭主婦在做菜時，也能感受到影音、影像等超「新鮮」即時樂趣。

㈡寬頻影像電話

寬頻影像電話，是榮獲 2005 年台灣精品獎作品之一，該產品比目前市售的視訊電話有較好的頻寬利用率，除了具備其他視訊電話所具有的功能，包含物件導向互動、合成場景、多平台等特性外，與其他產品不同之處在於：該產品具有網路調節層（network adaptation layer），可促成檔案或資料能在不同網路上交換或傳輸，以及更高的編碼效率、更強的解碼差錯恢復能力，提高了對行動通訊和IP網路的適應（*http://taiwaninnovalue.com/chinese*）。也因此以最出色的產品功能、輕巧的流線型外觀、極優勢的價格進入市場，其動力來源在於符合人類生活需求。

圖 1-10　電視冰箱
資料來源：http://tw.lge.com/index.do

圖 1-11　寬頻電話
資料來源：http://www.mototech.com.tw/

三、點子銀行：需求的驅動加油站

創意的努力絕大部分，必須依賴破除連線和製造連線（宋瑛堂譯，*2004*）。從隨身碟的各種變形產品、電視冰箱和寬頻電話的應用，其實最大思維與實作優勢在於突破「這些產品只是少數人的用品」僵化預設觀點，並且大膽地打破特定市場是否能夠成功的制式思考，因而引領創意產品與人類生活相接軌。

㈠大腦連線

人腦包含了一千億到一兆的神經細胞，每個神經細胞都透過突觸連結一百個到一萬個不等的神經細胞。記憶並非存放在某個特定的區域，而是存在於神經細胞接受刺激的次序與時機，大腦在重複這些經驗時會讓人形成記憶聯想模式，使用機會一多，便會產生足夠的信任感，這些模式會成為知識，為引申知識的新模式打下基礎（宋瑛堂譯，*2004*）。換言之，由於神經細胞觸點連結形成記憶聯想，記憶形成知識模式。

據此觀點，生活需求面向多元觸點省思，隨身碟易掉落、機密文件存取、工具性多重功能等觸點，形成隨身碟多樣化設計；電視冰箱和寬頻電視的務實設計，符合人類愛看、愛說話的本能需求。因此，大腦連線的無線延伸可以發現無限可行創意。

㈡破除和製造連線

在大腦連線過程，許多創意思維很可能加入更多訊息而顯得「混亂」，或因為更多好奇嘗試而「改變」連線方向，或因為推翻原有創意重建新創意之時，發現又「回復」原有創意構思，許多的連線矛盾複雜之際，卻又是促成新創意的可能。例如：電視冰箱、寬頻電話的產出，接著蒸氣電鍋電視、無線寬頻電話分享機等一連串創意製品，將有可能在混亂、改變和回復思維中產生。因此，破除和製造創意連線，事實上是非常有趣的歷程，必須讓大腦點子源源不斷開發。

肆 技術的研發

一、實例一：自動辨識行動電腦

㈠專研條碼周邊產品到自動辨識系統產業

銀鐠科技成立於 2000 年，由一群於自動辨識系統產業，具有豐富經驗之工程人員共同創業。在創業以前，他們是一起在某家生產條碼周邊設備公司任職的夥伴，體認到公司對條碼類產品的不重視，四個夥伴決心一同創業，創造更有價值利基的新商品。成立之初還是個僅專研條碼周邊產品的小公司，也確實有不錯發展，但是隨著日子一久，就發現條碼周邊產品市場逐漸呈緩步成長，利潤也受到限制，為了延續以創新開發市場的理想，決心轉入資料終端機產品開發，將舊式的條碼式商品管理導入科技與管理系統成為新一代資訊終端機，花了大約一年時間，就研發出自己的第一款行動電腦。該公司研發自動辨識系統產業，曾連續 2002 和 2003 兩年獲得台灣精品獎（*http://taiwaninnovalue.com/chinese*）。

㈡技術驅動力的構想

該公司陸續在行動電腦中加入各種新功能，以創意產出新商機。

1. 加入無線通訊功能創造商品無限優勢

像是 2003 年獲得台灣精品獎的 Portable Data Terminal IT6000 就加入了無線網卡模組，讓使用者可以隨時隨地無線上網，而最新推出的 Portable Data Terminal IT7000 則是內嵌了藍芽功能，讓行動電腦也可以當手機打，加入無線上網以及藍芽功能，讓銀鐠的行動電腦在產品區隔上，創造出另一種無限優勢。

2.將舊式條碼市場擴大到倉儲資訊管理

過去，一般管理商品的方式都是定點式的盤點，然後再將資訊輸入電腦中，不過隨著科技日新月異，以及物流業的蓬勃發展，可攜帶式的資料終端機就隨之而生，相較於個人小秘書型的PDA產品（personal digital assistant，個人數位助理），行動電腦（可攜式資料終端機）就像是企業體中大家的行動秘書，不但可以將所有商品或資訊輸入行動電腦中帶著走，還可以藉由無線上網方式彼此傳遞資料。以前做倉儲管理都是找編號，一個一個對，一個一個找，如果利用行動電腦管理，只需站在倉儲大門，輸入資料，馬上就可以馬上辨識商品所在位置以及相關資訊，為相關倉儲、物流業省下不少人力與時間。

這種掌上型產業用電腦，是由自動辨識掃描器及資料蒐集器產品，藉由不同的輸出入介面與系統連接，將所讀取的資料輸入後端電腦，以取代傳統人工鍵盤輸入方式。產品除了可以簡化追蹤、監控、管制、抄錄等作業時間外，並降低人為因素所產生的錯誤，進而提升作業效率，其產品主要應用於庫存管理、產品分類追蹤、結賬系統、工廠自動化、門禁管理、人事考勤管理等，對於製造業、百貨業、服務業甚至政府機關等，提供了有效且快速的自動化管理方案。

3.未來將擴充零售業市場

目前行動電腦市場應用面，大部分還是鎖定企業庫房及資產管理、大型物流倉儲管理、宅配運輸及車隊管理、業務人員巡補貨應用、製造業生產流程自動化、公用事業抄表作業管理、交通警察單位違規告發、贓車管理、停管單位路邊停車開單、醫療院所自動化、快遞貨運業的進貨管理、出貨管理、庫存管理、包裹信件追蹤、零售業的庫存管理、商品查詢、訂單銷貨管理，以及業務行程管理（*http://taiwaninnovalue.com/chinese*）。

行動電腦用途很廣，目前就連台灣的航管局都利用行動電腦來管理漁民的出入境，不過由於現在較為高階的行動電腦價格仍高，一般零售業者還不會想花大錢，來節省管理商品的時間。因此，市場業就受限於一般的大企業或政府機關才會使用，未來加以研發齊全功能，將推出較低階價格，也較便宜的產品切入通路市場。

二、實例二：360 度 LED 全彩環場顯示器

㈠世界的亮點在台灣製造

如果您是一位經常穿梭於世界重量級城市的人士，一定會注意到在這兩年間，不論是在大陸北京機場、英國倫敦國際機場、法國戴高樂國際機場、荷蘭阿姆斯特丹機場，甚至是遠至阿拉伯世界的杜拜國際機場所見到的「360 度全彩LED環場顯示器」，都可以見到一種圓柱旋轉旋體，且具有 360 度環場效果的大型電子展示器（Large Electronic Display, LED），或高掛或矗立於顯眼的位置，為機場旅客提供班機資訊或廣告訊息，這全是打著「Made in Taiwan」字樣，由台灣光遠科技出產的產品（*http://taiwaninnovalue.com/chinese*），如下圖 1-12「街頭 360 度全彩 LED 環場顯示器」和圖 1-13「機場 360 度全彩 LED 環場顯示器」。

圖 1-12　街頭 360 度全彩LED環場顯示器

圖 1-13　機場 360 度全彩LED環場顯示器

資料來源：http://taiwaninnovalue.com/chinese

㈡靈感來自理髮店旋轉燈

說來有趣，「360 度全彩LED環場顯示器」這個充滿前衛視覺效果的產品，靈感來源竟是古早時代一般理髮廳常用的識別標誌，發明人王遵義有一天理完髮，走出理髮廳時，抬頭看到了理髮廳常見的紅、藍、白三色的旋轉燈，IDEA 就冒出來了！

專長是電子學及光學的王遵義看著理髮廳的識別標誌，原本應是固定的紅、藍、白色，的因視覺暫停作用而出現一條一條的線型效果。他立即想到了當時的平板 LED 顯示器，平板 LED 顯示器是由一顆一顆的 LED（Light Emitting Diode，發光二極體）組成，雖然亮度高效果佳，但愈大面積所需的LED就愈多，加上電路推動器等高價零件，使得平板LED造價居高不下。因此他想著：「但若能利用『視覺暫停效果』，用一顆顆的LED使其位置移動，不就可以大幅減少LED的使用，有效降低成本了嗎？」

㈢專利技術的研發

王遵義認這個理論應是可以行得通的，於是他以自己的資金投入研發，經過兩年的時間，研發出「時空分割式顯式裝置」，並取得專利技術，這就是之後的「360 度全彩LED環場顯示器」最重要的關鍵技術。在這研發的過程中最難克服的有三點：分別是 LED 位置移動、發光時間，以及影像控制的精準度，必須達到誤差值在 0.01%的嚴格標準，產品才算是成熟。「光遠 360 度全彩 LED 環場顯示器」的數項特色如下（*http://taiwaninnovalue.com/*）：

1. 內部基本結構為一圓柱形旋轉體，裝置數組 LED 發光模組高速旋轉成像。並利用發光二極體 LED 紅、綠、藍（R, G, B）三色混色的特性與時空分割原理之專利技術，達成超大型、色彩鮮豔、高解析度及具有多個顯示畫面的顯示器。
2. 超高解析度：光遠LED顯示器的超高解析度可超越任何現有技術，

包括 LCD（液晶顯示）、PDP（動力分配板）、CRT（電子放射管）、Projector（投射器）；超越高解析度電視的 200 萬像素，可達電影級 2000 萬像素。

3. 超高亮度：亮度相當清晰在室外可觀賞，具有高度廣告應用效益。

4. 超高色度：光遠產品是目前色域值最高的顯示器，超越CRT及PDP及 LCD，色彩灰階可達 1678 萬種全彩境界。

5. 超大顯示面積：顯示面積可達400吋以上，遠大於PDP、LCD、CRT等傳統平面顯示器，可更超越一般 LED 電視牆，影像訊息宣傳效果無遠弗屆。

6. 超高成本效益：單位面積、單位亮度、單位解析度的平均成本，遠低於 PDP、LCD、CRT、Projector、LED Wall 等技術。

㈣獨步全球的專利行銷網

光遠 360 度全彩LED環場顯示器關鍵技術，目前已獲得美國、日本、中國大陸，以及台灣的世界專利，所以除了光遠科技有能力外，放眼世界還沒有廠商有實力能夠做出相比擬的產品。然而 360 度全彩 LED 顯示器的研發成本不低，接下來的任務就是要開發市場，市場行銷變化性極大。由於 360 度全彩 LED 顯示器的賣相極佳，應有極大市場需求。

為了符合更多場合的各式需求，目前已研製出不同的規格，大從直徑 4 米寬、高 2.2 米，小到直徑 60 公分寬、高 1.6 米，共有 5 種不同的規格。各有不同的效果。例如直徑 60 公分寬、高 1.6 米的規格，因接近人的體格，被稱為「人形機」，近來世界名牌 Armani 就有意將此機型，應用為 e-model，讓 e-model 代替傳統的人形模特兒，藉由聲光效果展示一套又一套的新裝。結合數千萬顆 LED 燈泡在瞬間達到最好的視覺效果，以後也有可能「e-paper」的產出。

三、點子銀行：技術的驅動加油站

從銀鏴科技公司的行動電腦，和光遠科技 360 度全彩 LED 環場顯示器，兩個獲得台灣精品金質獎的作品，可以發現點子銀行確實需要加料，才可能驅動技術的產能現身。

㈠結合創造者與實踐者

創造者需要很長的準備期、醞釀期，準備專業知識和放空的心靈，接受研發創意產值，但當靈感一來時，一切希望具體展現是快速明確，就像前述兩項產品的研發，行動電腦的產出來自於摸索許久的標籤條碼周邊產品的研發，找出自動化辨識系統。LED環場顯示器的產出，則來自於理髮廳的旋轉燈創意發想，再加上後續專業知識技能研發。所以，創意的展現須結合創造者與實踐者，產品價值才能發光發亮。

㈡精於科技研發及技術商品化

屬於技術的驅動層次，幾乎都離不開現今生活科技的研發及技術商品化。因為，人類習慣追求聲光化電的時尚生活，如果銀鏴科技的四位創業夥伴和光遠科技的王遵義博士，對於行動電腦和 LED 環場顯示器僅止於科技研發層次，無法結合企業行銷將技術商品化，那麼許多創意將無法有體現產品的機會。

㈢善用創新優勢，提高產品附加價值

在一個窮鄉僻壤的落後部落，牧師津津樂道講著：「有了新建築我們將有更好的生活享受和避身之地」，居民卻一臉無辜的表示：「我們樂與風雨野獸為伍」。在全球化的世界，生活百態呈現多元價值觀。然而，如能善用創新優勢，提高產品附加價值，技術的驅動將對於人性本質需求有最原創的革新。

第三節 創造力的阻力和活力願景

壹 創造力的影響因素

Sternberg & Lubart（*1991 & 1993*）研究指出，創造力需要：智力（intellectual abilities）、知識（knowledge）、思考風格（styles of thinking）、人格特質（personality）、動機（motivation）、環境（environment）等六種影響因素。這六種要素對創造力的影響敘述如下（洪蘭譯，*1999*；陳振明，*2004*；葉玉珠、詹志禹，*2000*）：

一、智力

Sternberg & Lubert（*1996*）認為對於創造力的表現而言，有三種智識能力格外重要：1.以新方法看待問題的綜合能力（synthetic ability），並跳脫陳舊的思考；2.確認一個人的觀點是否值得追求的分析能力（analytic ability），清楚判斷；3.知道如何說服他人接受個人認為有價值的主意之實際脈絡能力（practical-contextual ability），成功地提升想法的價值。Sternberg 認為這三種能力必須同時並存方能產生創造力。Sternberg 的智力三元論提供創造力的重要條件，將不相關的訊息變成相關的洞見，重新定義問題，運用擴散思考的策略，組合與比較訊息。創造力需要對於知識加以綜合、分析和實際應用，方能取得認同。

二、知識

知識的角色主要使人的創意點子得以實現，並且幫助個人超越原有知識。創意要成功，必須擁有正式知識和非正式知識來幫助個人適應環境。領域知識是創造力的基礎，不過當一個人不了解這個領域知識時，或具備太多這個領域知識時，反而限制創造力的發展。歷史上具創意的人並不是擁有最多知識，或完全沒有背景知識的人，因此具備適當的領域知識才能超越現有領域的疆界。換言之，沒有專業的創意很難突破科學的考驗。

三、思考風格

思考型態是指個人運用智能和知識的方式，Sternberg提出三大思考型態：行政、立法和司法等思考型態，行政型的人喜歡什麼都定義得非常清楚，喜歡照著指示去解決問題。立法型的人進行一個主題計畫時，喜歡沒有結構或很少結構的工作或問題。司法型的人喜歡作可以評估別人的工作。

所以，「立法型的思考風格」是創造力的基本要素，立法型態的思考者傾向創造自己的規則、不願受到既定規則的限制、喜歡無結構的問題。但是立法型的人要懂得善用思考才能產生創意思考，要同時兼具見樹和見林的思考能力，才能認知問題的重要性。然而，無論是立法型的領導者或創意工作者，在今日重視團隊智慧的競爭壓力下，立法人除了問：「為什麼？」之外、也應該問「為什麼不」，讓自己的創意思維趨近於一種像大師般的創意習慣。

四、人格

與創造力有關的人格特質包括冒險、願意克服障礙、容忍等，想要能「買低賣高」，就要有向群眾意見挑戰的勇氣，才能堅持自己新思維和作為的立場。

五、動機

內在動機與工作導向的動機是創意作品產出的元素，許多有創意的作品來自發明者內在的動機。有創意的人都是樂在工作之中，比別人有更強的工作導向動機去完成自己設定的目標。

六、環境

環境是創造力的重要支柱，即使一個人已擁有創造思考的內在資源，若缺乏環境的支持的話，創造力仍是無法呈現的，一個支持的環境，才能鼓勵創造力而不會扼殺掉創造力。

貳、創造力的阻礙因素

許多學者在探究創造力的同時，也分析提出創造力的障礙因素。一般而言，創造力的障礙包括下列因素（陳龍安、朱湘吉，*1998*；賈馥茗，*1976*；*Adams, 1974*；*Arnold, 1962*；*Jones, 1987*；*Majero, 1991*；*Proctor, 1999*）：

一、知覺的障礙

知覺的障礙是指對問題缺乏敏覺性，不能確實看出問題之所在。這種障礙主要因素是：

1. 不能辨析問題的關鍵。
2. 管窺蠡測：只注意問題的細微處，不能了解問題情境的全貌。
3. 不能界定術語：無法了解語言的意義，也不能傳達及了解問題。
4. 不能在觀察時應用全部感覺：不能善用各種感官感覺去觀察。

5.不能見及遠處的關係：不能由一個答案中，而看出其多方面應用的能力。

6.不能洞察明顯之處：習慣於從複雜隱晦處觀察問題，而忽略明顯簡單的部分。

7.不能辨別的因果：判斷因果時，無法下結論。

二、文化的障礙

所謂文化的障礙是指由於社會中的習慣、思想與行動要求依從所致，始於家庭，經過學校要求兒童表現好行為造成。一般而言，文化的障礙由下列因素所導致：

1.依從承襲的類型，附和多數，被類型所束縛。

2.為求實際與經濟，忽略了想像力的重要。

3.囿於好問失禮，多疑非智的俗見。

4.過份強調競爭與合作，使人失去個人獨特的創造力。

5.過份相信統計數量：取信於代表性數字，難於明瞭實況。

6.過份的概括籠統：以偏概全，忽略整體概念。

7.過份相信理由與邏輯：常恐不能合理或違反邏輯，而限制了創造。

8.執一不可的態度：固執己見，不肯接納別人意見。

9.所知過猶不及：所知過多，自以為專家，不屑於了解其他方面問題；所知有限，則一知半解。

10.以為空想無益：以效果衡量行動，相信徒思無益，以致創造意念無由產生。

三、情緒的障礙

情緒的障礙則指由日常生活壓力而引起的情緒問題。例如：

1. 怯於造成錯誤或自視愚蠢。
2. 堅持開始的觀念：不願再多加思考，產生更好的觀念。
3. 固執己見：不肯修正或接納他人的意見。
4. 急功好利：不願等待、深思，切望成就與結果。
5. 病態的期望安全：誤信墨守成規，抱殘守缺為安全之道。
6. 懼上疑下：恐懼高於己者，懷疑同輩或低於己者，終日不安，阻礙創造意念。
7. 有始無終：做事沒恆心，好大喜功，終至一事無成。
8. 決而不行：得到問題答案後，不付諸實行，以致前功盡棄。

四、策略的障礙

一個人平常能正確地回答問題的方法，通常憑藉創造力的流暢力表現。流暢力會影響到解決問題的方式或方法。所謂策略的障礙是指進行思考時，多數傾向於大力仰賴過去的舊經驗或特定技能，姑且不論他們是否適合；對於問題解決著重於問題認定或問題解決之局部範圍選擇，無法全盤或局部考量其適切性、選擇性、功能性；且在解決問題時，通常採用一種過於嚴謹的方法去看待，無法接受開玩笑、想像和幽默氣氛的產生。

五、價值觀的障礙

過度的僵化現象受到個人價值觀影響。尤其當個人信念和價值觀限制到思維觀念時，過度僵化現象很容易產生，所以當價值觀和失敗共存時，失敗經驗經常會造成個體和組織上的兩難情境。這也是為何小孩為什麼總是比大人有創意？因為小孩有著開放、好奇、愛玩的心靈，不拘泥於現有的僵化模式，大人確常常過度分析問題，抹煞創意問題的發生，持有開放價值觀，將有豐富的創意產生。

因此，當個人肯定創意價值卻不為組織接受（例如個人覺得創意超群卻未得名），組織創意價值不為個人所接受（例如組織創意精心策劃卻未獲個人認同），個人、組織都無法接受外界創意價值（即個人和組織都無法釋懷外界認同之創意評價），或者個人、組織創意價值都無法為外界所接受時，此四種價值反應區塊對於創意發展有著極大影響。如能調整價值觀創新加值範圍和意義，將有助於化解價值觀的障礙。

六、自我想像的障礙

由於害怕失敗、害怕表達想法等等而造成的不良效果，這些肯定會降低思維片段和整體構想的產量效果。由於對於自己的「想法和構想」價值缺乏自信心，易降低想法和構想產量。換言之，當自己把自己思想都封閉的人，其思維等於零點，需要再出發是需要破冰之旅，而此障礙似乎是成功運用新構想之最大障礙物。此即說明阻礙創造力發展的因素在於一個人有許多不正確的想法，例如：每件東西都必須有用，每件事情都必須成功，凡事都應完美，每個人都應喜歡你，你不該喜歡獨處甚於群居，你必須認真、注意等，經常扼殺創意的殺手。

七、組織的障礙

1. 強調管理控制：控制（control）能夠扼殺創造力，然而自治和自由程度對於創造力思考來說是重要的構成要素。再者，傳統財務控制對於長程創新成效來說並不適當。
2. 狹隘範圍思考：傾向於給予財務的評估結果要求快速回應先於思考。
3. 分析滯礙：通常過於分析構想和想法，且耗費多時，早已損失了許多具有競爭性的利益了。
4. 死板的科層結構：一個不可預料的環境需要一個反應快的組織架

構，且此即是大多數組織缺乏的特徵。

5. 傾向於尋求認同：即過於重視整合多利益的方案計畫，忽略些微及中等利益之小型方案計畫。即因此錯過了許多創意的小型計畫。

6. 與市場相抗衡的科技引導了產品計畫導向：即傾向過於重視市場一致性研究，忽視有創意構想的計畫。

7. 缺乏有系統的創新方法：缺乏如何推動創新的真實構想。

8. 抱持「有些人是真的具有創造力和有些人則不是」之信念。

整體而言，影響創造力的絆腳石和基石，可以歸納如下表 1-1「創造力的心理因素」（楊幼蘭譯，2004）：

表 1-1　創造力的心理因素

創造力的絆腳石	創造力的基石
短視近利	資源豐富
太常、太謹守規則	能跳脫規則思考
認為玩樂是不可取的	活潑好玩
僅專注於正確答案	致力探究可能性
愛好批評、吹毛求疵	包容
怕失敗	能接受失敗並從中學習
對冒險感到不安	明智的冒險
難以傾聽不同的觀點或意見	積極傾聽，接受差異
缺乏對創意的開放態度	接受創意
政治問題與地盤之爭	合作，注重互惠
避免模稜兩可	容忍模稜兩可
偏狹	寬容
缺乏彈性	靈活
太快放棄	鍥而不捨
太在意別人的想法	心中自有主張
認為自己缺乏創造力	肯定自我的創造潛力

資料來源：出自楊幼蘭譯（2004：62）。

參、創造力的活力願景

一、發揮國家形象競爭力

台灣由 OEM（Original Equipment Manufactures，原廠委託製造）、ODM（Original Design Manufactures，原廠委託設計），發展到OBM（Original Brand Manufacture，建立品牌形象），在研發、製造、管理上的能力已被世界所肯定。但是在台灣歷經數十年的經濟發展，早期靠著廉價的勞工成本，發展勞力密集、低附加價值的產品行銷全球，創造了台灣經濟奇蹟。由於仰賴的是較低層次的消費市場，使得國外消費者產生「台灣製造的產品屬於廉價品」的刻板印象。

隨著國內經濟的高度成長，原有的優勢已逐漸喪失，又面臨來自鄰近新興國家的競爭壓力，我國企業開始努力擺脫以往追求短期利潤的經營方式，積極致力於生產高品質、高附加價值的產品。然而卻發現台灣產品在國際市場仍存有過去的負面形象，以至於國內許多資訊產品、精緻的運動用品在國際間雖占有舉足輕重的地位，但仍遠落後於日本、韓國及香港，並無法獲取應有之利潤，阻礙了企業成長的腳步。因此，我國除了繼續強化「創新價值」（innovalue）的產業優勢，更順應全球化的競爭趨勢，引導台灣從「產品製造中心」提升至「產品創造及服務中心」，以超越產品層次，強調台灣企業所擁有的創新價值能力，積極推動環保及對世界人文關懷，塑造台灣為「人文科技島」的正面形象，成為國家整體形象的延伸（*http://taiwaninnovalue.com*）。

二、紮根創意幼苗思維

創意之泉，象徵開啟源源不絕的創意點子，新的創意點子除了可以提高產業界的競爭力之外，更重要的是，一個小小的創意足以提供消費者更好的生活。從創意 4P 的「產品」（product）定位和行銷創意觀點而言，創造力可以讓產品更普及化、人性化、多能化，足以深入社會大眾、家庭成員和學校小朋友，也有機會進行產品專業和非專業的使用對話，為整個地球人類見證生態觀察和拓展生活興趣。尤其，創造對於人類心靈其實是具有影響力的，因為有人的思維在裡頭，當然需要投入更多的人力、物力、財力和組織推動。

據此，教育界、學術界和產業界如能秉持創業研發的創意經營理念，整合全球資源、持續創新，為人類更佳的福祉與更好的工作環境而努力不懈，相信高科技化與全球化在創造力過程中必能盡最大的貢獻，持續創新，為教育發展活力願景樹立新苗日後蔚然成蔭。

三、深化全民創意轉圈圈

創意轉圈圈，意味著創意循環無限新機。Strauss在《大創意》了介紹了全球最具有創意的商品之研發歷程，在最後提出創意發明的七堂課（林重文譯，2003）：1.勤問「為什麼不？」：一旦靈感湧現，應有衝動非達成理想不可；2.力量集中、意志集中：要有當打不死蟑螂的精神，無論是一個人或一個團隊，有強韌的創意精神；3.愈簡單愈笨愈好：抱持創意KISS充實創意（Keep It Simple, Stupid）；4.一馬當先：發揮自由揮灑、創意通路優勢領先效果；5.試，一試再試：錯了不放棄再研究；6.冒險前進：隨時掌握要點，培養想要擊出全壘打，就不要怕被三振的勇氣；7.通力合作（synergy）：理解整體的力量不是個單元可以想像得到的，每個環節結合在一起，力量不是僅合為一體，還會加倍。

當全民不分大小願意從創意經典故事中，發揮另一想像空間和實踐行動，那麼，創意不只是發明家或科學家的專屬名詞，而是ROC（Republic of Creativity）的全民所擁有。

四、創造力養成與發展取向

Treffinger（*1993*）在「激勵創造力的議題和未來取向」（Stimulating Creativity: Issues and Future Directions）論文中，研究指出關於「創造力養成與發展」研究主要有四大發展方向：

㈠了解創造力在「何種方式」、「對象為何」、「何種狀況下」最具成效

在教學研究的許多範疇內，性向處理交互作用（Aptitude-Treatment Interactions, ATI）的探究一直是饒富趣味卻又令人難以理解，因此對於研究創造力的學者而言，這樣的主題一直是相當大的挑戰。Snow（*1992*）檢視一項關於ATI的研究，研究假設認定思維能力不僅僅存在人的心智中，亦存在於「人一境互動」（person-situation interaction）中。受到ATI研究文獻的挑戰，創造力研究學家致力於發現新的思維能力概念與新的過程變項，而最重要的是：研究學習者特質、過程變項、情境（或結構）變數間的複雜性與各種的互動模式。此亦指出，創造力研究很重要的是走入現場能做出田野調查式（field study）、教學現場式的實作研究，讓真實「人一境互動」歷程中所表現的創造力，是可以具體實驗研究出「究竟所以然來」的意義詮釋。

㈡鼓勵不同主題的創造力研究

單靠一項研究中所提出的模型或方法絕不足以呈現「創造力養成」所

涵蓋各式各樣的挑戰與難題。創造力有下列九項基本研究方法，如下表1-2「創造力九大基本研究方法」，提供精要的定義與實例，而非全面性的解釋。這些研究方法可作為研究創造力或其他人類行為面向的基本架構。

表 1-2　創造力九大基本研究方法

方法論	方法論要點	研究舉例	備註
歷史研究	以客觀的角度正確地重新建構歷史，通常是以「建立與假說的理論根據之間的連結」為目標。	何時人類最先想到要以雞湯作為治療感冒的藥方？這樣的想法出自於何處／何時／對象為何？	「富有創造力的天才與瘋子只有一線之隔」——這樣的迷思從何處來？又是如何發展？我們又是何時，以及如何破解它？
敘述性研究	以系統化的方式來正確具體地敘述某種情況或是研究領域。	完整地敘述雞湯療法的成份與用途；說明療法的功效、準備步驟，以及服用方法。	「擴散思考」本質的詳細陳述，包括組成因子、測量工具、證明擴散思考與創造力具有關聯性的理論基礎。
發展性研究	針對「年齡與時間所帶來的成長與改變」，探求其中的規則與前因後果。	雞湯療法的演變過程為何？抑或，針對不同的年齡層或發展階段，療法的種類是否有所不同？	創造力是否隨著年齡增長而改變？抑或，針對「加強所有年齡層之創造力」所付出的努力是否有效？
個案研究／田野調查	加強探討背景、現況、目標個體或團隊的環境互動。	由居住紐約市的母親進行深入研究，觀察雞湯對於治療感冒的功效。	深入研究建築師如何表達創意，並將創意應用在個人生活或工作上。
相關研究	檢視單一或多重因素中變異量的大小，並使用相關係數說明其中的關係。	雞湯的食用量（或頻率）與不同感冒症狀（如打噴嚏）之間的關聯性為何？	創意思維中各項構成要素（如流暢性）與其他認知變數（如記憶力、智商高低等）間的關係？
原因比較／事後回溯	藉由觀察某些既定的結論，以及回溯資料，找出可靠的原因要素等方式，進行尋求可能的因果關係。	深入分析雞湯療法的相關報導，以進一步了解使用結果，並提出可能的解釋。	觀察抑制孩童創造力發展的人身批評，並在有關教師與家長的資料中，找出鼓勵或妨礙創造力發展的互動型態。

表 1-2　創造力九大基本研究方法（續）

方法論	方法論要點	研究舉例	備註
正式實驗研究	藉由比較實驗組（接受療法）與對照組的方式，找出可能的因果關係（需採用隨機分派）。	實驗組（接受療法）與對照組（未接受療法或僅服用安慰劑）之間的比較，參與實驗的感冒患者則以隨機分派的方式接受條件限制）；特殊結果測量。	實驗組（受過「創造性解題模式（CPS）的訓練」與對照組（未受過 CPS 訓練）之間的比較，對象則以隨機分派的方式接受條件限制；評估創意性思考以及問題解決能力和態度。
準實驗研究	近似真實實驗法；即使並非所有相關變數都受到控制，但研究人員仍將條件限制納入考量。	在「並非用以居住的情境（如此一來，實驗人員便無法操作可能影響實驗對象的外在因素）」下，觀察兩組實驗對象（實驗組接受雞湯療法；對照組則否）的比較。	舉辦訓練活動，活動中所有參與人員都必需接受雞湯療法；抑或，研究人員無法操控實驗對象的其他活動或經驗。
行動研究	發展新的技巧或方法，並將重點放在實用情境（如教室、組織等）中的直接應用。	研發新的改良雞湯療法（如增添額外劑量的維他命 C，以強化功效。	設計新式活動課程，幫助父母親激發幼兒與學齡前兒童的創造力。

資料來源：整理自 Treffinger, D.J.（1993：21-22）。

㈢透過連結「適當的評估方式」與「細心設計的指導」，以達到「創造力激發」的目標

「『創造力評估』與『創造力養成』並非兩個互不相關的主題；相反地，兩者之間呈現高度的關聯性」。隨著時代的演進，此一概念的認識在未來愈顯重要。而之所以會有這樣的概念出現，部分是因為性向處理交互作用研究的需要性，加上最佳「創造力養成」方法的探究。而隨著研究學者與理論實踐者，對於多樣性的了解更為深入，「評估」與「養成」之間

的關聯性，便相對顯得重要。愈能分辨個體與個體間特質、能力、風格的差異性，也就愈能針對每一個的個體量身定作創意性活動、策略與結果。因此，創造力激發，並不只是「同質化」的歷程，最終的目標不在於教導每一個人同一套做法，接著以一貫的態度處理同樣的事物，而在於協助個體認識、發展、實現自身獨特的長處與天賦，進而以自我的方式（而非聽命於他人）進行學習，並將創造力作最有效的發揮。

㈣創造力不同層面的激發方式，需要不同的介入行為

未來需要加強分辨「直接式教學」（direct instruction）、「有效領導」（effective leadership）、「帶領技巧」（facilitation）三者間的差異性能力，並找出使用此三種方法的最佳方式。根據以往的經驗來看，「教學 / 指導」、「領導」、「帶領」等名詞混用的情形愈來愈明顯。許多對於創造力技巧或方法極富經驗的教育學者與訓練人員，也從未被要求說明這些名詞間的相似性和差異性。然而，就「創造力養成」而言，給予每一個名詞清楚明確的定義，並找出其間的差異性是相當重要的；另一方面，在什麼樣情境中該選擇何種方式為最佳，也是重要的課題之一。舉例而言，有些人會假設如下敘述的創意學習模型三階段說：

創意學習模型的第一階段：當目標為幫助學生學習並使用基本工具（或策略），來進行創意性與批判性思考時，「教學」或「指導」會是最適切的方法。創意學習模型的第二階段：在現代的情境式領導能力構念中，將參與成員的發展層次、任務本質，以及相關參數列入考量時，進而選擇，採用適當的領導風格，則被視為學習與實行建構式歷程方法（如創意問題解決模式，簡稱CPS）時的最佳選擇。創意學習模型的第三階段：「帶領技巧」是指對所訂立的特定目標之間所存在的相關性，帶領技巧是處理真實問題與挑戰時的不二選擇。

整體而論，創造力領域的知識，對今日與未來有關創造力養成與發展研究學者，開啟了一扇機會與挑戰之門。

創意現實問題

吃麵、帶安全帽，眼鏡都會霧霧的！

創意的發想與實踐

1. 請你看看汽機車鏡面除霧的方法。
2. 請你想想山上或冬天晨霧怎麼散了。
3. 請你提出五個可以解決眼鏡除霧的好方法。

創意評量紅綠燈

	綠燈	黃燈	紅燈
可利用性			
新穎觀念			
有進步性			
有創新性			

看起來，創造力的其中一個矛盾是，為了進行原創性思考，我們必須讓自己熟悉他人的想法。
——科尼勒

創意經典故事盒

安全玻璃的發明

別涅迪克（Edward Venedict）是一名治學嚴謹、眼光敏銳的化學家。1907年的某一天，他正在實驗室裡做實驗工作。實驗中他一不小心將手中的玻璃瓶脫手滑下掉到了水泥地上。當他往地上看時，空玻璃瓶居然沒碎！雖然佈滿了碎裂紋，卻是裂而不碎，好像有一種無形的東西將它們維繫在一起，他就把那只瓶上貼上了標籤，想等忙過了這一陣子後，再進行研究。但事一多也就漸漸淡忘了。

過了一段時間，別涅迪克在報紙上看到了一條車禍的消息，多人受了重傷，四處飛賤的車窗碎玻璃片割破司機的手臂，劃破乘客的皮肉。看到這則報導時，別涅迪克馬上聯想到那只掉在地上摔不碎的玻璃瓶，他連忙找來瓶子，探究它不碎的原因。他記得，以前這瓶子曾被用來盛放過硝酸纖維素溶液，仔細觀察後發現玻璃瓶內表面覆有一層很薄但堅韌的透明膜，這一定是硝酸纖維素（cellulose nitrate）溶液蒸發後殘留下來的。別涅迪克釐清了原因後，開始研究在玻璃上塗一層硝酸纖維素溶液製造較為安全的汽車擋風玻璃，等他蒸發後，為加大安全係數，他又在玻璃另一面也塗上一層纖維膜。這樣的玻璃在試過多次撞擊實驗後，證明效果非常明顯，安全玻璃終於誕生了。

IDEA 筆記畫：本章先做示範。

你可以提出如下的感想、問題、聯想、應用、創造等等。

☆我的感想：意外發生時，創意夢想和現實有所扞格，丟開眼鏡的框框，用心想想吧！

☆我的問題：強化玻璃是安全玻璃嗎？安全玻璃和強化玻璃的抗風係數差異多少？

☆我的聯想：2005 年 7 月 13 日海棠颱風把花蓮美崙大飯店綠苑西餐廳的玻璃吹破了，重修時，安全玻璃派得上用場嗎？

☆我的應用：奈米鏡片+安全玻璃=防水抗菌新鏡片。

☆我的創造：我想把安全玻璃研發成隔離軟膏，讓包紮傷口很安全。

第二章 創意人

許久以前，在英格蘭一位剛萌芽的年輕科學家達爾文（Charles Darwin, 1809-1882），正從一場輕微的腹痛中康復。聽說腹痛的原因是因為達爾文去野外採集，注意到有一隻稀有的甲蟲在樹皮下竄動。當他撕下樹皮，驚喜的發現，竟有三隻稀有的甲蟲。他興奮不已，等不及要將牠們便成收藏的一部分，他趕快各抓一隻在手，可是第三隻該怎麼辦呢？他竟未經思索，反射的丟到嘴中。

——**美國・心理學家・** *Daniel Goleman*

發表物競天擇的科學家達爾文，他對所有物種都瞭若指掌，可以直覺地消化掉所有的東西？！相信達爾文在物種演進過程中的科學論點和實徵性研究很少受到質疑，然而，可能受到先備知識、專業信念的認知影響，不是醫生的他，不假思考的心智反應模式，就吃下甲蟲的行為，或許難免會再一次腹痛吧。

本章第一節，將探討創意人的類型、角色扮演和具有代表性的創意人物，第二節，探討創意人的思考歷程，提供對創意思考歷程所需掌握要點，了解創意是需要經營。第三節，說明創意人的知識庫，理解提供創意人的資訊網、專利網、重要發明或設計，以及模型、圖片或實物，讓創意放手一把抓，創意不打烊。

第一節　創意先驅的特質

有創意的人像笛卡兒（Descartes, Renr du Perron, 1596-1650）的名言「我思故我在」所意味：我思考，所以了解存在先於本質的意義。當我們探索許多選擇，時時讓自己不僅是維持現狀，亦能創造樂趣，抱持經常質疑問題、欣賞異己論點、用新方法嘗試新事物、習慣異於他人的不自在，體會到自我存在的價值意義。當我思故我在轉換成「我思故我創」時，很快可以理解何以糟糕的想法造成退步，一般的想法造成停滯，好的想法造成些許進步，但卓越的想法和做法造成大幅進步。

壹　創意人的類型

一、創意人的性格

Byrd & Byrd（*1989*）研究指出，抄襲或創造與否，可以根據兩個向度的高低來分析判斷，一是自我導向性；二是想像力，創造力矩陣共分成八個區域，每個區域代表八種不同的創造性格：1.發明家；2.挑戰家；3.實用家；4.合成家；5.改善家；6.規劃家；7.夢想家；8.抄襲者等八種性格，如下圖 2-1 創造力矩陣圖，從這八種性格可以看出下列特質（引自洪榮昭，*1998*）：

1. 發明家：想像力和自我導向均最高。

2. 實用家：高自我導向中等想像力。

3. 合成家：高想像力中等自我導向。

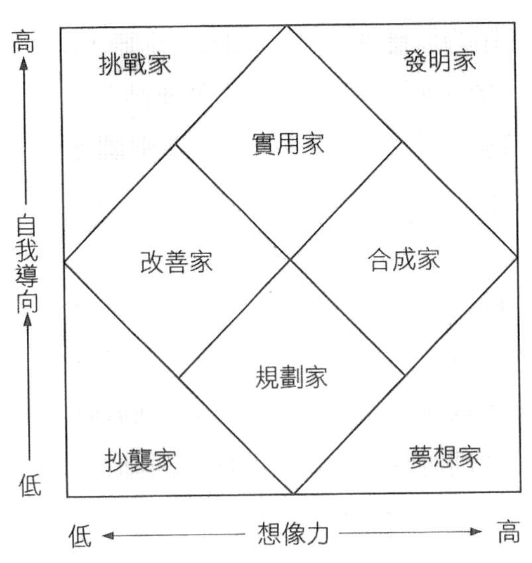

圖 2-1　創意人性格圖

資料來源：出自洪榮昭（1998：6）。

*4.*改善家：中等想像力中等自我導向。

*5.*挑戰家：高自我導向低想像力。

*6.*夢想家：低自我導向高想像力。

*7.*規劃家：低自我導向中等想像力。

*8.*抄襲者：低自我導向低想像力。

這八種人，以發明家、實用家較有積極性創意，貢獻人類文明社會的進步，避免當個抄襲者，封閉自我進步進路，間接造成社會仿冒複製的風潮和產品技術的老化停滯。

二、創意人的適應性行為

就本質而言，創意思考（creative thinking）又稱作「適應性思考」（adaptive thinking）或「概念重建」（re-conceptualization），是一種內在的認知歷程（*Feldhusen, 1993*）。創意人透過創意思考重建概念，重構對外在世界的感受，那麼外在的適應性行為也將隨之改變，創意人的角色亦隨之轉換改變。Cohen（*1989*）研究也指出，要發揮創意必須要做到下列七個層級：1.學習新的事物；2.與同儕間建立新的聯繫關係；3.發現天賦；4.發展啟發式教學；5.創造新資訊；6.透過延伸知識領域發揮創意；7.透過轉變知識領域發揮創意。

所以，MacKinnon（*1978*）研究偉大發明家時發現，發明家擁有強烈的自我意識與堅強的意志力，言出必行是他們共有的特性之一。此外，發明家充滿自信，並能夠接納自我，對於內在經驗與特質的察覺能力異於常人，更重要的是，他們能將這些抽象的概念訴諸言語文字。因此，與普通人相較之下，發明家更能表現自我、實現理想。這是由於發明家能夠敞開心胸，感受新的經驗；擺脫限制、突破藩籬；對美的感受力；認知層面上所具備的彈性；思想與行動的獨立性；對創意活動毫無保留的奉獻；尋求人生困惑的解答。

從毛連塭、郭有遹、陳龍安、林幸台等人（*2000*）研究成熟的創造者，需要具備環境、動機、人格、潛能和技能等面面俱到等要素，如下表 2-1「創造才能類型表」所示，成熟的創造者，於艱困環境樂觀創造新境界，時時抱持好奇探究動機找尋新處方，以豐富的想像有毅力挑戰新轉變，學習創意技法發揮潛能。因此，當個體愈能了解自己愈多創意才能時，愈能成功捕捉住創意，且愈能自信地運用創意創造出特別且有用的成果。

貳 創意人的角色

一、創意流行觀察員

流行時尚趨勢經常會帶動創意發展點子，邁向有哲理或有意識的創作產品或技術服務。對於生態欣賞的創意觀察員，可能會發展出以「回收素

表 2-1　創造才能類型表

要素	環境	動機	人格	潛能	技能	創造才能的類型
要素之有（+）無（-）	+	+	+	+	+	成熟的創造者
	+	+	+	+	−	年輕的創造者（缺乏技能）
	+	+	+	−	−	好表現的創造者
	+	+	−	−	−	好表現的幼稚創造者
	+	−	+	+	+	浪費創造才能者，但如果配合其他條件可成為好的學習者
	+	−	−	+	+	浪費創造才能者，易受挫的專業創業者
	+	−	−	−	+	易受挫的專業創造者
	+	−	+	−	−	非創造者，但可成為成功的學習者或工作者
	+	−	−	+	−	幼稚的創造才能者
	+	−	+	+	−	受過教育的好表現創造者浪費的創造才能，但如果善用人格特質可成為成功的學習者或工作者
	+	−	+	−	+	易受挫的專業創造者
	+	+	−	+	−	不成熟的創造者
	+	−	−	−	−	非創造者

資料來源：出自毛連塭、郭有遹、陳龍安、林幸台（2000：62）。

材」為主的產品原料，或是改種植「彩色棉花樹」，取代棉花再染色的二次污染問題。對於時尚鄉園的創意觀察員，可能會針對想逃離都會繁雜壓力的現代人，開設一個「慢工廠」的休閒購物事業。對於注重個性品味的創意觀察員，了解個性繪圖、獨特單一的需求，可以提供「有品味的俗麗」民俗創作，獨創美的生活體驗享受。這些創意與改造，需要創意流行觀察員的紀錄分享，提供創意點子引領創意高點的震盪。

二、創意點子推行者

這種人生性積極，渾身充滿活力，再加上腦筋靈活，聽聞觸語所表達的點子，經常讓人感受到「強迫吸收創意卻樂在其中」。從創意點子推行者的行銷，可以發現像「做成會跑會抓人的鬧鐘叫人起床」、「教室裝設點名指紋機，可以做好身分認證，上傳主機自動公告出缺席狀況」、「設計上廁所完自動充水系統」等等創意點子，要做出來似乎不容易，但如果做出來卻可獲利相當大，創意點子推行者說服力相當重要，常可以推出創意活力願景的藍圖。

三、創意原理解析者

這種人可以運用檢核表法、W法則、屬性列舉法等創意原理看創意作品，因為具備豐厚的創意原理素養，很快可以看出創作所運用技法原理的端倪。例如，創意之處的新穎性、進步性、可利用性為何？創意表現層級已達何種境界？換言之，有創意技法訓練或創意垂直水平訓練的人，在觀察創意表現時經常會把創意理論概念和實際運用方法，交叉比對一一找出創意的根源。例如，愛迪生、達文西等一些偉大的發明，如何創造出永恆創意的作品，創意原理解析者經常會仔細觀察發明家如何解題分析。

四、創意製程執行員

這種人天性務實取向，做事一板一眼，凡事照著流程與規定來。創意製程執行員重視變動世界中的各種「程序性」執行設計，任何點子的開發製造歷程一定畫出心智圖、概念圖或程序圖，就像研發一條龍的製程：研究（study）→企劃（plan）→設計（design）→模製（model）→工程（engineer）→製作（manufacture）→行銷（marketing），他可以清楚畫出程序來，並且巨細靡遺地把小步驟一一具體化執行。也因此，創意製程執行員善於用行動表現，他對界定問題、資料蒐集、設計規準、構想發展、測試評估、修正確認、建檔移交的整個精密創意，所以，他有超越現況無限創意可能。

五、創意成果評估員

創意成果評估員常以見多識廣眼光、凡事都有自己的道理和標準來評斷創意表現，在凡事存疑的「雞蛋裡挑骨頭」裡，他經常會把審美觀點、實用論調、優質本土、精準表現、尺碼細緻、創新意象、超然卓越等視界，放在看到創意作品的後設思維中再一一品鑑。

因此，對於環境生態的關懷，地域、自然和歷史的連結，個性、感性和人性的昇華，生活品質和文化產業的脈動，創意成果評估員很快可以對於創意成果發表以下高見：1.發現創意：你如何從現有哪些產業中，找到存在的創意（n→1）；2.發明創意：你如何從無到有，發明新創意的存在（0→1）；3.創新創意：你如何從存在的創意，加以開發技術、服務和商品化，變成許多新應用（1→n）；4.創意設計：你如何從物質勞力、能量資本、資訊技術、系統知識、創意價值中，設計更好的人類社會、自然生態和虛擬世界創意互動新境界（n→∞）。

無論是獨行俠式的創意人或團隊中的創意人，了解本身創意思考的應變能力，填補自己與他人之間的空隙，發展填補創意空隙過程，方能刺激創造潛能和培養較高層次的思考能力。

參、創意代表人物

翻開歷史扉頁，許多創意人的表現涵蓋相當多層面，有的創意人有明確的頭銜，例如愛迪生、愛因斯坦、牛頓、達爾文等是著名的科學家，梵谷、達文西是藝術家，貝多芬、莫札特是音樂家，有的既是科學家、藝術家又是發明家，這些多元智慧的創意獨特表現，豐富了創意人的人生，也貢獻其創意給世界社會帶來許多奇蹟和快樂。

一、創意人的培育和扼殺方法

許多創意人發明了每個人都看得見的產品，但卻有許多人未曾想過創意的發現是歷經多少扼殺創意的阻礙。以下列舉愛因斯坦和畢卡索的培育創意和扼殺創意的方法（葉玉珠、詹志禹，2000）：

㈠愛因斯坦的扼殺方法

1. 叫他不要大驚小怪、問些「愚蠢」的問題。
2. 叫他實際一點，不要「胡思亂想、做白日夢」。
3. 叫他少讀閒書，最好多花點心思在考試。
4. 嘲笑他的語文能力，對他的語文表現不耐煩。
5. 授課刻板、獨衷某些派別，如果他不聽或蹺課，就把他當掉。
6. 罵他目中無人、不懂倫理，因為他在年輕時竟然批評科學巨擘。
7. 逼他盡速地拿出成就，不斷地生產膚淺的分析。

㈡愛因斯坦的培育方法

1. 提供他「不矯飾、樂趣無窮、沒有專制束縛」的家庭氣氛。

2. 傾聽他述說各種的疑問與想像。
3. 允許他對某些東西（如零件）或遊戲（如拼圖）很著迷。
4. 允許他專注地為一個問題連續工作幾小時、幾天或思考幾十年。
5. 允許他靜靜的自由思考。
6. 讓他有機會與志同道合的朋友分享思考與情感。
7. 原諒他偶發的脾氣、對傳統的反抗與對熟知主題的自豪。
8. 接納他的平凡。
9. 提供他自由、人道、純樸、誠摯的學校氣氛。
10. 提供他優良、知性的課外讀物，鼓勵他閱讀。

㈢畢卡索的扼殺方法

1. 他不擅讀、寫、算，你可以笑他、罵他、強迫他或放棄他。
2. 他憎惡學校、適應不良，你可以侮辱他或體罰他。
3. 他童年時期的畫作顯得傳統、刻板而無想像力，你可以判定他缺乏美術才能，勸他改走別的路。
4. 他青少年時期的畫作，就常呈現醜怪的身體或扭曲的形狀，你可以詛咒他「作怪」或「變態」。

㈣畢卡索的培育方法

1. 保存他的作品，不管這些作品多麼純真、不成熟。
2. 容忍他的大膽作品實驗，分享他的創作歷程。
3. 容忍他對（美術）學院中的學校生活很疏離，支持他長期的自我教育與探索。
4. 支持他投入一個充滿挑戰與機會的大環境。
5. 讓他交往志同道合、足以激盪思想的好朋友。
6. 耐心等待他專注持久的工作和無以數計的草擬嘗試。

二、創意團隊和創意人

以下茲舉日本新力公司創意團隊中的創意人，如何研發隨身聽的創意行動歷程，表現創意團隊和創意人的行為特質（林重文譯，*2003*）：

㈠創意人：井深大、井田光郎、盛田昭夫、黑木安男、大曾根等

㈡創意作品：新力：音樂跟著走——隨身聽

㈢發明時間：1 年

㈣突破關鍵：1979 年，新力將隨身聽樣品發送到音樂界及新聞界，並鎖定年輕人市場，在東京的公園展開了一場別開生面的產品發表。

㈤創意團隊和創意人特質

1. 創意聯想提問：井深大

新力的創辦人兼榮譽董事長井深大湊巧走進由井田光郎所率領的錄音機部門，看到未完成的伴你聽錄音機時，便對那立體音響的音質讚賞了一番，同時還發揮了他的想像力提問：「現在有另一群工程師在發展一種輕便型的耳機，如果把這兩種東西加在一起會怎樣？可不可以不要錄音裝置，就光做一個放音樂的產品？」錄音機與耳機部門的人給井深大的回應雖然禮貌卻很冷淡，工程師們覺得這計畫太草率了，沒有人會想買一個沒喇叭又沒錄音裝置的產品，即使井深大在新力公司受人敬重，但此舉讓錄音機部門的人感到非常震驚，董事長怎麼會支持這種不合理的產品呢？

2. 面對團隊阻力：盛田昭夫、黑木安男

井深大找到後來當新力公司董事長、熱愛精密機械的盛田昭夫，來監視錄音機的研發進度，盛田並在二月下令產品要在盛夏前完成並正式推出。但是錄音機部門的人並不感到壓力，因為大家認為它會失敗。因為，由黑木安男負責領導開發的隨身聽團隊成員態度消極，行銷人員更認為這是個蠢貨，黑木精力旺盛，思維敏銳，安排工程師和盛田開會以激勵士氣，努力研發隨身聽。

3. 了解消費族群：盛田昭夫

行銷人員向盛田昭夫表示：隨身聽的消費族群是新興族群「雅痞」，雅痞是指年輕的都會專業人，生活寬裕且追求生活品質。新力很快就看出這個市場，並將後來的行銷活動瞄準這群使用者，由於盛田的器識，隨身聽大賣。

4. 組合創意團隊：大曾根和佐野健次郎

大曾根向錄音機及耳機部門徵召隨身聽發展小組人員，並任命佐野健次執行第二代隨身聽的增產工作。佐野的工作多得吃不消，但也因為他的親切與熱情，才把本來該花數年才能建立的生產系統在幾個月內就完成。1981 年 11 月，新力第二代隨身聽產量每月高達二十五萬台，佐野突破極限，完成壯舉，在產經新聞記者流傳的故事中，盛田董事長是隨身聽故事中的英雄人物，但其實在完成隨身聽這一整個偉大的工作中，是靠一群特殊的創意人環環相扣，其中包括井深大、井田光郎、盛田昭夫、黑木安男、大曾根和佐野這些關鍵人物。

第二節　創意人的思考歷程

創意思考也是一種心智歷程，創造思考需要時間去做周延的想像、推理，以使創造力變得更有流暢、變通、獨創、精密等能力表現，這是把創造視為人內在的心智發展改變過程。創造力表現從開始到完成，心理學家瓦拉斯（G. Wallas）認為需要經過四個階段（沈翠蓮，*2005*；*Torrance, 1968*），以下就進行教學創意人的思考歷程說明之。

壹、準備期（Preparation）

亦即在解決問題產生後，積極籌措相關資料的歷程。準備期教師和學生應分別準備下列和教學相關事項：

一、教師方面

㈠教學知識方面

教師進行創意教學除了準備授課內容知識的簡報或大綱外。其次，應準備舉例創意相關的實務、實物、模型、發明、設計、專利品、圖片和照片等文字或圖片「認知性」說明內容，讓學生能了解創意作品在時空性考驗的轉變，所產生的真偽作用效果，許多教師進行創意教學時，經常秀一下作品說明名稱就算完成教學，學生也無法從創作中獲得啟發聯想，假如教師準備充分教學知識，可讓學生在創意深度和廣度上獲得極多的創新做法。第三，應準備許多討論的記錄表格，提供學生記錄繪圖或討論發想的創意歷程。

㈡教學技能方面

在教學專門技能方面，教師應體認到，教學者可以包括教學機、電腦和人（授課教師或其他協同指導專家），所以許多工程、管理、科技、人文、藝術等技術方面的指導，事實上可採協同教學方式進行。只是任何執行創意教學者，應熟練如何指導學生的注意力，機械性操作或討論技巧，驅使學生不斷練習突破複製想法，有詮釋性和評鑑性的提問技巧，協尋學生創意作品的可行性和價值性批判思考等技能，教師準備充分上起課來較得心應手。

㈢教學情意方面

事實上，許多創意教學者經常會捫心自問：「我夠有創意嗎？」、「我能把學生教得更有創意嗎？」、「學生如果沒創意表現該怎麼辦？」等問題。其實，創意教學者的人格、情緒和態度等情意表現，會影響教室內師生互動的氣氛和感受，如果教師能有信心地「要怎麼收穫，先那麼栽。」填滿創意教學信念，上起課來，學生一定可以感受到教師的用心和真心，認真努力學習創意課程。

二、學生方面

學生上創意課程應該是最輕鬆有趣有許多想像空間，因此，學生在準備期應準備：1.搜尋與上課主題有關的資訊；2.構思創意作品發展方向可能產生的問題；3.抱持隨時「挖創意」的態度，不斷問人事來解釋物境。

例如，學生想要創作「創意飛機家具」，就有關螺旋槳推進器部分，師生如能蒐集螺旋槳的歷史演變歷程（如圖 2-2），相信突破家具的結構和造型，將有許多發想空間。

貳 醞釀期（Incubation）

此期意旨創意是需要經過一段深思熟慮的思考孵化歷程，才可能有創意的表現。沈浸在創意教學醞釀期，教師如同協助學生發現訊息的學習淨化器或觸媒，在創意尋求歸納點的「博」和繼續縮小推論點的「約」當中，會更加敏銳抓住如何指導學生創意思考，學生在自我醞釀歷程中，也會在百思不得其解中放棄或產生更多擴散產能。師生在醞釀期的教學上應把握下列要點：

圖 2-2　螺旋槳推進器歷史演變

資料來源：出自 Altshuller, G. S.（2000：78-79）。

一、熟練假設的形成、修正、再思

在探究假設過程，師生通常會積極蒐集和創意相關的資料，在蒐集資料中修正假設，常受到時間、地點、經費、材料、有利支持資源、學習態度、後續動機等因素影響，所蒐集到的資料如果呈現無法支持假設的狀態，常導致學生或學生團隊士氣的瓦解或低迷。也因此，教師或學生團隊適時跳出修正假設，轉變創意方向是很重要的做法，一來可在醞釀階段產生另一創意思考方向，二來可以對照原有假設是否全盤推翻之意義。

例如，獲得屏東縣 2004 年 6 月舉辦的中小學科展第一名，是林邊國中四名學生在指導老師的指導下，以參展主題：「蟑螂的求偶行為與性賀爾蒙」得獎。他們研究以自然方法消滅蟑螂，在不斷觀察研究下發現，可利用控制母蟑螂的賀爾蒙分泌，讓母蟑螂不會吸引公蟑螂來交配，那麼蟑螂就不會繁殖下一代，自然達到滅蟑的效果，這項發現可供殺蟲劑製造商，用來發展不具毒性更環保的滅蟑劑，降低目前一般殺蟲劑對環境及人體的危害（*http://www.tvbs.com.tw/news/2004.06.05*）。此即改變一般人在滅蟑行動多從「利用藥物噴灑可以控制蟑螂繁殖」假設，不斷修正、再思假設為「控制蟑螂荷爾蒙可以抑制蟑螂繁殖」，醞釀創意最後獲得肯定。

二、善於例舉正例、反例、相關例

每個創意作品都有其想要表達之特徵屬性，當師生能在創意教學歷程，經由師生間或學生小組間的舉正例、反例和相關例來作為討論案例，可以讓問題更加具體化，而在具體化問題後，對於如何定義創意問題的上位、同等或從屬概念，將能以具體科學程序打敗僵化的思維模式，篩選出多重混淆意義的真正概念來，接著才能加以定義創意作品的目的。

例如，要運用創意教學醞釀設計出可煮沸的三和絃茶壺（如圖 2-3），教師可以列出：

1. 正例：如圖 2-3 的三和絃茶壺，具有三個鼻孔可發和絃聲，可煮沸。
2. 反例：茶杯壺，無法發聲、煮茶，但可濾泡茶葉。
3. 相關例：如茶桶，可裝水，如果改裝造型和變化功能，仍可變成茶壺。

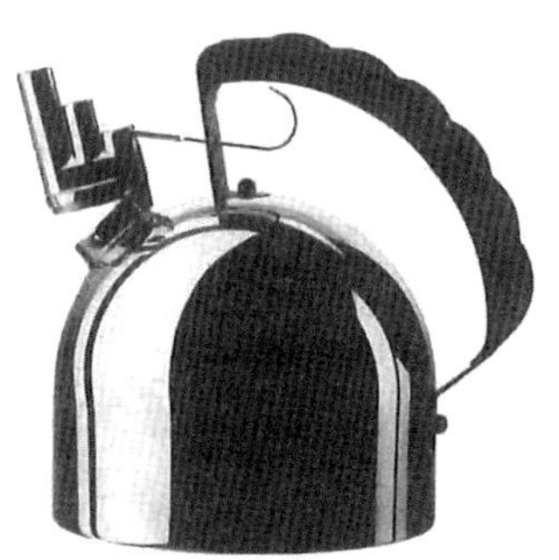

圖 2-3　三和絃茶壺

資料來源：http://jiaju.china.com/zh_cn/design/

三、強化前導組體協助調查實作

醞釀過程中最困難的是如何找到「橋接點」（bridge pot）。許多發想創意過程當中，在新舊經驗或知識的激盪中，如何在已建立假設結構中，找到橋接點創新意義，得以與眾不同、延伸多樣化新意，變成另一有創意的新知作品，前導組體（advanced organizer）是一個協助醞釀期過關的好方法，前導組體是指銜接新舊經驗之間的有意義、有組織材料，可以是笑話、圖片、模型、故事、諺語、繪圖等等，如果能強化前導組體介入創意思考，在調查實作的醞釀上將有其效益。

例如，著名的日耳曼天文學家克卜勒（Kepler, Johannes, 1571-1630），提出行星運動三大定律，終結傳統的周轉圓理論，開創天文的新紀元。當時的太陽中心說，並未使天文學家能更準確預測行星的運行軌道，Kepler嘗試對火星及地球試了各種大小不同的圓、不同的圓心（不一定是太陽）、不同速度，但總是與記錄有出入。他放棄了等速圓周運動模式，而改試變速圓周運動，還是沒有成功，最後他放棄了圓，改試各種不同的卵形線，終於發現橢圓軌道最切合記錄，如此一來 Kepler 降服了火星，推翻了圓周等速運動及其衍生的複雜模式（同心球理論、周轉圓理論等），1609 年出版的《新天文》正式宣佈希臘天文學的結束，天文學新紀元的開始（曹亮吉，*1988*）。

從克卜勒醞釀解答天文複雜問題歷程中，他相信天體是和諧的，相信天體的運動就像一首詩、一曲音樂。他相信，和諧的行星運動這種和諧性必然以數的形式表現出來。他要傾聽宇宙的音樂，他要找出宇宙音樂的和聲（朱長超，*2004*）。循著這條思路，他終於發現了宇宙的秘密，成功地為天空立法。從克卜勒的醞釀期當中，可以發現他擅長運用「紀錄分析數值」、「繪圖」作為前導組體，來解答「和諧性」和「橢圓軌道」等數學新知。

參、豁朗期（Illumination）

此期意指醞釀後的結果已產生頓悟，對整個問題「深入了解」，並已找出創意問題解決的可能答案之深化歷程。此階段即一般人所說的「靈感出現」、「啊—哈！」、「這就對了！」、「我現在終於明白了！」、「有了，我找到了」等驚嘆語詞。師生在創意思考豁朗期階段，宜在教學上應把握下列要點：

一、挖掘有意義的意識

由於潛藏在意識和前意識的數量太多，經常打亂、超越了線性理性思考模式，加上感覺接收器在記憶檢索轉化過程，受到干擾產生抑制作用，經常會讓人「摸不著頭緒，但又好像有點眉目的感覺」，此時如何從「完全不知道的地方鑽出來」，師生透過對話、現象反向思考共同挖掘有意義意識，可以協助豁朗期的靈感出現。

例如，白板筆蓋或筆身加上磁鐵，可直接掛在白板上；紅綠燈加上讀秒器，讓駕駛者透過視覺操控駕駛座車，都是從現象反向思考「掉下來vs.不掉下來」、「等待vs.不必枯等」的有意義意識表現。

二、利用聲譜顛倒思考

美國發明家豪爾（Elias Howe）在1838年時，把自己的興趣轉移到發明縫紉機上。在各個部分的裝置都完備以後，他還有一個大問題沒解決：針的問題。每一根針都有兩頭，一頭是尖的，叫針尖，另一頭有個洞，用來穿線，叫針頭。豪爾的問題是：針頭必須栓緊在機器上，這樣的話，怎麼才能夠連續不斷地讓針穿過布，又穿回來呢？機器不能像人穿針引線那樣，放開針頭，讓他穿到布料的另一邊去，這個問題一直困擾著豪爾。

豪爾想不到其他辦法來解決針的問題，直到有一天晚上，他夢見自己被一群拿著矛的野人追趕，這些野人的矛頭上有一個眼睛形狀的洞。「啊—哈！」豪爾從夢中醒來，馬上做了一根針尖上有洞的針裝在縫紉機上，問題解決了，主要是透過把問題顛倒過來解決的，豪爾從另一個方位來「看」針的形狀，針尖、和穿線的針眼（引自張索娃譯，*2005*）。「啊—哈！」和「顛倒看」是深化問題的關鍵。

當從故事、作夢或類比現象中，「有聲思考」和「圖譜顯像轉化實體」得以化解難題時，「我現在終於明白了！」和「有了，我找到了。」等聲譜圖像的創意思考，不難在生活學習中展現生機。

三、即時繪製草圖表述

創意豁朗期的概念記憶是恆久的，但豁朗當時所呈現的整體畫像或細微結構之處，卻容易在時間空間變化中遺忘。以下發明實例，可以了解發明家經常會繪製草圖透過文字圖案，即時記載表述其意念想法。也因此，豁朗開來的想法可以實現在驗證期的具體操作中（李茂輝，*1997*）。

㈠轉移

1. 火箭：火箭轉移沖天炮的反作用力。
2. 公路上的貓眼：在高速公路上標明行車車道的「貓眼」是由英國人發明的，它的功用在於使駕駛員在雨天駕駛時，也能清楚的看到分隔線。根據文獻記載，這個裝置的發明者Percy Shaw僅是轉移了樹立在路旁的反射器而發明。這種在路旁的反射器在夜晚就像一隻坐在籬笆上的貓咪眼睛反射，故稱為「貓眼」。
3. 直昇機：直昇機是由玩具——竹蜻蜓的概念轉移而來。

4. 潛水艇：科學家轉移魚鰾的功能到船舶上，而發明了潛水艇。
5. 雷達：雷達的原理是經由轉移蝙蝠的行為研究而發明的。蝙蝠在夜間飛行時是透過發出信號偵測在它前面物體的距離，而能飛行自由。

㈡合併

1. 筷子：中國人合併 2 根竹籤發明了筷子。
2. 交通號誌：交通號誌是合併了紅色、黃色與綠色的瓦斯燈。
3. 混凝土：混凝土是由水泥、砂及水合併而成，它比水泥來得堅韌。
4. 瑞士刀：瑞士刀合併有剪刀、指甲剪、開罐器等工具。
5. 積體電路（IC）：合併了各種電子電路在同一矽晶片上。
6. 防幼兒開罐的藥瓶：合併了扭轉與推等兩種力量來打開瓶罐，它較困難的開啟方式，即避免幼兒打開瓶罐誤食藥物。
7. 單槍式水龍頭：單槍水龍頭合併傳統熱水及冷水兩個調整把手成為一個把手。

即時繪製記憶草圖簡單敘述要點，可以加速轉化和深化論點，找出豁朗答案。

肆 驗證期（Verification）

創造思考結果是必須可以驗證事實正偽的，頓悟可能因一時偶然的巧合或現象的突發而了解部分因果關係，真正創造結果是必須在社會上可以具體產生、說明表達或製造產品出來的。師生在驗證期屬於作品呈現完工階段，宜在教學上把握下列要點，茲以作者指導「Fun 電娃娃」為例，說明之：

一、解讀創作程序

規劃整體程序完後，創作者應轉變角色，以消費者、收訊者角色，解讀創作程序的可理解性、誤差率和可接受性，來評鑑創作流程的順序和結構的流暢性。例如「Fun 電娃娃」的創作程序如下：

1. 組員們尋找相關資料，以提供在實作方面建議，或解決困難的方法。
2. 衡量評估所構思的方法，以及準備需要的材料與技術。
3. 參訪他人創作與設計巧思，從中仿效優點與改進缺點。
4. 撰寫企劃書，並指分派各組員的任務。
5. 大家分工合作，開始進行實作。
6. 討論實作部分產生的問題，設法解決，並尋找替代方案。
7. 初次完成成品內部裝置，並做簡單的測試。
8. 相同方法，完成其他成品模型，並做出外部的紙黏土及色彩。
9. 將三個 Fun 電娃娃組合為一體。
10. 進行拍照記錄資料，並記載實作過程。

二、解套研發困境

創意驗證階段最怕是面臨無解的困境，當然無解的困境也是發揮創意的最佳挑戰點，由於解套研發困境可使信度和效度獲得驗證，證實創意作品的存在價值。例如「Fun 電娃娃」解套研發困境如下表 2-2：

表 2-2　Fun 電娃娃解套研發困境一覽表

困難	說明	解決途徑
1. 收線盒與電線纏繞	當插座固定後發現自動收線問題，電線會和收線器一起捲起來導致插在插座上的線會脫落。	因此以改為插座製作在收線器上和收線器一起旋轉，這樣子就可解決線會脫落的情形。
2. 電線配置問題	在拉長電源線中發現固定線材的器材配置問題是要在內部還是在外部。	由底部挖個剛好附和電源線寬度的底座，一來可固定線，二來可成為收納放電娃娃的底蓋。
3. 通電問題	在收納放電娃娃時放發現三個放電娃娃無法通電的問題，這是我們技術上的困難。	目前的替代方法改為兩個插座一個可以插電源線，一個可以擴充，這樣子三個娃娃可以個別使用或是串在一起使用。
4. 娃娃價格昂貴	在虎尾、斗六的許多精品店尋找俄羅斯娃娃，終於找到一家有販售，但尺寸與我們所需的不符，且價格昂貴，不符合成本。	此用保特瓶當模型代替，外觀貼上紙黏土後，再以手繪可愛圖案，最後上透明漆。

三、展示創作圖像說明價值

以繪圖或拍照方式展示創作圖像的正視圖、側視圖、甚至 3D 立體圖等，可以清楚傳達作品的特色，加上清楚說明作品價值，讓創作具有更高附加價值。例如下圖 2-4「Fun 電娃娃創作圖像」和表 2-3 「Fun 電娃娃創

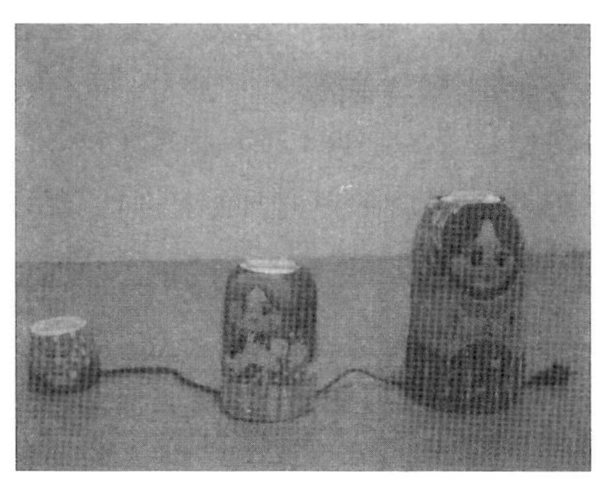
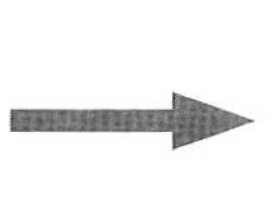
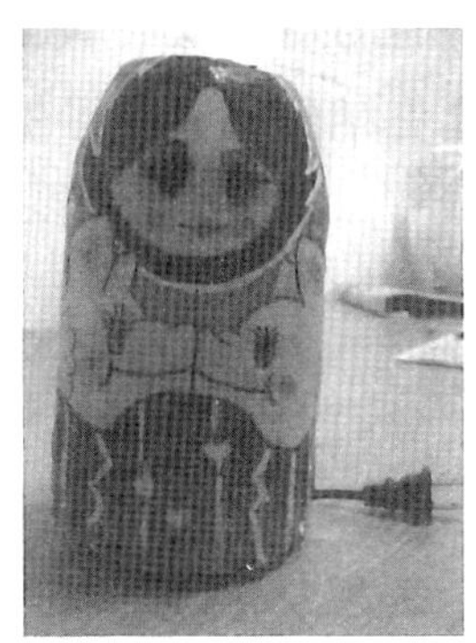

圖 2-4　Fun 電娃娃創作圖像

作貢獻」所示，即可展示「Fun 電娃娃」創作圖像和說明作品的價值。

表 2-3　Fun 電娃娃創作貢獻

對　象	貢　獻
全家大小 老少咸宜	「FUN 電娃娃」適合所有用電的人使用，因為電是每個人幾乎都會用到的，所以不分年齡、男女、老少都會需要它。
親朋好友 恩愛戀人	「送禮自用兩相宜」，在特別節日時，可以把造型可愛的「FUN電娃娃」當成禮物，送給好友或戀人，經濟又實用。
創意辦公室 效率上班族	新世代許多公司在辦公的環境很講究公司特有風格，「FUN電娃娃」就能幫他們美化辦公室，員工能保有好心情，工作更有效率。
世界各地 無遠弗屆	「FUN 電娃娃」這個 IDEA 期望除了能讓家家戶戶使用到，也能推展至全世界，讓大家享受此便利。

四、修正或補充創作論點

即修正原有論點或補充創作論點，提供進一步創新商品的可能。例如，Fun 電娃娃可在「功能」、「造型」、「材質」和「結構」上的新創意表現。

例如，在功能上，增設延長收納集線器、改進延長線纏繞打結機制降低誤差率、增設安全保險絲機制等；在造型上，可增加原住民娃娃、可愛動物娃娃等；在材質上，可考慮評估壓克力、橡膠、布質、陶瓷等最適性；在結構上，如何在主結構和部分結構調整空間等。

第三節　創意人的知識庫

創意人的知識庫是創意人宏觀器識和表現作品的絕佳利器，創意人有充實的資訊網知識庫，可以透過實例圖片、專利作品、參與競賽，提供具體化概念和想像空間，也可以旁徵博引掌握最新資料，並激勵參與創意競賽動機，發揮創意極限超越既有創意作品窠臼。

壹 資訊網

國內有關創意資訊網或創意競賽資訊網相當多，政府單位、學校單位、事業機構、企業商品行銷公司等不勝枚舉，茲以國內較為有制度、規模且持續辦理競賽之資訊網列表說明之。

一、國內創意資訊網

表 2-4　國內創意資訊網一覽表

單位／網站	提供創意資訊內容
文化創意產業 http://www.cci.org.tw/portal/plan/index.asp	文化創意產業計畫所涵蓋的內容將包括： 1. 文化藝術核心產業：精緻藝術之創作與發表，如表演、視覺藝術、傳統民俗藝術等。 2. 設計產業：建立在文化藝術核心基礎上的應用藝術類型，如流行音樂、服裝設計……等。 3. 創意支援與周邊創意產業：支援上述產業之相關部門。
台灣技術交易市場資訊網 http://www.twtm.com.tw/	因應知識經濟時代的來臨，經濟部工業局為引領台灣技術交易服務業發展，特建置台灣技術交易市場（TWTM）整合服務中心及其資訊網，提供想買賣技術和資訊的服務。
國立政治大學創新與創造力研究中心 http://www.ccis.nccu.edu.tw	1.「創新與創造力研究中心」以深厚之學術研究為基礎，提供創新與創造力之研究資源，透過研究、發展、推廣與交流等運作方式，持續推動創新與創造力相關議題研究。 2. 該中心於「創意激發」、「資料庫建置」、「學術出版」、「國際交流」四項業務架構下，逐步開展各項機制、功能與活動，以具體達成研究中心設置之宗旨，建構台灣「創新與創造力研究中心」運作之機制。

表 2-4　國內創意資訊網一覽表（續）

單位／網站	提供創意資訊內容
中華文化創新發展協會 http://www.creatfield.org/modules/news/	1. 響應國家發展十大重點投資計畫之「新故鄉社區營造」計畫，號召整合文化及創意人才，致力社區營造創意啟發與創新。 2. 協助政府、民間機構推動各項文化創新及終身學習活動。
行政院青輔會 http://www.nyc.gov.tw/	1. 青年創業之諮詢輔導。 2. 青年創業資金之籌措輔導。 3. 青年創業之經營管理輔導。
創新・創業網 http://www.entrepreneur-ship.net.tw	1. 創新全方位，創業全世界為推廣創意的中心想法，鼓勵創新和創業精神。 2. 提供 YEF 專區拓展創業機會，以及創業家專區、創業資源、創業論壇、合作夥伴等資訊。
全民創新運動 http://www.innovation.org.tw/	1. 提供全民創新學堂了解創新理論、名人、楷模等。 2. 提供全民探索創新寶藏所收藏了各式各樣創意創新之案例。 3. 提供創新情報，定時更新創新消息的大本營。舉凡研討會、競賽、書籍的相關消息到生活創意的小點子都有登錄。 4. 提供創新論壇，讓全民就各式各樣創新意見發表高見。
教育部創造力教育網站 http://www.creativity.edu.tw/	1. 透過創造力家族的創意教師、創意學子、創意智庫、創意營隊、創意素養、創意空間等計畫家族，了解台灣創造力現況。 2. 報導各項創造力計畫家族和營隊所展現創意。

二、國內創意競賽資訊網

國內創意競賽資訊網是提供創意人表現的舞台。茲以下表 2-5「國內創意競賽資訊網一覽表」說明國內重要創意競賽：

表 2-5　國內創意競賽資訊網一覽表

單位／網站	資訊說明
光寶科技 http://active.udn.com/2004liteon/a.htm	1. 目的：主要也是想協助提升國內資訊與通訊產業整體的工業設計水準。 2. 創意競賽名稱：光寶創新獎——每年訂出不同創意競賽主題。例如： 2003——數位之光—— Lite on your Digi-World。 2002——「第七感——無線數位時代的人性溝通」。 2001——【數位流】探討數位時代個人行動資訊與通訊產品的未來概念設計。
中華民國創新發展協會 http://www.ccda.org.tw	1. 目的：鼓勵有創意中小學教師或教學團隊再努力，讓教育更創新進而提升下一代競爭力。並激發青少年發明創作潛能及提供青少年發明學習、展示及觀摩機會。 2. 創意競賽名稱：(1)全國創意教學獎。 (2)世界青少年發明展作品選拔。
Keep walk http://www.keepwalking.com.tw/index.asp	1. 目的：期望透過實質的獎勵，協助個人成就不凡夢想，開創平凡人生的不凡新頁。 2. 創意競賽名稱：keep walk 夢想資助計畫。
台灣工業銀行 http://www.wewin.com.tw	1. 目的：為激發台灣新世代創造力，鼓勵並訓練年輕人以團隊模式，透過資源合作，展現產品及技術創意。 2. 創意競賽名稱：台灣工業銀行創業大賽。
經濟部工業局 http://www.mobilehero.com/front/index.asp	1. 目的：希望將校園的能量導入通訊產業，吸引優秀學子投入產業研發設計工作。 2. 創意競賽名稱：通訊大賽。
經濟部技術處 http://mechanism.runride.com/	1. 目的：廣徵健身運動產品之創新機構，藉此塑造更具人性機能的健身運動產品。 2. 創意競賽名稱：全國創新機構設計比賽。
中華民國科技管理學會 http://www.csmot.org.tw/stud/study.10.htm	1. 目的：鼓勵在校學生發揮想像與創意、著手研究、設計、規劃將創意轉化成創新產品或創新商業模式，並同時考慮市場的接受性和技術可實現性，並致力於創意商品化計畫書的撰寫，以尋求最終創業理想的實現。 2. 創意競賽名稱：第十屆 2006 年學生創新獎。
台灣創意設計中心 http://www.boco.com.tw/2006Competition/chinese/regulation.htm	1. 目的：提供國內外設計師、設計相關系所師生及自由創作者表現創意設計作品競賽機會。參賽者可以個人或組團隊參賽，參賽件數不限。 2. 創意競賽名稱：第五屆台灣國際創意設計大賽。

表 2-5　國內創意競賽資訊網一覽表（續）

單位／網站	資訊說明
創思設計與製作競賽 http://140.118.199.154/robot8.nsf	1. 目的：將創造力及想像力發揮至極致，創造出機器人突破困境、化險為宜，贏得創意設計。這是電子、電機、資工和機械工程學系等，相當重視的年度機器人大賽。 2. 創意競賽名稱：2005 第九屆創思設計與製作競賽。
工業技術研究院 http://www.itri.org.tw/chi/rnd/advanced_rnd/advanced/XA92-02.jsp	1. 目的：為提升創意思考，鼓動創意思想風氣，激發往更高更遠的目標思考。 2. 創意競賽名稱：2005 全國 LED 照明應用創意設計大賽。 2020 未來科技創意競賽。
創新創業教育網 http://www.tic100.org.tw/tic100/	1. 目的：研華文教基金會透過創業學習過程，讓青年展現生命中創新的價值，以激發青年在科技、人文與生醫三大領域的創新行動及創業意識，並提升技術或服務商品化及事業規劃之能力。 2. 創意競賽名稱：8thTIC100 創新事業競賽。
教育部創造力教育網站 http://www.creativity.edu.tw/	1. 目的：創造力與創新能力之培育，不僅是提升國民素質之關鍵，亦為發展知識經濟之前提，所以透過創造力教育為未來教育工作之推動重點。 2. 創意競賽名稱：(1)高中生智慧鐵人競賽。 (2)大學校院創意的發想與實踐競賽。
第一屆機動車輛創新設計競賽 http://www.artc.org.tw	1. 目的：車輛中心配合經濟部提升機動車輛前瞻性設計的產業政策，鼓勵機動車輛外觀創新造型設計，並配合電子化、環保及安全等科技趨勢，籌辦首屆機動車輛設計創新競賽。 2. 創意競賽名稱：2006 亞洲區機動車輛創新設計競賽。
設計共和 http://www.designrepublic.org.tw/	1. 目的：鼓勵國際創意設計交流，發掘創意設計人才，展現台灣重現創意設計之國際形象，建立台灣之國際設計形象。 2. 創意競賽名稱：台灣國際創意設計大賽、2005 4C 數位創作競賽、2006 G-DESINN 設計大賽。
國科會大學校院學生創意實作競賽 http://cia-contest.ncku.edu.tw/	1. 目的：為激發國內大學校院大學部學生之創意思考及實作、動手動腦能力之發揮，鼓勵跟領域專長的科技整合團隊，以系統化思維，發揮創造力，完成富有精緻創意與高實用性之創意作品。 2. 創意競賽名稱：2005 年第六屆全國大學校院學生創意實作競賽暨國際名校創意邀請觀摩賽。 3. 競賽主題：例如，2005 年第六屆競賽主題是「新境界」，包括下列內容：E 化人生、永保安康、永續資源、創意環境。

國外創意資訊網相當多，只要在搜尋引擎打入任一創意技法、創意人介紹和創意實例等關鍵字，即有相當多豐富具體又明確的的網站出現。例如，從下列網址進入即可找到許多創意資料：

1. http://www.brainstorming.co.uk/。
2. http://www.diegm.uniud.it/。
3. http://www.betterproductdesign.net/。
4. http://www.ciadvertising.org/。
5. http://www.mycoted.com/。
6. http://www.triz.org/。

貳 專利網

一、專利起源

㈠產業發明專利

張啟聰（2002）研究指出，歷史上最早對於產業上之發明給予專利，是在義大利的佛羅倫斯（Florence）。1412 年，佛羅倫斯對於技術家兼藝術家的 Brunelleschi 所發明起重機，給予三年的獨占期間，此起重機是用於運送建築所需之大理石，政府非公開地承認同意給予保護，並予以一定期間之獨占，在獨占期間內，未經發明人之同意，其他人不得使用其發明。此時已有對於發明者加以保護之觀念，但僅屬個案性質，尚未形成一般性之法律。

㈡技術發明專利

張啟聰（2002）研究指出西歐最初都市之一，義大利的威尼斯（Venice），也於 1474 年 3 月 16 日元老院制定威尼斯專利法（Venetian Patent

Law），元老院於該法實行時，曾做了以下的說明：「凡是於本都市中，任何人產生出本國未曾有的新穎創作之技術，該技術縱非完善，但只是要能夠實施使用，並向自治體長官事所提出申報的話，均應予以感謝。感謝的方式是，對於該技術限於十年的期間，在本國中禁止他人使用或模仿該技術，或使用類似之物。凡欲使該技術的人必須獲得該技術申報人的同意。倘無該人之授權，不容許有上述的實施行為。」一直到 1550 年止的一百年期間，威尼斯均以前述的方法來授與專利，威尼斯之專利法是針對技術發明給予保護之法律，可說是歷史上最古的專利法。

在義大利對於發明創作給予保障之措施，開啟了專利之要件，包括產業上可利用性、新穎性及進步性之規範。

二、免費專利網

基於對專利知識傳播交換訊息的專利安全性，和避免複製重複性，許多專利資料庫，提供國內外讓愛好創意發明人士免費查詢，如表 2-6「免費專利資料庫」。

表 2-6　免費專利資料庫

資料庫	網　址
中華民國專利資訊網	http://www.twpat.com/Webpat/Default.aspx
中華民國專利公報資料庫檢索	http://www.patent.org.tw
美國：專利暨商標局（USPTO）	http://www.uspto.gov
日本：特許廳（JPO）	http://www.jpo.go.jp
歐洲：歐洲專利局（EPO）	http://www.european-patenroffice.org
中國大陸：國家知識產權局	http://www.sipo.gov.cn
Biotechnology patents	http://www.nal.usda.gov/bic/Biotech_patents
ESP@CENET	http://ep.espacenet.com
WIPO-IPDL	http://www.wipo.int

三、付費專利網

由於專利屬保護維護性之智慧財產權，所以，許多單位為維持其專利網之素質，採取付費專利網，如表 2-7「付費專利資料庫」所示。

表 2-7　付費專利資料庫

資料庫	網　址
Delphion-IPN	http://www.delphion.com
Dialog	http://www.dialog.com
Micropatent	http://www.micropatent.com
PATOLIS	http://www.online.patolis.co.jp
Q-PAT	http://www.qpat.com

參、重要發明展或設計展

至 2004 年為止，台灣共有超過 7,200 項產品在美國取得專利權，專利權總核准數目連續第 6 年名列全球第 4，發明型專利核准數目有 5,900 件，連續第 5 年名列全球第 4，在亞洲僅次於日本，可見台灣人的創意發明所產生的商機無限。

一、發明展或報導

(一)世界性發明展

世界最有名的發明展為「瑞士日內瓦發明展」（Geneva International Invention Exhibition, GIIE），「德國紐倫堡發明展」（Nurermberg International Invention Exhibition, NIIE）和「美國匹茲堡國際發明展」（Pittsburgh International Invention Exhibition, PIIE），台灣歷年都有組隊參加，且獲得不錯成績。

茲以 2005 年 4 月 6-10 日舉辦的第三十三屆瑞士日內瓦發明展為例，共有來自四十二國的 735 項發明參展。

台灣發明家提出 23 項發明均獲獎，計有 13 面金牌，7 面銀牌，3 面銅牌。其中陳永欣發明「電梯之輔助收放裝置」最受矚目，不但是金牌得主，並獲頒「國際發明協會聯盟」（IFIA）特別獎。這項可使電梯在故障時，在無任何外力協助，自動將電梯降至下一層樓發明，已受到包括OTIS在內的全球各大電梯公司的注意，蘊藏了無限的商機。林國義發明的「蘋果榨汁機」與「離火續煮鍋」雙獲金牌，蘋果榨汁機並獲匈牙利的特別獎；袁民全與黎煥斌的「黑晶瓷水觸媒」及阮仙化的「酒的負壓蒸餾設備及蒸餾酒」，除了金牌外，也分別得到馬來西亞及韓國的特別獎（*http://www.cdn.com.tw/daily/2005/04/10/text/940410d3.htm*）。

(二)我國發明展

第一屆「台北國際發明暨技術交易展覽會」於 2005 年 9 月 29 日至 10 月 1 日，在台北世界貿易中心展覽大樓一樓 B、C 區展場舉辦。此次由經濟部、行政院國科會、國防部與行政院農委會共同主辦，外貿易協會（TAITRA）及台灣技術交易市場整合服務中心（TWTM）負責執行，預計使用 700 個攤位，展示超過 1,000 項新發明品或新技術。

這是台灣第一次舉辦國際性的發明展，以一展多區的方式呈現，分為四大展區，包含發明競賽區、技術交易區、科技創新區，以及公協會暨媒體服務區（*http://www.taipeitradeshows.com.tw/invent/Chinese/news20050608.htm*）。

㈢世界重要發明報導

例如 TIME 雜誌在 2003 年曾經評估全球最重要的發明，報導「2002 年全球最重要的四十二項發明」，其中重要發明例如：澳洲的太陽塔、安全斜槽、電話牙齒、音樂夾克衫、可在沙灘像拍排球傳遞來去的 Sputmik 麥克風、可在戰爭或救災使用的紙板屋等等，對於人類生活和文明均有重大影響。

二、設計展或報導

㈠台灣精品展

經濟部為建立我國優良產品國際形象及易於辨認之國際識別標誌，在民國 81 年特別聘請專家設計造型優雅、富於動感的「台灣精品標誌」，並委託外貿協會在全球 90 多個國家／地區註冊。從該網站可以查詢到以下許多設計精品（*http://taiwaninnovalue.com/chinese/trade_p4c.asp*）：

1. 食：食品、食物、醫藥。
2. 衣：服飾、時尚、配件。
3. 住：居家生活、居家生活之相關用品。
4. 行：交通工具及相關用品。
5. 育：教育、電腦軟體、書局、書籍、出版、雜誌、醫療。
6. 樂：活動、休閒、玩樂、攝影、影音。

㈡其他設計展

國內各大學設有設計相關學系，例如空間設計、工業設計、商業設計、多媒體設計、視覺傳達等學系，幾乎每年均會舉辦畢業展或年度大展。此外，世貿中心或各地方展示中心，也經常會有創意設計展。

肆、模型、圖片或實物

或許在百貨公司、夜市、大賣場、DM 郵購、朋友家、學校角落或實驗室、E-mail發明館等，可以找到許多意想不到的創意玩具、教具、震動保險套、發光喇叭鎖等等，這些可以發想與實踐的創意模型、圖片或實物，可當做創意專題的範例或討論題材。

創意現實問題

請把臉譜變畫板，畫畫看吧！

創意的發想與實踐

1. 把他（她）用色、線條，在空白處畫上或塗掉。
2. 把他（她）加上時針、分針，延伸做成時鐘臉譜。
3. 把他（她）加上兩個輪圈變成騎腳踏車的人。
4. 把他（她）變成你想實踐的其他創意。

創意評量紅綠燈

	綠燈	黃燈	紅燈
可利用性			
新穎觀念			
有進步性			
有創新性			

在很多天才的作品中，我們看到自己以前曾棄絕的想法。

——倫夫・伍德・艾默森

創意經典故事盒

叩診法和聽診器的發明

在 18 世紀，醫生診斷全憑眼睛觀察和聽病人的訴說，當時一名叫奧恩伯魯格（Leopold Auenbrugger）的醫生，因診斷不出一位女病人胸痛的病因，而無法下手治療，因而讓女病人去世了，解剖女病人的遺體時，發現病因是因為胸部化膿發炎，造成大量積水。奧恩伯魯格想起小時候父親總是用手敲酒桶來判斷桶內剩餘多少酒的方法，於是他把這方法拿來應用在病人胸腔的聽診上。經過長期的經驗累積和改進，終於有了較成熟的診斷法，他取這種診斷法為「叩診法」。

1816 年，法國醫生雷涅克（Renchoennec）無法應用叩診法在一位過於肥胖的病人身上，他聽不清楚胸腔傳回的聲音。在休息散步時，他看到路邊兩個小孩分別趴在像翹翹板的一條長木樑兩端玩耍，一個敲擊，另一端的孩子就把耳朵貼在木樑上，就聽到木樑傳來的聲音了。雷涅克立刻跑回醫院，用一張紙捲成錐形變成中空狀的筒，將錐底置於病人的胸部，耳朵貼在頂部，他驚喜地發現他到病人胸腔內的聲音了。經過長時間的探索，試驗過多種材質，雷涅克的聽診器終於問世，雷涅克的聽診器又被稱作是醫者之笛。

IDEA 筆記畫

☆我的感想：聲音是需要知音的。

☆我的問題：

☆我的聯想：

☆我的應用：

☆我的創造：

第三章

創意教學

學校的功能應該是，培養孩子們沒有答案的時候，養成「動腦思考」的習慣。也就是讓孩子對於無解的問題設法提出假設，並不厭其煩努力證明自己的假設是正確的。擁有這種能力的人，有機會以高達97%的年利率賺錢，但是以牛頓力學思考的人，卻只懂得拼命往年利率只有1%的定期存款擠。

——日本・管理學大師・大前研一

教學是教學者透過教學設計，運用適當的教學方法，使學習者學習到有學識認知、道德價值和行為技能的教與學互動歷程（沈翠蓮，*2005*）。創意教學是教師依據創造力發展的原理原則，運用適當的教育方法和技術，安排合理有效的教學情境與態度，刺激並鼓勵學生主動地在學習中思考，以助長其創造思考能力發展的教學活動（張玉成，*1991*）。

為什麼教創意？創意教什麼？怎麼教創意？教給誰的創意最有效能？本章第一節探討創意教學基本概念，了解創意的教和學的意涵，以及創意教學的相關概念。第二節探討創意教學的影響因素，了解為什麼要教創意，創意教學內容或過程受到哪些因素影響。第三節探討創意教學的策略，透過創意教學技術、步驟和模式的探討，讓教師教學反思創意和學生學習表現創意時，能讓思考變得靈活，可以解決學習和生活中的難題，設定有均衡美感的創意人生。

第一節 創意教學的基本概念

教師是創意知識交流網路系統的平台，可以儲存、交換、轉化和創造許多創意訊息，結合師生的創意技能、點子、想法和實踐，將形成創意專業知識工作站，讓創意隨時可像旋轉木馬一般，具有動感價值和生活童趣。

壹 創意教和學的意涵

Vista（*2000*）曾指出，為了教導這一代的學生，教師必須發展出更具有創意的教學方式，而老套的教學方式已不再成為足夠和有效的教學工具。曾望超（*2004*）研究指出，教師創意教學係指教師在教學過程中發揮個人創意，採取各種教學方法或策略，使教學具有創意、新意與美意，以吸引學生的專注力，啟發、增進學生的創造力、想像力與學習動機為目標的一種教學歷程。進一步來說，創意教學包括創意的教和創意的學，師生在教學互動中產生創意產能的教學相長歷程，即是創意教學。

一、創意的教

㈠ Score：教出創意成績單

有創意理念的教師深知創意教學目標，在於培育「創意種子」和「創意明星」。因此，進行創意教學的教師在進行創意教學時，不時撒下創意種子，讓修過課的學生愛上創意，走到哪裡可以敏覺地發現缺漏，獨創新世界，不會當個只會搬家仿冒的小螞蟻。對於創意有天賦專長的學生，教師願意進一步地拋出知識網，指引學生進一步探索創意世界，日後當個擁有多項專利的發明人，或是善於處理窘境的危機處理高手。

㈡ Flexilble：表現有變通性創意

在創意教學當中，教師本身究竟有沒有「創意」並不是問題，重要的是能不能做好有變通性的創意教學活動，讓師生完成有創意價值的教學活動目的。當一個教師面對不同情境的反思任務時，如果具有變通性來使用不同策略，且能蒐集許多事實、實例或觀念，用一種不同的新觀點來形成一種新形式，組織屬於創意取向的創作，那麼他將能保有思考的變通性。

㈢ Token：善用創意線索符碼

進行創意教學經常以抽象線索符碼的發想，努力實踐創意到最後可能變成具體創作。而這些外在抽象事物，教師可以透過心智模式的聚焦、變焦、想像的掃描輸出，轉化為教學場境可用的創意，例如，Finke, Ward, & Smith（*1992*）的書中指出，想像的轉化可以從最初簡單的符碼，變成最終有創意意義線索的作品如，圖 3-1。如果教師也能善用符碼的系列推論演繹，學生經過視覺傳達的認知作用，將很快進入老師所進行之創意的教。

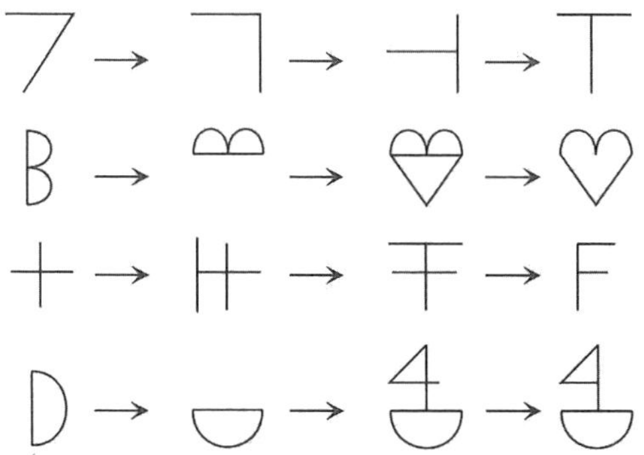

圖 3-1　創意線索符碼系列推演

資料來源：整理自 Finke, W., Ward, T.B., & Smith, S.M.（1992：52）。

二、創意的學

(一) Question：提出題目

有創意學習動力的學生，會經常提問為什麼（why）？為什麼不是那樣（why not）？該怎麼辦（how）？所以經常提出創意思考題目，可以引發學習探索思考的興趣和潛力。

(二) Reflection：反思現象

有創意學習動力的學生，經常會從事實當中，反思現象所呈現的創意是什麼（what）？該如何進一步推翻或延伸所看到的創意成果。

(三) Practice：實作構想

有創意學習動力的學生，在做中學當中，經常修正實作創意作品的各種構想，該如何（how）讓人（who）覺得很有創意？或該如何提供資訊讓創意收訊者有更多拋開式創意聯想。

例如，想要讓平凡的置物櫃發揮實用和組裝趣味，可以加上創意造型，讓自己和他人更加賞心悅目。如下圖 3-2「組中學做中組麻吉格創意作品」，整個創意的學包括了：1.提出問題：「如何讓生活更麻吉舒適？」2.反思現象：「我如何讓櫃子輕鬆有趣，又有其他作用？」3.實作構想：「櫃子除了可以組裝外，還可以教小朋友，Go！加點色彩和造型吧。」

換言之，想要創意的學，不要忽視任何價值的可能。想想：一個沒有矛盾想法的人，就像一對沒有感情基礎的愛人，想讓一對沒有感情基礎的愛人，變成摯愛一生的伴侶，不要忽視任何愛的創意。

圖 3-2　組中學做中組麻吉格創意作品

貳 創意教學的相關概念

創意教學經常和問題解決、後設思考、發明和創新等概念相關，以下分述其意義。

一、問題解決

Anderson（*1983*）曾指出，所有的認知活動在本質上可以說是在解決問題（problem-sloving），因為人類的認知是有目的性的，往往有想達到的目標，而且會去除達到目標之前所遭遇到的障礙。

從美國學者杜威在其《思維術》（*How We Think*），提出問題解決的五大步驟：1.遭遇到了困難或挫折；2.發覺問題關鍵之所在；3.蒐集有關資料並提出可能假設；4.就可能之解答中分析評鑑並選出最適當者；5.依選定之解答方法實際行動，遇有不妥之處隨時修正（引自張春興、林清山，*1981*），開始問題解決的研究，提供教學者和學習者在各領域學習，積極探究創意思考來解決問題。但整體而論，問題解決步驟幾乎是循以下模式「問思假評動」進行：

1. 問：發現問題、意識問題、察覺問題。

2. 思：思考問題關鍵點、結構點、模糊點。

3.假：提出適切資料印證支持或推翻否定的假設。

4.評：評估決定最佳化解決問題方案。

5.動：解題行動、檢討行動、修正行動。

例如，右圖 3-3 是由 Peter van der Jagt 在 1994 年，創作餐館門口的「乾杯門鈴」，作為「餐館門鈴該如何進行創意設計，吸引客人的注意進門消費？」這個問題解決的創意思維是，當你按門鈴的時候，這對杯子會發出清脆的鈴聲，可讓消費者感受到：另一番用餐創意飲食文化趣味和生活聯想。

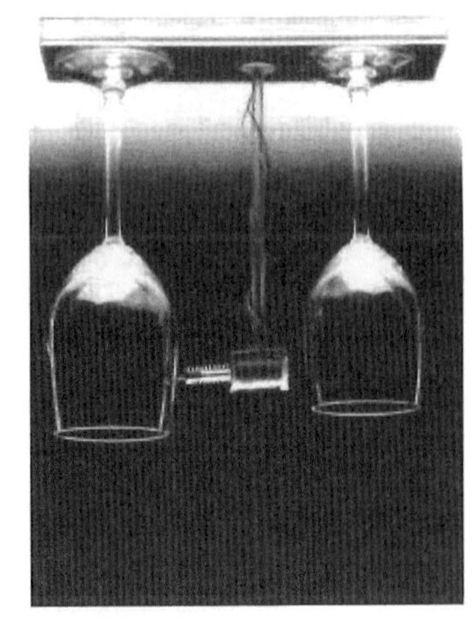

圖 3-3　乾杯門鈴
資料來源：http://jiaju.china.com/zh-cn/

二、後設思考

後設認知（meta-cognition）能力是指個體對其自身認知歷程和認知結果的自我覺知、自我監控以及自我調整的知識與能力（陳密桃，*1990*）。它包含兩個功能，一是「知道」的功能，即知道自己擁有什麼知識、經驗與認知的策略。另一個是「指揮與使用」的功能，即指揮與使用自己知識，或認知策略，去應付某種特定學習、記憶、思考或解題的工作（鄭昭明，*1993*）。

認知發展理論強調創造力是一種認知理性的作用，此派論點認為創造力會隨智能的成熟、創造思考的訓練和創造態度的培養，逐漸發展出來。後設認知能力高的人，較易發揮注意力、知覺、記憶、檢索等歷程的察覺，可以理解個人的解決問題歷程，在已有先備知識後，為了指揮、運用、監督、既有知識而衍生另一種知識，如此一來，有助於創造力的表現。

例如：圖 3-4「溺水者浴缸塞」，創意設計思路可能來自於傷心落魄的破產者，因為破產而產生想自溺又想求生的念頭。當使用者轉開嘩啦嘩啦水聲的水龍頭時，看到溺水者浴缸塞大手出現在洗手台或浴缸，將別有一番後設思考所謂「認知的再認知」創意趣味。

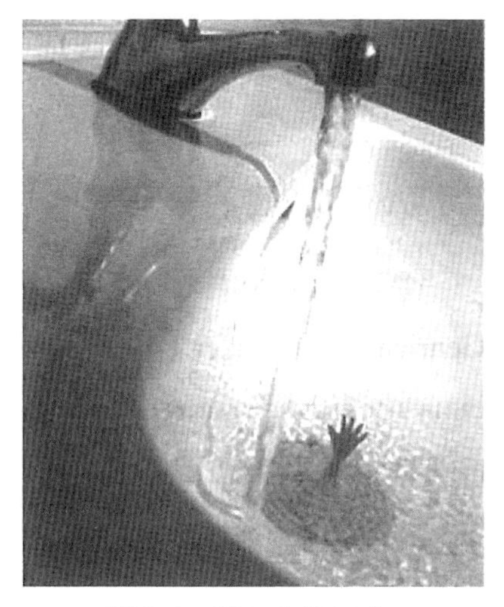

圖 3-4　溺水者浴缸塞
資料來源：http://jiaju.china.com/zh-cn/

三、發明

㈠國內專利法定義

我國智慧財產局所制定的專利法中定義出，法定的發明（invention）為：「利用自然法則的任何技術概念（具體的概念、想法或觀念）之高度進步創新」（第二條），這個定義受到德國對發明的觀念所影響，認為發明必須是利用自然的技術，使用自然力來達成某些特定的結果。

㈡發現和發明的差異

「發現」（heuristic or discovery）是指原有存在的事物，經由觀察發覺歷程把存在事物公諸於世；「發明」是指原本不在這世界上的東西，經由想像創造歷程把不存在事物公諸於世。就創造力的指標來區分，發現可以變通力、敏覺力、精密力和流暢力，單一或全部指標的思考表現；發明則以獨創力（original）指標為主的表現。許多現象可以透過發現和發明改變人類歷史文明。

天文學家發現新行星，考古人類學家發現卑南族發源地，都是屬於「發現」，一般市民可能發現食衣住行育樂的新產品妙方，但經過發現的特殊現象、材料，加以嚴謹的實驗實作歷程，很可能發明新產品。例如：觀察香蕉殘餘餿水不會發臭，引發進一步探索動機了解香蕉園香蕉腐爛卻不會發臭，再利用香蕉油的化學變化實驗，生產出以香蕉為主原料，用來隔離去除香水味的香水隔離油，香水隔離油就是一種發明。因此，發現是發明的基礎。

㈢ TRIZ 發明原理

從維基百科中可以查閱，當今對於發明理論相當有研究的蘇聯發明家 Genrich. S. Altshuller（1926-1998）所提出的 TRIZ 理論（TRIZ，俄文：решения изобретателъских задач俄語縮寫「ТРИЗ」翻譯為「解決發明家任務的理論」，用英語標音可讀為 Teoriya Resheniya Izobreatatelskikh Zadatch，縮寫為 TRIZ，英文的譯法為 Theory of Inventive Problem Solving，TIPS），是一種發明問題的解決理論，也有人縮寫為 TIPS。他從 1946 年開始，領導數十家研究機構、大學、企業，組成了 TRIZ 的研究團體，經由探討對世界高水平發明專利（累計 250 萬件）的幾十年分析研究，基於辯證唯物主義和系統論思想，提出了有關發明問題的基本理論，該理論以發明基本理論和原理為核心，具體包括（*http://zh.wikipedia.org/wiki/TRIZ*）：

1. 總論（基本規則、矛盾分析理論、發明的等級）。

2. 技術進化論。

3. 解決技術問題的 39 個通用工程參數及 40 個發明方法。

4. 物場分析與轉換原理及 76 個標準解法。

5. 發明問題的解題程式（運算元）。

6. 物理效應庫。

下表 3-1「TRIZ 的 39 個參數」和表 3-2「TRIZ 的 40 個原理」為 Altshuller透過科學方法將問題系統化，找出所有可能解決問題的發明原理原則，應用這些原理原則的衝突點加以比較分析之後，可以加速人們創造發明的進程，得到高質量的新產品、新技術。

表 3-1　TRIZ 的 39 個參數

項目	參數名稱	項目	參數名稱
01	移動物體的重量	21	功率
02	靜止物體的重量	22	能量的耗損
03	移動物體的長度	23	物質的耗損
04	靜止物體的長度	24	資訊的損失
05	移動物體的面積	25	時間的浪費
06	靜止物體的面積	26	物質的數量
07	移動物體的體積	27	可信度
08	靜止物體的體積	28	量測的準確度
09	速度	29	製造的精確度
10	力	30	作用在一物體的有害因素
11	張力／壓力	31	有害的副作用
12	形狀	32	易製造性
13	物體穩定性	33	使用方便性
14	強度	34	易修理性
15	移動物體的耐久性	35	適應性
16	靜止物體的耐久性	36	裝置的複雜性
17	溫度	37	控制的複雜性
18	明亮度	38	自動化的程度
19	移動物體使用的耗能	39	生產力
20	靜止物體使用的耗能		

資料來源：引自 Altshuller, G.S.（2000：282）。

表 3-2　TRIZ 的 40 原理

項目	原理名稱	項目	原理名稱
01	分割	21	急速通過
02	分離	22	害處轉變為好處
03	局部特性	23	回饋
04	不對稱性	24	中介物
05	合併	25	自助
06	通用性	26	複製
07	套疊結構	27	可拋棄處置
08	平衡力	28	取代機械系統
09	前反作用力	29	氣動或液壓結構
10	預先行動	30	彈性膜或薄膜
11	事先防範	31	多孔性材料
12	等位能	32	改變顏色
13	反向操作	33	同質性
14	球狀化	34	再生元件
15	動態化	35	轉換屬性
16	過度作動	36	相變化
17	移至新次元	37	熱膨脹
18	機械振動	38	加速氧化
19	週期運動	39	隔絕環境
20	連續的有用運動	40	複合材料

資料來源：引自 Altshuller, G.S.（2000：285）。

從上所述可知：發明並非科學家、發明家的專利，只是科學家和發明家有較優異的發明直覺（專業知識），在推論演繹歷程善長運用專業知識發明新事物。愛迪生在辭世時得以發明留聲機、電燈等二千多件偉大作品，都是來自於孜孜不倦的創意專業直覺。

四、創新

㈠起源

「創新」（Innovation）一詞，於文獻資料中最早是由美籍奧地利經濟學家熊彼得（Schumpeter, J.A）所提出，係源自於拉丁文Novus，其原本的意思乃是指介紹某種新的事物，或是一個新的觀念，而最早提出創新概念的學者即為經濟學家熊彼得（*Schumpeter, 1934*），他以經濟學的角度將創新定義為：「運用發明與發現，促使經濟發展的概念」。先有發明、後有創新，而這個觀念也深深地影響著後來學者對於創新的看法。

㈡學者定義

管理大師Drucker（*1985*）也針對創新做了探討，他認為創新是創業家的特定工具，能夠將改變視為新契機，開發成為不同的事業，或提供不同的服務。因此，只要使現存資源創造價值的方式改變，都可以稱之為創新，而且創新是一個可以學習且可被實踐的領域。

Betz（*1993*）在創新的定義上，則加入了商業化的概念，其認為所謂發明是指為了新奇的產品或程序而形成的概念，而創新是將新產品、程序或服務介紹到市場。此外，Betz也認為技術創新是創新的一部分，是將以科技為基礎的產品、程序或服務介紹到市場。

Clark & Guy（*1998*）強調資訊與知識的概念，認為創新是指將知識轉換為實用商品的過程中，對人、事、物，以及相關部門的互動與資訊的回饋。因此，創新可以說是創造知識及科技知識擴散的主要來源。

創新是結合資訊知識產生新的產品或技術，應用到組織的產品或製程技術發展，進而推介到市場，使其創造附加的經濟價值或社會價值。創新必須以創意為基礎，方能在每個環節產生附加經濟價值。

㈢創新類型

Chacke（*1988*）認為，所謂的創新乃是指去修正一項發明，使得這項發明得以符合現在或是潛在的需求。他將創新區分為下列這三種類型：1.產品創新（product innovation）：意指新的產品；2.製程創新（process innovation）：意指新的生產方式；3.組織創新（organizational innovation）：意指新的組織結構型態或是新的管理技術。

Johne & Snelson（*1989*）將創新的類型分為下列兩種：1.激進式創新（radical innovation）：在核心概念及技術上有重大突破，進入與原有市場或事業無關之領域，其產品創新活動以績效最大化為導向，因而所伴隨之風險相對地較高，屬於積極性策略；2.漸進式創新（incremental innovation）：以既有產品、市場或事業出發，採取局部改良（modification）、升級（upgrades）、延伸（derivatives）及擴大產品線（line extension）等方式於功能或市場區隔上調整，通常以成本最小化、提升生產力或品質為目的。

創新的類型，離不開產品、製程、組織、策略、市場、突破等概念，因此創新和創意是一體兩面關係，創新必須將工作中的創意，用新方法透過新產品、新流程、新服務、新事業來創造有用價值。

五、融合問題解決、後設認知、發明和創新的實例

茲以蘇聯著名的發明家Altshuller在其著名的TRIZ專書《*The Innovation Algorithm TRIZ, Systematic Innovation and Technical Creativity*》一書中，以防熱防瓦斯的安全裝備發明創新為例（如圖 3-5），說明其如何經由問題解

決和後設思考歷程，在蘇聯第一次發表此一作品（*Altshuller, 2000*）。

㈠問題敘述

礦場坑道發生火災時，常伴隨著有毒氣體（一氧化碳），因此救援隊必須配戴供氧設備，供氧設備為密閉式系統，高壓存儲的氧氣緩緩流入呼吸袋，接著進入面罩，人員所呼出的氣體則隨著大量新鮮氧氣，經特殊裝置過濾後，重新流回呼吸袋。

相較於開放式系統呼出之二氧化碳直接排出裝置（如潛水員配戴之氧氣設備），密閉式系統造價低廉，但仍不盡理想，主要在於重量高達 12 公斤，且不耐高溫為其最大缺點，而坑道發生火災時，溫度可快速竄升至攝氏一百度。在執行粗重工作時，人體每小時燃燒四百大卡的熱量，而由於環境溫度高於人體溫度，這些熱量將無法釋放出人體，高頻率呼吸循環也無濟於事，因為坑道內空氣溼度將抑制汗水蒸發，導致所有汗水隨身體流下。除此之外，火災所產生的高溫，將使身體每小時額外消耗三百卡熱量。換言之，二個小時的坑道火災救援工作將消耗高達一千四百大卡的熱量！

設計坑道火災專用裝備主要困難在於重量，救援人員負重不可超過28公斤，否則將無法工作。氧氣瓶重量為 12 公斤，加上其他救援設備約 7 公斤，只剩9公斤的負重範圍。假設整套救援裝置僅含冷卻系統（當然冷卻系統本身亦有重量），儲存的冷卻能力也無法撐完二個小時。冰塊、乾冰、液態氣體等冷卻劑無一能夠符合嚴苛的負重限制。

㈡後設認知問題

以冰塊為例，冰塊為強力冷卻劑，融化一公斤冰塊需 80 大卡熱量，而將水加溫至攝氏 35 度需額外 35 大卡。因此，一公斤冰塊約可吸收 115 卡身體所釋放的熱量，承上所述，我們總共需要吸收 1400 卡熱量，意即需 12 公斤的冰塊，如此一來，救援服裝加上冷卻劑重量約 15 至 20 公斤。

針對冷卻與呼吸裝置，Altshuller與工程師R. Shapiro發展出二套構想，成為今日氣體火災救援裝備的設計模型。

㈢發明

此套裝備組件包括完全密封套裝、頭部安全罩、連接扣、呼吸背袋及口罩。套裝內配置液態氧槽，與一般供氧裝置不同，差異在於本裝置以冷卻系統所產生之氣體供呼吸之用，因此無需額外配備特殊人工呼吸裝置。

圖 3-5 為「防熱防瓦斯的安全套裝」之設計圖。液態氧儲存在背包式氧氣槽中，運作步驟為：1.液態氧揮發至發射器；2.氣體暫存在管道軸中；3.氣體發射，與熱空氣混合並加以冷卻。

儲存槽可容納 15 至 16 公斤液態氧，吸收 2,000 至 2,200 大卡熱能，假設裝備重量限制提高到 30 至 35 公斤，可搭載的液態氧量將提升 1 至 1.5 倍，屆時，即使走進熱焰沖天的窯爐中，也不是什麼難事了。

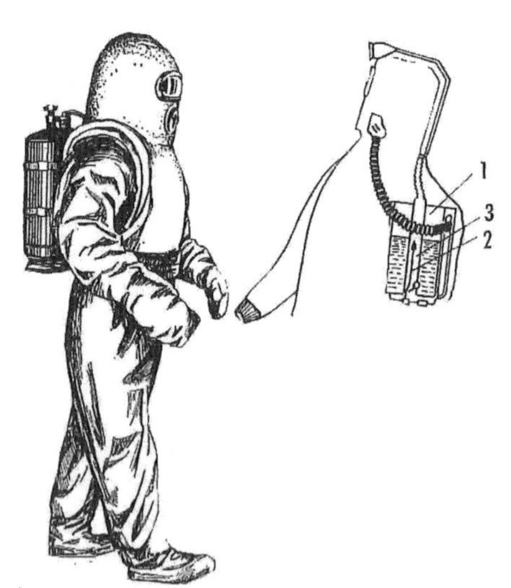

圖 3-5　防熱防瓦斯的安全套裝

資料來源：整理自 Altshuller, G.S.（2000：110）。

㈣創新問題解決歷程

Altshuller（*2000*）提出他對於「防熱防瓦斯的安全套裝解決方案步驟」（如表 3-3），創新「防熱防瓦斯的安全套裝」的問題解決技術。

表 3-3　防熱防瓦斯的安全套裝解決方案步驟

分析階段		
步驟	**邏輯階段**	**思維歷程**
一	從大方向著手，想像問題整體情況	研發冷卻裝置
二	想像理想的最終結果	最佳冷卻功能
三	潛在的阻礙為何？	冷卻劑重量
四	原因在哪？	由於配備整體重量限制為 28 公斤，因此冷卻裝置不可超過 9 公斤
五	如何才能減少阻礙？	假設冷卻裝置重量限制不是 9 公斤，而是 15 至 20 公斤？
結論：必須減少救援工具與氧氣裝置的重量。		
操作階段		
一	分析改變裝置的可行性	重點在於供氧裝置與救援工具，必須減少其重量。而由於近年來，此兩項設備不斷改良，專業研發人員亦大幅改善其重量問題，因此現階段並無進一步改善空間。
二	分析改變外在環境的可行性	礦採坑道外為空氣，因此如能執行空氣交換清淨技術，救援人員便無需配帶供氧系統，然就火場環境考量，此一想法並不可行。
三	分析改變周遭事物的可行性	除供氧裝置與救援工具外，救援人員仍需配帶冷卻系統。而研發供氧／冷卻雙效裝置的可能性為何？為此，必須採用液態氧，而非冰塊或乾冰。雖然液態氧冷卻效果較差，但救援人員可攜帶高達 15 公斤液態氧。
結論：藉由液態氧特性，將可研發出「供氧／冷卻雙效裝置」。高溫使液態氧蒸發，發揮冷卻效果；而液態氧變為氣態氧時，則可供救援人員呼吸之用。裝置整體重量為 21 公斤。		

表 3-3 防熱防瓦斯的安全套裝解決方案步驟（續）

綜合階段		
步驟	邏輯階段	思維歷程
一	研發裝置外型	液態氧的應用為新式操作原理，將可供應大量氧氣。以往，由於裝置供氧量低，因此需採用密閉式循環系統；現在，新式呼吸系統效能更高，價格亦更為低廉。
二	其他物件改善	唯一仍需改善的物件為救援工具，然而其功能是否有進步空間受到高度質疑。
三	過程原理轉換	液態氧快速揮發，將減低裝置整體重量（21 公斤中，氧氣占 15 公斤），救援任務結束前，裝置將僅重 6 公斤。人員疲勞度取決於平均負重量，一旦裝置重量隨時間減輕，人員將可在任務開始時背負更多重量，即能有更大的供氧量。
四	應用此原理解決其他問題	將原本兩種不同裝置合而為一，形成新式裝置的概念還可應用在何處？如焊接技術便將攜帶式濾毒罐與供氧裝置結合。
結論：研發出使用液態氧的精密冷卻裝置，採用開放式系統供氧，並可大幅提高供氧量。		

資料來源：整理自 Altshuller, G.S.（2000：108-109）。

第二節 創意教學的影響因素

進行創意教學影響因素頗多，以下說明較容易影響創意教學成果的學生態度、環境媒材和學習象限等三大因素。

壹、學生態度

學生的創意態度是決定創意教學成果的重要因素之一，具備好奇專注、持續求知、積極探索、熱情參與和冷靜思考問題等態度的學生，常能創造奇蹟。有一個心理學實驗如下：

有一隻兇猛無比的鱷魚和一群可愛的小魚，被抓到實驗室的魚缸作實驗，鱷魚和小魚中間有一個透明隔板，鱷魚剛開始不知道隔板的作用力，於是拼命的往前衝想吃掉小魚，眼睛看看沒東西阻隔，咦！怎麼穿不破可以去吃小魚呢？最後兇猛到不行的鱷魚，只能在魚缸角落看小魚優遊自在的游泳。

創意教學剛開始，學生的學習創意態度，就像鱷魚一頭熱想吃掉小魚一樣覺得新奇有趣想冒險，心想「沒有我做不到、做不成的事，看你往哪裡跑」。然而，創意的桂冠，最後是屬於能從現象感覺訊息，傳輸進入腦內革命後，有創意知覺的具體表現的學習者。

曾經打敗日本、德國、中國大陸等強手，奪得日本機器人ROBOTCUP 2005年世界大賽金牌獎的台灣高二學生胡哲瑋，以微電腦、晶片、馬達和光源感應器等組成機器人「I MAN」參賽，他的靈感來自兩年前看到電影「機器戰警」裡，把機器人描述成殺戮工具，他認為機器人也可以是「好人」，未來一定要設計救災機器人，不是像在日本只是當免費僕人、踢足球等小丑角色，這樣沒意義（聯合報，*2005*）。由於他創意態度朝向人性關懷的思維轉變，讓他突出傳統意識，得以與眾不同拿到金牌。

貳 環境媒材

創意教學的環境媒材包括視聽設備、空間座位、實作場地、模型、發明圖片等。因為透過可進行討論的環境空間，可以讓團隊的創意經由組內彼此互動分享、組間互動，獲得更多創意擴散作用和成效；創意媒材可以讓學生透過視覺傳達的實例、圖片、模型、動畫、影片、作品等，創意模擬操作突破慣性想法，而獲得現象解套。

然而，創意教學的環境媒材並不僅限於教室內的情境。創意環境媒材需由有意識的思索、評論與回饋，才能生產具有創意的實踐，方能激發任何跨領域的互動。在文化丕變、科技更疊的時代，除了熟悉創意環境媒材所能提供的文化現象論題，更重要的是能聚焦關注到，如何發揮現有媒材與藝術美學、生態環境、媒材工具、政治文化等文化產業的互動關聯。

所以，創意教學時不妨在提及環境媒材時，多鼓勵學生從環境中感受欣賞色彩、造型、材質呈現在生活周遭的情形，並辨別其視覺型態所產生之情意美感；觀察大自然與人為環境中的美感配置效果及景觀營造，體認人與環境、自然的對應關係，並提出自己的見解；認識各種造型藝術表現形式（繪圖、塑造、拼貼……）之手法（抽象、具象、寫實、寫意……）並發表自己的觀感；欣賞各種不同族群、文化藝術的特質。如此一來，學習者在看到元件時，很自然而然地能創作許多有自我意識的作品，例如下圖 3-6「創意元件」和圖 3-7「創意元件作品」。

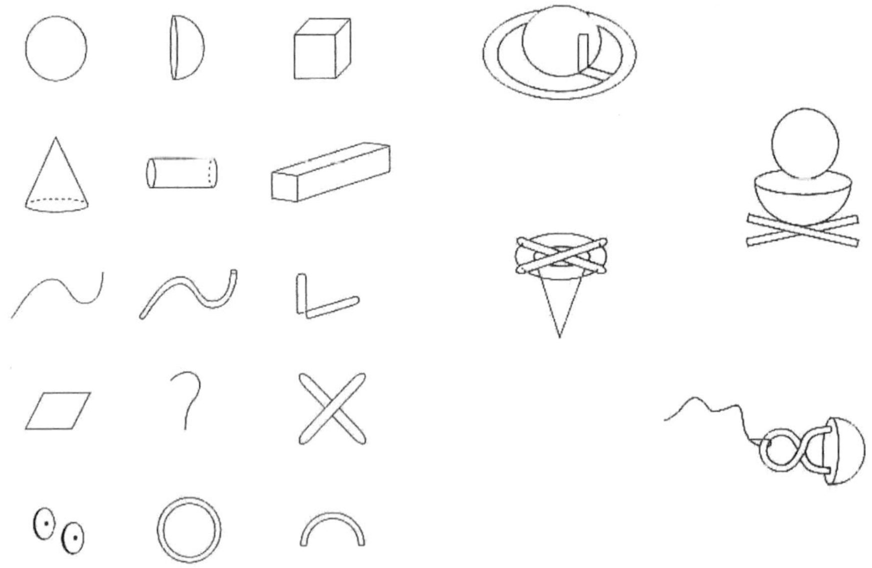

圖 3-6　創意元件　　　　圖 3-7　創意元件作品

資料來源：整理自 Finke, R.A., Ward, T.B., & Smith, S.M.（1992：66,76）。

參 學習象限

創造思考能力是需要訓練、激勵和實際應用，教師熟知學生學習思考象限式態有益於創造能力的培養，和創造教學時的創意發揮。Lumsdaine & Lumsdaine（*1995*）研究指出，學生學習有外在學習、內在學習、程序性學習和活動學習等 ABCD 四種方式，如圖 3-8 所示。

一、A 學習象限（quadrant A learning）

是指外在學習思維，而這種外在學習思維來自於權威，透過講述和教科書而形成學習象限。換言之，外在學習思維的攝取來自於他人的文件資料閱讀或口頭說明而了解資訊事實，這樣的學習象限優點是可以迅速蒐集資料，作為日後創造思考的基礎，缺點是資訊未經檢證容易造成錯誤的連結。

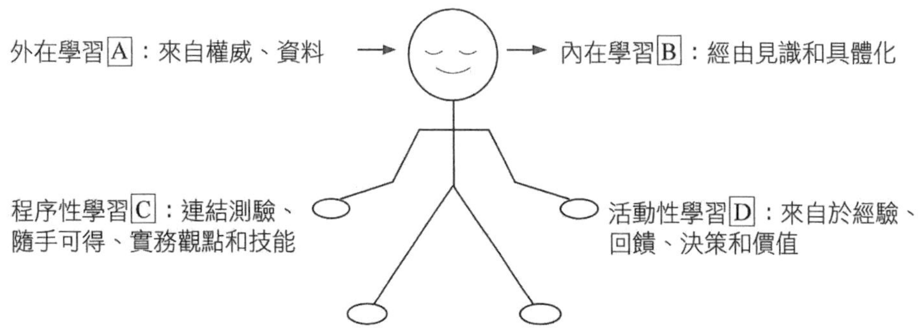

圖 3-8　學生四種學習象限

資料來源：整理自 Lumsdaine, E. & Lumsdaine, M.（1995：97）。

二、D 學習象限（quadrant D learning）

即指創造思考類型的內在學習，經由想像、靈感、具體化、觀念的綜合、全盤的思考、直觀等歷程，自我省思學習所學或問題所在癥結，才能澄清思考盲點，這是屬於象限 D 的學習。這一類的學習型態相當重要，學生日後醞釀、豁朗思考能力的培養，需要內在思維修煉到一定程度後，才能直觀跳躍思想，所見、所思、所言深化問題直指關鍵點。

三、C 學習象限（quadrant C learning）

有一些互動學習，透過決策、隨手可得、或經由語言的回饋和鼓勵後，可以歷經嘗試—失敗—再嘗試的基本感覺經驗，這是象限C的學習。簡言之，互動學習是驗證期的初步結構，有回饋發現創思問題再進一步憧憬，聽別人建議後才有可能翻新答案重新再造新機。

四、B 學習象限（quadrant B learning）

最後是程序性的學習，經由方法論、步驟性的測試、教學內容、實務性和重複改善技能的歷程，這是象限 B 的學習。透過精熟程序性學習訓練，學生時時得以思考每個環節的誤差或精華在哪裡？如此方可增進學習效能。有效能的老師應指導學生探究組合每一個學習模式，使得學習程序在校正中愈臻創意。

第三節 創意教學設計

教學是兼容科學與藝術的一門學問，創意教學設計期望教學設計者，能運用良好的教學環境、資源、活動、步驟、策略和評量，來支持啟發學習者知識傳遞、接受、轉換和創造驚奇的教學效能。

壹 教學設計的意涵

創意教學的設計不能照本宣科，因為常常會面臨許多「狀況外的狀況」，可能無法在教室內就獲得解答，需要師生延伸性的探索。此外，課程通常採行小組創意團隊創作方式，需要許多討論發想，創意的表現不僅重視發想亦注重實踐，創意不能只是空中樓閣的構想而已，需要兼重科學的程序性和藝術的變易性。

教學設計是一個分析教學問題、設計解決方法、對解決方法進行試驗、評量試驗結果、並在評量基礎上修改方法的過程，這是系統計畫的過程，有一套具體的操作程序，具體而言，教學設計是一種解決教學問題的系統方法（張祖忻、朱純、胡頌華，*1995*）。因此，教學設計具有教學活動的藍圖和教學處方的雙重意義（沈翠蓮，*2005*）。

貳 創意教學設計模式

一、系統教學設計模式

Dick & Carey（*1997*）研究多年受到肯定的系統教學設計模式圖，如下圖 3-9，這個教學設計模式，綜合教育心理學、教學心理學、測驗與評量、教學媒體等教學理論和方法，統整為一個有機體，是一個教師教學可用的教學設計體系，進行任何學科教學時均可採行下列模式來教導學生。

二、建構主義教學設計模式

建構教學採用發現式教學法、問題解決教學法或合作學習（*Slavin, 1984*），主要觀點是認為教學設計不應只是為「教」而設計，更應為學生的「學」而設計，以培養學生主動學習的能力。Driver & Oldham（*1986*）將建構主義取向所做的科學課程展示，發展出一個建構主義的教學流程（詹志禹，*2002*；*Driver & Oldham, 1986*），如下圖 3-10「建構主義教學流程圖」。

三、創意工程專題教學設計模式

柴昌維（*2001*）在台北市立大安高工機械科進行實際創意工程教學實驗，運用問答法認清工程概念的教學模式，透過同年級的三個班級採用三種不同的教學實驗策略，觀察學生三年來學業成績的演變，歸納出進行教學實驗前、中、後，三個班級學生成績的差異。透過對學生成績的分析與比較，看出實施問答法認清工程概念的教學模式，具有提升學生創意工程相關能力的成效。下圖 3-11 為「以問答法認清工程概念之教學策略流程圖」。

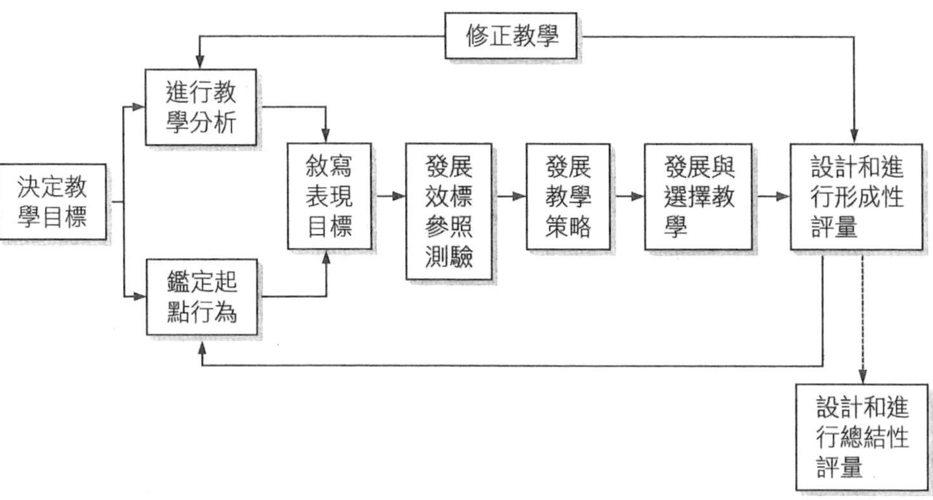

圖 3-9　Dick & Carey 系統教學設計模式圖

資料來源：出自 Dick, W.（1997：365）。

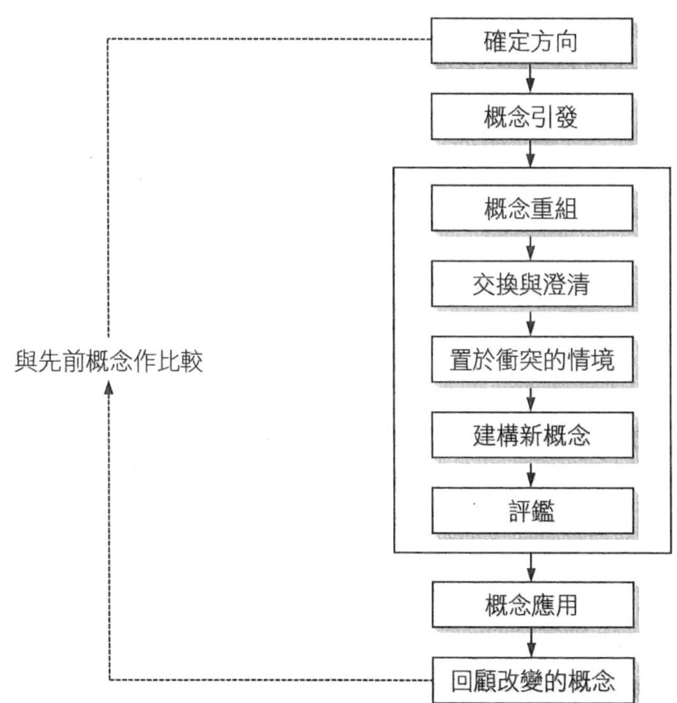

圖 3-10　建構主義教學流程圖

資料來源：出自 Driver, R. & Oldham, V.（1986：119）。

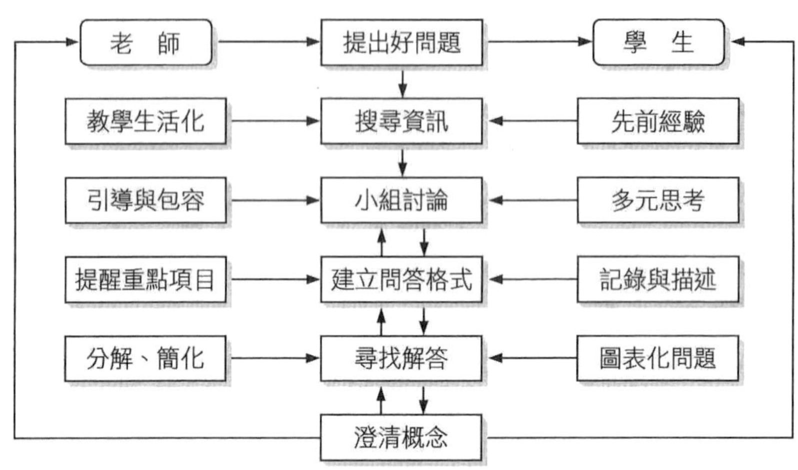

圖 3-11　以問答法認清工程概念之教學策略流程圖

資料來源：出自柴昌維（2001：98）。

四、愛的 ATDE 創意教學設計模式

陳龍安（*1997*）研究提出了一個名為「愛的」（ATDE）或稱「問想做評」的教學模式。所謂ATDE（愛的）是由問（Asking）、想（Thinking）、做（Doing）及評（Evaluation）等四個要素所組成，其模式如圖 3-12「愛的ATDE創意教學模式」，以下說明問想做評「愛的」ATDE模式要點（陳龍安，*1997*）。

㈠問（Asking）

教師設計或安排問題的情境，提出「創造思考」的問題，以供學生思考。特別重視聚歛性（convergent）問題及擴散性（divergent）問題，也就是提供學生發展「創造思考」與問題解決的機會。

㈡想（Thinking）

教師提出問題後，應鼓勵學生自由聯想，擴闊其思考空間，並給予思

考時間，以尋求創意。

㈢做（Doing）

利用各種活動方式，讓學生從做的過程中學習，邊想邊做，從實際活動中尋求解決問題的方法，而能付諸行動。在上一階段中，不同的活動方式，是指寫、說、演、唱……等實際操作或活動。

㈣評（Evaluation）

是指師生共同擬訂評估標準，共同評鑑，選取最適當的答案，相互欣賞與尊重，使「創造思考」由萌芽而進入實用的階段。在此階段所強調的是師生相互的回饋與尊重，也可說是依從延緩批判原則的表現，即是指師生均不急於為初步的構想作批判，以避免局限思考的方向。教師並可因應實際的施教情況，彈性處理教學程序，不需因循「問、想、做、評」的順序，做出靈活的編排。

圖 3-12　愛的 ATDE 創意教學模式

資料來源：出自陳龍安（1997：85）。

參、創意的發想與實踐教學計畫

有些學者強調教學設計是一個計畫教學過程（*Briggs, 1977; Richey, 1986; Seels & Richey, 1994*），有些則強調教學設計是教學方法的計畫。教學計畫（instructional plan）是指教學方案的計畫，又稱「教案」，是協助教師進行教學前所預先設計的一項書面計畫（林寶山，*1988*）。一個有效能的教師應該能對教學單元進行統整性的教學計畫，使教學內容和順序成為一個有機的組織結構，提供學生的學習獲致一個可預期的成果。

以下茲將作者教學「創意的發想與實踐」課程的教學計畫，列於下表3-4。

表 3-4　創意的發想與實踐課程教學計畫

教學科目：創意的發想與實踐	教學者：沈翠蓮 博士
教學方法	**評量方式**
1. 創意專題授課和討論。 *2.* 創意人講堂。 *3.* 創意管理專家演講。 *4.* 創業家和發明人專題演講。 *5.* 創意專案設計成果發表。	*1.* 出席 10% *2.* 討論紀錄 10% *3.* 完成創意問題轉圈圈和創意故事盒作業 20% *4.* 期末創意作品競賽 60%
教學目標	
1. 培養並啟發學子對個人創造力的了解，以及實際的執行能力。 *2.* 深化創造力教育在校園的發展基礎。 *3.* 了解創造力的理論、技法、模式和策略。 *4.* 應用創意問題解決模式實際設計創意產物。 *5.* 撰寫創意成果行動方案，參與並發表創意的發想與實踐觀摩競賽。	

表 3-4　創意的發想與實踐課程教學計畫（續）

教學進度		
週次	教學內容和活動	創意作業
1	簡介教學大綱／組織創意團隊	＊定出團隊名稱和精神意義 ＊成員暱稱和互留聯絡訊息
2	創造力 2-1 創造力的指標和意涵 2-2 創造力的來源 2-3 創造力的阻力和活力願景	＊閱讀創意人故事 2 則 ＊觀察創意商品 5 項說明特色 ＊完成 CH1 創意問題轉圈圈
3	創意人 3-1 創意先驅的性格和範例 3-2 創意人的思考歷程 3-3 創意人的知識庫	＊閱讀創意人故事 2 則 ＊完成 CH2 創意問題轉圈圈 ＊思考心中想完成的創意作品（why、what、where、who、when、how......）
4	創意人講堂	＊向創意人提問 2 個問題 ＊中央廚房提供（創意計畫辦公室）
5	創意教學 5-1 創意教學的基本概念 5-2 創意教學影響因素 5-3 創意教學設計 5-4 創意教學常用的策略	＊閱讀創意人故事 2 則 ＊完成 CH3 創意問題轉圈圈 ＊上網蒐集專利發明找出特色
6	創意設計 6-1 創意設計的基本概念 6-2 創意設計的構想發展 6-3 創意設計的實例舉隅	＊閱讀創意人故事 2 則 ＊完成 CH4 創意問題轉圈圈 ＊思考心中想完成的創意作品，具體寫下創意動機和目的
7	創意直覺法則 7-1 連結法和相關法則（連結法、聯想法、焦點法）	＊閱讀創意人故事 2 則 ＊完成 CH5 創意問題轉圈圈
8	創意直覺法則 8-1 類比法和相關法則（類比法、仿生法、NM 法、比擬法） 8-2 腦力激盪法和相關法則（腦力激盪法、筆寫式腦力激盪法、創意角色激盪法）	◎以團隊作品應用創意直覺法則 ＊實作連結法一項作品 ＊實作類比法一項作品 ＊實作腦力激盪法一項作品

表 3-4 創意的發想與實踐課程教學計畫（續）

教學進度		
週次	教學內容和活動	創意作業
9	創意邏輯法則 9-1 型態分析法 9-2 屬性列舉法	◎以團隊作品應用創意邏輯法則 ＊實作型態分析法一項作品 ＊實作屬性列舉法一項作品
10	創意邏輯法則 10-1W 創意推理法	◎以團隊作品應用創意邏輯法則 ＊閱讀創意人故事 2 則 ＊完成 CH6 創意問題轉圈圈 ＊實作 W 創意推理一項作品
11	創意精靈法則 11-1 檢核表法、蓮花綻放法 11-2 繞道法的非線性思考和反焦點法 11-3 轉移法、說服力實作分析法	◎以團隊作品應用創意精靈法則 ＊閱讀創意人故事 2 則 ＊完成 CH7 創意問題轉圈圈 ＊實作檢核表法一項作品
12	創意獎不停 12-1 創意得獎作品分享 12-2 各分組專題討論分享	＊ FUN 電娃娃 ＊暴走克拉克 ＊ e 世代的漸
13	創意問題解決模式 13-1 創意問題解決模式基本 13-2 概念常用創意問題解決模式 13-3 創意問題解決的案例評析	＊閱讀創意人故事 2 則 ＊完成 CH8 創意問題轉圈圈 ＊實作創意行動方案
14	撰寫創意行動方案 14-1 創意主題和團隊 14-2 撰寫創意行動計畫書	＊閱讀創意人故事 2 則 ＊完成 CH9 創意問題轉圈圈
15	創意專題成果展及競賽預備週	＊準備好⑴ Word+⑵ powerpoint+⑶書面+⑷光碟交給老師 ＊加油！
16	創意專題成果展及競賽比賽	＊好戲上場／美夢成真
17	創意管理專題演講	＊向演講者提問 2 個問題 ＊中央廚房提供（創意計畫辦公室）
18	創業家發明人演講	＊向演講者提問 2 個問題 ＊中央廚房提供（創意計畫辦公室）

表 3-4 創意的發想與實踐課程教學計畫（續）

＊ 參考書目

1. 沈翠蓮（2005）。創意原理與設計。台北：五南圖書出版公司。
2. 林重文譯（2003）。Steven D. Strauss 著。大創意：如何化創意為賺大錢的商品。台北：臉譜出版。

＊ 其他參考書目

1. 郭有遹（1994）。創造性的問題解決方法。台北：心理。
2. 陳蒼杰譯（1995）。多湖輝著。構想力。台北：大展。
3. 陳蒼杰譯（2000）。高橋憲行著。企畫創造力大寶典。台北：建宏出版社。
4. 陳龍安（1997）。創造思考教學的理論與實際（五版）。台北：心理。
5. 黃炎媛譯（1995）。羅林森著。創意激盪。台北：天下文化出版。
6. 楊子江、王美音譯（1997）。Nonaka I. & Takeuchi H.著。創新求勝。台北：遠流出版公司。
7. 顏湘如譯（2005）。John Maxwell 著。換個思考，換種人生。台北：天下遠見出版公司。
8. 楊淑芬譯（1993）。星野匡著。創意思考的方法。台北：建宏出版社。
9. 譚家瑜譯（1995）。Nayak, P.R. & Ketteringham, J.M.著。創意成真十四種成功商品的故事。台北：天下遠見出版公司。
10. 蕭幼麟譯（2005）。Jerry Wind 著。超凡的思維力量。台北：紅螞蟻圖書。

第四節 創意教學的策略

策略（strategy）定義眾說紛紜，鄧成連（*2001*）歸納辭典解釋、目標型策略、組織型策略、企業型策略等定位不一，所以對策略解釋亦有差異。從管理學論點多以運用有限資源，以爭取最大利益，並以其改變遊戲規則為策略目的（邱義城，*1997*）。所以，策略可以簡單說是一種謀略、計畫或為達成目標所設計的方式。教學策略（instructional strategies）可以解釋為，泛指教師運用提供教材的方法（methods）、程序（procedures）與技術（techniques），在教學上採用的策略通常是多種程序或技術並用（王文科，*1994*；沈翠蓮，*2005*； *Oliva, 1992*）。以下茲就善用創意教學技術、直接和間接教學策略和另類反思創意教學策略，說明之。

壹 善用創意教學技術

一、心智圖

㈠起源

這是由Tony Buzan在1960年代發明的心智圖法（mind mapping），是一套發揮大腦「放射性」思考功能的學習工具，藉由繪製心智圖的過程，提升對資料的分析、理解與記憶能力，自1997年正式引進台灣後，深受企業好評。心智圖法在英國有正式推廣教學的機構——布贊中心（Buzan Center, http://www.buzancentre.com），於1989年成立，除了推廣心智圖法，也不斷更新教材內容，以及提供全球使用者進行創思交流。

㈡意義

心智圖法是一種刺激思維及幫助整合思想與訊息的思考方法，也可說是一種觀念圖像化的思考策略（羅玲妃譯，*1997*；*Michalko, 1998*）。心智圖被喻為二十世紀末針對「大腦和心智」的最偉大發明，其原理是結合左腦的邏輯思考和右腦的圖像思考，繪出所見所聞所思的心智圖，不論是文章、演說、會議或是工作上的企劃、生活上的安排、觀察、靈感與創意，都可以透過心智繪圖的過程，迅速而有效地消化融會所有素材，或是規劃一個精采的企劃案，套句電腦術語，他是一台讓你「所見即所得」，解析度超高的「人類心智錄影機」（蔡煒震，*2004*）。

㈢聚歛式思考心智圖

心智圖主要採用圖誌式的概念，以線條、圖形、符號、顏色、文字、數字等各樣方式，將意念和訊息快速地以上述各種方式摘要下來，成為一幅心智圖（mind map）。誠如達文西在《繪畫論》的尾聲寫道：「這些規則的用意，都是要幫助你獲得自由而正確的判斷：因為，良好的判斷來自清楚的了解；清楚的了解，來自良好規則所訓練的理智；良好的規則，則是紮實經驗的子嗣；而經驗為一切科學與藝術之母。」（劉蘊芳譯，*1999*，*p.179*）。心智圖猶如大腦的地圖，可以有結構式的擴散思考向度，具備開放性及系統性的特點，讓使用者能自由地激發擴散性思維，發揮聯想力，又能有層次地將各類想法組織起來，以刺激大腦做出各方面的反應，從而得以發揮全腦思考的多元化功能。運用製作心智圖的方法，可以充分發揮左腦的邏輯分析、推理能力，以及右腦的創新思考、記憶能力。雖然，許多心智圖畫起來像小孩子的塗鴉，透過線條、象徵圖譜、多樣色彩進行放射狀擴散，但卻是一套幫助分析、學習、記憶的高效能工具。

茲以圖 3-13，說明聚斂式思考心智圖的繪製。

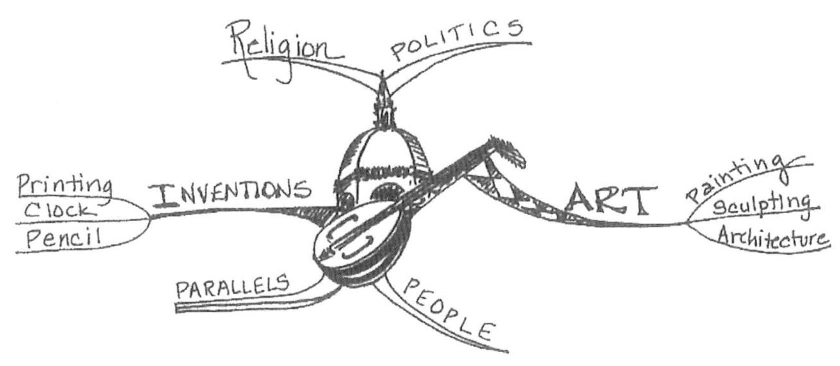

圖 3-13　文藝復興聚斂式心智圖

資料來源：出自劉蘊芳譯（2000：182）。

㈣擴散思考心智圖

擴散式思考是由水平式的無止盡思考所有可能的聯想，可能從十五世紀的文藝復興時期，聯想到現代有關的飛機、網際網路、鉛筆、時鐘、醫學、電腦等等，如下圖 3-14 所示。

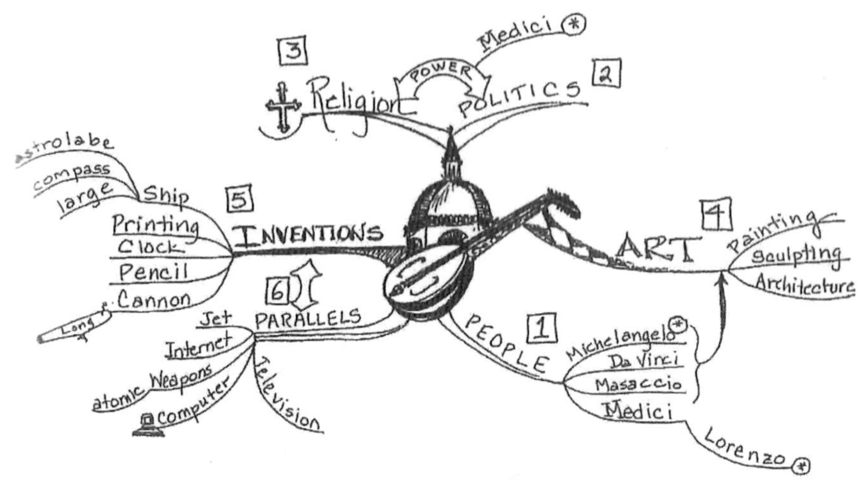

圖 3-14　文藝復興擴散式心智圖

資料來源：出自劉蘊芳譯（2000：183）。

㈤心智繪圖的原則

蔡煒震（*2004*）認為心智圖要能轉化為長期記憶，甚至對新的創思有相當大的助益，應掌握下列六項原則：1.俯覽全貌；2.整合記憶；3.掌握少數關鍵；4.系統脈絡；5.手寫記憶；6.圖像記憶。

㈥心智圖進行方式

心智圖思考法有若干規則，目的是為了「幫助你獲得自由而良好的判斷」。它們是「健全經驗的子嗣」，在過去三十年來受到廣泛的測試，並且一次次精益求精。剛開始練習做心靈製圖時，你只需要一個主題、幾隻彩色筆，和一大張紙。請遵循以下的規則（劉蘊芳譯，*1999*）：

1. 在紙張的中央，畫出一個象徵式的符號或一幅圖（代表你的主題），以此展開心智圖的繪製。由中央開始，能使你的頭腦做三百六十度的聯想。圖畫和符號，遠比文字更容易記住，也能提高以創意來思考主題的能力。

2. 寫出關鍵詞。關鍵詞是富含資訊的「礦石」，富含回憶與創意的聯想。
3. 由中心圖像往外拉線，把關鍵詞連起來。以線條（分支）把文字連結起來，這樣會清楚顯示，關鍵詞如何與關鍵詞連結。
4. 工整寫下關鍵詞。工整的字比較容易閱讀，也容易記住。
5. 每一行寫一個關鍵詞。這可以盡情探索每一個關鍵詞的聯想。
6. 一行寫一個關鍵詞，也能訓練你擇定最恰當的關鍵詞，提高你思想的精準度，並把雜亂程度減到最低。
7. 把關鍵詞工整寫在線上，並使每一個詞的長度和底下的線一樣長。
8. 這能使聯想變得一清二楚，並鼓勵你節省空間。
9. 利用顏色、圖形、層次和符號，盡量聯想，找出重點。標出重點，並點明圖中各分支之間的關聯。例如，你可以用不同的顏色標出優先順序，以黃色標出最主要的重點，用藍色標出次要重點，以此類推。盡可能使用圖形和意象，顏色最好鮮明，這些都能刺激你的創意聯想，並大幅提升你的記憶。

二、系統輪

Campbell, Campbell, & Dickinson著的《多元智慧的教與學》（*Teaching & Learning through Multiple Intelligences*）（郭俊賢、陳淑惠譯，*1998*），提出「系統輪」（systems wheel）概念圖，是一種用來預測結果的有效工具。整個系統輪的進行步驟如下：

1. 請學生確認一個契合上課內容的議題或預測。當選定議題或預測之後，要求學生在空白紙的中央畫一個圓，並把此議題的名稱寫在裡面。
2. 學生要腦力激盪，想想系統輪議題相關的預測或造成影響。一旦確認受影響的全球系統，學生可以從原來畫的圈，畫出適當數目的「輻條」（車輪的鋼條），並在每一幅條的尾端再畫一個圈。

3.從第二組圓圈中再延展出第三組圓圈來標示影響的結果。在第三環中，即是要預測第二環所確認可能受到的衝擊。

4.學生盡可能根據他們所能預測的影響繼續擴張他們的環數。他們也可以預測這些後果會在幾年後被注意到。

5.學生可以把有關聯的圈圈著上相同的顏色，或畫出相互連結的線。

以下茲以日本花王公司生物功能型組織結構，系統所產生的影響繪製系統輪，如下圖 3-15「日本花王的生物功能型組織結構系統輪」。

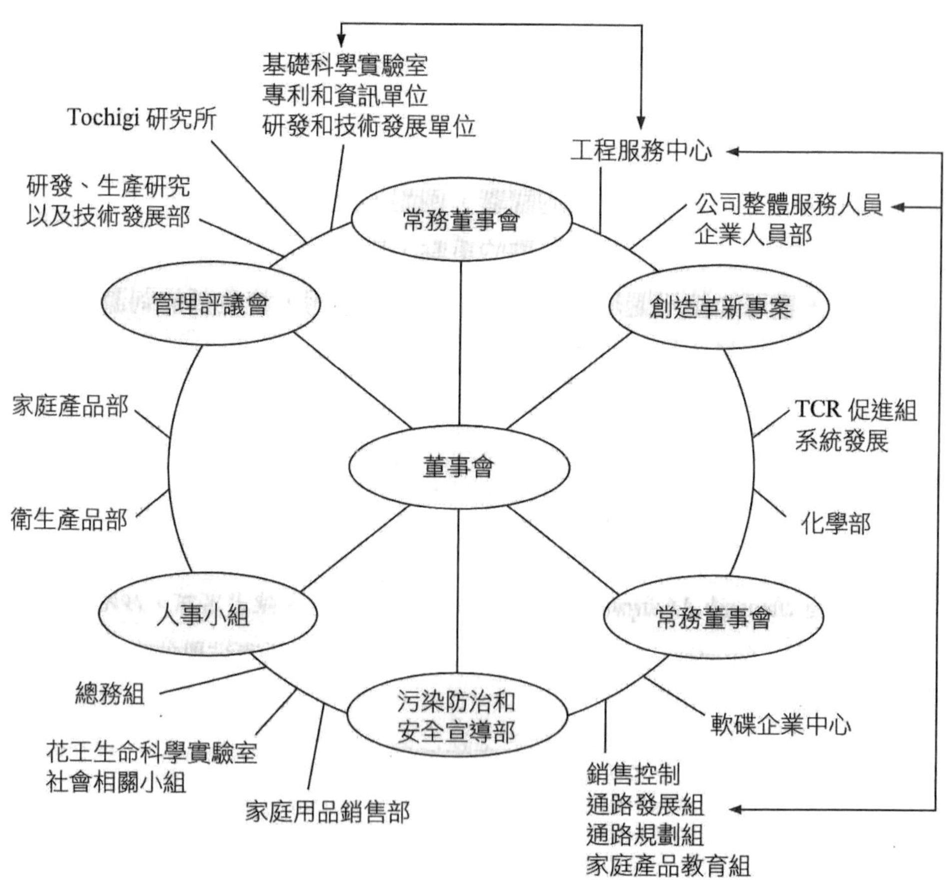

圖 3-15　日本花王的生物功能型組織結構系統輪

資料來源：修改自楊子江、王美音譯（1997：111）。

三、概念圖

概念構圖法（concept mapping）和框架法（frames）是促進學生認知學習的教學策略（李咏吟，*1998*）。亦可透過各種圖畫、表解、圖表、海報和漫畫等視覺媒體設計來分析教材內容，促進學習（張玉燕，*1994*）。Gagn'e, Briggs, & Wager（*1992*）亦指出教學內容可以歸類分析、圖解分析、階層分析、訊息處理分析、綜合分析等策略處理。

㈠蜘蛛網式（spider maps）構圖分析

蜘蛛圖是以主概念為中心，其他次要概念環繞在旁成為一個網狀概念圖。此構圖適合教學內容有眾多「因素」組合成為一個「名詞」的內容分析。其構圖格式，如圖 3-16「7-11 多元服務蜘蛛網式圖」。

當然，蜘蛛網式構圖格式可以再加以變形，變成太陽圖、風火輪等構圖格式，橢圓形也可以變成其他圖形。

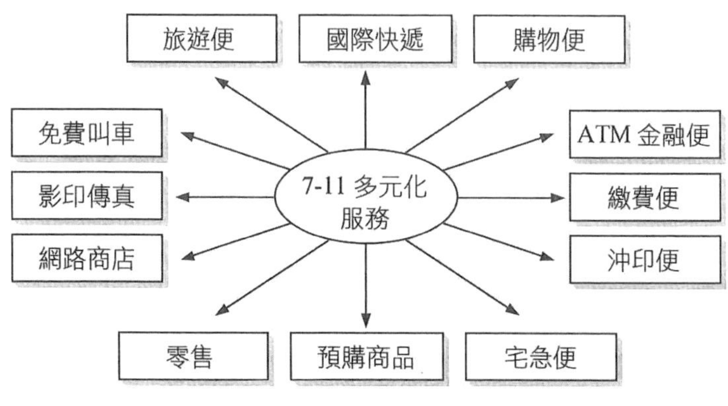

圖 3-16　7-11 多元服務蜘蛛網式圖

㈡鎖鏈式（linkage maps）構圖分析

鎖鏈式構圖是以概念和概念之間有連結作用，來表示前面概念引導後面概念的步驟的連鎖反應圖。此構圖適合「動作技能」或表達「先後程序關係」的內容分析。其構圖格式如圖 3-17「事業計畫書鎖鏈式構圖」。

鎖鏈式構圖格式可以再加以變形，變成骨牌圖、階梯圖等構圖格式，長方形也可以視內容性質變成其他圖形。

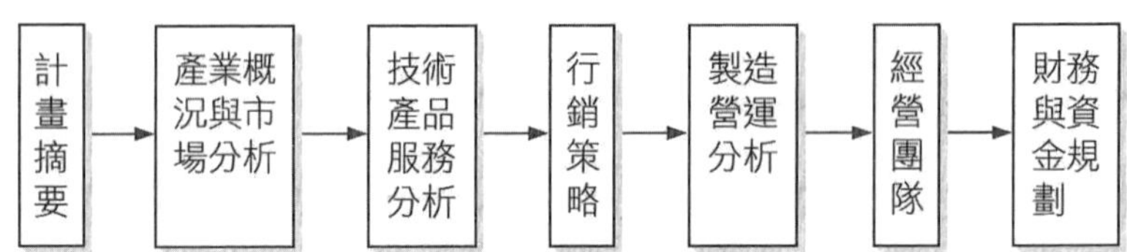

圖 3-17　事業計畫書鎖鏈式構圖

㈢階層構圖分析

階層構圖主要是一個逆向分析的過程，把教學內容的主、從關係區分出來，使學習者在學習內容的認知能清楚了解到：階層圖中的連結線代表上位階的概念「包含」下位階的概念。此構圖適合「概念主從分類」或表達「同一位階概念關係」的內容分析。其構圖格式如圖 3-18「記號階層構圖分析」。

㈣圖表（graphs）構圖分析

圖表構圖主要是在表達一個訊息給觀眾，通常包括語言和象徵性的視覺線索，善用圖表可以增進教學效果，常用的圖表包括：圖畫、表解、圖表、海報、漫畫等。例如，從下表 3-5「救護車上標誌和意義來源一覽表」即可理解救護車上標誌和意義來源。

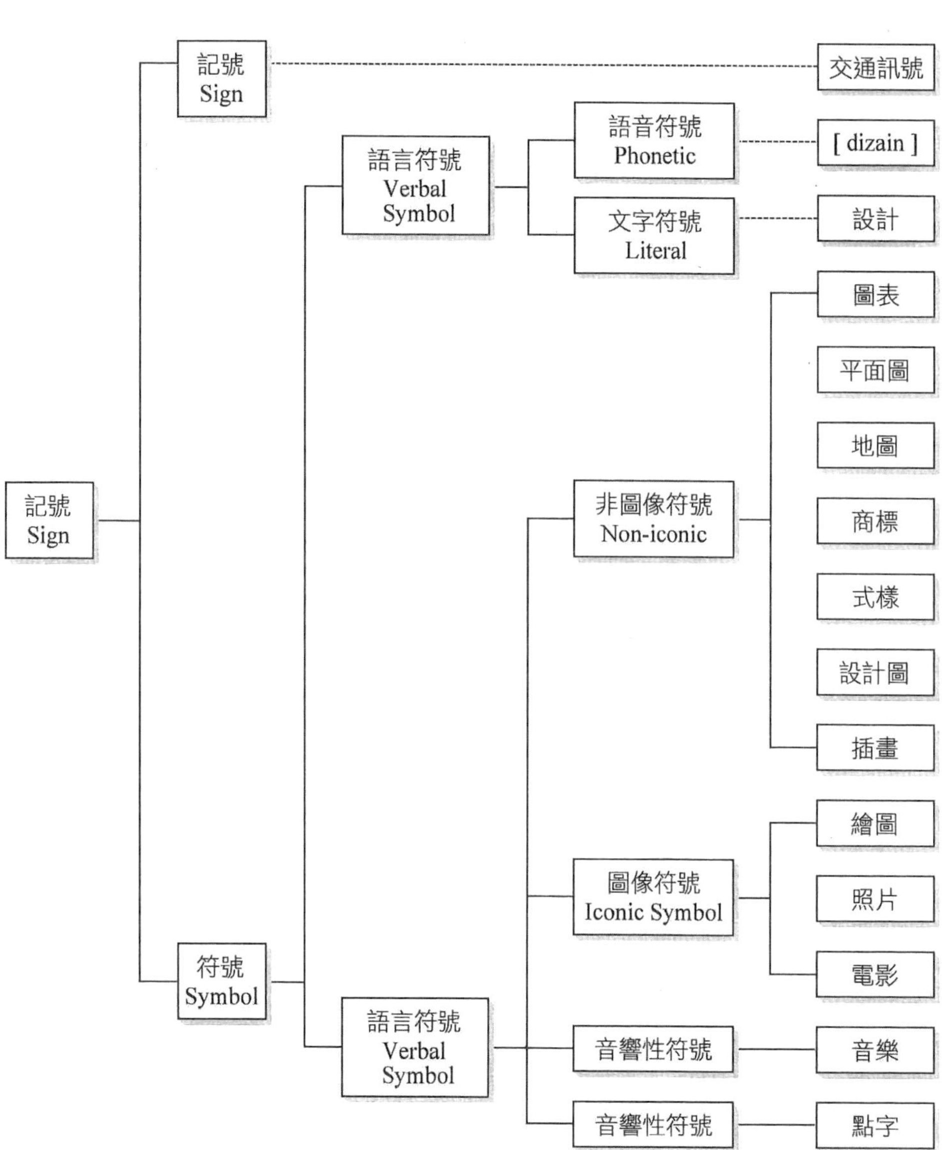

圖 3-18　記號階層構圖分析

資料來源：藝風堂編輯部編譯（1991：122）。

表 3-5　救護車上標誌和意義來源一覽表

標誌	來源簡介
	**來源一：** 這是源自聖經上的故事，據説那時神為了處罰人拜偶像，故降下一種疾病，大家都很害怕，因此求摩西救他們。藉著摩西的禱告，神答應了百姓的要求，施行拯救的工作——要他製造一條火蛇，掛在杆子上，凡被咬的，一望這蛇，就必得活，因此有這個標記的由來。 **來源二：** 希臘人認為蛇是智慧的化身，擁有神祕的療傷能力，是治療奇蹟的象徵。醫神阿伊斯古拉普斯是太陽神阿波羅的兒子，由養父人頭馬奇龍撫養並學習醫術，他卻青出於藍更勝於藍，成為生病的人求取健康的大恩人，也因此救活了許多人，這使得地府中亡魂減少而得罪冥王黑帝斯。但是阿伊斯古拉普斯卻頗受擁戴，他死後，許多病人、殘障者、盲人都到他的廟裡求醫祈禱祭拜，希臘很多奉祀他的神廟，廟中僧醫會用各種方法來導引病人入夢，隔天即可痊癒。蛇被視為是阿伊斯古拉普斯的神僕，廟裡飼養聖蛇，馴服的蛇會靈巧的爬到病人身旁舔舐他傷口。醫神阿伊斯古拉普斯所持有一條蛇的權杖，被視為是救人的象徵。

㈤電腦動畫分析

電腦目前已成為學生學習和生活的一部分，創意教學內容透過電腦影音動畫的設計，可以提升學生解決問題的能力和高層次的思考技巧。以電腦動畫分析教學內容是指教師能運用電腦動畫來設計教學式、模擬式、遊戲式、練習式和測驗式的教學內容，激發學生創意思考的想像和實踐。電腦動畫分析教學內容，必須融合畫面、文字、動畫設定等要素，教師指導學生發現創意動畫之獨創表現思維和技法，並鼓勵學生從電腦動畫中創新主題和作品內容。

貳 活絡直接和間接教學策略

教學策略是以教師本位的直接教學（direct instruction），和以學生本位的間接教學（indirect instruction）所建構出來的連續系統（*Frazee & Rudnitski, 1995*）。

當教學策略計畫和學生表現成果一致時，學習和成就將逐漸增加。教學策略的實施對象包括以整個班級、小組和個人等三部分，分別採行不同的教學方法和活動設計，而直接教學策略是以教師為中心，相信學習知識是從教師傳達到學生的成果，所以學生處於被動地位，教學的成敗則視教師是否能妥善規劃並進行教學策略。間接教學策略是以學生為中心，認為學習是學生認識訊息歷程的能力表現，教師居於協助者角色，教學的成敗端視學生能否主動積極探索處理訊息（沈翠蓮，*2005*）。

以下針對大班教學時的創意教學策略，建議師生應活絡下列直接和間接教學策略要點：

一、直接教學策略

㈠講述教學

直接教學策略的講述形式（lecture-recitation format）是多面貌的呈現方式，並非只是大量的語言解釋而已，還包括提問、回答、複習和練習、學生錯誤校正等師生互動活動。更積極的定義講述是指快步調、高度的組織，教師可以控制教學的替換，專注在獲取預先決定事實、原則和行動系列的既定內容上（*Borich,1996*）。

採行講述式的創意教學時，教師最重要的是設計和實踐講述內容的聽、說、做、評，才能從師生互動中，時時聆聽創意、說出創意、做出並修正創意、組織並監控校正創意行動。

㈡示範教學

Rosenshine（*1983*）指出有效能的示範（modeling）教學應該注意下列要點：

1. **教師能清楚呈現目標和主要重點**

教師上課前能清楚陳述教學目標和行為目標；每一次至少專注在一個重點或方向上；避免離題；避免模糊不清的段落或代名詞。

2. **教師循序漸進的呈現內容**

採取小步驟地提出教材；組織和呈現教材是一部分教材精熟後再呈現另一部分；開始講述，一步一步地引導；當教材太複雜時，呈現大綱。

3..**教師的態度是明確的和具體的**

示範技巧或歷程，對於困難的重點給予學生很多詳細的解釋，提供學生具體多樣化的例子。

4. **教師檢視學生的理解程度**

在進入下一進度之前，教師很確定學生已經理解教學內容，能對學生提問以監控學生理解教過內容，學生也能用自己的話摘要重點，教師可以透過進一步教學、解釋或小老師同儕教學，重教學生難以理解的部分教材。

採行示範式的創意教學時，教師宜將專利作品、模型、圖片、實物等，依照上述示範教學要點，讓學生直接又充分理解到創意人的作品特色和技術發展要點。

㈢作業活動

直接教學重視學生在座位間的作業活動和實習作業活動，因此，對於練習、複習活動相當重視。一般而言，練習作業活動可以採行下列教學步驟：1.每日複習、檢查前一天作業再教學；2.提示結構化的內容；3.引導學生練習；4.回饋與訂正；5.獨立練習；6.週複習和月複習（*Borich,1996*）。

採行作業活動式的創意教學時，教師最重要的是指導學生「作業態度」，因為創意的發想與實踐並非一兩天的作業，而是從準備、醞釀、豁朗到驗證，甚至是追蹤的完整性過程。所以要做到符應具有流暢性、變通性、獨創性、精密性、敏覺性等指標，最後又要達到可行有利用性和新穎進步有創新性，事實上，除了創意的專業知識技能指導之外，最重要的時常「敲邊鼓」，從鼓勵學生發想新點子、絕點子的記錄，到學生實作成品時激勵有耐心挑戰勝利的勇氣，一直到做出成品參賽給予評價時的藝術，這些創意作業態度是師生作業活動的活力源頭。

二、間接教學策略

由於間接教學採取的教學和學習歷程，傾向於：1.學習歷程是探究；2.結果是發現；3.學習關聯是一個重要課題（*Borich,1996*）。所以，教師把教材設計好，多採行下列間接教學策略，鼓勵學生使用他們自己的經驗，積極地建構屬於他們自己意義的學習歷程，簡言之，知識成果來自於個體自我觀點的真實感（reality）。

㈠運用前導組體（advanced organizer）教學策略

前導組體在教學策略上的應用，包括問題中心法、做決定法和網路法三種方法（王文科，*1994*；*Borich,1996*）。

1. 問題中心法（problem-centered）

是指預先提供學生解決某特定問題所需的一切步驟，包含整個解決流程圖和該事件發生的順序，亦即以問題解決所採行的流程圖為問題中心法的設計要點，如圖 3-19「問題中心法思考流程圖」。

2. 做決定（decision-making）方法

是指在思考探究的遵循步驟中，提供選擇的替代途徑，讓學生試探、發現某一主題的新資訊，如圖 3-20「做決定法思考流程圖」。

3.網路法（network）

即將解決問題需要考慮的資料、材料、物體和事件之間關係，提供解說，如圖 3-21「網路法思考流程圖」。

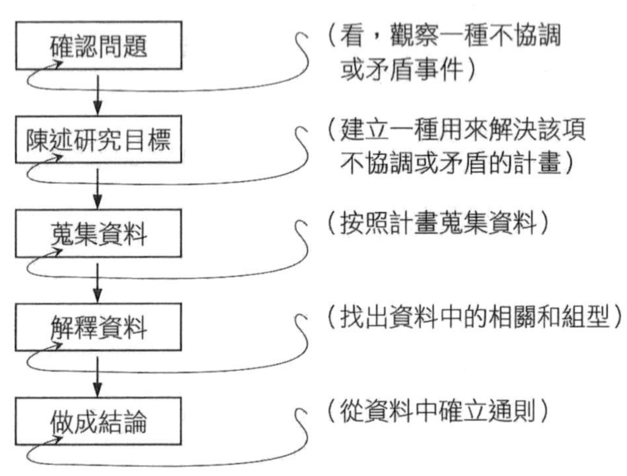

圖 3-19　問題中心法思考流程圖

資料來源：整理自 Borich, G. D.（1996：306）。

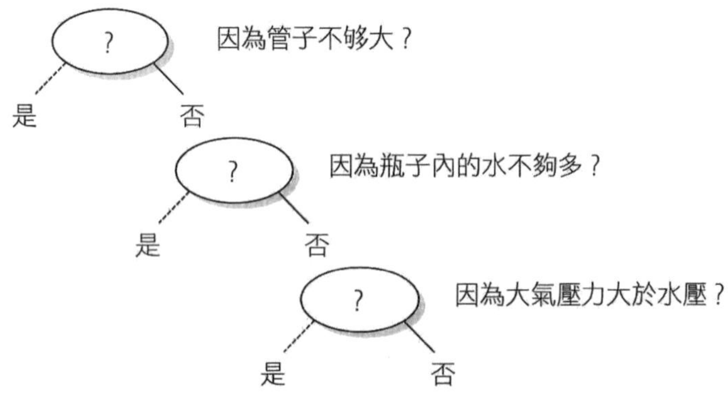

圖 3-20　做決定法思考流程圖

資料來源：整理自 Borich, G. D.（1996：308）。

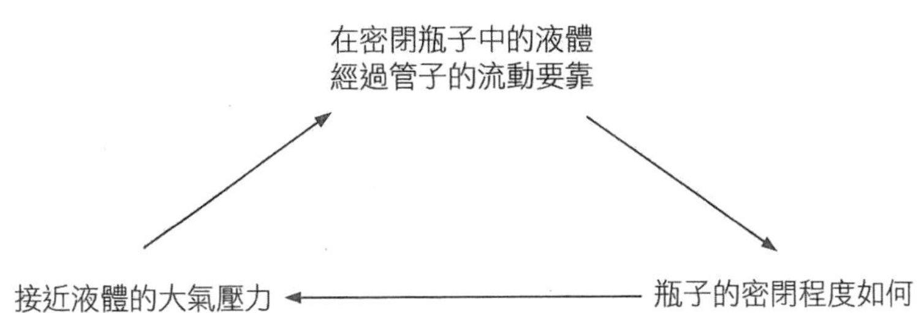

圖 3-21　網路法思考流程圖

資料來源：整理自 Borich, G. D.（1996：308）。

㈡應用歸納和演繹教學策略

歸納推理是指學生能從觀察資料中，找出資料的原理原則，演繹推理係指將原理原則應用於特定的事例上。

歸納與演繹的應用對於創意間接教學策略相當重要，例如，化學家門得列夫（Mendeleev）利用歸納法製作了化學元素表，他耐心地把已知元素和它們的原子量記在一張張卡片上，想找出這些元素排列的規則，後來他用卡片把元素排成一行一行，每行各有七張卡片，這其中有些漏洞沒有填滿，缺了七個元素，不過卻可以依照這些卡片排列的規則，歸納出這七個元素的特性，在沒有其他佐證的情況下，他藉由純粹的歸納式推理，正確無誤的推斷出這七種未知物質的特性，而這些物質後來真的被發現了（李美綾譯，2001）。所以，歸納式可以透過類化的機制找出答案，但也有可能因蒐集資料不齊全，歸納過程出錯或其他因素，以致歸納出錯誤的結論。

一般而言，在進行創意思考教學時，運用歸納推理教學步驟如下：1.自由（open-ended）階段：觀察和描述、比較；2.聚斂階段：提出問題、複習問題；3.正式結論階段；4.應用階段。演繹推理教學步驟如下：1.提出抽象觀念階段；2.例證的呈現階段；3.學生創造例子階段；4.正式結論階段（沈翠蓮，2005）。

㈢運用正例和反例策略

正例是指能包含所舉例子的所有特徵，反例是指反向、不含所有屬性特徵的例子。概念性的思維是需要學習的，概念是建構真實性的創造方式，舉出例子是老師教學概念的重要策略。透過正例和反例的運用，可以擴充與精煉知識的來源，產生新穎的想法，增強解決問題的能力。所以，面對學生混淆概念時，老師能適切呈現正例（examples）和反例（nonexamples），可以讓學生區分不同屬性的概念特徵差異獲得正確的概念（沈翠蓮，*2005*）。

Arends（*1988*）研究指出，提出例子的呈現與順序可以是：1.定義一例子的策略：即教師先定義概念，再提供正反例，並增強學生理解，這種策略適用於學生只有一些或根本沒有先備知識的情況；2.例子一定義的策略：即教師先提出正反例，然後由學生透過歸納方式去發現或獲得概念，這種策略適用於學生對於概念已有部分了解，且教學目標在於找出概念的主要屬性，並練習歸納的過程。

㈣運用探究質問策略

探究是以學生的詰問、發現和探究活動為中心的教學策略，主要目的在於訓練熟練發現問題和解決問題的思考技能。非指導式探究教師是檢視者，學生是獨立研究者；指導式探究教師是組織者，學生是發現者。進行探究教學策略，應注意下列要點（*Frazee & Rudnitski, 1995*）：

1.探索學生的思考

使用令人難以思考的問題來鼓舞學生做假設、反應和質問，以提出問題來組織學生的探究興趣和發現研究主題。

2.定義探究的任務

對學生說明探究是一個可以獨立地找到知識，去辨認出解決問題的方法。

3.以問題來做開頭

在問題中加入探究質問，來幫助學生找到解決方法和正式化為找到問題解決方法的計畫。

4.幫助學生蒐集知識

學生必要有充分的教材去蒐集、分析與評價，幫助學生個別去蒐集、組織和分析他們探究所需的知識。

5.做出時間的限制

計畫和溝通需要完成探究的大概時間，給學生時間去分享他們的發現，探究過程包含形成、推理、概括與統整結果等所需時間。

㈤運用團體討論策略

Borich（*1996*）認為團體討論可以增進學生的批判思考能力。團體討論可以採取下列幾種不同的形式：

1.大團體討論（large-group discussions）

這種方式適合全班所有成員都參加討論，而且彼此都很熟，對於學生漫無目的討論，教師可以適時調節討論主題和方向。對於能力較高學生的討論，他們可以掌握學習到抽象概念時，老師也可減少權威介入到團體討論。

2.小團體討論（small-group disscussion）

這種方式可將全班採 5 到 10 人分別組成的一個小組，小團體討論對於教學概念、組型和抽象概念最有效，且遇到有好幾個議題需同時解決問題時，可以賦予小組討論任務，當討論有重要發現時，老師可以適時調節或結束整班小組討論。

3.同儕或協同討論（pair or team discussion）

對於需要寫總結報告、找百科全書資料或事先準備教具，同儕或協同討論是最能發揮教學效能的。當任務高度結構時，每個討論小組成員都有個人負責角色（例如學生甲負責找專利，學生乙負責寫所發現專利的統整摘要，學生丙和丁負責摘要最後修訂），這時同儕或協同討論結果變成口頭報告時，全班即可在討論報告教學中分享所學創意成果。

參、另類反思創意教學策略

當許多合理化答案似乎已經無其他答案可尋，跳脫思維進行假設反轉是必要的。Proctor（*1999*）研究指出假設反轉方法包括：1.列出所有問題的主要假設，包括明顯可見的假設；2.反思每一個假設在每一可能處境；3.使用反思當成另一個刺激來產生新觀念，可從避免老套、注意力轉輪、進入論點的轉變、更替的額度、交換和挑戰概念等，從不同觀點審視問題是創造思考必要的歷程。以下列舉另類反思創意的可行方法和例子：

一、避免老套（avoidance devices）

即拋棄舊觀念，開放新視野，發展新心靈架構，正視問題解套新方法。

例如：希望小學生表現優良行為的增強方式，傳統上會以積點或換優良卡累積一定數目，換取活動或實物的代幣法，作為鼓勵學生表現優良行為或去除不當行為的制約方法。然而，像台北市中小學推展「校長跳天鵝湖給你看」作為閱讀好書的增強方式，即是避免老套的創思構想。

二、注意力轉輪（rotation of attention）

即將問題核心轉換到周遭因子，因為如果一直關注問題核心焦點，是難以創造新構思。

柯南卡通影集最常見注意力轉輪的作用力，例如，柯南對於餐廳經理之死，會觀察到經理身上胸花是綻放的，與一般人佩帶的胸花微開不同，推論出經理之死有別於一般人注意死亡因素多是人為的毒死、外傷、自殺等，因此柯南可以破解許多奇案。

三、進入論點的變化（change of entry point）

即把握觀察論點主題後，進一步延伸該相關論點。

問題的癥結如果一直緊緊咬住同一方向思維如何解題，通常會造成思路塞車現象，如果可以換個方向從該論點的相關議題上加以發揮，把慣有的問題開始→歷經各種情境→完成結局的思考模式，轉彎化解成為問題開始→問題的相關問題有哪些→相關問題可能歷經的各種情境→選擇最佳問題結果→完成結局。由於進入問題的變化，才能發揮問題的可行性方案出來。

例如：美國太空總署曾經發函各學校機關，希望大眾可以發明一種可供太空人在太空上書寫的筆，以記錄相關訊息，剛開始，大家一直朝著鋼筆、原子筆等「有液體補充的筆」，思考「筆本來就是需要有筆液才能發揮效用，在太空上也是」，結果大家一直在液體筆上打轉，無法找尋克服太空艙真空狀態使用的筆，正在傷腦筋的時候，有一個小學生E-mail建議太空總署不妨使用「鉛筆」，結果鉛筆適用在太空艙。因此，最初從「液體筆」上面思考，進一步延伸至「筆種類」的論點，即可從不同筆找出答案。

四、另類的選擇（quota of alternatives）

即保有思考的另類選擇，如此較易區分觀念上是否過多普遍性，以及接受基本差異性的困難度。

例如上述太空總署需求筆的例子，目的為記錄各種事件或心情，那麼可從「記錄」進行另類的選擇先進的視傳影音科技，或觸鍵式按鈕，配合常用相關字彙，來讓太空人紀錄等。

五、交換和挑戰概念（concept of change and challenging）

變化概念是指思考者需要預防問題變成一個僵化概念的歷程。挑戰概念包括思考問題的深度，視為理所當然的重要陳述，以及在所有可能範圍內進行挑戰。這包括視導判斷，以及協助跳脫習慣性思維模式。一個具有創新概念的人應善於交換和挑戰概念，方能免於陷入自我窠臼無法跳脫的險境。

六、鼓勵創意組合命名活動

Finke, Ward, & Smith（*1992*）研究指出從創造到創新，應把握心智組合和對物體轉換的創新思考歷程。特別是生活在真實世界中有許多物品，具有各種造形、體積、功能、色彩等多面向的可塑性空間，心智想像和認知需要創造性活動，才可能使不變既定的物體本質，化解成另一新的可行實用物品。所以，教師可以鼓勵學生組合物體屬性，進行想像命名活動，是最容易引起學生發揮創造思考能力。

創意現實問題

公園裡多了許多符號式的創意椅，不僅可以想想人生也可以坐坐。

創意的發想與實踐

請幫幼稚園設計四種造型的椅子，並說說 Why？

椅子造型	椅子造型	椅子造型	椅子造型
WHY?	WHY?	WHY?	WHY?

創意評量紅綠燈

	綠燈	黃燈	紅燈
可利用性			
新穎觀念			
有進步性			
有創新性			

歷史上所有最偉大的成就，都是由於戰勝了看來是不可能的事情而取得的。

——差利・卓別靈

創意經典故事盒

盲文的發明

法國巴黎的路易士・布雷爾（Louis Braille）自幼受傷後從此眼盲，長大後他對知識極為飢渴，但那時盲人的書又重又厚，閱讀非常不便，因為字母是用硬紙板刻成的。一日，他得知一位法國陸軍上尉能在漆黑的夜間記錄敵情和上級的命令，並能準確無誤地傳達。布雷爾馬上拜訪這位上尉，上尉告訴他，事先制定一套用點和橫組合成的「文字」，做紀錄時，用一個錐形工具在厚紙上劃出相應的點和橫，當需要這些資訊時，就用手去觸摸這些點和橫，靠感覺「讀」出來。

經過無數次的實驗和改進，布雷爾終於成功地創造了一種以法語為基礎的盲文（點字）：在一個小範圍內的不同部分刺6個小洞，形成63種組合，每種組合代表一個字母、片語或符號。

布雷爾發明的盲文公諸於世後，並未受到應有的重視，雖然失望但他也力圖振作，又設計出一套數學和音樂符號。1852年，一位雙目失明的女孩在鋼琴演奏會上獲得大成功，她把這功勞歸給布雷爾發明的盲文。直至此時，大家才認識了盲文教育的重要性。布雷爾聽到政府重視他的盲文發明後，感動得哭了，他說：「這是我有生以來第三次哭泣，第一次是因為失明而哭，第二次是聽到上尉在夜間可以傳達訊息而哭，第三次是我知道我沒有虛度光陰而哭。」不久之後，他便與世長辭。

IDEA筆記畫

☆我的感想：創意有時需要刻骨銘心的感受，才能創作曠世的發明。

☆我的問題：

☆我的聯想：

☆我的應用：

☆我的創造：

第四章

創意設計

如果問我，一個設計師要怎麼養成？我想我會說：「要給自己創造可以學習的機會，然後從學習中去擴展自己的舞台。」

——中華民國・創意設計師・陳文龍

當餿主意變成妙主意時，創意設計是最好幫手也是最大功臣。

設計是一個大雜燴，它是工業革命之後的產物，也是一門專門的學問（林品章，*2000*）。設計包含著發明或工藝作品（周絢隆譯，*2000*）。利用知識、智慧與技術製造出具有裝飾和實用價值的器物時，創意設計在知識經濟的時代裡，使得人類生活和情境處處充滿創意生機。本章第一節說明創意設計的基本概念，了解設計的意涵、設計的目的、創意設計的原則和創意作品的設計取向。第二節探討創意設計的構想發展，對於創意設計的起點行為、構想歷程和應用策略有所認識。第三節創意設計的實例舉隅，提出視覺傳達設計、產品設計、空間設計和綜合設計的實例評析。

第一節 創意設計的基本概念

設計行為（design activity）乃是整合科學、藝術、經濟與社會文化等相關領域的一種思考模式，「設計」在早期常被使用為解決問題的方法，目的在創意出適合人類使用的各種事物（環境、產品、視訊媒體、商業服務）（林崇宏，2000），以下說明創意設計的基本概念。

壹 設計的意涵

一、設計是人類對自然和社會生活的詮釋

當人類對於自然和社會生活的複雜、單調、無聊、豐富、美感、醜陋等現象，沈浸投入創意思維時，自然產生習慣或變化的動力。安於習慣生活的人變得熟悉、專注事實，使自己單純生活融入思考的「設計」，隨時想變化的人，經常會用自己的觀念、構想去改變事實的「設計」。所以，設計可以是各式各樣生活的人，對於自己需求理想生活的詮釋，也可以是想跨足各式各樣生活的人，對於他人生活的參與設計。

換言之，「設計」是人類結合生活的一種創作活動，有些是屬於「藝術」的企圖，有些則為「實用」的企圖，「藝術」的企圖是發自人們追求美感的本能，而「實用」的企圖則來自生活中實用的需求。但在工業革命之後，機器生產代替了手工，雖然使得產量加大，價格也便宜，而「實用性」超過了「藝術性」，同時也造成了傳統手工藝匠們面臨失業的危機（林品章，2000）。設計是人類對自然和社會生活的詮釋，當人類觀賞投入自然懷抱、走入人群社會景觀時，有一鼓想變化的熱情，做做看吧！這就是設計。

例如：相當暢銷的「魔蛋」設計，是為了打破傳統送玫瑰花或巧克力的傳統傳遞情懷，使用設計觀點，把紅鳳豆植入罐內加以真空密封，罐內並依植物成長期所須之養分配置肥料，供給魔豆生長之所需，情侶或夫妻只需注意罐上有關陽光、溫度、水分的需求，經過 7-10 日後，魔蛋即會破殼而出，觀看到豆莢上刻有「I LOVE YOU」的字所帶來的驚喜感受，此創意植栽的設計構想，即是人類對自然和社會生活的創意詮釋。

二、設計是人類規劃產品空間環境傳達的創作

在工業革命未發生之前，不論是東方或西方，有許多的建築、傢俱或其他器物的模式，均與「設計」有密切的關係，如西方的哥德樣式、文藝復興樣式、巴洛可樣式，或如中國明朝的明式傢俱、日本和室中的格子樣式等等，均為今日的人們所津津樂道的設計樣式。然而，自從工業革命之後，對人類的生活造成了很大的衝擊，為使工業產品仍然能兼顧「藝術性」與「實用性」價值，於是「工業設計」的觀念便因而形成，所以，才有「設計是工業革命之後的產物」之說法（林品章，*2000*；周絢隆譯，*2000*）。

而屬於商品化的不同產品空間環境傳達的作品，需要不同專業設計師的規劃、生產、製造，例如工業設計師、環境景觀設計師、傳統工藝設計師、展示設計師、平面設計師、服裝設計師、建築設計師、家具設計師、包裝設計師、舞台設計師等從事專業設計；屬於非商品化的創作，則有許多發想空間，至於完成實踐創作，則須付出後續相當多專業知識。然而，許多尚未商品化的設計者，由於未受專業訓練框架，經常有令人驚奇的表現，因此，創意設計人人可做，只是創意作品的專業製作，再交由模具專家去完成。

例如：目前全世界採用廁所內的紅外線感應沖水裝置，最初是由鄧鴻吉先生在高中時所發想設計的專利，後續的技術轉移實體應用設計，則由專門研發團隊做相關設計。

三、設計是促使世界多重變化歷程的創作

發明家（inventor）是一個發明人，第一次發明一個新計畫或新方法等等的人，改革者（innovationist）是一個將別人發現的新發明、計畫、方法、產品等導入利益的人，設計師（designer）則有可能是一個發明家或

改革者，將具有原創性的新計畫或新方法，加以創新機制導入利益。而個體、團體、社會或國家都需要有如設計師角色的設計精神，嘗試各種計畫、方法、產品的創意設計產出，這些設計不分科技或文化、復古或新潮、鉅觀或微觀，只要能發揮設計的精神都足以促使世界多重變化。

例如：在台灣觸目可見的韓國風，除了廣告打得目不暇給之外，進一步了解韓國的科技發展已不是處於代工者角色，他們設計很炫的手機、相機、MP3、家庭電器，汽車有了自創品牌。這種架勢，使得台灣許多中小企業仍處於代工階段，自嘆弗如。另外，從文化資本面向來看，韓國本屬歷史文化較為匱乏淺薄的劣勢，但卻能鼓勵發揮創作社會生態的許多創意設計，所以許多電動遊戲引領風尚，化妝美容另樹一幟，甚至韓國的戲劇，不論古裝劇、現代戲、偶像劇，也能造成一股旋風，風靡異邦。韓國有了外銷的文化產業，文化創意設計讓韓國人在文化表現令人刮目相看。

面對多元變化的世界，由於人力、資本、技術、材料、能源等資源變化萬千，相對的隱含著人類對於人類的未來前途、生活態度、先決條度、生活型式、技術、產品和生產過程的種種期待變化，流行的變化，提升人們對新事物及刺激的需求，有時顯得淺薄膚淺，但融入創意求新求變精神，將使世界多重變化確實豐富了人類的生活。

設計是概念具象化、凝聚新構想、將事物以新的方法集合在一起，例如：新款式、新視覺傳達方式、新消費性的生產、新系統、新場所、新構造、新表演、新包裝和新服飾，設計也是一種計畫、佈局、安排和選擇（張建成譯，*1992*）。也因此，一件設計作品的產生，往往是結合各種技術人員的集體創作，而設計家則扮演了整合的角色，所以，「設計」是因應時代變遷各種學問不斷修正創新領域的大雜燴。

貳 設計的目的

設計是值得人人嘗試的創作，具有創造力的設計產物意味著人類生活故事的想像和期望，如果掌握住下列設計的目的，相信很多的創意將在設計的目的中互融發光。

一、完成個人或組織的需求目的

設計的影響，已經超越了商品物件，設計牽動了品牌、攸關企業的存敗、更改變了我們生活的面貌與選擇，深思設計的目的性是值得我們每個人學習的新課題。目的性（purpose）是依據消費者、創作者、企業組織等鎖定目的或任務所完成的設計產品。

例如，為了改善中小學生趴在桌上睡午覺流口水的現象，可以設計一個「口水枕頭」，有好的容器蒐集口水，改善學生趴睡、口水滴在桌上的窘境，讓睡午覺更舒適自在。

二、創造人類社會或自然生態新風貌

創造性（creativity）是指能更因應目前面臨困境、難處，改變、發展或解決問題到最高的極至點，使所發現問題可以變通想法來解決問題。

例如，7-ELEVEn超商的創意營運設計項目，包括零售、網路商品、影印傳真、宅急便、繳費便、ATM 金融便、購物便、沖印便、國際快遞、預購商品等一般商品消費，另外，創造提供免費叫車服務、旅遊便等創造性服務項目。且為了使商品更具品質和前瞻性，7-ELEVEn超商更利用廠商聯誼展示、國內生產、國際採購、全球共購等，創意解決優質商品的採購問題，有意義的設計可以使創造轉化社會或自然生態。

三、追求未來世界的進步動力

進步性（improvement）是為求去除現況缺點或追求更高生活品質的過程，以呈現進步的現象、產品、狀態。

例如，未來手機、手提電腦螢幕等外殼設計，可以光觸媒軟墊捲軸式收藏的設計，其目的是讓手機、電腦，可以輕鬆上手、免電源、隨處隨時可用。

四、發揮經驗知識傳承的效益

效益性（effectiveness）是需要經驗和知識的吸收、傳遞、轉化和應用。當設計構想許多點子的過程中，能發揮設計作品的效能，就時效性來說，才能營造供需的平衡點，因為許多設計構想常以靈感為出發點，乍看之下好像合乎解決方法，但卻偏於一隅無法發揮效益，所以顛覆傳統或理性詮釋，從發揮經驗知識傳承的效益性，很快可以清楚劃分達成設計目的。

例如，一張軍校招生海報設計，究竟是剛性或柔性表現，一所幼稚園景觀設計是理性訴求或感性規劃的設計，與經驗知識傳承的效益有相當大的關係。

五、掌握市場變易現象的趨勢

市場性（market）是以功利主義、銷售獲利高低為考量，市場性表現優劣可作為設計目的之參照。設計有其需求之利益價值，市場價值高低影響設計投入各項資金、人力、時間、物質等多寡。現在，不論鎖定的是大眾消費市場，還是金字塔尖端的頂級市場，特別是在現代資源緊縮、強調感性與情緒訴求的年代，設計都是企業不可或缺的成功要素，設計出符合市場需求的創作，是企業尋求突破的首要選擇。

例如，VOLVO汽車有70幾年歷史，具有品牌市場穩重剛性形象，所以很難打入年輕與女性這兩個重要的汽車市場中，於是VOLVO從改變設計做起，用摩登的弧線取代過去方方正正的設計，讓外型更年輕，結果消費者的年齡層也就從45歲下降到35歲。有一百多年歷史的水晶品牌 Orrefors，也能針對人們的使用習慣與美學品味加以研究，設計出功能與美感兼具的作品，成為歷久彌新的品牌。所以，多觀察流行風潮、消費習慣、文化變異，可以創造許多創意商機。

參 創意設計的原則

一、設計的基本條件

設計的必要條件大致可整理成如下幾項（藝風堂編輯部編譯，*1991*）：

1. 目的：所設計的產品是針對何種對象和需求？（例如社會、文化、精神水平，特別是指民族、階層、性別、季節、時間等都要做統合的整理）。
2. 效用：設計出的產品有何效用？（是否合乎用途之需）。
3. 機能：產品的作用。為了達到目的，其效用具有那些機能。
4. 材料、構造、耐用性：此產品以適當的材料製成，構造也很合理，而且既堅固又耐用，但是否合乎目的？
5. 生產方法：是不是採用最適當的方法來製作，還是只注重表面？
6. 價格：是不是任何人都買得起的適當價格？
7. 形式和美感：是否滿足人們在美感方面的客觀標準？

二、設計的領域範圍

在設計的世界中，設計是對訊息、生產、環境等各領域的必要意象產生形狀的一種工作。設計的範疇一般可分為視覺傳達設計、產品設計、空間設計、綜合設計等四部分，如下表 4-1「設計的範圍」。

以下說明設計領域範圍的內涵（藝風堂編輯部編譯，*1991*）：

表 4-1　設計的範圍

	2 次元	3 次元	4 次元
視覺傳達設計	・標誌設計 ・字體 ・印刷設計 ・編輯設計 ・廣告設計 ・海報設計 ・插畫	・包裝設計 ・PS　廣告設計 ・POP 廣告設計 ・展覽會、展示設計 ・定期性樣品設計	・TV-CF 設計 ・動畫 ・影像設計
產品設計	・紡織設計 ・壁紙設計 ・裡布（interior fabric） ・地毯設計	・配件設計 ・服裝設計 ・流行設計 ・機械設計	
空間設計		・室內設計 ・建築設計 ・庭園設計 ・戶外設計	・景觀設計
綜合設計		・企業識別系統（CIS） ・DM ・設計、管理	・博覽會 ・環境設計 ・舞台設計

資料來源：出自藝風堂編輯部編譯（1991：18）。

㈠視覺傳達設計

例如海報、傳單、產品包裝、書籍，乃至各類影像等，範圍極為廣泛，而且各種媒體的特性也不同。視覺傳達媒體設計小自個人備忘錄、牆壁塗鴉、留言版等平面媒體，以至包裝設計、展覽會設計等立體設計，大至廣播、電視、動畫等多媒體設計，都算是視覺傳達設計。

簡言之，為了連結人際關係，在資訊世界中創造了視覺傳達設計，如下圖 4-1「2004 教育部第一屆創造力教育博覽會邀請卡」即是視覺傳達設計創作，「FIRST」的上方旗幟具有傳達「領先延伸」之創意。

圖 4-1　2004 年教育部第一屆創造力教育博覽會邀請卡

資料來源：http://party.creativity.edu.tw

㈡產品設計

所謂產品設計是指：人類基於某種目的，有意識地創造出自我本體以外的其他物質。即人類創造出來具有人造物特質者，即可稱為產品設計。所以，生活常見的地毯壁紙設計，乃至服裝設計、工藝設計、家具設計、工業設計等都是產品設計的內涵。換言之，為了聯繫人與大自然間的關係，人類在工具世界中創造了各種產品設計，如下圖 4-2「兒童協力賽車」和圖 4-3「沙灘車」所示，均是有意識地為人類生活家具和休閒娛樂，所做的產品設計。

圖 4-2　兒童協力賽車

資料來源：雲林科技大學工業設計系（2005：171）

圖 4-3　沙灘車

資料來源：http://www.unilli.com

㈢空間設計

所謂空間設計是把生活空間當作對象來設計，然而實際上空間設計不僅是各個專門領域的總稱，而且實際的設計活動以建築設計、室內設計代表為多。狹義的空間設計，主要是用來訂定與喚起感情機能相對應的生活空間形式，這就不會無視生活空間中物理機能所具備的形式。一般而言，室內、建築、庭園、景觀設計等都可以算是空間設計的範疇。

例如，景觀設計可以是像一般家庭或遊樂區的綠化庭園設計，也可以像西門町、國際機場的多媒體視訊景觀設計，如下圖 4-4「像畫作的藝術牆面」和圖 4-5「像展場的藝術牆面」，都是有關建築牆面的景觀設計。

㈣綜合設計

設計是對訊息、生產、環境等各領域的必要意象，產生形狀的一種工作，依設計的對象，設計可分為視覺傳達設計、產品設計、環境或空間設計等，不過在實際設計時，通常設計對象都必須以綜合方式來進行設計（綜合、控制、管理），例如，企業識別系統（CIS）、環境設計、舞台設計、博覽會設計等方式，均屬於綜合設計，如下圖 4-6「統一超商 7-11 店面綜合設計」所示。

圖 4-4　像畫作的藝術牆面

圖 4-5　像展場的藝術牆面

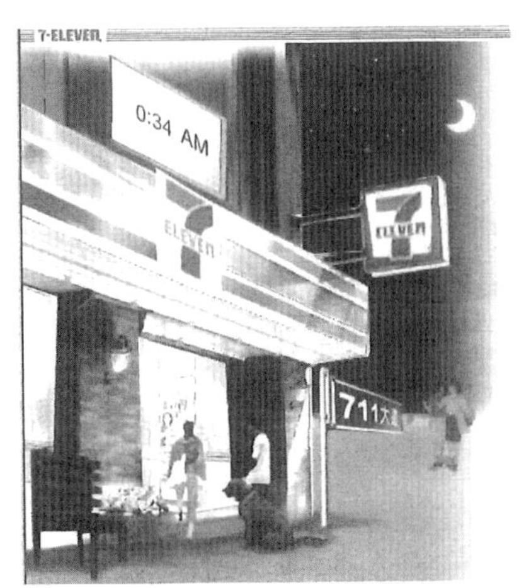

圖 4-6　統一超商 7-11 店面綜合設計
資料來源：http://www.7-11.com.tw

肆 創意作品的設計取向

在進行創意設計的歷程中，事實上，只要把握住下列普遍性原則，將可發揮驚奇的創意人表現、創意情境改觀、創意歷程想像和創意成果產出。

一、功能性和使用性

「功能性」即創意設計產出能產生作用、發揮其訴求效果；「使用性」則強調使用該創作的適用程度。創意設計基本上均有功能性之需求，以發揮作品為社會群體使用之存在理由，相較於使用便捷、舒適、幽默感、趣味性、簡單、健康等需求而言，創意設計功能性原則，可以單一製造創作，亦可以結合相關功能綜合使用之。

例如，下圖 4-7「公事包健康椅收納圖」和圖 4-8「公事包健康椅功能性和使用性展開 3D 圖」所示作品，功能性設計為：「運動」、「休閒」、「用餐」等功能設計；使用性設計為：「結合成公事包」、「打開成餐桌椅、運動椅」。

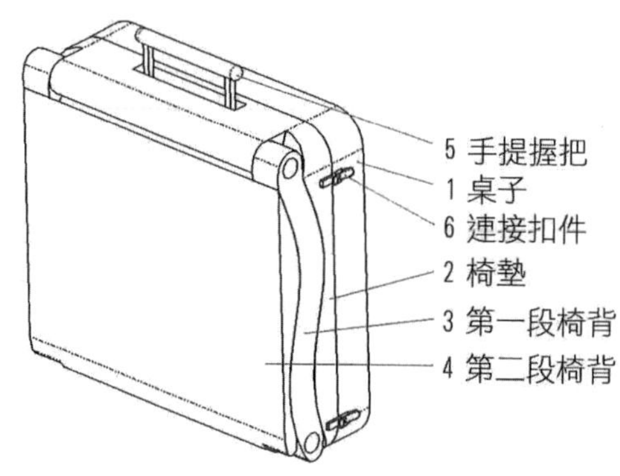

圖 4-7　公事包健康椅收納

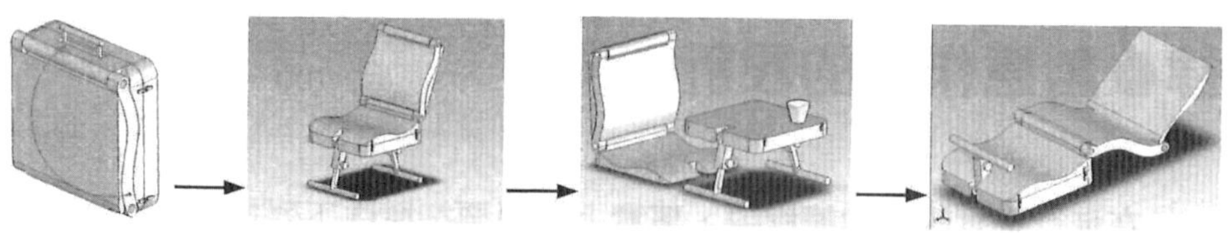

圖 4-8　公事包健康椅功能性和使用性展開 3D 圖

二、意義性和共鳴性

「意義性」強調創意設計產品所樹立的形象，足以代表設計所要傳達產品、企業意義；「共鳴性」重視人和創意設計作品互動的強烈感動，包括快樂、趣味、憂傷、憤怒、無所謂、付出、誠實、負責等許多由人格面相，深化到意識面相的感動。

例如，右圖 4-9「國立雲林科技大學校徽」的設計，該校校徽是由創校校名「雲林技術學院」的英文 Yunlin Institute of Technology 簡稱 YIT 所構成，圖形呈輻射性結構，兼具向內聚斂與向外擴展的性格。向內聚斂代表科技整合與團隊和諧；向外擴展代表多元發展與服務社會。整體圖形則象徵該校理論與應用並重，科技與人文兼顧的辦學理念。校徽為青綠色，具有理性、真誠、信賴、穩靜、智慧、創新等意象（*http://www.yuntech.edu.tw*）。

圖 4-9　國立雲林科技大學校徽
資料來源：http://www.yuntech.edu.tw

三、普遍性和獨特性

「普遍性」指創意設計被社會大眾普遍所接納肯定的程度；「獨特性」深植某一特定族群意識型態的接納程度。當然，不同產品類別、消費族群和生活型態，也會影響普遍性和獨特性的創意設計，普遍性有時和普遍性是對立狀態，有時確又為互補作用。

例如，在台灣經營「睡覺店」是有其普遍性和獨特性。睡眠障礙幾乎成了台灣人的大苦惱之一，而且入睡及維持睡眠的障礙是失眠門診最常見的睡眠問題，程度有輕重之別，病程也有暫時、短期、慢性之分。一般而言，輕微的失眠並不會對工作或學業造成明顯的影響，若是睡眠時間低於基本的五、六小時連續達二、三天以上，就會有立即的影響，注意力會變差。若是長期遠低於個人合理的生理睡眠需求，那麼在從事需要持久注意力、精細操作、高智力思考及記憶的事務，就會有失誤增加，學習操作及創造思考力減退的現象發生。

因此，如果能有創意設計「睡覺店」的經營運作，相關的店面室內外設計、專業人員組織、行銷策略、套裝產品、營運資金等相關因素，可創造另一具有普遍性和獨特性需求的新興行業。

四、時尚性和永續性

「時尚性」是能因應整個社會變遷生活機能的各項需求，而進行各項有關的創意設計，不限創意設計產品的大小、貢獻，只要能「跟的上時代」，不限創意的類別，食衣住行育樂各類別都可以，只要是引領時代潮流造成一股流行旋風，即可算得上是時尚性。例如：吃日式拉麵、葡式蛋塔、穿露背裝、住紙板屋、溜直排輪上班等都具有時尚性。

「永續性」則是能持續維持其持久不變特色風格，或是具有環保意識能維持地球永續發展，均是永續性表徵。當然能結合時尚性和永續性，融入研發新科技、新技術、新團隊、新文化風貌的創意設計，將使得生活更加曼妙有趣、回歸自然風。例如：在日本大阪、歧阜、東京舉辦的 2003 年世界光發電展示會，圖 4-10「太陽能咖啡屋」和圖 4-11「風光互補型庭園燈」展示，利用太陽能發電的太陽能咖啡屋和風光互補型庭園燈，充滿與眾不同的時尚性和永續性創意設計，為地球和人類締造更自然豐富資源和曼妙有趣的生活創意。

圖 4-10　太陽能咖啡屋
資料來源：http://www.solar-i.com

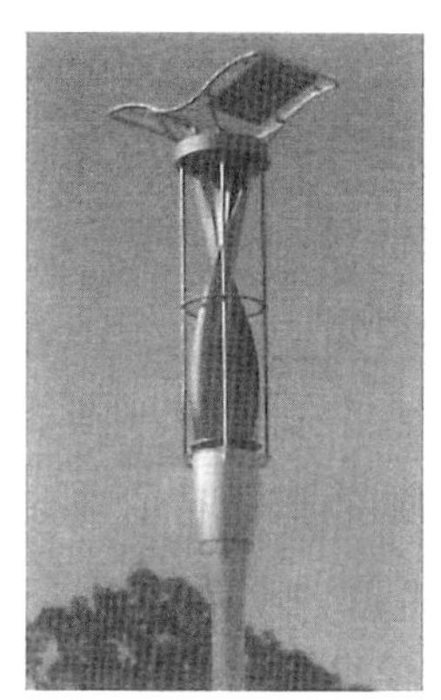

圖 4-11　風光互補型庭園燈
資料來源：http://www.solar-i.com

第二節　創意設計的構想發展

未來世界的願景，端賴人類創造力和組織能力發揮創意想像表現的橋接。所以，從事創意設計的構想發展，維繫著人類如何營造和創造未來世界，有關生活環境場景、科技文明和社會生活等諸多詮釋。

壹　創意設計構想的起點行為

一、構想來自定義創意問題

創意設計構想是許多「觀念」（idea）、概念（concept）和想像（image）的具體化表現。構想問題可以激發具有獨特性的創意作品，首先必須定義構想創意問題的的獨特性質。

當然，要發現問題是否為值得質問的獨特問題，則需透過觀察歷程才能在腦海中形成構想。Michalko（*1998*）研究指出，定義問題的形式透過點線面不斷擴張開來的過程，可以獲取知識，理解到問題本質所代表的意義，此亦「知道如何去看」（knowing how to see）許多現象、事實的根源。天才可以從一個問題觀點，變成不同觀點產生交互作用的描述，產生不同脈絡情境的產生，這是一種重新架構（reframe）的創造。

例如，構想會自動翻頁的鬧鐘（*http://www.kikikaka.com.tw*），這是由美國紐約 kikkerland 公司出產，設計師 Wil van de Bos 所設計的時尚和復古作品（如下圖 4-12 和圖 4-13），這個作品的設計構想，即來自於觀察到懶人常忘記日期，沒有時間觀念，如何透過創意做出上緊發條設計，讓它具有提醒懶人守時觀念作用。把作品構想問題定義出來，可使得作品創意充滿流暢動感，可以隨時隨地變化調整，此為創意構想定義創意問題的起點。

圖 4-12　自動翻頁的鬧鐘
資料來源：http://www.kikikaka.com.tw

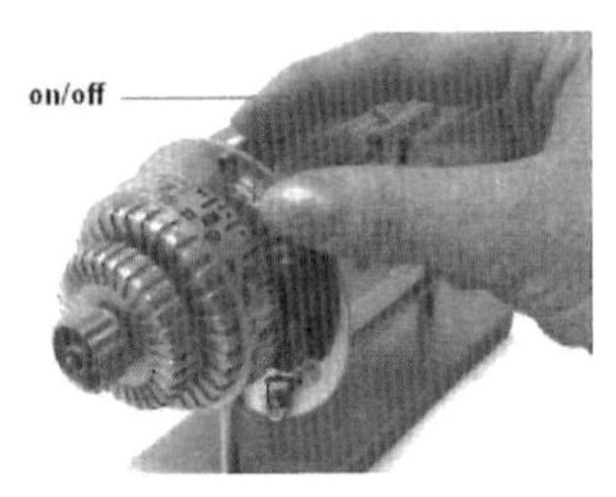

圖 4-13　自動翻頁的鬧鐘的開關
資料來源：http://www.kikikaka.com.tw

二、構想來自創意現象的聯想

創意設計構想是需要創意現象的聯想，透過舊經驗相關因素的結合，而創造出別出心裁的新印象、新觀感，而要有豐富的創意現象聯想，則需隨時充滿視、聽、言、行的能力，觀天地萬物之差異現象，聽其音聲之美妙特殊，練習預測、補充、計畫、創新、問題解決之陳述，擴大生活領域境界探尋新奇改造平凡。

「跳離原點」的思考模式，可以讓創意現象產生聯想，當設計者把所視、聽、言、行的觀察現象，透過趣味化、設計化、創意化的轉化聯想歷程，許多短期記憶經過特殊編碼和期望因子的激勵，創意構想的聯想將會源源不斷展開。

例如：到廟宇看到許多善男信女虔誠的祈求，看著人人把聖筊一而再、再而三的祈求神明給予吉筊，觸目所及都是明眼人的祈求。跳離明眼人、聖筊的視覺專屬產品，可從擲地有「聲」感，得到吉祥或不吉利的預知、內心焦灼或歡喜的談論等等，從聖筊有聲感的聯想，思考轉化為「有聲聖筊」的設計。

三、構想來自創意聯想的後設思考

創意設計多為實用設計或裝飾設計，其用意即在於產生民生作用或賞心悅目情感。尤其透過豐富的創意現象聯想，創意設計構想經常會被視為完美無缺，但面對多變的社會、愛挑剔的族群、甚至多點子的原創者，使得許多構想還必須進行創意聯想的後設思考，才能化解許多不被誤解的創意。

所謂「後設思考」是思之再思的歷程。簡言之，就是想了許多遍的思考。當教育心理學家提出後設思考觀點，是希望發訊者和收訊者之間，能有充分溝通理解機會。例如教師能有後設思考習慣，自然知道該怎麼教學生才容易懂，因為第一遍思考後知道如何教內容，第二遍思考學生如何懂內容，第三遍思考如何教最精采簡潔。依此類推，師生雙方才能心意和新意相連結。

例如作者在和學生討論「煙灰缸」的現象聯想時，學生例舉像肺葉、像煙囪、像惡魔等煙灰缸造型的聯想，此一聯想均屬「負面」、「恐嚇」、

「期望」等方面，如果教師提出「正面」、「收藏」、「灰飛煙滅」等思考，把第一次思考再加以後設思考，相信煙灰缸的創意設計，有可能會構想出在煙灰缸內鋪上可撕紙巾清煙蒂，煙灰缸下挖洞加上抽風馬達，造型煙灰缸加設點煙機置，煙灰缸底層設計可放生物科技吸煙紙等等許多構想空間。

貳 創意設計構想的發展歷程

人們如何從思考中得到真相？這就像要畫一條魚，還必須看清楚魚到底有沒有鱗？鱗的大小、形狀、光澤、顏色等又是如何？所以，創意設計構想的發展歷程，猶如張開一把皇帝手持的扇子，充滿玄機貴氣，卻又風涼如一般扇子的平凡作用，有些想像又很實在。

一、引導好奇心觀察理解

保持好奇心蒐集問題相關資料，可以使創意設計構想的觸點，充滿驚奇想像和實用價值，藉助以下方法可以因為好奇心的作用變得敏銳：1.經常性的聯想；2.定義事物的真正意義；3.描述所理解事物的意義；4.引領對事物感動的紀錄；5.獲取創作資料的來源。

例如：從「雲」的圖騰變化幻想為例，說明之：

1. 經常性的聯想：雲像獅子、雲像海鳥、雲像蜥蜴、雲像棉花糖、雲像奶奶的髮絲、雲像打散的水果汁泡沫……。
2. 定義事物的真正意義：抗議的民眾怒吼，就像雲上飛奔的獅子不斷跳腳。
3. 描述所理解事物的意義：民眾的抗議怒聲經常存在，但卻人微言輕不為重視，只能像雲一般不斷游移不安。

4. 引領對事物感動的紀錄：達官貴族、賤民、浮雲、遊子、漂泊的心、游與遊、逃離與聚集、生氣與怒吼、雲端與現實、社會運動、王法與縱容、綠色藍色橘色政府、和平與戰爭……。
5. 獲取創作資料的來源：創意構想海報、雕塑、公園聚落、插畫、椅背、壁紙……等有哪些地方可以運用。

二、增進注意力辨識理解

注意力是指個人專注持續於某種對象情境當中的表現。當注意力貫注時，對於外在事物細微變化之處，較能敏覺快速處理其差異。從事創意設計構想在注意力集中後，則需加以感知辨識理解下列事項：

1. 問題（或注意力對象）的邊界：結束和開始銜接點在哪裡？中間和區別的邊界在哪裡？何以該問題會以該點為邊界，有何特色？再延伸或就此停止會造成什麼效果？
2. 問題（或注意力對象）的強勢和弱勢：強勢形象表達出什麼樣的特色？弱勢形象又造成什麼樣的影響？強勢和弱勢在表現上有何相互性或影響性？如何減弱或再增強強勢和弱勢的關係？如果強勢和弱勢產生對調互換或其他方式，對整體畫面會產生什麼影響？
3. 問題（或注意力對象）的動態和靜態：動態可能產生什麼特殊效果？靜態是否能襯托出整個畫面的靜謐諧和感？就客觀事實而言，整個問題動態化和靜態化是否已達到平衡狀態？

例如：東京都美術館與日本經濟新聞社，曾經聯合主辦了一個妙想天開的「蒙娜麗莎的一百種微笑」的美術展。所展出的一百多幅作品，有的是十六世紀至十八世紀名家的臨摹作品，有的是十九世紀的名畫家借題發揮的複製品。到了廿世紀，由於科學的發達，加上照相機的發明，使得美術的工具更加廣泛，於是蒙娜麗莎的微笑，除了臨摹，也有利用科技手法產生各種複製品，構想的形象更是變化多端了。

如果主辦單位再創意設計構想遊戲角，讓觀賞者能在參與遊戲過程（例如拼圖遊戲、多媒體構圖動畫遊戲等），辨識理解義大利文藝復興時期李奧納多・達文西（Leonardo da Vinci, 1452-1519）的不朽之作和後續臨摹之作，由於注意力的集中，對於蒙娜麗莎所表現的邊界差異點、強勢和弱勢、動態和靜態等面向，相信會充滿許多藝術休閒遊戲的趣味。甚至對於達文西在科學的領域，如力學、光學、天文學、解剖學、植物學、機械工程等顯著成就，也會產生注意力學習遷移的作用。

三、發揮大腦思考蛻變能力

1960 年代延伸對腦的研究後，發現左右腦都有高度認知力和敏銳的反應力，以及複雜的思考能力，因為腦的知動功效在教育上扮演著非常重要的角色。左右腦各有不同的創造力，例如，左腦的創造力表現如下：強調認知、講求聚斂性思考、運用數字靈活、喜歡原始的、喜歡抽象的思考、自由意志、做事經計畫、找關係、直覺反應分析、非系統處理事物、連續性的、客觀的、一件事繼續至成功；右腦的創造力表現如下：注重直覺、講求輻射性思考、習慣推理、喜歡非原始的（基本的）、喜歡實物的運作、一切有一定方向、許多事是憑相信、重分析、理性做決定、有系統、多重複雜性的、主觀的、多樣事可同時處理的（李德高，*1991*）。

管理好腦袋，就像向外伸出一根無形的槓桿，槓桿的一端是腦袋，另一端則是整個宇宙（王舜清，*2000*），人類可以靠著優異的左腦（L）右腦（R），征服全世界。人腦中有 2 千億個腦細胞，可儲存 1 千億條訊息，思想每小時游走三百多里，擁有超過 1 百兆的交錯線路，平均每 24 小時產生 4 千種思想，是世界上最精密、最靈敏的器官。左腦與右腦形狀相同，功能卻大不一樣，L 模式是以線性、邏輯性和語言為思考基礎，R 模式是以視覺、空間和影像為思考基礎。從表 4-2「左右腦功能區分表」，可以看出，大腦功能確實有相當大的作用力。

表 4-2　左右腦功能區分表

左右腦功能	左腦	右腦
歷史角度	陽 自我 有意識的 心靈	陰 本能 無意識的 肉體
蒐集資訊	思考 理智推斷	感受 直覺
記憶	文字 數字 部分 姓名	意象 模式 整體 臉孔
表達	語言 交談 計算 寫字	非語言 幻想、動作、情緒 繪畫、唱歌 塗鴉
思考	分析性的 直線的 邏輯性的 理性的 先後連續的 垂直的 集中的 推斷的	幻想的 空間性的 非邏輯性的 非理性的 同時的 旁支的 分散的 歸納的
選擇	黑白分明	灰色地帶
行為	嘗試 執行	直覺反射 具象化
管理	規則，程序	不同的看法
組織	資金 人 原料 科技	意義與價值 承諾 點子 創新

資料來源：出自林碧翠、楊幼蘭譯（1993：173）。

四、增強構想思考訓練

要進行構想思考基礎訓練可採行下列方式：

㈠啟發並延伸 L 和 R 的感知力

1. 試著定期觀察或檢測一些能增進我們智識的事物。
2. 試著集中注意力，變化自己的角度和位置去觀看、體驗和感受。
3. 試著定期將自己所觀察或感覺到的感想畫或寫下來。
4. 藉著處理物品來學習體驗、製作、分解及修理它們。
5. 試著嘗試、比較、辨別事物，並學著做一些評估（張建成譯，*1992*）。

這樣有助於啟發並延伸 L 和 R 的感知力。

例如：以改進環保礦泉水瓶為例，如圖 4-14 到圖 4-16「環保水精靈寶特瓶」，說明構想思考基礎訓練。

1. 觀察：回收礦泉水瓶造成人力、物力、自然資源的浪費。
2. 感受：有水喝沒水喝的日子有何差異？什麼地方、時候和哪些人最需要水喝？
3. 描述：帶可大可小的魔術水瓶，同時滿足有水喝和回收水瓶的好處。
4. 製作：如下圖 4-14、4-15 和 4-16 能伸能縮的環保瓶。
5. 評估：再創意思考環保水瓶，另加外接式吸管或可拆卸式水袋，可行嗎？

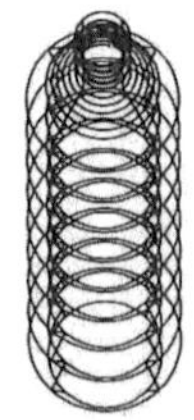

圖 4-14　可伸縮的瓶身

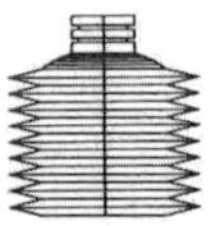

圖 4-15　壓縮後的瓶身

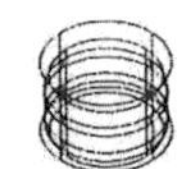

圖 4-16　瓶蓋

㈡類比訓練視覺現象

構想視覺現象的一些成分包含：光線、陰影、比例、色彩、質感、模式、結構、對照及動靜等等可類比想像的部分。

例如，下圖 4-17「鉛筆類比婚姻圖」，可從鉛筆的各個結構、質感、動靜類比為組成（或影響）婚姻各個面向，思考視覺空間進行邏輯理性思維，自我省思創造新情境的解決方案。

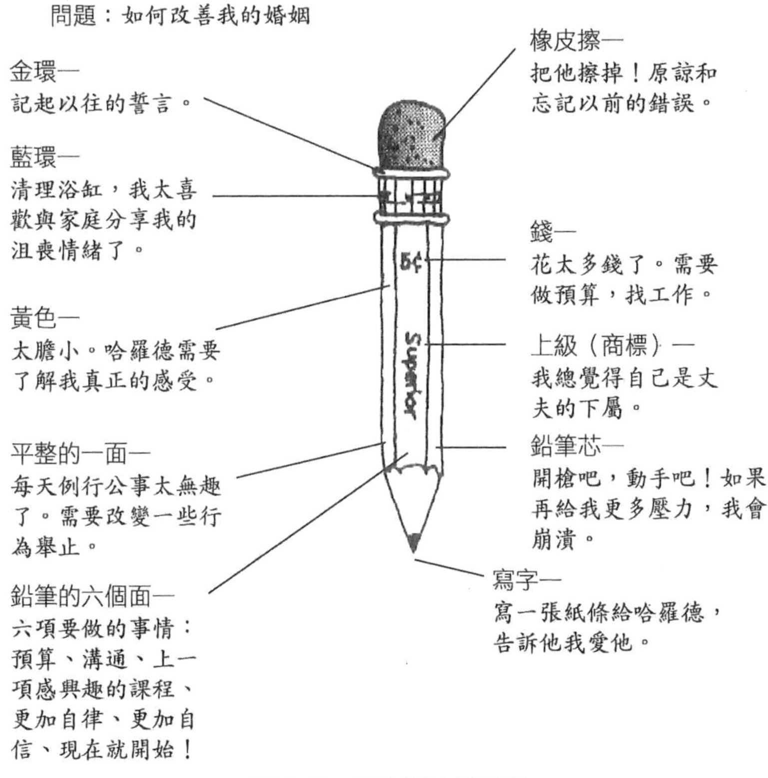

圖 4-17　鉛筆類比婚姻圖

資料來源：出自張索娃譯（2005：185）。

五、定位實作回饋程序性構想

有組織的使用可以讓創意想像運用得更有程序紮實，以下配合作者指導「皮在帶癢」作品，說明定位實作回饋程序性構想。

㈠定位構想

定位構想是將創意設計的目的、創作者的理念和創作歷程的必要條件做好清楚確認。在確認定位構想階段通常會進行下列的步驟：

1. 確認目標的意義，如圖 4-18「皮在帶癢構想創作目的」，繪製皮在帶癢構想創作目的。
2. 蒐集有用的資訊。
3. SQ3R：調查、提問、多看、多寫、多修正。
4. 豐富創作見識。

㈡實作構想

實作構想可以促使我們思考、選擇、比較及想像所定位構想的優缺點，還有助於尋找模式、定義比例及發現基本的群族關係。在做中學過程中，可以清楚整個創作流程的可行性，以及刺激延伸創作的價值性。在實作構想階段通常會進行下列的步驟：

1. 對整體作品和部分結構作品，繪製、拍攝或做出模型圖。
2. 熟練比較或重組實作過程的監控。
3. 紀錄實作修改或創新作品之好點子。
4. 經常性的自我聯想構想新變化。

在實作構想過程中，透過繪製正視圖（如圖 4-19）、背視圖（如圖 4-20）、電路圖、開關設計等實作構想，特別是在防盜電路設計，蜂鳴器如何在聲光表現上，透過聲音選擇和光源色彩等多點子構想，可做出多樣化又設計有趣的皮帶。

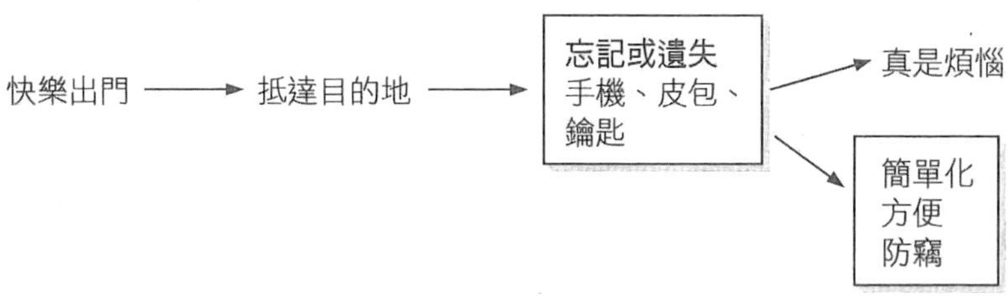

圖 4-18　皮在帶癢構想創作目的

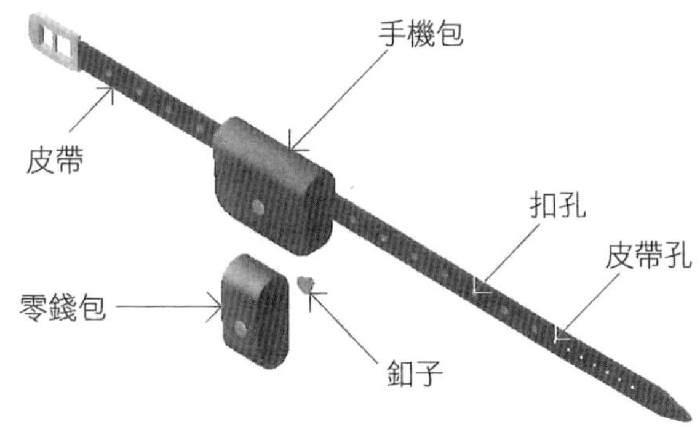

圖 4-19　皮在帶癢構想正視圖

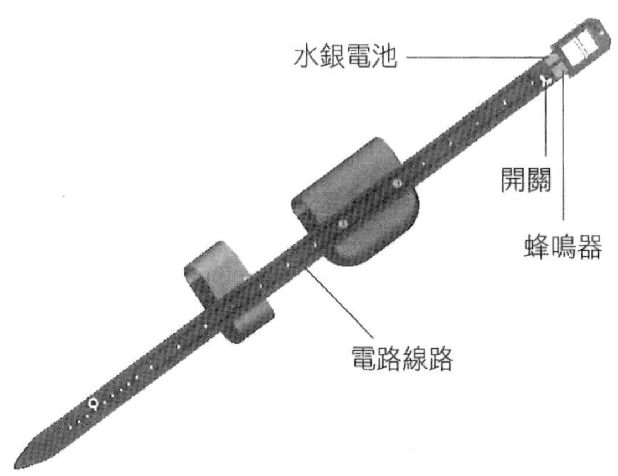

圖 4-20　皮在帶癢構想背視圖

㈢回饋構想

回饋構想是針對創意設計構想進行反思整合歷程。經由反思回饋過程，可以提供構想作品，更精緻、大方、反轉、顛倒、多項的思考方向。到了回饋構想階段，通常已經歷完整構想的程序性思考，假若回饋構想進行大翻修，通常表示創意設計構想有突破性創新可能，或是前述構想假設已不適用現階段的時空背景，這種否定構想反而可以創造一種調配整理思考程序的新發現。在回饋構想階段通常會進行下列的步驟：

1. 就事實運用判斷力客觀地思考構想。
2. 回饋構想有助於重新檢測困難與證明可行方案。
3. 嘗試推翻或修煉創思構想。

「皮在帶癢」在回饋構想面臨些許困境的再思考，特別是在設計構想出一個完美的釦子部分、扣孔通路部分、開關部分和外型美觀設計部分。因此，回饋構想可讓皮在帶癢構想有更多突破性再創新。

參 創意設計構想的策略

一、差異化策略（differentiation）

差異化策略目的在於提供與其他競爭者有所差異的產品，透過不同之產品或服務，以滿足顧客之需求，並能獲其信賴與認同，進而建立品牌忠誠度，擁有顧客之忠誠度，較易掌握市場占有率。所以，在品牌、市場、創新、服務的差異化均可提供創意構想的來源，產生更多的附加價值。

例如傳統女士洋裝拉鍊設計在背後，但不少設計師已改由腋下、對角線拉鍊，即突顯差異化之規則構想；賓士汽車在車身或車內採用比其他車種更貴更好原料，電腦公司推出具有差異化的輕巧型電腦新產品，透過小狗狗可以咬著電腦跳躍的畫面，即是差異化策略之創意。

二、特色化策略（characterization）

特色化策略最主要是為了提升品牌品質，協助建立自有品牌特色，尤其是融合當地文化、歷史、技藝和素材等資源，所展現小而美、小巧即表現形象產品創意特徵之處。

例如在台北新光三越公司最高樓設計觀景餐廳，北投焚化爐頂樓設計旋轉餐廳，玉山國家公園梅山派出所的貓頭鷹造型特色建築（如下圖 4-21）等等，都是為了表現其高美、潔淨之特色。

圖 4-21　玉山國家公園梅山派出所

資料來源：http://travel.toyota.com.tw/scenespot_detail.asp

三、最佳化策略（optimization）

最佳化策略是在一個有許多限制和條件相互衝突的環境下，找尋一個最合適解決方式的過程。因此最佳化是一個複雜度和解決結果好壞的平衡點，最適當的答案表示最好的妥協。一般在眾多創作中，通常會依照符應設計目的或辦理意義採行最佳化選擇，例如許多商標或校徽設計，通常會依照最佳精神象徵意義，找尋符應目的選擇最佳化創意作品。

四、模組化策略（modular）

模組化是指產品可以區分為幾個完整部分，而每個部分之間連結的部分都是單一標準規格，所以當某部分需要維修或升級時，就只要更換該部分，不用重新設計連結的部分，不用像傳統設計牽一髮則動全身，影響到其他部分或全部的運作。模組化設計對於工業設計與製造能力要求很高，如果構想不足，可能會產生模組塊接頭的誤差與強度不及格等問題。

例如，大至飛機戰車的模組化構想設計，可以使有問題的引擎拆卸更換新引擎，小至維修用可隨時更換新螺絲起子，以及電腦單槍的插頭和傳輸線，都是採行模組化構想的創意設計。

五、多樣化策略（variety）

即同時包容許多樣不同創意的構想設計，以消費者的心理需求做基礎，經由多樣化的行銷和廣告，讓消費者從多種品牌中選擇生活所需之產品。例如加油站複合式商店的經營，除去只有加油、賣油的刻板觀念，多樣化經營公司相關產品，為多樣化策略之經營模式。

六、個性化策略（individualization）

即能表現個體潛在特色或意識面可感受到個性表現，突顯個性、主張、主義和自我績效表達等意識，個性化商品是指針對某些特性、特質來設計的東西，此外，為特定族群的特殊性、需求性而設計的商品也可以量產。例如，專為新娘設計的婚紗珠寶禮服、幾米畫作、星座商品、個性鏡框、原住民服飾設計等創意設計均是個性化商品。

七、客製化策略（customization）

客製化是製造商提供客戶能對自己訂購的產品有所選擇，讓顧客去選擇想要的產品種類、規格，然後依照顧客的訂單個別去做符合客戶所需的產品。

產品的客製化可從設計、生產、銷售、運送的任一點上發生，在以客為尊、個人工作室、個性享受需求下，許多客製化商品已成為創意設計趨勢。當然，亦可大量客製化，讓顧客有更多選擇。

例如，進行模型製作有一定比例規格，許多銑床、開模作業可依客戶需求打樣出所需的造型、質感、尺寸、特殊風格等產品設計。目前亦有許多服務業或網站提供客戶更多客製化的選擇。

第三節　創意設計的實例舉隅

鮑・吉爾（Bob Gill, 1931-）是一位圖像設計師、插畫家、老師、藝術總監、電影製作人和爵士鋼琴家，他在《不守規則創意》（*Forget all the rules about graphic design. Including the ones in the Book*）一書當中，期望創意人最好拋掉創意長相「應該」要怎樣的偏見，因為他發現自己在構想原創性作品時，總是跌入以曾經目睹的事物為影像基礎，後來理解那確實是無法避免的，更重要的是跳脫原有思考模式，去探尋一個原創的點子，描述出專屬於且最適於傳遞該問題的影像，即可進行創作。換言之，只要能重新質問定義一個獨特的問題，就能激發一個獨特的答案（邱順應譯，*2000*）。

以下茲以視覺傳達設計、產品設計、空間設計和綜合設計四部分，舉例國內外創意設計作品，並加以評析說明。

壹、視覺傳達設計

視覺傳達設計平面設計包括：標誌設計、字體、印刷設計、編輯設計、海報設計、插畫等等；立體設計包括：包裝設計、PS廣告設計、POP廣告設計、展覽會展示設計、定期性樣品設計等等；多媒體設計包括：TV-CF 設計、動畫、影像設計等等。

一、北一女 100 週年海報

北一女是台灣最有歷史和優異傳統的女子高中，其 100 週年海報（如圖 4-22），象徵著從民國前八年的「台北州立第一高等女學校」創設迄今，不斷蛻變的花采，該海報創意設計特色，強調的是在造型、主題、意義上的創意表現。

二、Lux 展示設計

Lux是知名的清潔用品公司，該公司展示設計委託台灣相當知名的行銷設計公司進行創意整合設計，從圖 4-23 可以透過立體空間和圖片影像的傳達，讓人感受到「女人」、「花」、「美麗風華」的傳達溝通理念，該海報創意設計特色，強調的是在技術、造型、功能、主題、意義、應用、市場上的創意表現。

三、布希和賓拉登的「字」畫像

雜誌廣告強調視覺傳達意象，透過字體組合排列而成的「字畫像」，

圖 4-22 北一女 100 週年海報
資料來源：http://venus-design.net

圖 4-23 Lux 展示設計
資料來源 http://bestinstart.com

可以傳達現實世界的各種意象。例如，在 2001 年美國發生的 911 恐怖事件，其中兩大主角一個是美國總統布希，另一主角即是觸發恐怖行動的中東地區恐怖份子賓拉登。圖 4-24 的布希畫像是由和平（peace）和戰爭（war）兩字組成，意味著從畫像中布希的臉上，可以觀察到世界正反兩個角度的和平和戰爭變局。圖 4-25 的賓拉登則是由死亡（dead）和活著（Alive）兩個單字組合而成，傳達視覺感受對於賓拉登是生或是死？事實上仍充滿著不清的猜測。

圖 4-24 布希的字畫像
資料來源 http://vejaonline.abril.com.br

圖 4-25 賓拉登的字畫像
資料來源 http://vejaonline.abril.com.br

貳、產品設計

產品設計平面設計包括：紡織設計、壁紙設計、裏布設計、地毯設計等；立體設計包括：配件設計、服裝設計、流行設計、機械設計、手工藝設計、家具設計、工業設計和成衣設計等等。

一、家具設計

圖 4-26 是美國包浩斯（Bauhaus）學校的教師 Marcel Breure，在 1925 年為一位畫家住家設計家俱時的作品，又被稱為「華斯里椅子」（Wassily chair），該椅子是最早以金屬管為材料的椅子，座墊、扶手和靠背都是布做的，之後以此造型衍生出各種具張力、彈性的椅子相當多（藝風堂編輯部編譯，*1991*）。從圖 4-26 華斯里的椅子設計特色，可以看出強調在材料、技術、造型、功能、主題、應用上的創意表現。

二、遊走在想像之外的自行車

圖 4-27「Xiclet遊走在想像之外的自行車」，是阿根廷設計師瑪賽洛馬丁南尼（Marcelo Martinelli）所設計的。Xiclet贏得國際自行車競賽設計的金牌獎，Xiclet 由五個簡單的元件組合而成，整車相當輕巧，不僅製造容易且成本低廉，騎乘者無論以走路或跑步方式駕馭此車，均可享受快速、輕便、無阻力又安穩的騎乘快感，人車一體的協調效果，讓此車當作運輸工具之餘，同時兼具健身及娛樂的功能（*http://gb.chinabroadcast.cn*）。從圖 4-27 Xiclet 遊走在想像之外的自行車，可以看出強調在材料、技術、造型、功能、主題、意義、應用、市場上的創意表現。

圖 4-26　華斯里椅子圖
資料來源：出自藝風堂編輯部編譯（1991：160）

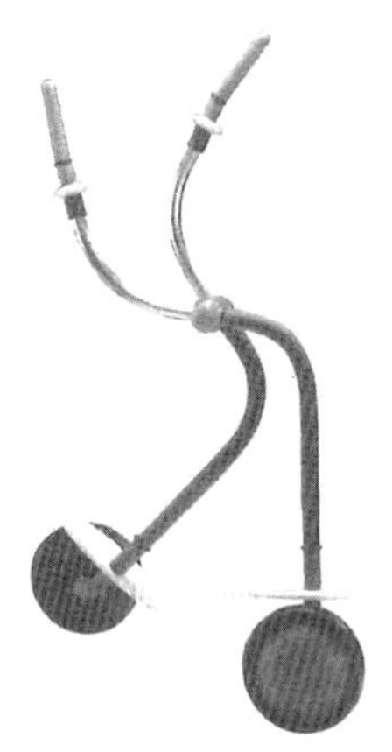

圖 4-27　Xiclet遊走在想像之外的自行車
資料來源：http://gb.chinabroadcast.cn

參 空間設計

空間設計一般包括：室內設計、建築設計、庭園設計、戶外設計和景觀設計等。

一、建築設計

圖 4-28「清真寺的建築全景」和圖 4-29「清真寺的建築角落」，為台北市清真寺的建築設計，清真寺建於民國四十九年，清真寺之興建，以其時代背景、象徵意義，以及建築地標特色之獨特無複製性，具有它的歷史、建築美學與紀念性價值。台北清真寺的建造是參照伊斯蘭教法、阿拉伯建築設計施工興建，含圓頂禮拜大殿、洗淨水房、禮堂辦公室、圓柱拱環長廊、喚拜尖塔、庭院圍籬……等（*http://taiwan.wcn.com*）。從清真寺的建築設計特色，可以看出強調在材料、技術、造型、功能、主題、意義、應用上的創意表現。

圖 4-28　清真寺的建築全景

資料來源：http://taiwan.wcn.com

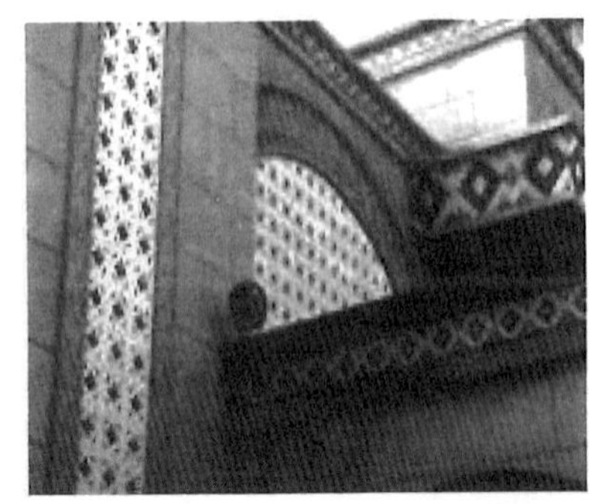

圖 4-29　清真寺的建築角落

資料來源：http://taiwan.wcn.com

二、景觀設計

圖 4-30「劍湖山遊樂世界摩天輪」為雲林縣觀光地區——劍湖山遊樂世界的景觀指標「摩天輪」，摩天輪的設計，結合劍湖山世界表徵意象招牌，在高空上呈現立體可見、屹立不搖的特色，從其創意設計中可以看出其強調技術、造型、功能、主題、意義、應用、市場上的創意表現。

圖 4-30　劍湖山遊樂世界的摩天輪

資料來源：http://www.janfusun.com.tw/

肆 綜合設計

綜合設計包括：企業識別系統、DM、設計管理、博覽會設計、環境設計和舞台設計等。

一、企業識別系統設計

圖 4-31「台新銀行玫瑰精品識別系統」和圖 4-32「ICRT 廣播電台識別系統」的識別系統設計，從造型上，顯而易見地可以看到玫瑰精品和廣播擴散的弧狀表徵意義，亦可明顯感受到其精緻婉約和群集廣博作用，兩項創作的創意設計理念，可以看出其強調造型、功能、主題、意義、應用、市場上的創意表達。

圖 4-31　台新銀行玫瑰精品
資料來源：http://www.taishinbank.com.tw

圖 4-32　ICRT 廣播電台
資料來源：http://wtest.icrt.com.tw

二、跨越年代象徵設計

茲圖 4-33「2000 年到 2005 年的跨年象徵設計」，說明從 2000 年到 2005 年的跨年象徵設計意涵，圖 4-33 的右方說明創意焦點。

1. 以賽跑的跨越里程碑為象徵設計來源
2. 表達 2000 年的曲線造型無限延伸

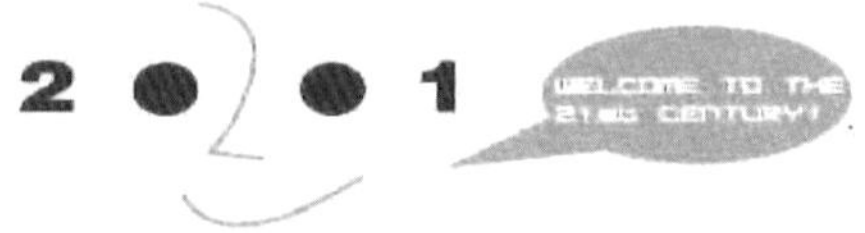

1. 以人微笑的眼神和笑容為主
2. 勾勒出 2001 微笑年的象徵意義

1. 兩個 0 的交集出無限寬廣意境為象徵設計來源
2. 表示 2002 無限想像未來

1. 以人在地球發光的魅力和光源為象徵設計來源
2. 表示 2003 年創意的光與熱

1. 以俏皮活潑的猴年想像孫悟空的超級厲害
2. 表示 2003 年應變和獨特性

1. 以太極生兩儀的紅黑數字對應出生生不息
2. 表示 2005 年神祕與自強

圖 4-33　2000-2005 年跨年象徵設計

資料來源：http://venus-design.net

創意現實問題

溪頭國家公園利用自然生態工法，復育了許多被地震和颱風摧毀的生物和建築景觀設計，連小溪也可看瀑布呢！

創意的發想與實踐

1. 請觀察附近住宅或自然景觀三項創意設計特色？
2. 請想想哪一種創意設計（視覺傳達、產品、空間、綜合設計），可以應用自然生態工法來進行規劃設計，請列舉一項，說說你的構想和應用。

創意評量紅綠燈

	綠燈	黃燈	紅燈
可利用性			
新穎觀念			
有進步性			
有創新性			

觀念就是力量。僅僅認知上的改變，就是力量無窮的創意。創意不一定改變了東西，有時候只是改變了自己，改變了想法。——詹宏志

創意經典故事盒

威而剛

1980 年，法國醫生何諾．威拉格（Ronald Virag）在一份報告中坦承，他在動手術的時候，不小心把罌粟鹼（papaverine）注射到一個男人的陰莖裡，使得陰莖的平滑肌得以放鬆充血，結果出人意表，這名病患竟然因此而勃起兩小時，勃起障礙研究者於是展開研究，把不同的藥物注射進男性陰莖，雖然他們發現酚苄明（phenoxybenzamine）可以讓陰莖勃起幾分鐘，但是這藥物的後遺症——心律不整、過度換氣——都相當嚴重，研究者投鼠忌器，研究宣告失敗。

加州大學洛杉磯分校醫學院的泌尿科醫生雅各．拉傑夫（Jacob Rajfer），本來研究的領域就是如何放鬆陰莖平滑肌。研究室主任路易斯．伊格納洛（Louis Ignarro）已經發現了讓身體平滑肌放鬆的祕方：只要注入氧化氮（nitric oxide），等它接觸到平滑肌細胞，化學作用就會讓平滑肌擴張或鬆弛。接著，輝瑞藥廠測試編號UK-92-480 的藥物——西地那非（sildenafil），隨後，他們把藥名改為威而剛（viagra）。實驗結果逐步出爐，他們愈來愈確定：陽痿病患有口服藥可救了。之後，輝瑞公司立刻針對它的藍色小藥丸，展開一連串的臨床實驗。

在威而剛問世之後沒多久，三位威而剛的研究人員（輝瑞藥廠說，參與研發的人員有好幾百位）還有加州大學洛杉磯分校的伊格納洛教授，共同獲得諾貝爾生理醫學獎。

IDEA 筆記畫

☆我的感想：性福從藍色小藥丸威而剛的創意開始。幸福的結論在哪裡呢？

☆我的問題：

☆我的聯想：

☆我的應用：

☆我的創造：

第五章

創意直覺法則

最至高無上的工作，就是從純粹以演繹法建構的宇宙中得出宇宙的基本定律。要得出這些定律並不能依靠合乎邏輯的方法，只有靠直覺。這種仰賴從經驗中造就出來的判斷力，才能引領我們發現這些定律。

——德國・相對論大師・*Albert Einstein*

直觀思考（intuitive thinking）是指直接的理解或認知，即個人對於一個問題或情境的結構和意義的了解，不須要依賴個人分析、證明的方法來解決問題（*Bruner, 1969*）。因此，直觀思考是一個暫時性結構的推測解答歷程，這個歷程的思考來自於結構的認知。直覺思考的特徵包括下列三個特徵（陳峰津，*1982*）：1.不確定時地之感知：在不確定的地方發生全體的感知，可以對於事物全貌先做粗約認識，對構造產生特色直接認識；2.多數是影像之型態：即掌握影像表徵的型態特色直接判斷；3.非語言的過程：直覺思考是深層知覺的過程，缺乏語言媒介的直接過程，是一種飛躍式或閃電式的思考。

本章第一節探討連結創意法則，介紹連結法、焦點法、聯想法和連結法則的寶囊。第二節探討類比創意法則，闡述類比法、仿生法、NM 法和比擬法。第三節探討腦力激盪創意法則，列舉說明腦力激盪法、筆寫式腦力激盪法、創意角色激盪法、有創意的腦力激盪議題和成功的腦力激盪案例，期望透過這三個法則，可以發揮直覺所見、所聞、所思，讓人在進行創意思考時，可以運用直覺發揮更多想像力，進入心智模式並做出創意反應。

第一節 連結創意法則

文藝復興時期畫家達文西（Leonardo da Vinci,1452-1519）認為突破性的構想隨處可得，只要我們善於發揮想像力與創意，將看似互不相干的事物作聯想連結，便能得到意想不到的結果。達文西便曾將河面上的漣漪與教堂的鐘聲聯想在一起，最後證實在空氣中，聲音亦呈波狀傳送。此外，他更將水的行進聯想至頭髮的飄動，結果創造「連續法則」（law of continuity）。愛因斯坦喜歡讓想像力隨意馳騁，將不同的事物聯想在一起，因此學會如何引發「盲目變異」（blind variation）。天才不在於擁有知識的多寡，而是取決於資訊處理的方式（*Michael, 1998*）。善於運用連結創意法則的人，常能創造無中生有、有中生奇的奧妙。

壹、連結法

一、意義

連結法（connection technique）是指各項事物互相連貫，看似極為合乎邏輯，是異想天開結論的典型（陳蒼杰譯，*1995*）。連結法可衍生許多其他創意法則，例如焦點法、聯想法等，都是連結法的應用。

連結法的發想方式有點類似中文填空、英文克漏字（cloze）的猜答想像答案是什麼的猜空格遊戲，整個連結歷程開始從主題→感覺想像猜答1→感覺想像猜答2→感覺想像猜答3→……→到結論議題，進行想像思路的各項連結。每個連結過程中有對、有錯或不確定反應，均可能連結到另一新情境，產生新創意構想。

因此，創意天賦的首要條件便是「在不同的事物間建立大量的關聯連結」。而對多數人來說，這不是件容易的事，因為我們所接受的教育並不積極鼓勵以富有創意的方式來處理資訊。結果，當我們運用想像力來發展新構想時，便會困於舊有觀念模式的窠臼中。發揮連結法能夠將目標與不相干的事物結合，以轉化思維模式，進而改變我們對事物的觀感。

二、實例：奇異公司的烤麵包機

美國奇異電器公司（GE）曾因長久不景氣，經營陷入困境，在幹部會議上，討論如何提升滯銷烤麵包機的營業額，其中有一個奇妙的構想「在烤麵包機加裝捕鼠器」，這個發想來自於一個員工敘述：「我家的烤麵包機底部，經常留下許多麵包屑。夜裡，老鼠為吃麵包而爬上桌子，極為不衛生。我太太每天早上看了就生氣和埋怨，鄰居也很苦惱」（陳蒼杰譯，*1995*）。

利用連結法的發想方式，先由發覺問題者陳述問題，如下圖 5-1「烤麵包機發想連結圖」，再經由公司創意團隊幹部的創意連結發想，發現問題癥結在於「烤麵包機是誘鼠誘因」、「老鼠來了怎麼處理？」、「烤麵包機如何處理麵包屑掉落的問題」，如下圖 5-2「烤麵包機創意發想連結圖」，經由腦力激盪討論確定研發方向後，即開始進入技術製作有創意的新型烤麵包機。最後，奇異公司終於在技術上研發出以「不囤積麵包屑的烤麵包機」為宣傳文宣推入市場，獲得好評。

㈠員工敘述問題連結點

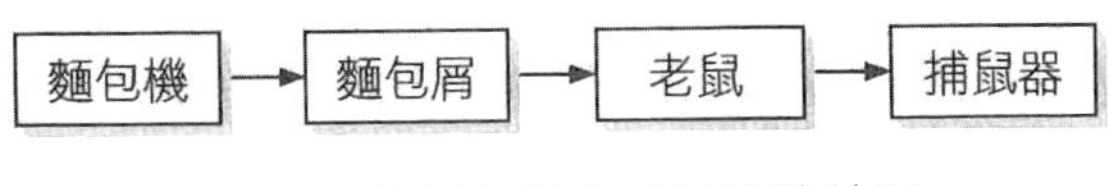

圖 5-1　烤麵包機發想問題連結圖

㈡幹部創意連結問題關鍵點

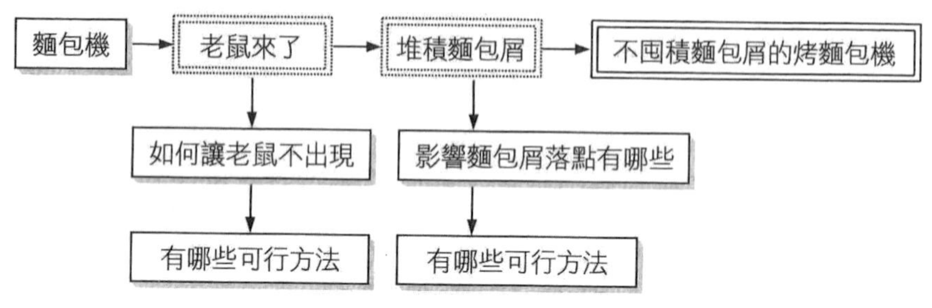

圖 5-2　烤麵包機創意連結關鍵圖

從奇異公司幹部創意連結可以看出，其創意表現主題在於「不殘留麵包屑的烤麵機」的創意發想思維。每個創意人的創意發想點，與其年齡、智能、性別、感覺、知覺、職業、家庭、生活型態等，有多項影響關係，從該員工敘述家庭使用烤麵包機現象，可以看出家庭使用烤麵包機缺點相當多（例如飲食衛生、老鼠太多、身體健康、晚上被老鼠吵得睡不著、上班沒精神等），找出解決問題關鍵點作連結，才能解決基本的民生用品問題。當然，創意團隊幹部要解決關鍵問題需要具備下數特質：

1. 有同理心的想像力

即設身處地、感同身受地為他人著想的連帶感受，否則問題仍只是隔靴搔癢泛泛之談。

2. 高度敏感的精密力

即比他人更面面俱到的發覺問題、掌握資訊和感受變化，經常地思考「如果這樣……會怎樣……？」、「為什麼不從哪個點來想想……？」

3. 像貓抓老鼠的好奇慾望

不斷地挖掘新的事實和情報，在好奇心的驅使下去觀察為什麼老鼠會來？貓為什麼要抓老鼠？麵包屑掉下來時，加點什麼老鼠就不想吃？當個好奇寶貝挑戰各種壓力，答案就不遠了。

4. 充實表達能力的多樣化

表達可以是圖片、聲音、表演、帶道具、用玩偶對話等方式，聽說讀寫演動樣樣都可以作為表達工具。

㈢不殘留麵包屑的烤麵機的再創意

創意的自由奔馳，會有許多不同的發現，平時連結多時，當狀況一來即能像神經元不斷擴散。茲以上述奇異公司的「不囤積麵包屑的烤麵包機」再進行創意發想，從麵包機的連結點框架內容，有以下新品構思，如圖 5-3「會唱歌烤麵包機創意發想連結圖」所示。

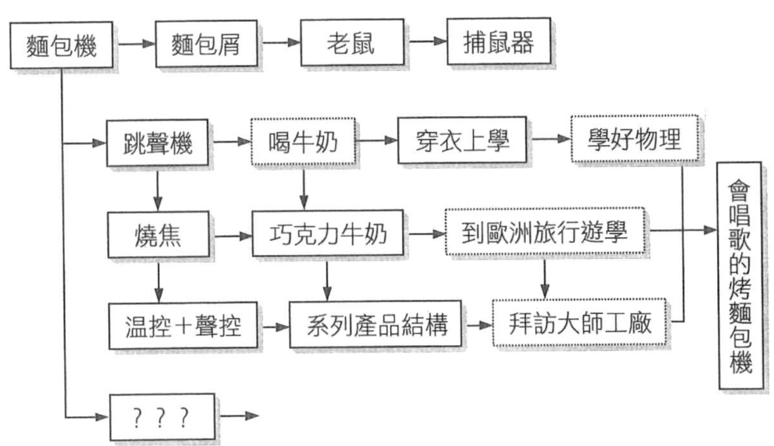

圖 5-3　會唱歌烤麵包機創意發想連結圖

貳、焦點法

一、焦點法的應用

進行創意主題的周邊思考時，則常有不易出現獨特創意的情形發生。此時，可先使腦海浮現完全不同領域的事物，再將有關此事物的各項要素與特徵列舉出來，並將其一一與主題連結的連結的思考方式（陳淑芬譯，*1993*）。

例如：創意主題為「適合年輕女性之照相機、新產品的開發」。可先在腦海中浮現與照相機不同的福樂冰淇淋，作為「不同領域」的思考模式，一一列出此事物的要素與特徵。下一步驟再和「創意主題——照相機」做連結思考，整個焦點法的運用如表 5-1「照相機運用焦點法對照連結特徵一覽表」所示。

從表 5-1 可以歸納出連結焦點主題所需要的創意，例如冰涼觸感、個性造型、輕巧短小、背袋、帶著走、全球同步發行等創意特質。

表 5-1　照相機運用焦點法對照連結特徵一覽表

冰淇淋	創意照相機
1. 冰冷、吃起來爽口舒服。	*1.* 照相機的素材，觸摸的質感要很舒服。
2. 有香草、巧克力、玉露等眾多口味、材料。	*2.* 能從設計中從事個性之選擇。能選擇輕便、美觀等各種前述基礎的設計。
3. 選擇前述口味注入購買。	*3.* 可選擇自己需要的性能來訂購。
4. 冰淇淋上澆上一層果醬。	*4.* 皮帶的設計非常有名。
5. 顏色多采多姿，看似很漂亮。	*5.* 照相機護套的各種設計很有名。
6. 下殼盛裝著半球型的冰淇淋。	*6.* 有照相機、鏡頭、軟片等盡能納入的背袋。
7. 可將容器（下殼）一起食用。	*7.* 帶著照相機走、也是一種流行。
8. 可一面走、一面吃。	*8.* 能單手操作的照相機。
9. 需排隊購買、買到時有成就感。	*9.* 訂購至交貨為止要花一段時間，故有好不容易購買之感。
10. 在任何一家連鎖商店購買相同品質的冰淇淋。	*10.* 全球同步發表相同構造、品質的商品。

資料來源：整理自楊淑芬譯（1993：14-16）。

然而，要控制並理解現有資訊環境的複雜性，關鍵就在於培養變焦的過程。透過此種程式，我們就能反制一種太近或太遠的自然趨勢，如果一直在遠焦（zoomed out）的狀態，就像在人聲鼎沸的派對中，聽到所有人的交談內容，最後一定什麼也沒聽清楚，而且很快會因為充斥大量的資訊而覺得吃不消；如果是在近焦（zoomed in）的狀態，如果只是一味採行任務清單，可能會在近焦中產生固著狀態的情況，所以，在聚焦過程應該採用確認觀點與背景的過程：拉近、對焦、行動、拉遠，並檢視整個背景，以下列出移近焦點、放遠焦點和並用近焦和遠焦的注意原則（蕭幼麟譯，*2005，pp.182-198*）：

二、移近焦點

移近焦點主要是針對問題核心，排序輕重緩急先後順序，運用移近焦點創意工作者應把握下列要點：

㈠進行精確分析理解細節

注意到異常值和不一致性，不要受到真相以外的因素影響，以免產生質疑舊模式或阻擋邁向新方向，學習如何測試假設條件、設定假設並提出清楚的問題？如何容許實驗及學習的情況下來鎖定細節？

㈡分類和優先化訊息

分類的方法有許多，可以採取下列分類基準：1.相似度：物體間的相似程度；2.命運共同體：物體是否處於同一個環境；3.連續性：物體是否符合一種順暢的連續路線；4.環繞性：物體是否可以被視為是接近的類型，以及是否在背景前同樣引人注目。優先化是分類及過濾資訊的重要方法。哪件事是最重要的？如何和其他資訊產生關聯？可以利用層級分析法加以排序。

㈢別因為背景太廣而停滯不前

培養接受不同模式觀察情境狀況的能力，避免被焦點背景太廣而停滯不前癱瘓了行動。

三、放遠焦點

放遠焦點主要是建立願景，蒐集精華創意點子，運用放遠焦點創意工作者應把握下列要點：

㈠認清視野範圍的界線，定義問題

先找出有待證實的跡象，然後退一步、然後放大你的視野。接著定義問題，例如：競爭範圍包括哪些？在個人思維中，你會在哪裡劃些這些界線？你是不是太過窄化範圍？太注意某些特定的原則？

㈡避免認知固著察覺變化

固定焦點有時亦招致危險，有時需視情況將焦點拉回並將視野放大，以免喪失了觀感變得呆滯。

㈢觀察整體背景和影響力

亦即面對複雜難題時，觀察整體背景和影響力，找出適當歸因方式，是個人偏好、專業領域問題或需特定背景相符合問題的能力等等。

㈣退出潮流多深思熟慮

給自己多點深思熟慮的空間，自我警惕在資訊淹沒中的經驗感受，定期跳脫資訊潮流。

㈤利用多重方法了解問題

例如，將各種不同的人聚集在一起，找出條理清楚的實證原則，培養出多重觀點。

㈥與他人合作，掌握建立資訊背景

學習和他人分享，形成同好群組，並且會一起討論新的發展或活動，從思想領導者和支持者，逐漸形成行動群組，不被模式限制住。

四、並用近焦遠焦

並用近焦遠焦的創意工作者，猶如善於釣魚的高手，懂得如何收放自如的拉線放線釣大魚，其重要原則如下：

㈠進行精確分析

例如，這項研究說服力如何？哪些列入研究範圍？更多資訊包括哪些？

㈡不要停滯不前

即隨時檢視手邊的特定資訊，避免錯誤的想法拒絕了可以救命的研究。

㈢分類訊息

即觀察歸類資訊間的關聯。

㈣合作或是接受指導，評估主張的可信度

即找出具有信效度的訊息觀點或品質。

㈤了解自己對議題的觀點

即檢視自己的觀點、偏好、立場和外在訊息的差異。

㈥考量情境所面臨的風險

即做出最後決定是行動或不動，面對任何挑戰時，培養變焦能力，學習如何確認並察覺自己視線的焦點，才能有意識地改變焦點。

參 聯想法

一、聯想法的意涵

聯想法讓新點子像紫蘿蘭般四處攀爬，到處延伸開出燦爛優雅的花朵。

聯想遊戲就是要導引出藏在腦海深處的詞彙，只要我們能引出這些詞彙，記憶就會隨之復甦，也就會與你目前面對的課題或難題產生撞擊，相互撞擊之後，新點子於焉產生。聯想法經常採用：「說到○○○，就想到×××，說到×××，就想到＃＃＃……」（王瑤芬譯，*2003*）。

換言之，聯想法是根據當前感受到的事物、概念或現象，想到其相關、相似或對比的事物、概念或現象的思考活動。當然，由於是「聯想」，所以思緒很容易脫軌或自我中心，相對的聯想出來的創意，也常會有驚人不可思議之處。

二、聯想法的技法

以下分述常用的故事聯想法、索引法和趣味諧音法（蔡煒震，*2004*；*Michalko, 1998*）：

㈠故事聯想法

「故事聯想法」的原理就是對資料進行離奇、誇張、不合邏輯的特別聯想，在大腦中以鮮明的影像來進行記憶的方法。例如，要記住「大樹、「棒球」、「醫生」、「鴨子」、「汽球」、「巫婆」、「手槍」、「奇異筆」、「超人」、「三輪車」等 10 樣物件，可以進行如下圖 5-4「大樹到鴨子聯想圖」所示的故事聯想。

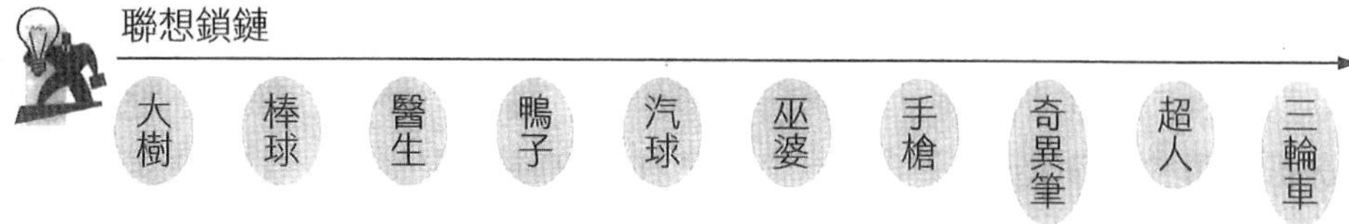

圖 5-4　大樹到鴨子聯想圖

透過故事聯想法的運用，可以聯想出這樣一個故事：「有一棵千年大樹，直挺挺地長在巨蛋棒球場的正中央。樹上面住了位很老很老的醫生，他在樹上養了一隻白鴨子，鴨子頭上還綁了一個紅色大汽球。住在樹下的壞心巫婆拿出一支手槍，砰一聲把汽球打破，汽球裡居然飛出一個嘴咬著一支超大奇異筆的超人，他的腳正踩著飛天三輪車！」。

故事聯想法有三個原則，應該特別注意：

1. 盡量動態化：每個物件都可以卡通化、擬人化，所以它們都可以產生動作，以增加你的印象。
2. 誇張：把小的物件變大、把大的物件變小、把東西擬人化、變可愛。
3. 替代作用：例如要記「汽球」、「輪胎」、「算盤」三樣物件，你可以把「汽球」想像成火車的「輪胎」，開在「算盤」軌道上。

㈡索引法

所謂索引法，就是找出段落中的某字或某詞，可以讓你做整個詞句的聯想與提醒，簡單說就是在文字裡找出「關鍵字」並找出諧音，記得這些關鍵字後，再串聯其他次要字詞以回憶原文。

例如：中南美洲有八個國家-尼加拉瓜、薩爾瓦多、瓜地馬拉、宏都拉斯、巴拿馬、哥斯大黎加、貝里斯、墨西哥。

可以用九字口訣：「你傻瓜、紅八哥、背墨黑。」來聯想。換成想像詞句的索引關鍵字詞，即是：「一隻會說『你傻瓜』的『紅八哥』，牠的『背』卻是『墨黑』色的」。如此一來，口訣中的前面八字，已經把中南美洲八國國名的首字都記起來了，這就是索引法加上諧音法的應用。

又如，唐宋八大家：歐陽修、柳宗元、曾鞏、蘇洵、蘇軾、蘇轍、王安石、韓愈，你能隨時叫得出來嗎？你可在腦海中想像一下這個畫面，保證你一輩子忘不了這八位老夫子，而且不會每次都是不同人的組合了。

「宋朝來了一個歐巴桑，她在柳樹下的石桌旁跟一群老人在泡茶聊天。他開了瓦斯熱了蒸籠內的三蔬和魚，請現場的人品嚐她的好手藝」。

㈢趣味諧音法

所謂的「諧音法」，就是將英文的發音轉換成我們熟知物件的聲音，將英文字的發音和我們熟知的物件聲音做結合，再將它們圖像化，經由圖像的提醒，讓我們不再忘記該字的發音。諧音法的三個技巧，簡單來說，諧音法是運用記憶法的音、形、義來記英文單字，這三個技巧是很重要的：

1. 先將要記的英文單字，依照前面所教你的發音公式唸 7-8 次，請先將發音唸準。
2. 發揮想像力，將聲音轉換成熟悉的國語或台語圖像。
3. 將英文單字發音、諧音圖像、意義結合起來。

例如，你要背chair「椅子」這個單字，已經先知道它唸成像「雀兒」的聲音後，把聲音反覆唸 7-8 次之後，確定唸準了，再來就是要把聲音變成圖像了，步驟如下：1.把chair聲音唸準；2.將聲音轉成熟知的圖案，再將意義結合；3.將兩個圖案（雀兒＋椅子）連結，作為回憶之用。

㈣隨機字樣法（Random Words）

隨機字樣技巧能夠引導觀念盲目變異（blind variation of ideas），產生許多創新構想。試想當一顆石子丟入池塘時產生漣漪，每一圈水波都有獨立的運行系統。隨機字樣連結技巧就像石頭，新的構想則為漣漪，每一個構想都有自我的生命力，不受固有思想模式的牽制。

隨機字樣是訓練「建立關聯性」相當好的一種方法，透過選擇不同的單字（彼此意義互不相關），並根據這些單字來形成一個整體的構想。以下列舉相關實例以進一步解釋（*Michalko, 1998*）：

鼻子

阿波羅 13 號

肥皂

骰子

插座

1. 列出特點

一次針對一個字進行腦力激盪，畫個圖以活化右腦機能，並列舉出單字的特質。例如，「鼻子」一詞有下列特點：

⑴不同的形狀與大小。

⑵有人會在鼻子上穿孔。

⑶戴鼻環。

⑷有兩個鼻孔。

⑸假使受傷的話，容易醫治。

⑹鼻孔內有鼻毛。

⑺人死後鼻子會消失。

2. 強行建立連結

在每一項特點與面臨挑戰之間建立連結。例如，可參考下列問題：

⑴在哪些面向中，特點與問題相似？

⑵假使我的問題變為……？

⑶相同處為？

⑷可作為解決問題的方法，因為……？

⑸在哪些面向中，……與解決方案雷同？

範例：將「鼻子有兩個鼻孔」的概念應用在增進車輛性能的研發上，將會發展出具有雙動力的車輛 — 電力驅動裝置適用於市內道路，液態燃料則可供長距離駕車動力來源。

*3.*本質為何

這些隨機選擇的詞語意義何在？我們能夠建構這些字的相關概念嗎？例如，鼻子的基本概念在於「聞」。因此，如果把「聞」與「車輛改良」相結合，便會激發在車輛上安裝「功能異常警示器」的構想，該警示器會在車輛運作不良時散發出不同的氣味，當車主聞到橙花味時，表示剎車系統有問題，而肉桂味則警告車主燃料外洩等等。

基本上，這一套激發創意方式的重點在於：列出每個字的本質、特點，及所內含的面向後，建立各個要素間的連結。以「阿波羅十三號」為例，艙上配備有月球旅行艙，為太空人返回地球的替代動力裝置，將「替代動力」的概念與「汽車」結合，便引導工程師重新設計車輛引擎，讓引擎能夠在停電時，為房屋提供所需能源。

*4.*創造大量連結

在使用「隨機字樣」表時，在每個字上花大約五分鐘的時間建立相關連結，而我們會發現，即使在五分鐘過後，靈感仍是源源不絕，天才的特徵之一，即是在不同事物中尋求關聯性，而如此積極開放的態度，讓他們獲得許多意想不到的新發現。

㈤隨機主體法（Random Objects）

隨機主體法是在目標與隨機物體間建立關聯性。以下條列在隨機主體間建立關聯性的步驟（*Michalko, 1998*）：

*1.*根據問題的本質列舉出五項毫無相關的事物、主題。想像自己置身在特殊的情境中（如自然歷史博物館中、飛機上等），並依此寫下自己感興趣的事物。

*2.*選好第一項主題時，描述相關概念。寫下一個字或一個詞，並以此為主題繪圖，以活化右腦。

*3.*仔細觀察並分析主題，並列出該事物所有的描述性特徵（如特殊的

構造、關聯性、功能、本質等）。

4. 參考這些特徵以建立關聯性。

5. 針對其他的四項事物，重複相同的步驟。

6. 在建立關聯性時，嘗試使用不同的方法。

7. 針對其他主題，重複步驟六。

8. 最後，檢視所有的構想，並選擇可行性最高的一個。

㈥聯想法的檢查語詞

從上述聯想法的例子，可以看出很重要的聯想應用法則是，經常直覺地思考下列檢查表的語詞：

相同性、因果關係、不同性、組合、接近、相似性、連續、反對、逆轉、高些、樣式、寬些、長些、交換、多用途、成分、其他成分、重複、其他動力、其他程序、合併、誇張、變小、省略、為什麼、速度、什麼時候、反對、怎麼樣、開或關、關於什麼、倒置、相加、另一端、倍增、分割、擴大、濃縮、收縮、低些、還有誰、分離、還有哪裡、輕些、改變樣式順序、快些、其他陳列法、零件少些、換位、排除阻礙、其他原因、再整理、減除、保守性敘述、更長的時間、代用、強度、改變用途、頻率、材料與構想、意外的組合等等（游萬來、周鴻儒譯，*1983*）。

經過這些聯想法的檢查語詞，那麼，聯想才會很快進入心智反應模式，只要有人一提問，許多的答案就會源源不絕流暢地聯想出來。這也是為什麼有人可以從「衛生紙用完就丟」，聯想出「拋棄式隱形眼鏡」、「拋棄式刮鬍刀」、「拋棄式假髮」……等等許多有趣的商品。

肆 連結法則的寶囊

想要讓連結法和相關創意法要能揮灑自如地運用，宜注意下列幾點：

一、飛馳探索

進行連結法則或其相關創意法則，很重要的是能從現象「飛」躍思維「馳」奔創意，如果發現可以刺激你獲得靈感的地方，都要設法親臨該地，用腳去踩到創意點，這也是為什麼很多人，會飛到日本參觀愛知博覽會，到美國、瑞士、德國等國看各種發明展的原因。

二、肢體語言

是潛藏記憶的，當我們用眼睛、雙手、移動雙腳時，平時「理應如此」的意識，經由肢體語言的動作表現，常會有許多孵化很久的創意因為肢體語言動作會使靈感出現，或許這也是為什麼阿基米德要泡在水中，他才能發現黃金比重的緣故吧。如果加上有聲思考，例如：「啊！我怎麼踩得這麼用力，像大象走路一樣？」很可能聯想到，大象用鼻子吸水到嘴巴喝等。

三、跳出過去的框框

所謂天才，是一個能夠離開現實世界，在想像的世界裡遨遊的人；或許我們也該偶爾放開一切，發揮一下自己的想像空間吧！對於一些既定觀念，就好像一聽到運動會，就會想到賽跑，如果你為這些既有的印象及觀念所控制的話，腦子就不能靈活運用（黃心藝譯，*1998*）。的確，跳出框框就像逃出洞穴的精靈，在被逃出洞穴釋放自己那一刻起，有了創意。

四、儲蓄點子銀行

量子物理的創始者馬可斯・普藍克（Max Planck）表示，要有新的點子必須得靠天馬行空的想像力，而不是正經八百的邏輯推論。最好的方法即是平時多蒐集有趣的資料（廣告文宣、漫畫圖片、詩詞文字等），並在有需要時，透過建立主題間關聯性的方式，來激發新的創意構想。史考特・費茲傑羅（F. Scott Fitzgerald）曾經談到他獲得寫作靈感的方式為「同時思考兩個不同的事物」。兩者間的矛盾之處，會讓費茲傑羅感到不安，迫使他激發創意構想來消除這樣的感覺。而這也正是「點子銀行」（Idea Bank）的中心主旨：當我們從銀行中擷取兩個相異的事物（隨機刺激）時，便直覺想要在兩者間建立關聯性，以消弭其間的矛盾，而這些關聯連結便會引導出新的點子（*Michalko, 1998*）。

五、思維漫步

自古以來，許多偉大的思想家（包括盧梭、歌德、佛洛依德等）都喜愛藉由散步的方式來激發、釐清思緒。因此，先暫時停止運用想像力吧，到戶外走一走，並在途中尋找有趣的事物或主題，之後依照上述「隨機主體」討論中所提供的方法，列出這些主題的特質。

在進行團體討論時，也可以採用相同的方法：請每一位成員進行「思維漫步」，之後分享所獲得的構想，並加以延伸，以獲取更多的點子。而這樣的腦力激盪方式，為能源公司的工程師解決了一個棘手的問題。在暴風雪期間，電纜上的積雪影響了電力的傳輸，然而工程師對於如何安全、有效地移除電纜上的積雪束手無策。此時便有人提議進行「思緒漫步」；結束後，某位工程師帶回一罐蜂蜜，並開玩笑地說能夠把蜂蜜放在電桿上來吸引熊，而當熊在攀爬電桿時，便會將積雪震落。雖是玩笑話，最後卻激發了使用直昇機貼近電纜盤旋，利用強大的空氣振動，將積雪抖落的構想（*Michalko, 1998*）。

由此可見，運用「連結不相干的事物」思考模式，能夠發揮驚人效用。愈了解思維策略的可能性，學習如何產生策略，盡己所能利用策略，並排除遭遇到的困難，愈常嘗試運用不同的方式來實行策略，便愈可能發展出創意點子來解決原先的問題。

第二節 類比創意法則

類比法（analogy technique）是一種協助創意問題解決的工具，在創意問題和腦力激盪過程中，使用類比法可以使人跳脫框架式的思維，經由「類似比擬」配對的兩兩相對問題或項目，可以產生許多新的創意。

壹 類比法

一、意義

從《科學方法百科》中可以找出類比法的意義如下（王海山主編，*1998*）：

1. 類比法係根據兩個或兩類事物在某種屬性或關係上的相同或相似而推出它們在其他方面也可能相同或相似的一種邏輯方法。
2. 「類比」一詞源於希臘語，原意為「比例」，表示兩事件之間相類似的關係；以後，類比在更廣泛的意義上獲得應用，如類似、相符、相似等。

3.類比法的推理過程是：首先比較兩個（或兩類）不同對象，找出它們的相同點或相似點，然後以此為根據，把已知對象的某些屬性或關係推移到另一被考察的對象上，獲得某種理解和啟發。
4.類比法的客觀基礎，是事物之間在屬性和屬性間的相互關係上，具有共同性和相似性；而事物間的這種共同性和相似性又是多種多樣的，有資料相似、屬性相似、關係相似、系統相似、結構相似等。

類比法提供我們得以嘗試找尋看待情境的新方式，而不是僅僅等待靈感的發生。因此，類比法可以啟發一連串的想法，脫離自然的、明顯的、陳腐的連串想法。

二、隱喻和類比

創造思考過程主要是教導每個人「用新的方式來看問題，這種挑戰促使新觀點依序地將潛在有可能的解決方法具體化」（*Gordon, 1961, p.34*）。透過化熟悉事物為不可思議的歷程，心智能力不受狹隘格局所束縛；化陌生事物為熟悉的過程，心智能力將已知和未知的事物做連結，使學習新事物更加容易。

起初，Gordon 是用隱喻的創造思考方法來為企業界開發新產品，以下列舉〈開瓶器的研發〉創造思考對話歷程（*Gordon, 1961, pp.125-126*）：

乙：如果我們將自己的思維限於"改良"這個點上的話，我們不會有任何進展的，依我了解的是客戶要求的是要完全新式的開瓶器，而不只是比較好的開瓶器而已。

甲：我同意你的看法。我們先跳開問題……所謂"開"是意指什麼呢？

戊：基本上是有東西完全的密合，接者打開……是根據這種情況，像平常所用的鉗子。

乙：但是用鉗子的話，過程是可逆轉的，而我們的問題是不需要這樣的，我們不必再將已打開的罐子又密合起來。

丁：我覺得如果可以這樣的話挺棒的。

乙：我不認為如此……你認為豌豆莢如何？他們沿著一條線打開……它內有薄弱的部分，沿著薄弱的線可將它打開。

藉由玩味「開」這個概念以及確認本質上的類比，他們發展出一可以沿著縫在接合的容器的點子，一種改革且新穎的設計概念。是以，葛登反對創造是無法被了解或傳授的孤立式活動這樣的一般概念。相反地，他主張創造確實是可以教導的，以及學習者能夠了解到如何利用步驟程序來解決問題，或是能培養出對於敘述或分析的洞察力。在團體中運用隱喻創意過程可以真正地為個體加強創造性的過程，它提供了一個很重要的互動，從別人那裡獲得靈光乍現的點子，相互激發出點子的火花（*Gunter, Estes, & Schwab, 1995*）。

隱喻（metaphors）是一種透過象徵性地想像另一事物，以感知或直覺地了解某一事務的方式，它們常被用在急進的觀念創造所使用的誘發式推理或非分析性方法。所以，隱喻常令人在某些觀念類似的地方，或者感受到某些聯想之間的不平衡、前後矛盾或甚至牴觸時，會進一步去發現新的意義、甚至形成新的典範。隱喻和類比通常被混淆，兩件事物經由隱喻所產生的聯想通常由直覺和全盤的意象所主導，並不以找出兩件事物的差異性為目的。另一方面透過類比，所產生的聯想通常是由理性思考所執行，專注於尋找兩件事物結構或功能上的相似處，連帶也找出它們不同之處。因此，類比透過以知的事物來幫助我們了解未知的事物，並且權充意象和邏輯模式之間的橋樑（楊子江、王美音譯，*1997*）。以下列出隱喻和類比在產品創意的比較，如表 5-2「隱喻和類比產品觀念創造比較表」所示。

表 5-2　隱喻和類比產品觀念創造比較表

產品（公司）	隱喻／類比	對觀念創造的影響
城市車型（本田）	汽車進化（隱喻） 圓型車體（類比）	＊視乘客空間的最大化為汽車發展的最終目標，創造了「人性空間最大化，機器空間最小化」的觀念。 ＊使表面積最小化來達成乘客空間最大化的想法，創造了「高而短」的汽車觀念。
迷你影印機（佳能）	鋁製啤酒罐（類比）	＊便宜的啤酒罐和感光滾筒製造上的相似性，創造了「低成本製程」的觀念。
家庭麵包機（松下）	旅館麵包（隱喻） 大阪國際旅館麵包大師傅（類比）	＊暗示了更美味的麵包創造了「扭轉麵糰」觀念

資料來源：出自楊子江、王美音譯（1997：87-88）。

三、類型

Gordon 分合法（synectics）主要是運用「隱喻」（metaphors）和「類比」（analogies）的技術來協助學生分析問題，並形成相異的觀點。這是 Gordon 於 1961 年在《分合法：創造能力的發展》（*Synectics:The development of creativity*）一書中，指出的一套團體問題解決的方法。此法主要是將原不相同亦無關聯的元素加以整合，產生新的意念／面貌（陳龍安，*1997*）。分合法利用類比與隱喻的作用，協助思考者分析問題以產生各種不同的觀點，主要是運用化熟悉的事物變得新奇，或是化新奇的事物變得熟悉兩種主要技巧。

由於類比法在文學、藝術、設計、工程、資訊、科學等創意表現相當多，因此，許多有關類比的分類名詞也相當多，例如：角色類比、歷史類比、訊息類比、因果類比、系統類比、協變類比等。茲以從高登（Gordon）倡議的分合法（synetics）之後，較為常用的四種類比法說明之（*Altshuller, 2000; Gordon, 1961*）。

㈠直接類比（Direct Analogy, DA）

這是將兩種不同的事物，彼此加以譬喻或類推，藉以觸類旁通、舉一反三的策略，主要是是簡單地比較兩種事物或概念，作用在於將真正的問題情境，或主題要件，轉換到另一問題情境或主題，以便對問題情境或主題產生新觀念（陳龍安、朱湘吉，*1998*）。亦即兩種物體、想法或概念直接的比較，將原主題之情境轉入另一情境，以生新奇的觀念。

例如：讓學生設計蝴蝶項鍊，可以類推想像各種畫面。

墨水：大海＝蝴蝶：＿？＿

答案A：墨水：大海＝蝴蝶：＿山谷、花叢、山洞＿

類推理由：墨水倒向大海就像蝴蝶飛向山谷、花叢、山洞。

答案B：墨水：大海＝蝴蝶：＿舞伴、故鄉、家人＿

類推理由：墨水飄向大海就像蝴蝶尋找舞伴、故鄉、家人。

透過直接類推的練習，將有許多簡潔可想像的創意出現，此時可以發展設計主題和內容，進行創作。

㈡擬人類比（Personal Analogy, PA）

擬人類比是使學生成為未解決問題或待探索意象的一部分，讓學生的意識投射到特定的物體或想法上，以便經歷除了認知以外，訴諸情感的理解領悟。擬人類比可以衍生與人有關的類比，例如：擬音、擬像、擬形、擬境……等。

1. 擬人類比：最原始的類比型態是

如果我是一隻禿鷹，我希望變成＿？＿。

答案A：如果我是一隻禿鷹，我希望變成＿清道夫＿。（最傳統的擬人類比）。

2.擬音類比

答案A：如果我是一隻禿鷹，我希望變成＿會唱歌的飛行家＿。

答案B：如果我是一隻禿鷹，我感到＿蒼穹天籟的寂寞無言之歌＿。

3.擬境類比

答案A：如果我是一隻禿鷹，我不希望變成＿普利茲1994年攝影獎的主角凱文・卡特＿。

答案B：如果我是一隻禿鷹，我感到＿瀕臨滅種的焦慮＿。

㈢狂想類比（Imaginary or Fanatic Analogy, FA）

狂想類比是盡可能以不尋常的思路，去考慮或盡可能牽強附會的去想像問題。這有點像法國作家聖・修伯里在《小王子》一書開時，即讓大家狂想猜猜他畫蟒蛇吞象的畫，結果大人們缺乏想像力，幾乎每個人都猜他畫的是帽子。狂想類比經常使用的句型是：「假如……就會……」、「請盡量列舉……」。

㈣象徵類比（Symbolic Analogy, SA）

即利用兩個矛盾衝突的特徵或似乎無關聯的詞組合在一起，經過精簡壓縮的矛盾、不協調，獲得新穎的看法和觀察重點。例如：醜陋的雅緻、急奔似的舒緩、政治是需要正義和功利的、春天封箱。

四、類比實例

㈠實例一：火蛇類比苯的實驗

以下茲舉例科學家凱庫勒（Friedrich August Kekule, 1829-1896）關於苯環結構式的類比發現，這是一個典型的類比創造的有趣過程（周怜利譯，

1998；*http://alumni.nctu.edu.tw/~sinner/science/talk/part_1/science000.htm*）。在自述裡凱庫勒寫到 1865 年的某一天晚上，爐中閃爍的火苗，喚醒了以前的某個夢境「一條蛇咬住了自己的尾巴，團團轉，團團轉……」，凱庫勒在此之前對於苯分子結構，已經做了長達 12 年的艱苦探索，當環狀蛇的形象出現的一瞬間，他那尚未抑制的潛意識，便迅速地將這一形象與苯分子結構問題聯繫了起來，這使他提出苯環（C6H6）結構式的理論，其創意發想如下圖 5-5「Kekule 從火蛇變成苯發明圖」。

事實上，類比有其極限，它的極限只有在實驗檢證當中才能暴露出來，所以類比只能適用於啟發聯想與特徵分類的思維過程上。在科學理論模型的建構過程中，我們既要善於捕捉不同系統之間的相似，又不能過分迷戀於某一種相似，既要充分利用類比所提示的每一條線索，也應該注意類比是有限的（*http://alumni.nctu.edu.tw/~sinner/science/talk/part_1/science000.htm*），因此，類比本身並不提供科學理論之檢證的有效性。

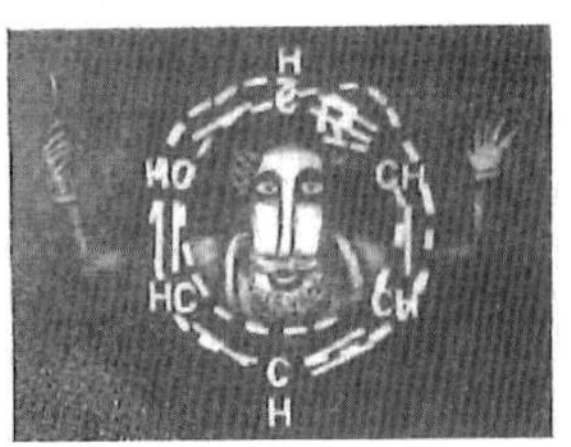

圖 5-5　Kekule 從火蛇變成苯發明圖

資料來源：出自周怜利譯（1998：23）。

㈡實例二：飛機的擬人類比

茲以作者授課指導飛機系學生創作的「飛行夢想家」為例說明之。

1. **實作案例：飛行夢想家**

2. **運用技法：擬人類比**

假如我是一架飛機，我希望＿住在家裡每個角落＿。

3.**創意發想**

剛開始想到這點創意時，只有想到將家具變成一架飛機，可以分別拆開與組裝，經由類比討論後，發現如果家具像一架飛機，可以使這項作品更具有獨特性，在使用方面，也可以與一般家具有別種不同的樂趣。因此，飛機頭可以設計像廚房，有各式各樣烹飪器具；機翼可以設計像客廳的活動音響架、移動式可收納的一桌四椅咖啡組；機身可以做各式各樣的主臥室裝置……等等。

4.**創意特色**

(1)外觀：以現代飛機外觀為主體，將飛機各部分化為家庭中的家具，具有組合性使生活中增添樂趣。

(2)功能：我們將一些電器用品結合至家具上，使家具科技化，讓人們在使用家具時也能感受到現代科技帶來的休閒娛樂。

5.**作品圖**

如下圖 5-6「飛行夢想家」所示。

圖 5-6　飛行夢想家

貳 類比法教學和實作練習

善用類比法創意教學步驟和實作練習，可以鬼斧神工似地想出許多意想不到的創意。教師在類比法教學歷程中，亦可理解學生要的創意是什麼？自己可以有什麼創意？創造思考結果和一般思考所得結果有什麼差異？等等後設認知。再經過學生創意實作練習，相信對於類比法的「知」和「用」，即有許多深入理解和應用。

一、類比法教學步驟

Gunter, Estes, & Schwab（*1995*）研究指出類比創造思考包括下列教學步驟（沈翠蓮，*2005*）：

1. 呈現問題：激起學生參與的樂趣。
2. 提供專門資料：提供與情境有關、和盡可能專業的資料。
3. 探究顯著的解決之道：可用刪除法、橫生聯想法等找出顯著的解決之道。
4. 引出個人對問題的陳述：引導學生拆解問題構成要素的型態。
5. 根據重點來選擇一個問題敘述：選擇一個陳述重點為後續研究。
6. 使用問題來導引出類比：即運用直接、擬人、象徵和想像類比。
7. 使用類比符合問題：再度回應問題解決關鍵點上找出最佳類比。
8. 從新的觀點來決定解決之道：檢視新可能影響問題解決之道相關點。
9. 評鑑：評鑑解決新問題能力和創意教學歷程的接受性。

二、類比法實作練習

以下舉例說明類比實作練習過程（李宏偉譯，*1997*，*pp.194-198*）：

㈠示範

可以從某個特定的問題著手，選定類比物發展類比過程並全程和這個問題扯上關係。這件事可以在黑板上進行，學生若有建議可以接受，但不要要求他們一定要提供。

㈡建立類比物和問題之間的關係

給定全班同學一個問題，由老師在黑板上寫出一個類比物，然後要求自願的學生提供任何一方面的建議，說明類比物當中所發生的任何事情如何和問題扯上關係。

㈢個別的做法

同樣由老師寫出一個類比物，但是這一次要由每個同學分別建立他和問題之間的關係，將他們的點子寫在一張紙上，到最後可以把結果蒐集起來，並做如下說明：

1. 將類比物和問題扯上關係的各種不同方式。
2. 問題發展過程中的一致性或缺乏一致性（亦即類比物中的特徵是否總是和問題中的特徵相同，或是有所改變？有一致性也沒什麼特別的優點）。
3. 發展過程中是否饒富各種從類比物轉換到問題上的細節，或者貧瘠得僅有主要的重點能夠轉換。

㈣功能、歷程和關係

由老師以具體的名詞發展出類比過程，各自獨立作業的學生們必須重複這項類比過程，但是要利用各種歷程、功能和關係來取代具體名詞。這是一種從類比過程中「擷取」出這些東西的練習。

可以用來進行這種擷取工作的類比過程可能包括了：

1. 洗澡。
2. 烤馬鈴薯。
3. 寄信。
4. 設法解開一團毛線。
5. 學游泳。

㈤選擇類比物

向學生列舉一些問題或情境，當著全班同學要求自願者提出哪些類比物符合這些問題，每個自願提供建議的學生，都必須簡短地說明他將如何把它應用在問題上。

可以用來做這種練習的問題可能包括了：

1. 設計一種換零錢的機器。
2. 使購物變得更簡便的方法。
3. 更好的衣服。
4. 確保城市用水的供應充足。
5. 塞車的解決之道。

㈥設定問題

給定全班一個問題，由每個學生選定自己的類比物，依此建立和問題之間的關係，到最後將結果蒐集起來，並且加以說明。在加註說明時，我們可以比較所選定的各種不同類比物，也可以比較各種不同類比物所強調的問題重點。有時候同一個點子可以經由完全不同的途徑獲得。

㈦相同的問題，不同的類比物

給定所有學生同一個問題，但是指定他們採用不同的類比物，這可以用團體活動的方式進行。將學生分成幾個團體，所有的團體討論同一個問題，但是卻給定不同的類比物，到最後由團體的發言人（相當於腦力激盪活動中的記錄者）摘要說明團體用來建立類比物和問題之間關聯的方法。

1. 建議的問題

⑴在濃霧中找尋出路。

2. 建議的類比物

⑴近視的人四處摸索。

⑵旅客在陌生的國家裡找尋車站。

⑶找尋在屋子裡遺失的東西（譬如一團毛線）。

⑷解縱橫字謎（crossword puzzle）。

㈧同樣的類比物，不同的問題

這也可以用前一個活動的方式來進行，不管是以個別或團體的方式，設定各種問題，但是在每一種情況下都只能將它們和同一個類比物扯上關係，到最後再比較這種類比物怎樣符合不同的問題。

1. 建議的類比物

⑴試著在某個寒冷的冬天早晨發動汽車。

2. 建議的問題

⑴如何解決困難的數學問題。

⑵從高聳的棚子上搶救一隻貓。

⑶釣魚。

⑷取得某場熱門的球賽入場券。

參 仿生法

一、仿生法的意涵

生物在億萬年漫長進化中，形成許許多多奇妙的功能。例如，蝙蝠可以感覺到超音波，而佈滿密網的黑屋裡，幾十隻蝙蝠自由穿梭飛行，並不會撞到網上。人類對於蝙蝠的研究發現，蝙蝠是由超音波來定位和檢測物體的。由蝙蝠喉內發射出去的超聲波信號與物體相遇後被反射回來，由蝙蝠的耳朵接收，以此判定物體的距離、方位，人們正是根據這種「回聲定位」原理發明了雷達。隨著現代生物學的發展，生物的許多鮮為人知的奇特功能被揭示出來，令人驚嘆，人類在驚嘆之餘，希望從生物的生理功能中受到啟發，創造出更先進的技術。這種模擬生物的生理功能和結構發出新的技術原理的構想方法，叫做仿生法（李軒，2003）。簡言之，仿生法（bionomy）是從自然界的生物尋找創造的泉源，透過生物所特有的功能，加以分析和類比，啟發出各種有創造性的創意，此亦開啟許多學者對仿生學（bionics）之研究興趣。

對於從事開發機械的技術者而言，研究動物或昆蟲是其不可或缺的一環，而對於先端電腦的研究者來說，人腦的研究也是主要課題之一。像這種將生物的動作和結構加以類推研究，並將其和新技術和商品加以連結的方法，即為「仿生學」，這是一種傳統的方法。對仿生學而言，與其說它是一種方法，不如說它是有大方向性和觀點的指標，從中將自己研究的領域，利用其特殊的發想，獲得創造性的商品和服務（陳蒼杰譯，2000）。

例如，雁鴨遇到危險時，會拍動翅膀呼叫同伴來解救牠。應用此生物現象，可以發展出潛泳者、摘虎頭蜂窩者戴在手上的「無線傳訊手套」，告知同伴遇危險需要搭救。

二、達文西的仿生飛行器

達文西是義大利的天才畫家、自然觀察家、工程師和發明家，他經常走入大自然思考現象，為什麼雷聲持續的時間比引發的時間還要久？石子丟入水中，如何形成一圈圈的水紋？為什麼鳥類能停留在空中不墜？達文西以嚴謹的態度研究大自然，然後在筆記本上描繪出自然創意形象。為了要實現創造飛機的夢想，努力對鳥進行觀察，並繪製無數張的素描。

達文西對於飛行的迷戀，正可以作為其生平及作品的絕佳比喻（劉蘊芳譯，*1999*）。達文西研究人類的肌肉，認為人類的力量足以模仿鳥類，再經他觀察鳥類（尤其喜愛禿鷹），認為禿鷹是最厲害的滑行高手，雖然達文西的飛行計畫履次失敗，他對鳥類飛行所做的研究，卻對人類的飛行技術有相當大的幫助，讓人類發明了飛行器，可以像鳥類一樣在空中飛行，征服了天空。

所以，由於他善於觀察鳥類翅膀的結構和運動方式，「鳥是如何飛行的？」、「鳥是如何控制方向的？」、「為何鳥能逆向飛行？」、「然後，他們是怎麼著陸的？」、「人可以在天上飛翔嗎？」、「人如何可以從任何高度降落地面而不會受傷？」、「直昇機是如何升上天空的？」。在一連串問題思考後，從「仿生」型態和律動中，構想出像翅膀一樣的飛行工具，以人的手腳拍動來飛行。

但是這個構想並沒有實現，因為即使身體非常強壯，也無法揮得動那巨大的翅膀來支持自己的體重。儘管這個飛行計畫不能成真，但是鳥類嘗試使用科學方法來實現飛行夢想已跨越一大步（宋榕敏，*1994*）。

以下茲將達文西仿生法的創意發想流程，如下圖 5-7，說明之，達文西仿生構想設計飛行器作品，如下圖 5-8，說明之。

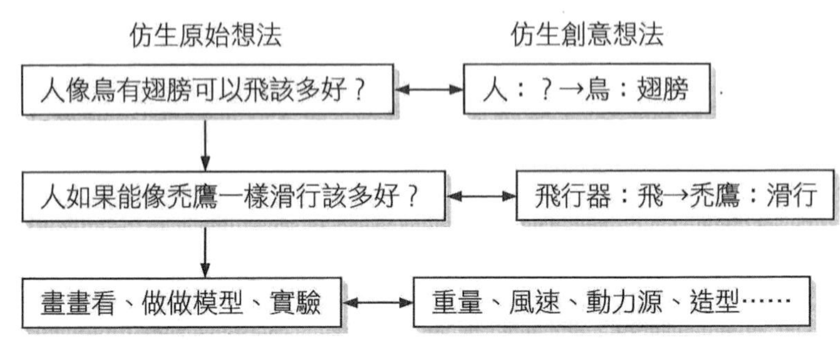

圖 5-7　達文西飛行器仿生創意發想流程圖

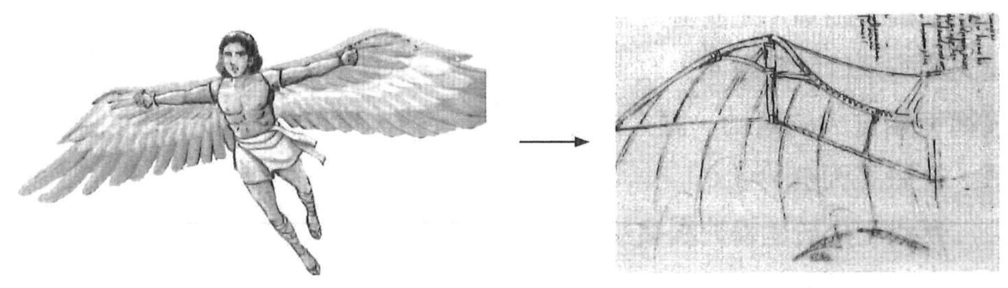

圖 5-8-1　人像鳥飛翔　　圖 5-8-2　達文西設計飛翔空中的船

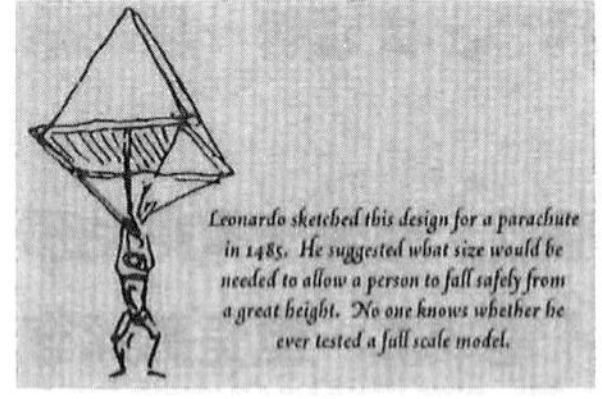

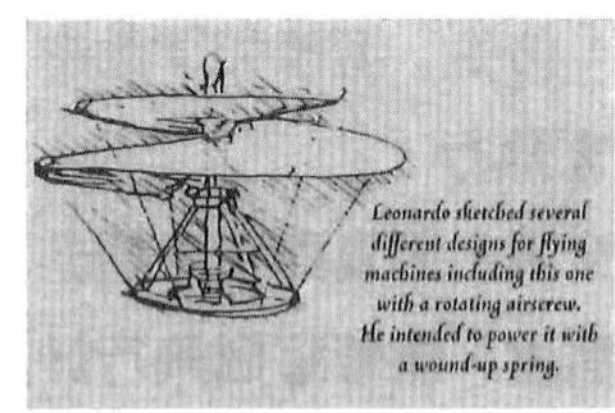

圖 5-8-3　達文西設計降落傘　圖 5-8-4　像直昇機飛行器　圖 5-8-5　人飛機起落架

資料來源：圖 5-8-1~5-8-2 出自宋榕敏（1994：2-3）。

圖 5-8-3~5-8-5 出自劉蘊芳譯（1999：64）。

肆、NM 法

一、意義

NM法是日本發明家中山正和（Nakayama Masakazu）所創，中山正和並著有《演練、歸納、檢定假說》和《工學禪》等著作，是日本有名的創意工學倡始人。NM法是指在發想中，以兩個或兩類本質上存在相類似的屬性，找出答案；或依據問題解決的關鍵字眼，引發相似圖像，再依圖像引發解決問題的相關創意。所以，NM 技法的思考方法比較屬於類比思考，如情境類比、現象類比、擬人類比等，從大自然現象中觀察類比，較容易產生聯想，所以也稱為「想法移植術」（*http://3qweb.creativity.edu.tw/teach/4/tec33.htm*）。也因此，透過直覺想像和分析假設矛盾、消除矛盾過程中，可以經由假設的檢定組合過程尋找創意。

NM 法是以中山正和的名字開頭 N 和 M 所命名的創造開發技法，它在有關技術的現場中利用度非常的高，現在在商品開發時仍常被運用（陳蒼杰譯，*2000*；楊淑芬譯，*1993*）。中山正和認為創意除了事實認識之外，還必須加上新的創意發想，才可能源源不絕地從類比想像中開發出新產品。

二、NM 類型

針對不同構想產出、時間、空間、硬體發明和問題發現類型，NM法可區分為下列法則：

㈠ NM 法 T 型（Takahashi 構想產出型）

NM法中透過類比法的直接、擬人、狂想、象徵類比進行創意引發，以擴散思考創意構想之展開。例如，女性蝶翼衛生棉的構想，衛生棉：夠吸力、防漏＝蝴蝶：採花蜜、張翅高飛，即是運用 NM 法 T 型的技巧。

㈡ NM 法 A 型（Area 空間結合型）

採大量因果關係予與結合創造新觀念，發明、新技術、新產品開發用途及工業設計等都可用此法。例如：設計親子腳踏車，可以採行前後親子座椅（母子車），亦可採行左右親子座椅（多子車），或前後、左右親子座椅（協力車）等概念來設計，此即運用NM法空間結合互換技法，而在虛擬世界設置網路同學會，分享友誼天地，亦屬之。

㈢ NM 法 S 型（Series 時間結合型）

是將兩個觀念的因果關係運用時間結合方式，加以連結產生新創意，如用數張載有觀念性文字卡片加入適當文字，組合成合理化故事產生時間系列結合，即是應用NM法時間結合技法。行銷、廣告等新觀念之創意發想經常用此法。例如，著名的「唐先生的花瓶」的網路購物廣告，即從兩性過去、現在和未來關係的修復上進行巧妙設計，此即屬時間系列結合型。

㈣ NM 法 H 型（Hardware 硬體發明型）

此法適用於設備、工具等發明，及其改良與問題解決上。例如，卸除方便不會污染牆面的 3M的無痕掛勾，刀片設有微感應裝置，可削蘋果薄皮的蘋果削皮機等，都可用此法進行硬體的各種類比，發想創意。

㈤ NM 法 D（Discover 問題發現型）

以很多事實資料發現問題重點，蒐集各種類比圖像創造新觀念，NM 法問題發現型可以利用組合卡片，最後以直覺判斷結果。例如，矽膠棒內充填會發螢光之惰性氣體，夜間可在演唱會會場使用。在荷蘭大城市設有掀開垃圾筒蓋子就有笑聲，從而減少隨地亂丟垃圾的髒亂景象。這些創意均是從問題發現、問題創意解決的觀點上，由類比想像思考產生的具體實作產品或服務技術。

三、進行步驟

㈠決定關鍵語（Key-Word, KW）

思考主題的本質，將其解決要素加以KW（關鍵語）化，通常以動詞或形容詞表現，容易得到更為豐富、生動的構想。

㈡尋找類比（Question Analogy, QA）

將KW類比思考，擴大形象，找出類比問題的可類比範圍或物體。

㈢思考類比的背景（Question Background, QB）

即思考QA的背景和周圍狀況，探索有想像力又具體的類比背景。

㈣將構想具體加以展現（Question Conception, QC）

將擴大延伸出來的形象變成具體的構想。

四、實例

茲以開發輕巧又實用的眼藥水瓶鏡頭為例，應用NM法的決定關鍵語（KW）、尋找類比（QA）、思考類比的背景（QB）、將構想具體加以展現（QC）等四步驟的創意思考開發流程，列於如下圖5-9「眼藥水瓶鏡頭NM開發流程」。

NM法係依據問題解決目標機能的KW（key words）引發相似圖像，再由此圖像來發想解決問題相關創意。這種依賴關鍵詞KW引發圖像，再由圖像引發創意的做法，符合類比法直覺發想創意的精神。

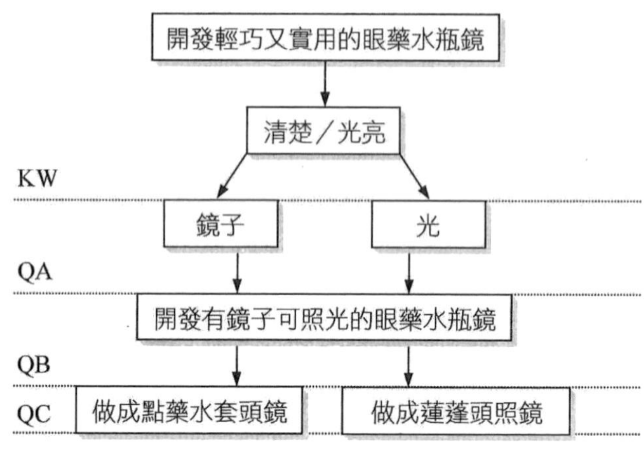

圖 5-9　開發輕巧又實用的眼藥水瓶鏡

伍、比擬法

一、倡導者：Edward de Bono

比擬法是由 1933 年出生於歐洲馬爾他島（Malta）的英國醫生——Edward de Bono 所倡導的。de Bono 在馬爾他皇家醫學院完成醫學士學位之後，並在英國劍橋大學完成哲學博士學位，目前他已經寫了 62 本書，62 本書還被翻譯成 37 種語言，他花了至少 30 年的時間在教學思考訓練上，特別是他的水平思考法，應用在相當多的產官學界創意思維訓練（*http://en.wikipedia.org/wiki/Edward_de_Bono*）。國內對於 de Bono 專著《應用水平思考法》（李宏偉譯，*1996*），有許多應用水平思考法的理論和實務訓練介紹。

二、進行步驟

郭有遹（*1994*）研究指出，比擬法在 de Bono 的水平思考法中也有很重要的地位。他主張用這種方法來產生具有激發性的主意，他的方法是先將問題化成一種比擬，例如將一個調查謠言散布的問題比做滾雪球，然後發展所作的比擬，亦即詳細說明兩者的相似點，最後以所比擬的細節與問題相聯，以視是否可以提供對問題的新觀點，以下是應用比擬法步驟來訓練學生的示範說明（郭有遹，*1994*）：

㈠先行示範

為使學生了解比擬法的運用，教師先行示範將問題化成一種比擬，詳細說明兩者的相似之點。

㈡再行示範將比擬與問題相聯

以所比擬的細節與問題相聯，例如雪球會愈滾愈大，亦正如謠言之愈散布愈廣。

㈢練習將比擬與問題相聯

教師提出一個比擬以供學生將比擬的細節與問題相聯，比擬的細節必須多樣化與充分化。

㈣練習從同一個問題中去找不同的比擬

方式如下：

1. 一個問題：霧中找路。

2. 不同的比擬：

⑴（猶如）近視的人在找路。

⑵（猶如）一個外地人在找火車。

⑶（猶如）在屋裡找遺失的東西。

㈤練習用同一個比擬去表達不同的問題

方式如下：

1. 一個比擬：在一個寒冬的早晨去發動老爺車。

2. 不同問題：

(1)去解答一個數學難題。

(2)在廣州買車票。

(3)危樓救美。

(4)風中點燭。

一般專家談比擬法都只涉及從同一個問題中去找一個恰當的比擬，de Bono 比擬方法貢獻在於從同一個問題中去找不同的比擬，和用同一個比擬去表達不同的問題。從第一到第五步驟，特別是第四和第五步驟，在「問題」和「比擬」之間的類比，經常性的比擬訓練直覺，常可以創意地解決問題，只是並非人人都可以具有高度的比擬直覺，為比擬法的缺點。

第三節 腦力激盪創意法則

腦力激盪（brainstorm or brainstorming）是一種誘發人們產生新主意的功能，其目的是為了解決一些問題，訂出一個主題使所有的參與人員都有機會發表個人見解，以便使問題得到合宜的答案（李德高，*1991*）。腦力激盪是創造思考最常用的法則，運用腦力激盪可以是跳躍式的直覺想像，也可以同時並用在其他法則的創意思考歷程，所以，創意人對於腦力激盪應有清楚的認識和應用。

壹、腦力激盪法

有關腦力激盪的論著相當多（李宏偉譯，*1997*；林碧翠、楊幼蘭合譯，

1993；林隆儀譯，*1984*；洪榮昭，*1998*；郭有遹，*1994*；游萬來、周鴻儒，*1983*；*Osborn, 1953; Parnes, Noller, & Biondi, 1977*）。以下茲就腦力激盪的意涵，常用的筆寫式腦力激盪和創意角色腦力激盪方法，進一步說明，並舉出有創意的腦力激盪議題和成功方案，說明進行腦力激盪的實況，最後提出進行腦力激盪的關鍵點。

一、意義

腦力激盪是指：在會議中，成員在沒有約束的情況下，提供個人的意見試圖找出解決問題的方法，是一種突來靈感、啟示或主意。簡單來說，腦力激盪可定義為：「一群人在短暫時間內獲得大量構想的方法」（林隆儀譯，*1984*）。即人人當創意點子王秀腦力比創意構想產量，愈多與眾不同的創意匯集，愈能發揮腦力激盪效益。

二、使用規則

使用腦力激盪方法，問題範圍應狹窄而性質要特定，在團體成員經過慎重選擇，組成、並告以問題之後，並應提示如下的規則：

1. 避免評判：對構想的批評需延到以後。
2. 自由聯想：對構想愈狂野愈好，因為在思考上要馴服比狂想更為容易。
3. 多多益善：構想愈多，獲得優良創意的機會就愈高。
4. 組合改進：組員除了提出自己的構想外，更應尋求如何改進別人的構想，或者合併兩三個構想成為更好的構想。

貳、筆寫式腦力激盪法

一、六三五筆寫法

㈠意義

這個方法的要點盡含在三個數之中，六是表示一組六人，三是每人必須產生三個主意，五是每輪流一次用五分鐘，此法沿用迄今已有二個改進本，茲以原本為主，而將所改進的在括弧中予以註明（郭有遹，*1994*）。

1. 一組六人坐在圓桌邊，由組長交給一個問題。

2. 每一組員寫出與問題有關的三個主意。將問題與主意分別寫在三張卡片上；或每人分發一印有三欄的表格，每一欄的頂端寫一個基本的主意。參與者就該主意而改善之，若不能改善，則寫出自己的主意。

3. 五分鐘之後，參與者將所寫的傳給鄰座或事先指定之人，例如甲與乙的卡片指定傳給丁。

4. 收到主意的人就在五分鐘內於原件上就該主意加以改善，或加上新主意。

5. 重複以上第三到第四步驟以迄各人收回自己所寫的為止，不過若是用指定人制度，則以得到五個改善的主意為止。

6. 組長收回所產生的主意以供進一步評選。

六三五筆寫法（又稱六三五默寫法）是由 Osborn 的腦力激盪法衍生而來，透過深思的默寫傳遞思考過程，由於前一人的三個主意的修改或引發另一構想，常可創造更多有創意的答案出來。

㈡實例

以下茲以表 5-3「改良手機腦力激盪筆寫法」為例，列出默寫式腦力激盪的結果。

表 5-3　改良手機腦力激盪筆寫法

腦力激盪主題：改良手機			
默寫者／構想	構想 A	構想 B	構想 C
1	可收納	可聽音樂	很美觀
2	可收納＋可照相	可聽音樂	很美觀＋很炫
3	可收納＋可照相	可聽音樂＋有 LED 燈	很美觀＋很炫＋有掛飾頭
4	可收納＋可照相＋夜光裝置	可聽音樂＋有 LED 燈	很美觀＋很炫＋有掛飾頭＋像卡通
5	可收納＋可照相＋加夜光裝置＋可開會	可聽音樂＋有LED燈＋可掛牆面	很美觀＋很炫＋有掛飾頭＋像卡通＋有袋子裝
6	……	……	……

參 創意角色激盪法

一、意涵

角色激盪法（Rolestorming）為格立格（*Griggs, 1985*）所創，他有感於多數的參與者，不能完全地放開心胸，暢所欲言，於是在腦力激盪法之後，增加角色激盪法（郭有遹，*1994*），使參加腦力激盪不屬於語文型的人，也能有創意表現。

二、進行步驟

郭有遹（*1994*）根據實驗結果，將格立格的角色激盪法的前三步驟，另加後二步驟，作為角色激盪法五步驟：

1. 用傳統的腦力激盪法產生二十到三十個主意。

2. 每人默默地自選一個角色來扮演。

3. 基於所選人物的態度、喜好、利害關係與所應有的意見等而替他發言。發言時，可以用以下各種起頭語：「我的人會……」、「我的人會喜歡……」、「我的人會要……」。

4. 離開所扮演角色的立場，以使在第三步驟中，所產生的不合所扮演角色的主意，有機會在第一階段說出來。

5. 評價與選擇可行的主意。

三、使用注意事項

使用過角色腦力激盪的人，可能產生角色相關的創意腦力激盪聯想，但也有可能「帶不起勁」，為使角色腦力激盪能有充分完整發揮，應把握下列重點：

㈠有想像力的劇本或主意

例如：「地球防衛尖兵日記」的劇本或角色，可涵蓋現代、古代、城市人、原野人、山地人、中國人、西洋人……等等角色，可讓參與者透過角色腦力激盪，想像出拍攝拯救地球的廣告劇本或行動劇。此外，為了讓與會者預先有充分的準備，負責籌畫會議的人最好在開會前兩天，把印好的劇本或角色送到與會者手中。

㈡暖身運動

如果能讓參加角色激盪法的參與者，引導與大家先做做頭腦熱身運動，例如帶樣「道具」上場，或由領導者先提問輕鬆幽默話題讓大家回答或搶答，將使大家在自由氣氛中有更多聯想。

㈢準備發言道具

在角色激盪會議角色扮演後，可請參與者拿出一盒蠟筆、彩色筆、一疊白紙等，讓與會者共享各色蠟筆，隨心所欲地像孩子般塗鴉，寫出自己觀賞他人角色扮演，或自己角色扮演的點子與構想，將有更多想像創意。

㈣客觀評價

角色激盪過程，由於是以人為主角的構想表演，認同點常有價值觀認同的差異，討論時偶而會發生偏離議事主題的情況。若是會前能在黑板或海報上列出議題，隨時提醒大家討論的重點，主持者在會議中適時調解最浪費時間，也最容易扼殺創意的話題，做個創意溝通也是一種角色激盪。

㈤掌聲和休息

透過鼓掌叫好的方式與演出者產生共鳴。對於提出許多有創意的問題，也可能以掌聲肯定積極表現，將使會議更有討論創意空間，如果累了，當然，讓大家解放一下恢復元氣後，創意會更多。

肆 有創意的腦力激盪議題

為什麼要開會？據專家說，人之所以開會，主要有以下幾點原因：1.交換與提供資訊；2.集思廣益，激發創意；3.決定目標或議案；4.分配工作或權力；5.接受工作或責任；6.說服、參與，或啟發；7.建立或維繫關係（林碧翠、楊幼蘭譯，*1993*）。如果腦力激盪議題選擇得好，相信很多構想都可以創意地構想執行。

一、工程議題的腦力激盪

Harold R. Buhl 在《創造性工程設計》（*Creative Engineering Design*）一書中，曾舉出有 70 位麻省理工學院（MIT）研究生，參加利用腦力激盪法求取工程問題解決的實例，所得結果如下（引自游萬來、周鴻儒譯，*1983*，*pp.179-180*）：

㈠問題

你能想出多少個關於一種可以用在水面、雪地、陸地的萬能登陸裝置的構想？

㈡腦力激盪結果

1. 側面帶輪子，伸縮自如的船體。
2. 依不同狀況而附上的水壓式機構。
3. 會浮的大輪子在雪地時成為止滑輪。
4. 一個大型的柱形輪。
5. 水陸兩用船體上附加滑行橇。
6. 三腳組合的滑行橇。
7. 跟著可浮的軸回轉的舖軌裝置。
8. 可以承受直接滑行的強化本體。
9. 裝有水翼的輪子。
10. 刷子的滑行效果。
11. 陸上運轉時，滑行橇注入黃油的裝置。

12. 附有收縮輪的滑行用浮體。

13. 減低滑行部摩擦的塑膠。

14. 應用直昇機原理。

15. 逆推進機——不必齒輪。

16. 吸收衝擊的泡沫式船體保護裝置。

17. 垂直向下的噴氣或火箭取代跑道。

18. 大型塑膠滾輪。

19. 可成 90 度回轉的橢圓形滾輪。

20. 陸上或雪上用普通車輪或滑行橇水上用充氣浮體。

21. 從飛機噴灑一層泡沫鋪面。

22. 艙體回轉 90 度，露出滑行橇。

23. 回轉式登陸機構。

24. 船體組上雪橇——底部可以更換。

25. 附有杯形殼的輪子——水面用時迴轉 90 度。

26. 大腳式前行裝置。

從上面所列的構想中，我們可以發現，比較上，很有價值的解決非常少。一般說來，這個問題的解決只要有一個構想可行就可以。我們發現，這些聯想有些比較遙遠，如果以個人發想的方式，我們就不可能想得到，透過擴散式腦力激盪，很多創意就顯得豐富有發展可能。

二、管理議題的腦力激盪

J. Geoffrey Rawlinson 在其所講授創造性思考和腦力激盪法的一系列課程時，曾以「週轉率下降，業績不如預期目標」為腦力激盪問題，記錄整個腦力激盪想法（林隆儀譯，*1984*），如下所示：

㈠問題

週轉率下降，業績不如預期目標。

㈡可能方向

如何……

1. 提高週轉率。
2. 降低成本。
3. 爭取更多的顧客 。
4. 增加利潤。
5. 打擊競爭者。
6. 增加銷售。
7. 使消費者多量購買。
8. 展示得更佳。
9. 使顧客再度購買。
10. 刺激大消費者。
11. ……等等。

㈢腦力激盪

先選擇方向 3 與 7，並進行腦力激盪。

有哪些方法可以（3）爭取更多的顧客，與（7）使他們多量購買……。

1. 廣告。
2. 降價。
3. 特價。
4. 激勵店員。
5. 訓練店員。
6. 更佳的陳列。
7. 開始營業時間延後。
8. 週日照常營業。
9. 通宵營業。
10. 從不打烊。
11. ……等等。

31.樓上設自助餐。
32.備停車場。
33.設海底公園。
34.辦托兒所。
35.改為免下車商店。
36.使用信用卡。
37.支票交易。
38.現金交易。
39.可欠帳。
40.……

㈣最天真的構想

278.將商店燒毀。

……

321.燒毀競爭者的商店。
322.燒毀商店的模特兒。
323.賣煙火。
324.核對保險。
325.賣中央系統暖氣。
326.……等等。

總計：	
處理方向	45
腦力激盪所提出的構想	320
最天真的構想	14
合計	379

事實上，從許多有爆炸力的天真構想，例如：「將商店全部燒掉」，腦力激盪意味著是：將競爭者的幹部挖角過來、先查詢保險、打擊競爭者、像廣告一樣燒毀一個商店的模型，然後再做災後大拍賣……等等創意構想。有了腦力激盪後，才能進一步發揮更多評價的想像抉擇。

三、創意腦力激盪類型

㈠不適合腦力激盪議題

由於腦力激盪法的最主要作用是在引發許多與某一特殊需求（或問題）有關的主意，因此腦力激盪的問題必須是開放性的，凡是以下各種認知性（質疑性）、單純記憶性、匯合性、評鑑性的問題，均無須採用腦力激盪法來解決問題（郭有遹，1994）。

1. 認知性：這張桌子是什麼形狀的呢？
2. 記憶性：這首詩的作者是誰？
3. 匯合性：傷風的症狀是什麼？
4. 評鑑性：他是否是一個優秀的司機？

㈡適合腦力激盪議題

其他有創意的腦力激盪議題，例如下列所示（李宏偉譯，1997）：

1. 錢的設計。
2. 缺乏足夠的遊戲場所。
3. 考試的必要性。
4. 海底採礦。
5. 提供夠多的電視節目，讓每個人都能看到他們想看的。
6. 沙漠綠化。
7. 房舍加溫。

儘管任何問題都可能成為腦力激盪活動的主題，問題的形式卻可能會對是否能夠成功實行產生極大影響，所以領導者有責任在活動開始時陳述問題，並且在活動中反覆地聲明。如此，對於提供水平思考的價值才有意義，特別是有些學生想將自己的點子，故意表現的很幽默，領導者必須適當處理，讓個人不必太過於注意到自己，讓腦力激盪可以是一個可以發揮創造力的情境。

四、創意腦力激盪評估

腦力激盪過程中經常由於發想內容、類別非常多元，在評價時如何選出最佳方案作為最有進步性、利用價值和可行性的方案，評選的人、規準、作品分類等具有相當影響性。

㈠正式競賽評審

1.評審人數

可依參選作品數量、層級和作品影響面而訂，一般小型比賽評審可邀請 3-5 人，大型及影響層面大的比賽，可以分組巡迴各場地評審。

2.評審規準

茲以 2005 年由國科會主辦第六屆「全國大學校院學生創意實作競賽技國際名校創意邀請觀摩賽」的評審規準為例，說明之。

⑴過程評審（30%）

①團隊執行過程（10%）：規劃、組織分工、進度掌握、工作紀錄、以及技術能力運用與整合。

②團隊創思過程（20%）：問題解決思考方式，作品精進思考方式。

⑵作品評分（70%）

①創意表現（20%）：契合主題，顯現原創性具有特色，且具有實用與可能的產業價值。

②作品成果展示（50%）：產品機能（20%）、產品外觀（10%）、圖文及多媒體運用適切性（10%）

3.作品分類

評審作品分類應視主辦精神而訂出作品分類。在收件評審前，應清楚告知主題和分類意義，例如，同上競賽的主辦精神是：「新境界」包括創意環境、E化人生、永續資源、永保安康等類別。當然作品亦可簡單區分是概念型作品、技術型作品或行銷型作品等類別。

㈡腦力激盪評估

腦力激盪法成功的關鍵在於有意的和審慎的區分腦力激盪的創造性或發散性，以及區分評估階段的收斂性和分析性。

伍 成功的腦力激盪案例

使用腦力激盪必須注意到腦力分組成員、激盪議題、記錄圖譜繪製、評估構想和研發領域專業技術等要因，茲以日本EQUOS研究所長久腦力激盪構想汽車導航系統歷程，和其他短期使用腦力激盪研發業界相關產品為例，說明如下：

一、案例一：創造汽車導航系統

以下茲以日本EQUOS研究所成員，對於開發主題「導航NAVIGATION」為例說明其發揮腦力激盪精神，從無到有的構想汽車導航系統歷程（劉立偉、賴淑琦譯，*2004*，*pp.89-124*）：

㈠成立創意商品研發七侍衛

EQUOS研究所為了開發主題「導航NAVIGATION」，先成立組織和成員。

1. EQUOS研究所：為了研究像生物一般的汽車，製造具有智慧的汽車，製造像馬一般優美的汽車，所以該研究所以馬的拉丁字「EQUOS」為研究所名稱。

2. 七侍衛：遴選七位特別優秀的人才送入研究室，讓其研究喜歡的主題。

㈡思考創意腦力激盪方向——導航系統主題的聯想

EQUOS研究所腦力激盪創意討論後，經常會匯整創意思維，包括：

1. 訂定導航系統的使命為「創造出新的駕馭空間」。
2. 用聲音導航，讓迷路的人找得到家。
3. 否定地圖，回到地圖。
4. 進入電話系統與住宅地圖系統之中。
5. 根據人性來架構有魅力的系統（因為像山洞、地下道或山等有些地方 GPS 沒法派上用場，所以必須開發自律行走系統）。
6. 不論是部分或整體，構圖都相同。
7. 導航系統的本質與車子的本質非常相似。
8. 更進一步以聲音及影像為中心，考慮電腦空間，創造出將來的導航系統。

㈢創造一張有魅力的基本設計構想圖

從「使命」、「機能」、「構造」和「課題」構想，利用類比法方式，發想產品特異點的構想圖，如圖 5-10。EQUOS研究所終於首創V01-01全世界正規聲音導航系統，1992 年 8 月汽車廠商正式裝載在車輛上，從1986 年開始共研發了 6 年時間。

㈣用手思考

為什麼會做出具有高度智慧的導航系統呢？主要是能「讓車子知道路」，車子就像馬兒可以在主人喝醉酒、沈睡在背上，依舊將他平安載回家一樣，所以，從「人或馬是怎樣記路的」，開始用手照相、錄影、繪圖等一一分析、測試，製作說明書、海報宣傳等。

	最初的基本設計構想圖 1990 年 3 月 5 日		特殊點的基本設計構想圖 1991 年 7 月 19 日
使命	·創造新的駕馭空間 ·運用簡單的操作及聲音和畫面。用簡單輕易的方式導航，就算是第一次走的路線，也可以安心抵達目的地。開發出這種新型態的導航系統，對 FUN TO DRIVE 極有貢獻	**目的→目標** ·用 VOICE 徹底導航 ·落實 Door to Door ·融合副機能	·創造新的駕馭空間 ·VOICE NAVIGATION SYSTEM ·適用於所有的電話簿（電話號碼） ·電視、錄放影機、音響、電話、空調、汽車路線圖（自我評估）、路況報導 ·副機能
機能	·用電話號碼來設定目的地 ·顯示抵達終點 ·偏離路線時可再回到路線	**網路化** ·單次觸控設定目的 ·正確的抵達目的地 ·導航的冗長性	·目的地或區域號碼（適用個人住宅） ·記錄移動軌跡的軟體（Mapping） ·偏離路途時的再探索重新找路以電話號碼鍵入
構造	·導航機能必要的構造 導行電腦、畫面＆觸控鍵盤、GPS 收訊機、CD-ROM 播放設備	**系統設計的成熟** ·明確記載副機能的構造	·追加副機能必要的構造： 電視收影機、空調、音響、電話的各 ECU
課題	·製成資料庫	**充實資料庫** ·促使預測行走的資料庫更完整 ·設立資料庫新公司	·資料庫的品質保證 ·資料庫的更新

圖 5-10　日本 EQUOS 研究所 V01-01 聲音導航系統構想圖

資料來源：出自劉立偉、賴淑琦譯（2004：114）。

㈤腦力激盪商品應用

該產品研發後，本來只有應用在出租車的導航系統，後來汽車廠商決定採用該商品，於是為了配合汽車廠商的商品應用，於是必須創意思考下列問題：1.開發出車主駕駛人可永續使用、高機能、高性能的導航系統；2.必須做出完整的全國各地可使用的系統圖；3.開發影像、聲音等未開發技術專用的硬體；4.取得汽車廠商出廠車輛的正式採用。

㈥誕生

如下圖 5-11「汽車廠商配備的V01-01」，作為汽車多媒體資訊的研發作品。

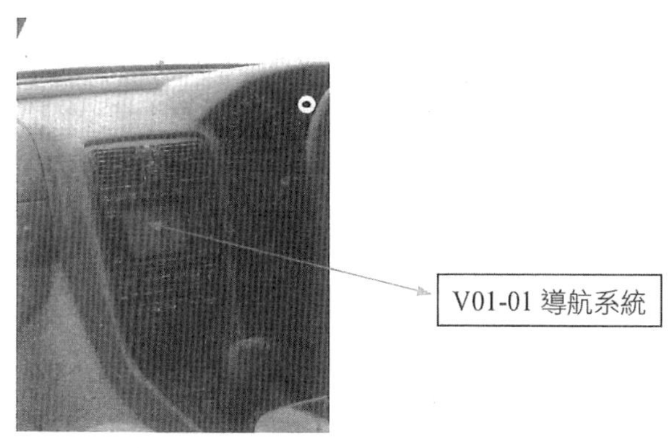

圖 5-11　日本 EQUOS 研究所研發汽車廠商配備的 V01-01
資料來源：出自劉立偉、賴淑琦譯（2004：122）。

二、其他案例

J. Geoffrey Rawlinson 以實際使用創意思考與腦力激盪，輔導產業界成功案例，如下所示（林隆儀譯，*1984*，*pp.128-129*）：

㈠電路上放出感受與味覺

一家國際電信公司為了改進電路上放出感受與味覺，腦力激盪結果發展了公司可以進行以線路做點字法、污染監測器、電話測謊器、預報嚴寒天氣，以及預報正在燃燒的房子冒出的濃煙等構想業務。

㈡把印刷室改做飼養火雞的圍欄

一家座落於鄉間的印刷公司，提出了一個天真的構想，當業務衰退時「把印刷室改做飼養火雞的圍欄」。腦力激盪結果引伸了印刷廠可以發展火雞商標的材料，即標籤、包裝、價格標籤，以及印製移民文獻等構想新產品。

㈢鞋子上的眼球

一家製鞋公司應用腦力激盪法以便獲得有關新產品的構想，在新材料上提出了一個很天真的想法，是使用來自皮革來源的屠宰場的「眼球」，這個想法是使用一種裝在鞋子上能在黑暗中反光的材料，以及一種像眼睛一樣的材料所組成的清潔裝置。

㈣貓捉老鼠實驗

一家釀酒廠為了清洗容器桶與管路，舉行了一次腦力激盪會議，提出了一個「捉回小貓」的天真構想，結果很自然的將鼴鼠（mole）注入管內，與清潔劑同時經由管路，因為產生化學作用而達到消毒的目的。

㈤得來速訂餐

一家擁有顧客停車場的速食餐點公司，提出一個天真的想法，「以輕便的無線電話聯絡訂貨事宜」，結果發展了在停車場裝設無線電話的構想，因此顧客只需在停車場即可訂貨，當他們到達餐廳時所有的餐點即已備妥。此一構想類似今天速食業者在窗口點餐，到出口取餐的做法。

當你在洗澡、彎腰檢東西、走在路上或在睡夢中，是否有過稀奇古怪的幻想或亂想呢？愛因斯坦寫下他的想法，愛迪生把點子速寫下來，達文西在畫冊上草畫圖像，從沒系統的記錄到專屬的發想簿、專業電腦繪圖，都是進行腦力激盪有創發性想法的來源。

問題人人有，創意是一種習慣，創意只屬於善用大腦激盪的人。

創意現實問題

1. Key小弟把屁股坐在都是生雞蛋的椅子上，蛋竟然沒有破！
2. Key小弟把生雞蛋從三樓高的地方丟下來，蛋竟然沒有破！

創意的發想與實踐

1. 請列出五個坐在雞蛋上不會破的可能答案。
2. 請列出五個從三樓丟雞蛋不會破的可能答案。

創意評量紅綠燈

	綠燈	黃燈	紅燈
可利用性			
新穎觀念			
有進步性			
有創新性			

隨著年齡的增長把經驗累積，並且用腦思考，用心體會，把經驗凝成自己的血肉。
——松下幸之助

創意經典故事盒

電話的發明

亞歷山大·格雷厄姆·貝爾（Alexander Graham Bell）出生於英國蘇格蘭，後來在美國擔任聾啞教師。他的業餘時間都用在發聲和傳聲的實驗研究上。一次實驗中，貝爾偶然發現一支線圈在通電、斷電時，都發出了輕微的聲響。這給了他一個啟示：若是用這種裝置來像電報那樣長距離傳送資訊，不就可以使傳送過去的資訊轉換成聲音形式了嗎？

貝爾不懂電學知識，於是他聘請了一位電工技師湯瑪斯·沃森作為助手一起投入實驗。面對外界的嘲諷和無數次的打擊，貝爾矢志不渝。1876 年 3 月 10 日，貝爾和沃森正分別在兩個房間裡安裝新設計的裝置。剛安置好，貝爾無意中碰倒了一瓶硫酸，酸液濺到了腿上，他大聲向沃森呼救。「沃森先生，快來救我！」新的實驗裝置傳來了貝爾的呼救聲，沃森聽到了。電話這一新發明誕生了，雖然僅是個粗陋的裝置，卻開創了人類電話通訊的新紀元。從此以後，又經無數後人的努力，電話不斷得到改進和完善，成了現代人須臾不可缺少的通訊工具。

當然，電話技術是多人實驗室的研發成果，只是 1876 年 2 月 14 日貝爾較其他人早申請到美國專利號為 174465 的發明，也因此美國的 AT&T 和許多電話技術服務，帶給更多人溝通的便捷。

IDEA 筆記畫

☆我的感想：創意，老實說，在壓力的情境下常會有奇蹟的。

☆我的問題：

☆我的聯想：

☆我的應用：

☆我的創造：

第六章

創意邏輯法則

何謂邏輯（logic）？

邏輯是一種思考與推理的藝術，精準的勾勒出人類理解力的限制與不足之處。

——美國・超自然報導家・*Ambrose Bierce*

邏輯（logic）是一種思考與推理的藝術，邏輯也是論真理的學問，透過邏輯推理可以補充人類理解力的限制與不足之處。邏輯一詞具有言語、話、精神、原則、理性、力量、動力等多層動力意義，邏輯是一種技，指引理智行為，使它能便利地，順序地進行，不致於犯錯誤，因此，輯就理論上來說是一種「知」，實際上來說邏輯必須在「行」中，印證的真偽。

本章第一節探討型態分析法，第二節探討屬性列舉法，第三節探討W意推理法則。此三法則擁有紮實的科學演繹、歸納、推論過程，可以經層層分析、矩陣判斷、特徵改良、W提問法等歷程，建構理性的創意新品、新技術和有品質的服務。

第一節 型態分析法則

有創意，通常是做了一件不尋常的事。哈佛大學發展心理學家郝爾・德表示，雖然不尋常，但它仍然合理，因此人們也會認真考慮。舉個例子來說，我可以倒立著說話，這算是不尋常，但除非我和其他人，都覺得這方式值得採用，我才能被稱為有創意（周怜利譯，*1998*）。人類的思考能力無窮無盡，創意能成就事業解決問題，很多的困難窘境盲點，都憑藉優質的創意與思考迎刃而解，人人都具有創意思考能力，但很少人能有系統、有技巧的把它淋漓盡致地發揮出來，所以有創意的人運用邏輯法可以知行合一的解決問題。

壹 理論基礎

一、Zwicky 三個參數盒

一般型態分析法（general morphological analysis）是由出生於保加利亞（Bulgaria），於 1942-1968 年在美國加州理工學院任教的天文物理學家 Fritz. Zwicky（1898-1974）所創（*http://www.swemorph.com/*）。之後，美國學者 M. S. Allen 在 1962 年，就型態綜合思考術寫成《型態創造》（*Morphological Creativity*）專書（*Allen, 1962*），型態分析就迅速應用到心理學、工程、電腦科技等領域。

科學知識的發展幾乎脫離不了運用分析和綜合的循環模式，每個綜合幾乎都是建立在程序性分析的結果上，而每次的系統分析之後更需要綜合的提出，以區分和校正分析綜合結果（*Ritchey, 1991*）。Zwicky 跳脫正規數學方法和因果模式，朝向綜合系列評量（complex consistency assessment）來解決非量化的思考問題。他提出型態分析的工具，如下圖 6-1 的 Zwicky 三個參數盒（A 3-parameter Zwicky box）作為解決問題的思考向度。Zwicky 三個參數盒的長寬高可以是「顏色」×「形狀」×「尺寸」等三個型態主因，「顏色」可以包括紅黃綠藍棕等 5 色，和圓形、三角形、正方形、五角形、梯形等 5 種「形狀」，以及大、中、小等 3 種「尺寸」。Zwicky 三個變數盒即可排列組合塑造出 5×5×3 等 75 種型態產品出來，這是最早一般型態分析法則的根本原理。

Zwicky 在 1940 年應用型態分析，進行有關「化學性噴射器推進」的製造研究，對於二種化學能量源，思考內外部推進方式，探討飛行地點是在真空中、水中、地面上等地飛行，推進燃料是採用氣體、液體、固體哪一種等等，加以組合，可以獲知全部排列組合的總數，再加以評估得出可以成功的組合總數（陳蒼杰譯，*2000*）。因此，應用型態分析法則，可以先就待改進事物或解決問題之特質，選擇二至四項作為分析的重點，然後就此變項逐一列舉其特質，再強行排列組合成各變項特質之一，因而滋生許多方案或結合，最後從其中一一推敲其特性或效用。例如 J. P. Guilford 的「多元智慧」立體圖形，即採用智力的材料、運用和產品的三種型態綜合成各種不同的智力（張玉成，*1991*）。目前應用此一型態分析的領域相當廣，從電腦資訊、自然科學、教育媒體到設計產品，都可應用此一思考法則，產生新創意。

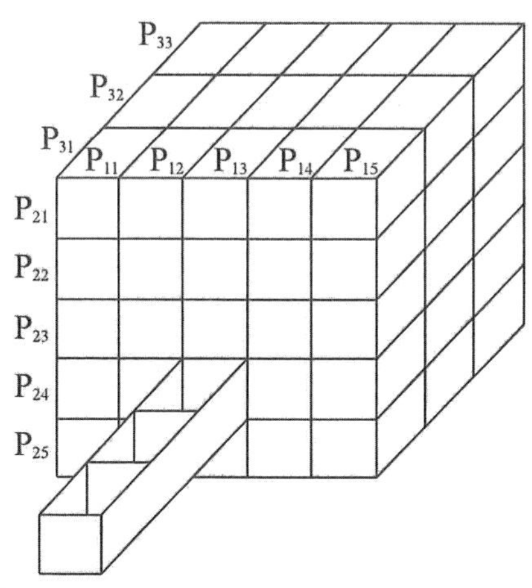

圖 6-1　Zwicky 三個參數盒

資料來源：出自 Zwicky, F.（1969：118）。

二、型態學和概略圖

日本創意技法開發者高橋憲行，將 F. Zwicky 的型態學分析原著，改良為能活用在商品企畫的方式，在 1970 年代左右，開始被各領域廣為利用（陳蒼杰譯，*2000*）。以下說明高橋憲行應用型態學原理，繪製成概略圖的程序和圖譜，開發有關食品或是雜貨類、文具、小型家電製品等的商品企畫：

㈠概略圖整體準備程序

1.主題設定

首先先將主題設定。假定某食品公司為了開發「梅的加工食品」，而對多項構想進行檢討。

2.成員設定

成員分為可領導以商品化為會議中心的核心成員，和可不斷提出構想的參與成員兩部分。

3.寫出構成要素

將提出可作為商品構成要素的想法，做多方面的考量，並寫於卡片上，在不用做整理的心態下，隨意寫出大概即可。例如，將整個梅做成商品，或做成梅醬等等，或是將它和其他的商品共同組合起來，像是海帶和鱈魚或是鮪魚片等醃漬物等，應該可以想出各式各樣不同的組合才是，如此，不斷將想法積極提出。

4.將構成要素卡片分類

蒐集寫下構成要素的卡片，將類似的予以歸類，此時可以ＫＪ法（日本學者川喜田二朗所創，是一種將資訊寫在卡片上方式，經由製作標籤→標籤蒐集→製作標籤貼紙→A 型圖解化→B 型敘述化，進行卡片轉換、組合、寫標題，成員對照知識閱讀假設，找出共通性和類似性產生創意歷程）的要領來進行。

5.檢討參數

尋找商品的基本要素。像是將昆布或裙帶菜分類為海藻時，海藻和魚或肉等，就成為複合物的基本要素。

㈡製作型態學P和C表

在製作P表時，用於此項作業的卡片，最好是像Post-it紙一般，可隨意撕貼的較好。如圖6-2所示的在P表左邊，是將參數（構成要素）整理成軸，基本要素整理為縱，即能表示出參數的結構。

1.構成要素之參數化（決定）

將構成要素參數化，以基本要素為主，再加上非原來之構成要素，開始進行決定。

2.型態學P（參數）表之製作

分類整理後，以核心成員為中心，製作「型態學．P表」，將製成之P表，放在記事的系統手冊中，每天觀看，藉以刺激創造力，為便於攜帶，做成小張即可。

3.觀察P表，做出C卡

仔細觀察P卡，刺激創造力，而後開始準備進行參數的組合作業。

4.組合遊戲開始

觀察型態學．P表，組合參數。從基本要素中，選出個別參數做思考，並非每個基本要素都要選出參數來，有時參數也有可能為零（都沒選上），在組合時，商品的形象會逐一顯現出來。

5.記錄型態學．C卡

將所想的構想記入於「型態學．C卡」中，累積構想數量，此時所抱持的態度為量重於質，在此心態下，追求大量的想法即可。

概略圖整體準備程序，如圖6-2所示。

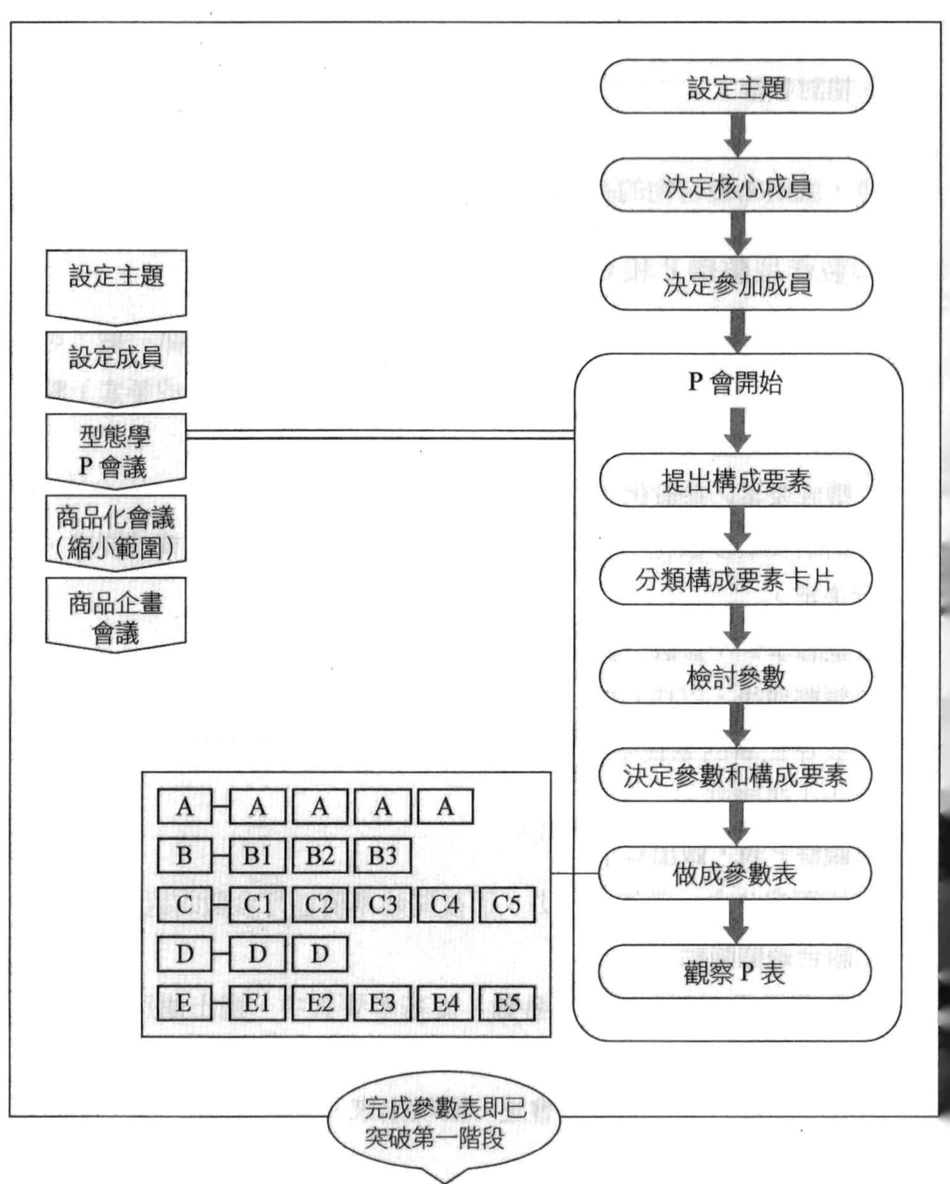

圖 6-2　概略圖整體準備程序

資料來源：出自陳蒼杰譯（2000：460）。

㈢記載 C 卡之要領

在思考商品時，不僅是只對商品做構想，連名稱，甚至廣告形象，最好都能一併寫出。

1. 回收記載之 C 卡

回收記錄好之 C 卡，C 卡會議到此即告結束。另外，也可由熟悉該項作業的成員之間，於每日或每週將規定的數量，利用閒暇時間或通勤時間，記錄於卡上，再大量回收的方式進行。假定每個人每日有二十個以上，那麼一週內就可以有超過一百個以上的構想，可說非常清鬆，這和營業業績比起來，實在簡單多了。

2. C 卡之分類

將回收之卡片分類整理，並處理成容易選擇之候選商品的型態。

3. 縮小候選商品之商品化數量

整理 C 卡的構想，由成員們決定評價之基準，而縮小候選商品化之數量。

4. 製作候選商品之商品企畫書

將候選之商品寫成企畫書後，商品化會議即已修習完畢。

整個型態學 P 表組合商品遊戲，如圖 6-3 所示。

三、型態分析步驟

Zwicky 在他有關從型態取向探究有關發現發明研究，歸納五個型態分析的步驟（*Ritchey, 1998*）：1.確認解決問題的形式；2.對所有給予問題解決有關的參數，都必須加以局部區隔和分析；3.型態分析盒或多元轉換矩陣，都必須包括所有可能問題解決的建構；4.所有在型態分析盒所包括的解決可能答案，都必須從問題達成與否的點上，被緊密地檢視和評估；5.最適切理想的解決方案是最有實際應用，且必須是有意義和實用性。

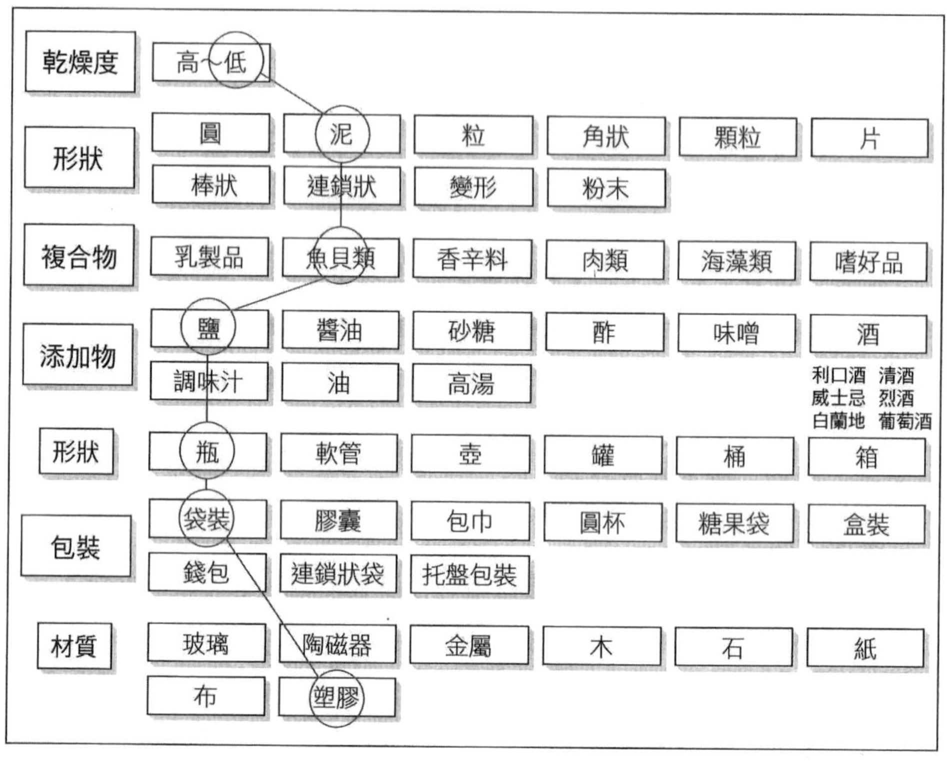

圖 6-3 型態學 P 表組合商品遊戲

資料來源：出自陳蒼杰（2000：463）。

簡單來說，型態分析可以歸納為下列四步驟：1.確認創造題材；2.找出創造的型態；3.構想型態的綜合；4.進行綜合的排列（沈翠蓮，2005）。

型態分析法的好處是只需要短時間便可完成一個矩陣，以用來解決問題。型態分析法的執行的方式是將問題予以分解成若干子問題（獨立要數），再從每一個子問題中找出可變參數，再依據所有子問題（獨立要數）與其可變參數的確認來激發大部分的構想。各子系統產生解之後，型態分析法可連結有解的各子系統，通常它們之間的可連結機率相當高。型態分析法可將同一種主題用不同的組合，把人、事、物，作一種新奇的變化、重新安排，產生許多變化，來研究多種不同變化之間的連結，這是核對清單法無法做到的。如果以數學型態的專有術語來敘述，型態分析法的步驟如下（謝隆昌，*2001*）：

㈠列舉出目標問題的的子系統（獨立要數）

即列舉出相互獨立的主要子系統（獨立要數），但不宜過多，否則會增加子系統的解無法連結機率，一般而言以大約三到八個獨立要數較為適當。

㈡列舉出各子系統的可變參數

即列舉出各子系統重要的可變參數，包含已存在的特定子系統的解和新型的可用子系統的解。

㈢設置型態矩陣

即以獨立要數為縱軸，可變參數為橫軸，建構一個矩陣，作為連結各子系統的可變參數，形成許多新觀念（新的問題解）的根據地。

㈣將可變參數相互連結，形成許多新觀念（新的問題解）

即將矩陣中每個子系統選取一個可變參數相互連結，可以形成許多新觀念（新的問題解）。理論上可行的不同解都可以經由連結的方式獲得，每一個潛在解也可以經由深入的發展而得到新的創意。

貳 運用實例

型態分析法則是將一個問題的所有參數都列出來，試將它們排列組合來找出新的方法，所產生的新方法，也許已經存在或不存在，但是有一些可能很新奇，值得進一步發展。以下茲舉例以型態分析為方法，創意研發的各項產品或技術。

一、開發新交通工具

一個開發新交通工具，分析的參數包括大參數的路徑、乘坐物、動力、乘客等和其他小參數（黃炎媛譯，*1995*）：

㈠獨立要素和參數

*1.*路徑：陸、海、空、地下。

*2.*乘坐物：輪子、滾軸、氣墊、滑板、磁墊。

*3.*動力：蒸氣、瓦斯、電纜、原子能、電子、慣性輪的力量。

*4.*乘客：坐、躺、站、懸掛。

㈡參數的型態分析和綜合結果

以上這些參數在 4×5×6×4 的組合下，一共可產生 480 種交通方式，其中有不少已經問世了。例如，「空＋滑板＋電纜＋站」的結果，產生「滑雪吊椅」，「地下＋輪子＋電力＋站」產生行駛於尖峰時段的「倫敦電車」！而現在的捷運列車亦為各參數的排列應用。

另外一種應用的方法，是將各類的參數列在不同的紙條上，將這些紙條並排放在一起，將它們平行地移動來產生不同的組合。或者，可以將參數寫在不同顏色的卡片上，用搓洗的方式做排列組合，產生新創意。

二、開發怪物電影

如果要製作有關怪物的電影，最好盡量讓怪物出現，否則就顯得很沒趣。如何製作怪物的出現？當然，最好使用型態分析法的思考方式來設定。首先，決定構成怪物的要素，依據這些組合要素來製作形象，再將要素可能的變化性全部列舉（楊淑芬譯，*1993*）。

㈠獨立要素和參數

1. 生息地：深海、大河、宇宙、叢林、地下、大森林、都會、及其他。

2. 大小如同：蟑螂、鼠、貓、人類、金剛、馬、象及其他。

3. 種族的起源：原生動物、魚類、昆蟲、哺乳類、爬蟲類、人類、植物、礦物、氣體、宇宙生物，靈的存在、液體及其他。

4. 武器：爪、牙、毒針、瓦斯、細菌、吐火、催眠劑，以及其他。

5. 性格：凶暴、冷酷、愚鈍、伶俐、活潑、陰森、與人親近、溫柔及其他。

6. 身體的型態：蛇狀、蜥蜴狀、蜈蚣狀、狗狀、人狀、帶狀、不定形及其他。

7. 異常點：眼睛數目異常、巨大、腳多、長角、有毒及其他。

8. 特技：擬態、飛行、變身、巨大化、水中呼吸、消失蹤影及其他。

㈡參數的型態分析和綜合結果

依照生物學的型態來分析提供列舉後，將這些要素加以變化組合的思考方法，如此可以創造許多拍攝怪物電影的造型、角色、情節、環境等多樣參數。

三、開發多樣化燈泡

運用型態分析思考也可以將矩陣平面化，做連結性樣品的開發。例如要周延地思考開發新燈泡，可以將每個參數選擇最適切的特點加以組合出構想解決方案，甚至重複搭配相關組合，那麼將有多樣新產品得以創意開發，如下圖 6-4 所示。

燈泡種類	尺寸	顏色	主要材質	動力來源	用途	使用場所	懸吊方式
球型	小型	銀色	木材	家庭插座	一般照明	院子	直立式
一般型	中型	金色	金屬	電池	工作燈	書房	牆壁式
螢光型	大型	藍色	塑膠	汽車插座	點綴氣氛	入口	桌面放置
驅蚊燈	短型	透明	陶瓷		夜光燈	客廳	移動式
聚光燈	長型	白色	自然材料		驅蟲燈	廚房	天花板懸吊
招牌霓虹燈	圓型	霧面	自然纖維			汽車屋	
聖誕樹燈	招牌字樣	琥珀色				汽車	
		紅色				車庫	
		綠色				臥室	

圖 6-4　開發多樣燈泡型態分析圖

資料來源：出自張建成譯（1992：35）。

㈠獨立要素

1. 燈泡種類。
2. 尺寸。
3. 顏色。
4. 主要材質。
5. 動力來源。
6. 用途。
7. 使用場所。
8. 懸吊方式。

㈡參數的型態分析和綜合結果

經過燈泡種類 7 種參數 × 尺寸 7 種參數 × 顏色 9 種參數 × 主要材質 6 種參數 × 動力來源 3 種參數 × 用途 5 種參數 × 使用場所 9 種參數 × 懸吊方

式 5 種參數等，共有 1,786,050 種可能創產品。

四、研發輕型機車傳動系統

謝龍昌（*2001*）以型態分析法設計一個輕型機車的傳動系統，整個研發過程如下所述：

㈠列舉出目標問題的子系統（獨立要數）

機車傳動系統的子系統（獨立要數）：包括 1.動力源；2.變速方式；3.傳動機構；4.變速檔位。

㈡列舉出各子系統的可變參數

1. 動力源：包括汽油引擎、噴射引擎、電動馬達、攪動引擎。
2. 變速方式：包括手動、自動、混合。
3. 傳動機構：包括齒輪、皮帶、鍊條、連桿、混合。
4. 變速檔位：包括三速、四速、連續、其他。

㈢設置型態矩陣

根據各子系統（獨立要數）及其可變參數，以獨立要數為縱軸、可變參數為橫軸，建構型態矩陣如下圖 6-5：

主要參數	可變參數				
動力源	汽油引擎	噴射引擎	電動馬達	攪動引擎	
變速方式	手（腳）動	自動	混合		
傳動機構	齒輪	皮帶	鍊條	接和	混合
變速檔位	三速	四速	連續	其他	

圖 6-5　研發輕型機車型態分析圖

資料來源：出自謝龍昌（2001：86）。

㈣將可變參數相互連結，形成許多新觀念（新的問題解）

將矩陣中每個子系統選取一個的可變參數相互連結，可產生 4×3×5×4 個組合共 240 種機車傳動方式，例如，「電動馬達＋自動＋皮帶＋連續」的結果產生，即目前販賣的「上偉」無段變速電動機車。「汽油引擎×手（腳）動 × 齒輪 ×四速」的結果，為以前銷售良好的燃油機車「野狼 125」。此外，經由以上的連結尚可形成更多新的設計觀念（新的問題解），每一個設計觀念也可以經由深入的發展而得新的創意。如果動力源限制在汽油引擎和電動馬達，變速方式限制在手（腳）動與混合，傳動機構限制用齒輪、皮帶和混合，變速檔位限制在連續或其他，那麼只有 24 種可能的解法。

參 創意專題：灰飛煙滅

一、創意設計團隊

這是由作者指導金刀卡比隊的鄭勳釗、王偉華、陳閩翔、邱茂賓、謝承祐等同學，運用型態綜合分析法，創意完成的「灰飛煙滅」作品。

二、發想動機

㈠灰煙不見了

當粉筆「灰」不見了，打板擦的「煙」也不見了，相信對於老師擦黑板和學生吸石灰粉末的傷害景象，將減到最低程度。

㈡創意人作品有點貴

自動板擦機、環保板擦機、吸灰式電動板擦機……等等有點貴，使用進步性仍不太理想，如能讓師生運用隨手方便拿和擦、吸灰力強的隨手板來使用，將免於粉筆灰的荼毒，更是可用在生活周遭的清潔好幫手。

三、型態分析法的運用

㈠獨立要素和參數

1.板擦機體

⑴外觀：球棒型、圓柱體型、寶特瓶型、長方體型。

⑵材質：塑膠、金屬、木材。

⑶外蓋面圖案：卡通、人物、格言。

2.中心主軸

⑴主軸：塑膠桿、木桿、保力龍桿。

⑵尺寸：大型、中型、小型。

3.板擦布質

⑴材質：不織布、棉布、絲布、麻布。

⑵質感：粗糙、平滑、切齒。

4.清潔刷子

⑴刷頭：尖頭、圓潤。

⑵材質：塑膠、木材、壓克力、自然纖維。

㈡參數的型態分析和綜合結果

經過矩陣參數的型態分析和綜合結果，從板擦機體 10 個參數，中心主軸 6 個參數，布質 7 個參數，清潔刷子 6 個參數，總計可以有 10×6×7×6＝2,520 個可能答案，經過多次評估篩選後，以產出「圓柱體、金屬座、有卡通圖案外蓋的板擦機體，配合以中型木桿的中心主軸，棉布切齒的板擦布和圓頭壓克力清潔刷，是最適合師生隨時攜帶使用的隨手板擦，如下圖 6-4-1 至 圖 6-4-6 所示。

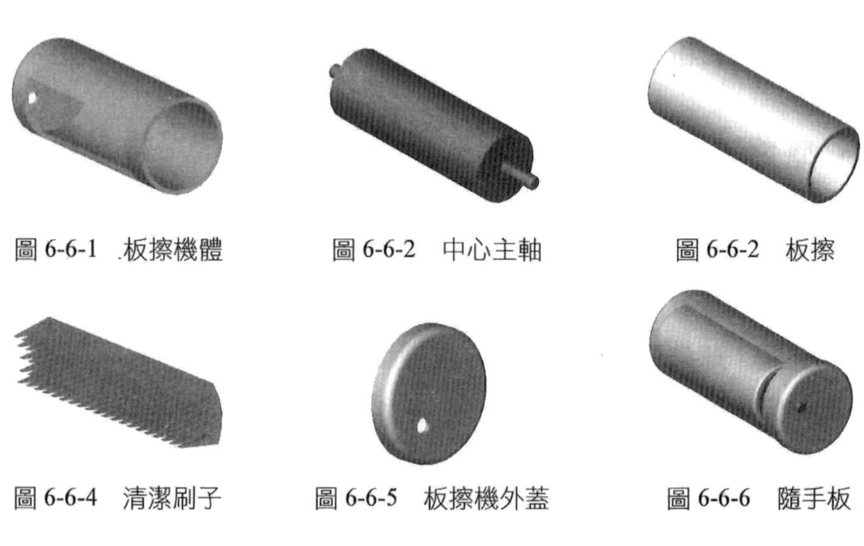

圖 6-6-1 .板擦機體　圖 6-6-2　中心主軸　圖 6-6-2　板擦

圖 6-6-4　清潔刷子　圖 6-6-5　板擦機外蓋　圖 6-6-6　隨手板

第二節 屬性列舉創意法則

壹、理論基礎

一、屬性列舉法即特徵改良法

屬性列舉法（attribute listing）是美國內布拉斯加（Nebraska）大學克勞福（R. P. Crawford）教授在 1931 年發明的，Crawford 在 1954 年並著有《創造思考的技術》（*The techniques of creative thinking*）一書，他認為每

一事物皆是從另一事物中產生，一般的創造品都是舊物的改造。換言之，將舊東西改頭換面就是一種新東西。屬性列舉法就是先將一件物品作敏銳觀察，其次盡量列舉該物品各種不同的屬性或特徵，然後再研究所應改善的屬性，有時將一物的所有屬性加諸另一物品上，亦可成為發明品（郭有遹，*1975*）。

所謂「屬性」就是一種事物或物品的性格和特徵，因此在改良或開發新產品時，必須有效地掌握住該目標產品的屬性，將該目標產品的屬性全部列舉出來，尋找值得改進的屬性，接著針對該特定屬性進行構思改進的方法，在構思途中可使用自由聯想的方法，使得特殊的創意能夠容易的產生。相較於無形的構想，這個創造性的技巧，比較適用於有形的物體上，將一個物體的屬性或特徵列舉出來，然後根據每一個屬性，評估是否有改進和變化的可能。

二、屬性列舉步驟

Crawford認為屬性列舉所要改進的就是物品本身所包括的屬性，屬性列舉法的進行步驟如下（郭有遹，*1994*）：

㈠決定所要改進的對象

這一目標需要依據個人或單位的需要與專長而定，一個人也可以決定改進人際關係，或某種制度。美、日工業界經常將他人新發明的物品拆開來查看，以視是否可以將其缺點加以改進。

㈡分綱別類

將物體的主要組成部分，或一事件之主要因素列出。例如要變化改良一種鉛筆，其主要組成部分，便是筆身、筆心以及橡皮部分，這一步驟的主要目的在於避免遺漏。

㈢列舉每一部分的屬性

現在便可以開始盡量列舉每一主要部分以及全體的特徵及功能。

㈣列舉每一部分應有而未有的屬性或功能

自己覺得該部門應有而未有的特徵與功能也可以列出。

㈤選擇值得改善的屬性

將每一個屬性都認作可加以改進的部分，但是應用的人，可選擇值得改善的部分加以改進，選擇到要改進的屬性之後，發現問題的部分已經完成，下一更重要的部分便是解決問題的範圍。

換言之，Crawford 屬性列舉法的步驟可歸納如下：1.選擇屬性列舉主題；2.列舉物品組成部分；3.列舉物品可以改良的品質、特徵或屬性；4.改良物品的品質、特徵或屬性創新符合需求。

日本產業能率大學的創立者上野一提倡屬性列舉法，他認為在進行屬性列舉時，可將屬性區分為名詞、形容詞、動詞等三種類別來加以掌握，這樣分類對初學者的屬性列舉法，應是比較容易做到。同時，名詞的屬性包含素材、製造方法，商品的各部分等，這是最容易掌握的屬性實現。形容詞的屬性，包含重的、輕的、光滑的，凡是有關商品性質、狀態等另一方面，可用形容詞的屬性來掌握。動詞的屬性是一種轉動、切削的程序，是商品所完成的商品成果，相當於機能的特徵。這些屬性都是相當於商品所作為「產品上的特徵」的一種屬性，也是直接屬性，直接屬性可區分為名詞、形容詞、動詞等之外，尚有其他部分，如型態、素材、機能等（楊淑芬譯，*1993*）。不論如何區分屬性的列舉要項，都應加以詳細分類與掌握，才比較容易進行創意思考法。

三、改良式屬性列舉法

為了讓構思改進方案時能產出更多更好的創意，提高創意構思的效果，亦可將聯想和類比法融入屬性列舉法，把聯想與創意構思反覆地使用。改良式屬性列舉方法的進行步驟如下（楊淑芬譯，1993）：

1. 列舉屬性以後，選擇主要的屬性。
2. 就這些屬性一一做類比聯想。
3. 以類比聯想為基礎，進行創意構思。
4. 根據構思好的創意，就各個屬性做聯想的改良。
5. 以改良聯想作基礎，進行創意構思。
6. 根據構思好的創意，就個別的屬性再度作類比聯想。
7. 根據類比聯想進行創意構思。
8. 根據構思好的創意再就每個屬性做改良聯想。
9. 根據想進行創意構思。

像這樣，2~5、6~9 重複進行創意構思，可以做到滿意、走不通為止，接著再進行 10 和 11。

10. 把想出的創意組合在一起，製作新商品的形象。
11. 把足以使新商品產生的新屬性，如型態、機能、素材、意義（可用性）等有關主要的屬性設定好。

從上述十一個改良式屬性列舉法，可以簡約歸納為下列下列三階段：1.列舉階段：列舉與主題有關的屬性；2.類比階段：透過聯想將列舉屬性做最有創意的類比；3.創新階段：即把類比創意列舉屬性評估出最令人意想不到的創意作品。

貳、屬性列舉類別

屬性列舉法又可分為特性列舉法、缺點列舉法、希望列舉法等（陳龍安，*1997*；陳龍安、朱湘吉，*1998*；張玉成，*1998*；張振成，*2000*），分別說明如下。

一、特性列舉法

特性列舉法是採特性要因方式的逐層歸因方式，列舉所有的主要特性（價值或主題）、大要因、次要因方式。特性列舉法經常採行魚骨圖方式進行列舉，這是運用因果關係解決問題的創意方法。

Fogler & LeBlanc（*1995*）指出魚骨圖是利用圖譜方式來組織和記錄腦力激盪的好方法，所以透過水平箭頭直線，畫出真正問題核心主題盒之後，透過腦力激盪思考解套方法，再將潛在解套方法放入其他要因盒，一一列舉特性，找出可能要因。特性列舉法利用魚骨圖繪圖的創意思考步驟如下：

1. 找出解決問題的特性，例如下圖 6-7 中的「送醫不治魚骨圖」。

2. 列出可能原因的類目：例如大要因是診治醫院、送醫過程、病人、家屬等四個類目。

3. 在每一類目的項下列舉可能的原因，並在主線兩側畫一些支線，將每一原因寫在一個支線上，例如診治醫院包括：主治醫師不在、轉診太慢、急診病人過多、檢查判讀時間過長。

4. 將所有的原因都列出，指認一個最有可能的原因，例如圖 6-7 所列次要因一一評估過，送醫不治可能是過於偏遠路徑過小。從特性列舉法的分析，改進送醫不治可從加強群集醫療設備和道路整治著手，改進偏遠地方醫療。

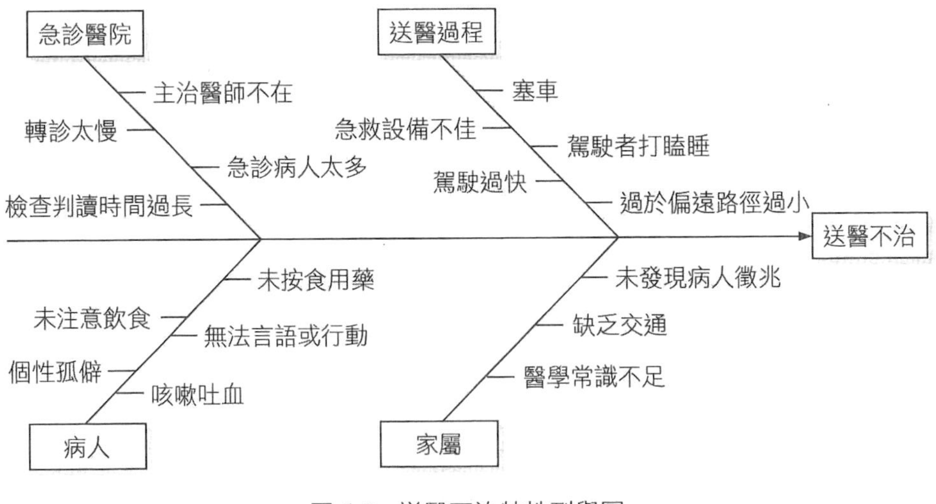

圖 6-7　送醫不治特性列舉圖

二、缺點列舉法

缺點代表著品質需要再加強，產品使用缺漏需要補強，或是處理事務不夠流暢，需要創意思考完整或系統的作業程序，無論是人、事、物、境在追求卓越過程，難免流於缺點的窘境。然而，缺點也是優點和希望的起點，透過缺點逐項列舉可以獲取更多完美，所以缺點列舉法是探求解決問題和改善對策的一種技法。一般而言，缺點列舉法步驟為：1.決定主題；2.列舉主題的缺點；3.選出所列舉缺點的主要癥結；4.根據癥結的缺點提出改善方法。

例如，下表 6-1「運用缺點列舉改善喇叭鎖」，可以發現透過缺點列舉過程的腦力激盪創意，品質會愈來愈趨完美。

表 6-1　運用缺點列舉改善喇叭鎖

缺點列舉主題：改善喇叭鎖		
缺點	缺點的癥結	改善缺點的方法
鎖孔	容易被敲開	改以十字鎖、數字鎖或晶片鎖。
把手	只能左右鎖	改造把手，融合不同形狀的桿軸。
觸點	手要放開、再重握很麻煩	加裝聲控系統輔助觸點操作回應。
夜間不便	看不到喇叭鎖或鎖孔	加裝感應光喇叭鎖亮燈。
桿軸構造	拆下或取用螺絲不便	可以在金屬的幹軸上，做一個扳手頭

三、希望列舉法

希望代表著人類怎樣生活才能更好，動機慾望的滿足和自我實現等等的理想和願望。當透過對該事物表達的希望或理想，使問題和事物的本來目的聚合成焦點時，問題聚焦後的創意答案則較為明朗，所以希望列舉法是探求解決問題和改善對策的一種技法。一般而言，希望列舉法步驟為：1.決定主題；2.列舉主題的希望點；3.選出所列舉的主要希望點；4.根據選出的希望點來考慮改善方法。

例如下圖 6-8 是「腳踏車希望列舉圖」，可以看出腳踏車也能像豎琴、坦克車、玩具、風鈴、帳篷一般別有特色，也可以像是充氣式、雪橇等造型很有趣味，甚至可以在比薩店門口擺上比薩餅腳踏車。當透過小組腦力激盪、筆寫式、繪圖式的腦力激盪，可以讓各種學習型態的人有充分的表現創意希望之列舉。

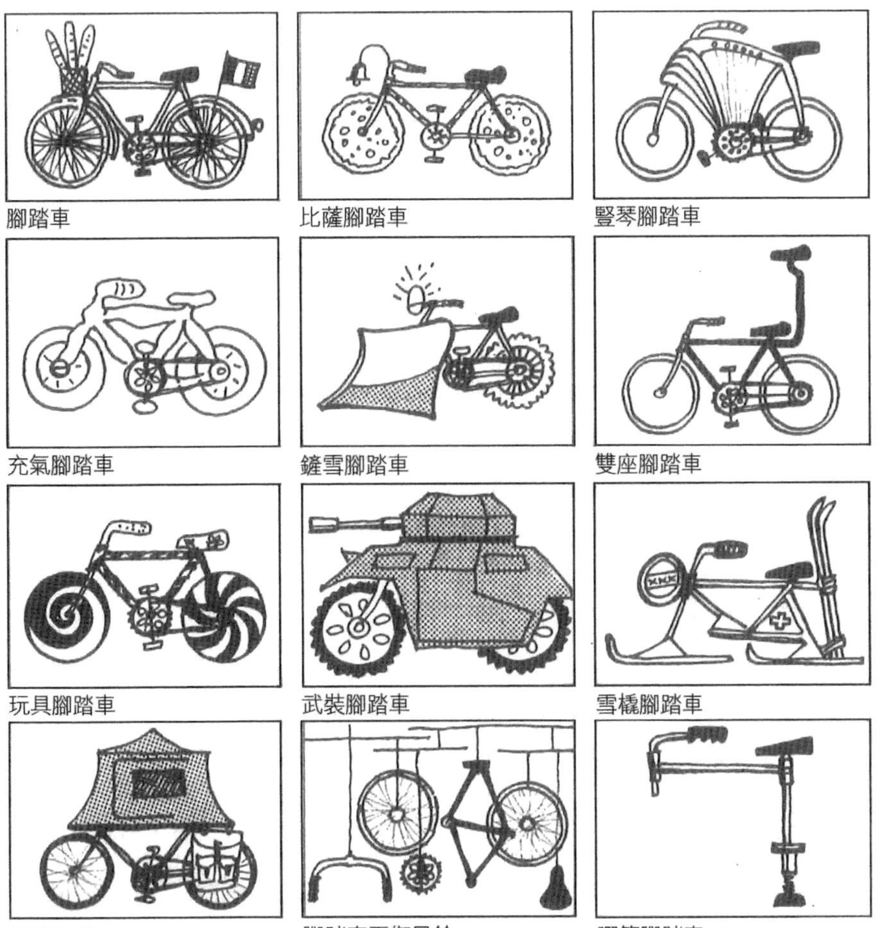

圖 6-8　腳踏車希望列舉圖

資料來源：出自張建成譯（1992：34）。

參 運用實例

屬性列舉針對解決目標加以列舉屬性或特徵，從列舉屬性表各項目一一檢討，將屬性中一個或幾個屬性改變或修正，可研發成為現代的新商品。以下茲以屬性列舉法舉例，說明創意研發的各項產品或技術。

一、一般列舉：開發兒童玩具創意椅

一般列舉多會從商品屬性的名詞、形容詞和動詞等三個直接屬性，加以列舉之後，邏輯推理其可行組合新創意。

㈠選擇屬性列舉主題

主題：兒童玩具創意椅

㈡列舉物品組成部分

1. 名詞屬性：椅背、椅腳、椅面、扶手、木頭、金屬、橡膠。
2. 形容詞屬性：可輕鬆舉起的、可以坐的、很穩的、有卡通圖案的、像積木有益智作用的、可訓練眼手統合能力的、色調很舒服的、有螺絲可以鎖住、安全健康的、碰撞不易受傷的。
3. 動詞屬性：組合功能、收納功能、排列功能和調整變成他物功能。

㈢列舉物品可以改良的品質、特徵或屬性

經過檢視評估列舉物品特徵，如下表 6-2，可以看出「兒童玩具創意椅」可以列舉名詞屬性、形容詞屬性和動詞屬性，對照在椅背、椅腳、椅面、扶手等所需掌握的創意設計特徵，當然對於沒有打＊號，無法提供創意屬性改良者，如能適時逆向轉化思考，也有可能創造出新的創意。

表 6-2　兒童玩具創意椅屬性列舉一覽表

兒童玩具創意椅		名詞屬性						
		椅背	椅腳	椅面	扶手	木頭	金屬	橡膠
形容詞屬性	可輕鬆舉起的	*	*	*	*	*		*
	可以坐的	*		*		*	*	*
	必須很穩的	*	*	*	*	*	*	
	有卡通圖案的	*		*		*	*	*
	像積木有益智作用的	*	*	*		*		*
	可訓練眼手統合能力的	*	*	*	*	*		*
	色調很舒服的	*	*	*	*	*		
	有螺絲可以鎖住	*	*	*	*	*	*	
	安全健康的	*	*	*	*			
	碰撞不易受傷							*
動詞屬性	組合功能		*		*	*		
	收納功能	*	*	*	*	*		
	排列功能		*					
	調整變成他物功能	*	*	*	*	*		*

㈣改良物品的品質、特徵或屬性創新符合需求

從「兒童玩具創意椅」的屬性列舉，即可針對幼稚園小朋友和小學生創意椅進行設計，例如圖 6-9 所示，如果是為幼稚園小朋友設計玩具創意椅，即可列舉：「椅背、椅腳、椅面、像積木有益智作用的、可訓練眼手統合能力的、色調很舒服的、有螺絲可以鎖住、安全健康的、碰撞不易受傷的、組合功能、收納功能、排列功能和調整變成他物功能的木頭椅」。當然，椅子再列舉組合也可以變成飛機，如圖 6-10「創意組合飛機」所示。

圖 6-9　兒童玩具創意椅

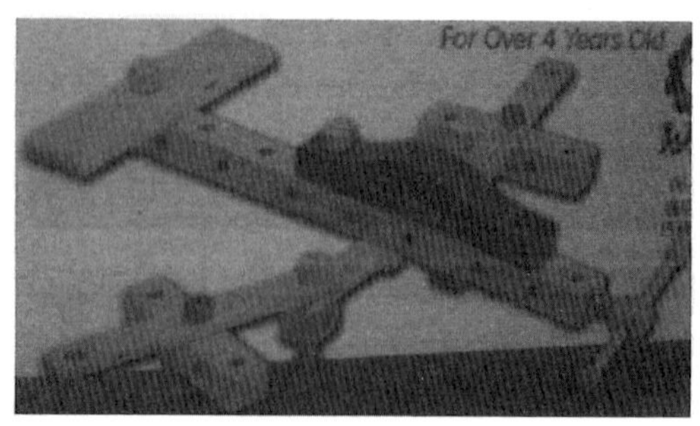

圖 6-10　創意組合飛機

二、改良式列舉：開發數學創意彈珠台

以下茲以奇哥公司研發的數學創意彈珠台為例，運用屬性列舉法說明其研發歷程：

㈠列舉階段：列舉與主題有關的屬性

表 6-3　數學創意彈珠台屬性列舉

數學創意彈珠台	名詞屬性	形容詞屬性	動詞屬性
特性列舉法	數學、加減法、骰子、笑臉、哭臉、畫面、按鈕	有顏色的、有聲音的、好玩有趣的	操控、觀看、判讀
缺點列舉法	1. 數字太大難教 2. 骰子多面化難看懂 3. 臉譜意義要明確 4. 按鈕畫面不明顯	1. 兒童色系太多樣化 2. 聲音不吸引人 3. 學數學要好玩有趣不容易	1. 視覺和觸覺操控路線難分辨 2. 能讓兒童持續觀看下去不容易 3. 判讀如有誤差很難校正答案
希望列舉法	1. 能學會 1-20 的加減法就好 2. 骰子平面化堆疊顆粒設計即可 3. 有笑臉哭臉聲音 4. 按鈕動作像打彈珠台一樣刺激	1. 簡明的紅、白、藍色系 2. 像彈珠台聲音 3. 彈珠檯面可以操控落地處 4. 有積分可以增強	1. 如果看得到數字為什麼該多好 2. 如果想的和看的玩的都一樣該多好 3. 錯了還有機會再選擇

㈡類比階段：透過聯想將列舉屬性做最有創意的類比

基本上，數學創意彈珠台的類比如下：

1. 學數學可以像打彈珠一樣快樂。（直接類比）
2. 對錯像笑臉和哭臉一樣明白。（擬人類比）
3. 假如我是彈珠台，我希望讓玩的人打的很快樂。（擬人類比）

㈢創新階段：即把類比創意列舉屬性評估最令人意想不到的創意作品

建構好屬性列舉的特性、缺點和優點後，即可將產品實做設計出來，如圖 6-11 和圖 6-12 所示。

圖 6-11　數學創意彈珠台面

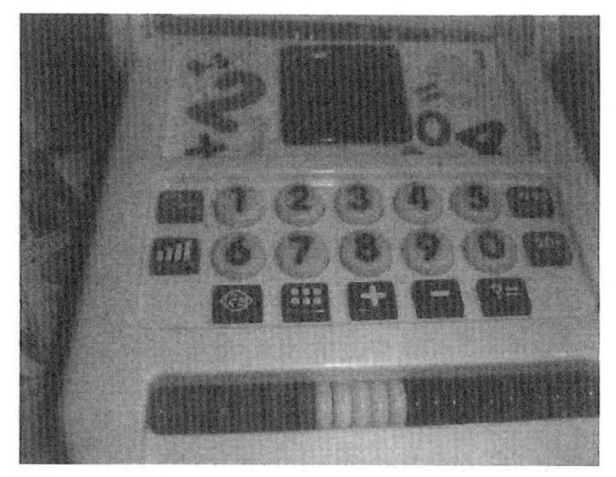

圖 6-12　數學創意彈珠台

三、希望式列舉法：夢想家、現實主義者與評論家

Michalko（*1998*）認為在構思一項創意時，可從下列三種角色觀點出發：夢想家、現實主義者與評論家，這樣的做法讓創意人能夠天馬行空、馳騁想像，並一一將這些多采多姿的幻想付諸實現，希望列舉法的進行步驟如下：

㈠希望是一位夢想家

想像自己擁有一根魔杖，能夠讓所有的希望實現，而你想許下什麼希望來解決問題？寫下三至五個希望，最好是一個比一個更不可能實現。例：某社區想要藉由更有效管理停車表的方式來籌措更多的資金。我的希望是：

1. 我希望能建立信用制度。每位車主能確實記錄停車時數，每個月按時至警局繳費。
2. 我希望警員能監控車輛進出，以防有心人士盜用停車表時數。
3. 當停車表時數一到，車子能自動消失。

㈡選一個希望

例：我希望警員能監督車輛進出，以防有心人士盜用剩餘停車時數。

㈢將願望付諸實現

找出下列關鍵問題：1.願望的主要特質為何？2.吸引你的特質有哪些？3.問題的主軸、特質、面向之一。

1. 主軸在於「監控」。
2. 旁人無法盜用剩餘停車時數。
3. 聘用更多人員來管理停車表。
4. 該方式最終將改變人們的行為，因為車主不會再汲汲營營尋找時數未到的停車表。

㈣將其中一項特質付諸實行

例如「監控」這個特質，我們如何將「監控」的概念具體化？

預想方案：在停車表內裝置紅外線感應器與電腦晶片，以「監控」停車場。當車輛離開時，停車表自動歸零。

㈤扮演批評者的角色，找出方案的漏洞

例如，監控式停車表在技術上的確可行，但主要的困難在於費用過高，籌措的資金可能還不夠支出相關花費。重複同樣的步驟，評估其他特質，或甚至是其他希望，盡可能提出可行的構想。

希望愈有趣、獨特，便愈能引發原創性構想。曾有一位漁夫正煩惱保存漁獲新鮮的問題，將魚放在冷凍庫會讓魚肉失去鮮甜滋味，而即使將魚放入水槽，魚卻不知為何動也不動。最後，漁夫靈機一動，把海中的魚類掠食者放入水槽，魚為了保命，得不停游動逃離攻擊。如此一來，便可保存魚的美味。所以，希望列舉各種可能特性，常有許多創意聯想。

肆 創意專題：任意門

一、創意設計團隊

這是由作者指導 J & C ＃隊的王凱廷、李金凌、劉彥甫、李俊宏等人，對於風太用力的吹向門，無法讓人有效定位控制門，任意門作品是結合人性和科技的創意發想。

二、發想動機

當你很專心在打電腦、看書，或者看恐怖片的時候，因為風大而使門「碰」一聲而嚇一大跳！此時氣惱之際，又不知道該如何解決這問題時，可以試試看「任意門」在門內利用步進馬達設計的裝置，你就可以將門依照自己喜歡的角度固定住，那麼任風如何用力吹的問題就解決了。

三、屬性列舉法的運用

(一)列舉階段：列舉與主題「任意門」有關的屬性

表 6-4　任意門屬性列舉

任意門	名詞屬性	形容詞屬性	動詞屬性
特性列舉法	輪軸、步進馬達、控制電路板、軸桿、固定式吸盤	有固定力的、可以隨時定位角度的、人性化的	操控、定位、隱藏
缺點列舉法	1. 止門檔不普遍 2. 日式滾輪式止門檔太難看 3. 電路圖設計繁複 4. 單晶片程式設計花時間 5. 造型難看	1. 固定力不佳 2. 無法固定小角度 3. 移動門檔不方便	1. 操控不易 2. 定位角度不夠靈活 3. 踢到滾輪門檔人會絆倒
希望列舉法	1. 能創造新穎可利用的止門檔該多好 2. 讓殘障人士也能輕輕一按就定位 3. 如能像哆啦 A 夢隱藏門檔該多好 4. 如能像烏龜可伸頭縮頭的止門檔該多好		

(二)類比階段：透過聯想將列舉屬性做最有創意的類比

基本上，任意門的類比如下：

如果設計出人的止門檔，能像哆啦 A 夢的任意門，可以通向希望夢想地方該多好（狂想類比）。

(三)創新階段：評估最令人意想不到的創意列舉屬性

任意門的止門檔設計利用滾輪、步進馬達的特性，評估各種缺點和優點後，實做設計出來，如圖 6-13 的任意門。固定式吸盤可利用步進馬達所帶動的力量，上下伸縮放下吸盤固定門檔，達到任一角度之定位。

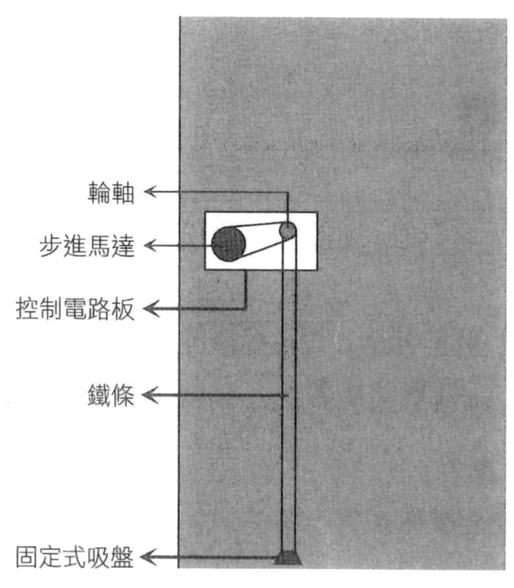

圖 6-13　任意門屬性列舉創意設計

第三節｜W 創意推理法則

Super（*1980*）研究指出位於南非卡拉哈里沙漠（Kalahari Desert）名為 ung San 的狩獵部落故事，該部落的族人在追獵一頭長頸鹿時，會追蹤草 上的足印、留意動物排泄物的顏色和彎折嫩枝上的血跡，以便推測可能 生的狀況和獵物最後的遭遇，然後沙盤推演出實際要採取的行動，獵人 可據此判斷長頸鹿身體健康狀況，在追獵時可以逃多遠。

不論是五何（Who、When、Where、What、Why），六何或稱 5W1H Who、When、Where、What、Why、How），七何或稱 5W2H（Who、 hen、Where、What、Why、How、How much），都可以促成演繹式推理 deductive reasoning），把既有知識推演到特殊現象上，亦可協助歸納式 理（inductive reasoning），從特殊事件上找出普遍性原則。

壹 理論基礎

一、W 變形

針對問題分析 W 的問法，可以經由清楚具體分析問題的核心，作為解題的依據，以下說明 W 的意義。

Who　是誰？
When　是什麼時候？
Where　在哪裡？
What　是什麼？
Why　為什麼這樣？
How　如何做？
How much　價值多少？

雖然 W 法則只是粗略的大架構，但是表現的格式絕對不可平鋪直敘，要洋溢著實現他的熱情，引起共鳴。所以，誠如美國教育家杜威（J. Dewy）在《我們如何思維》一書中提出：「一個命題裡的表述性的結論並不是最後的結論，而是形成最後結論的一把鑰匙。例如，第一個人得出結論『到達 124 街的最佳方式是乘地鐵』，這個結論只是達到最後結論的鑰匙，即是說，乘地鐵的最終目的是要遵守約定」（引自姜文閔譯，*1992*，*pp.134-135*）。在五 W、六 W、七 W 的提問中，都有可能再引伸發展出更多的答案出來

二、W 可以表格化推理

Kepner & Tregoe（*1976*）兩人曾利用「K.T.問題分析向度表格」的

向檢核表，從縱座標的確認是什麼（what）、在哪裡發生（where）、時間點是何時（when）和可以延伸出重要性的程度（extent），橫座標的是（is）、不是（is not）、區別（distinction）和原因（probable cause），作為推論工具表格，了解到以下情況：

㈠是

是什麼問題？這問題在哪裡發生？什麼時候發生？第一次被看到是什麼時候？這問題目前延伸情況如何？影響層面有多少單位？平均每單位被影響多少？

㈡不是

和這問題無關的是什麼？這問題在哪裡沒被發現？什麼時候以前都沒發生這問題？最後被看到是什麼時候？這問題目前局部情況如何？有多少單位沒被影響到？平均每單位沒被影響多少？

㈢區別

介於有和沒有的區別是什麼？介於有和沒有在地點上有什麼差異？介於有和沒有在時間點上有什麼差異？這些觀察的差異點是什麼？延伸的差異點是什麼？

㈣原因

在確認是什麼（what）、在哪裡發生（where）、時間點是何時（when）和可以延伸出重要性的推論等，可以找出什麼是可能的原因。

K.T.問題分析向度表，可以因應每個人、組織、情境或經費等需求問題，加以擴大為七何（5W2H）表格來思考問題。當然也可以將W法則以其他概念圖、魚骨圖、心智圖等方式，來思考解答問題。Kepner & Tregoe（*1976*）兩人的K.T.問題分析向度表格如下表6-5。

表 6-5　K.T.問題分析向度表格

	是 IS	否 IS NOT	區別 Distinction	可能原因 Probable Cause
什麼 What				
哪裡 Where				
何時 When				
程度 Extent				

資料來源：整理自 Fogler H.S. & LeBlanc, S.E.（1995：109）。

當我們全神貫注在某個問題上，察覺能力會受到限制，導致僅能意識到及利用一小部分的資訊。此時，「外部資訊」（information from outside sources）所提供線索將擴展我們的注意力，提供新的觀點來切入問題。

所以，日本風行的「Quick Beauty」美容店，不是一般美容店，它的經營區別模式，只在提供「理髮」服務，讓趕時間的消費者有髮型的迅速造型，需要按摩美容的消費者，則不適合此店的消費。卡通柯南的手錶，也不只是告知時間的手錶，它還具有「麻醉」作用，可能是在手錶中加設可射出麻藥的裝置。

然而，有趣的是，多數人並不曉得「是與否」的提示，與區別問題因果關係的「問題解決」兩者間，有什麼、哪裡、何時、範圍的連帶關係。假使要能夠有效地回應「未注意到或遺忘的」資訊，K.T.問題分析向度表格是很好的利用工具。

三、多用 W 法則提問題

打從進入學校啟蒙開始，人經常就被訓練去找尋「正確答案」。在那麼多可能當中，我們經常被要求去找尋唯一的答案，養成的習慣要打破不容易，事實上，我們可以將堅持「一定得找出唯一的解決方案」，改成

「我們必須為這個問題找出一些可行的解決方案」，發展出新的看法或角度，衍生出無數的問題與答案。所以，誠如亞里斯多德名言：「當你提出一個笨問題時，通常你可以得到一個聰明的答案」。因為，只要問對問題，你就不是在發明答案，而是在發現答案，提出「為什麼」？有時比想破頭去找答案還有用。

要是問題很複雜，則應更深入地探討該問題的特殊性質。當事人可以用六 W 法中的一些類目作為進一步蒐集資料的根據，並以之分析問題的人、物、事、時、地與其他各方面的特質，這種資料的蒐集與分析可以作為估計問題嚴重性與可能性的依據（郭有遹，*2001*）。所以，創意工作者應該銘記在心的國際通則就是：它是什麼？它是在哪裡發生的？它是何時發生的？它是怎麼發生的？它為什麼發生？是什麼人使它發生？例如下面的實例（林碧翠、楊幼蘭譯，*1993*）：

1. 為什麼機器停擺了？答：由於負荷過量，保險絲燒斷了。

2. 為什麼會負荷過量？答：輸送帶不夠滑潤。

3. 為什麼輸送帶不夠滑潤？答：機油運作不順。

4. 為什麼機油運作不順？機油主機軸磨損而產生震動。

5. 為什麼有磨損？因為沒有濾網，而使得碎屑掉入抽機油裡頭。

結論：裝置過濾網以解決問題因此。

從上述問答對話詰問過程中，可以發現「機器停擺」問題解決只需裝濾網，即可簡單自然地解決了。一般來說，W 法則的思維內容取向，約可歸納如下表 6-6。

表 6-6　W 法則的思維內容取向

W 法則	思維內容取向
Who	1. 誰、為誰、關係人、受益人、使用人、購買人、希望的人 2. 顧客的意向、個性、嗜好、年齡、職業等
When	1. 時間、期限、交貨期、短期或長期 2. 起源、歷史、過去如何 3. 時間、氣候、四季、溫度
Where	1. 地點、場所、要點 2. 場合、場面
What	1. 因素、構成要素、材料、原料 2. 特徵、特性 3. 大小、數量、人數、必要人員、程度、範圍、分布 4. 型態、色彩、款式、外表、樣子 5. 附屬品、附帶事項、相關事項、其他
Why	1. 種類、類型、方式 2. 限制事項、條件
How	1. 機能、作用、原理、構造 2. 過程、流程、系統
How much	多少錢、價格、費用、報酬、價值、利益、效果

貳　運用實例

以下茲以陳薏文（*2004*）採行六何（5W1H）方法，研發新涼風扇的新構想產品為例，說明其創意主題、創意發想動機、W 法則思考起始路徑和 W 法則思考發展路徑。

一、創意主題

創意新涼風扇。

二、創意發想動機

會購買電風扇的原因有天氣太熱、價格便宜、收納方便等因素。並且電風扇在家裡任何一個場所皆可使用，不限定使用時間；而電風扇的重量輕，移動與收納也比較方便；在產品的操作介面上面，一般的只有風速調節與電源開關，多功能的又包含自然風、負離子與定時開關等，因此在產品操作上相當簡單；最後可以界定使用此產品之最終目的，是希望能藉由風扇運轉所產生的涼風，來驅逐熱氣，使身心感到涼爽。

三、W 法則思考起始路徑

從圖 6-14「創意新涼風扇 W 法則分析圖」，可以清楚看出一般電風扇的特質，包括：

1. 誰：家庭使用。
2. 時間：任何時間都可使用。
3. 地點：在客廳、廚房、臥室、餐廳使用。
4. 為什麼：因為電風扇輕洗方便、收納容易、隨插隨用、特價、輕巧、省電、安全、天氣太熱、操作簡單、散熱快速、價格便宜等因素，所以使用電風扇。
5. 什麼：所以電風扇是舒暢、乾爽、涼爽、散熱、有風的產品。
6. 如何：透過開關電源、插拔插頭、選擇受風範圍和風速即可吹。

據上述 W 法則分析後，可以得知開發創意電風扇問題的明確性，以及未來可延伸發展方向。

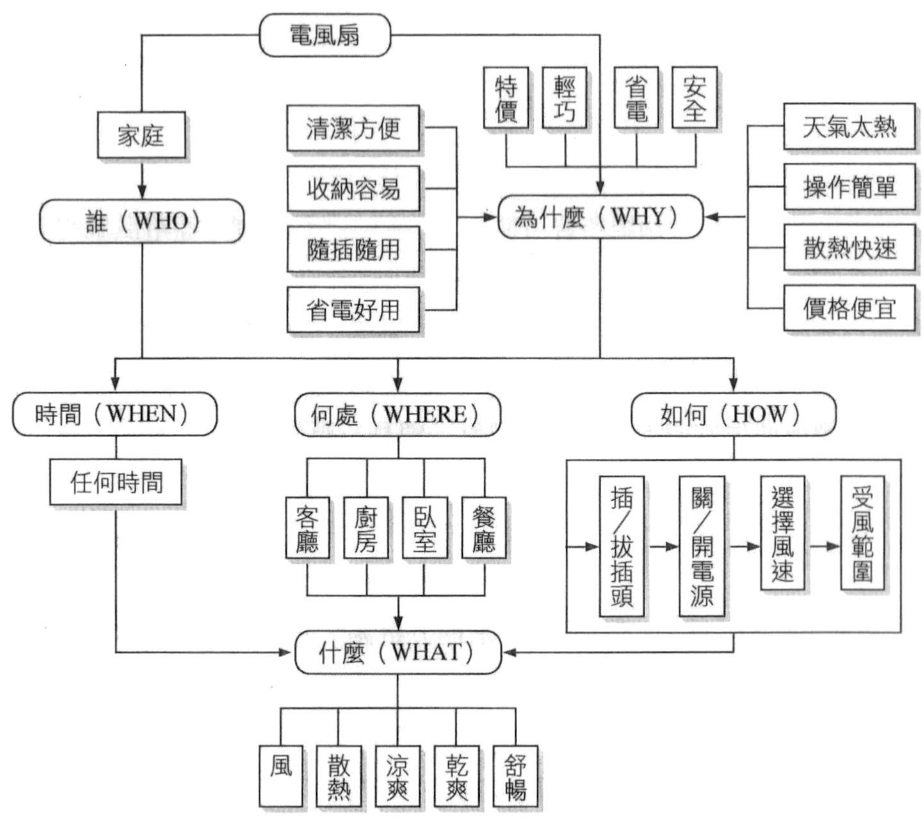

圖 6-14　創意新涼風扇 W 法則分析圖

資料來源：出自陳薏文（2004：36）。

四、W 法則思考發展路徑

從表 6-7 創意新涼風扇十大問題因子，可以看出經過腦力激盪思考圖 6-14 六 W 的因素，包括了安全與防護、最佳省電功能、有效空間運用、結合其他家電……等十大影響因子，從構想發展的 W 法則來歸類構想，例如：

1. 時間：增加使用頻率。
2. 地點：擴展使用環境範圍、使用環境無限制和有效空間運用。

3. 為什麼：因為安全與防護、結合其他家電所、蓄電功能和環保價值，所以使用電風扇。

4. 什麼：電風扇是有驅蚊功能的產品。

5. 如何：如何做到最佳省電功能是相當重要的。

表 6-7　創意新涼風扇十大問題因子

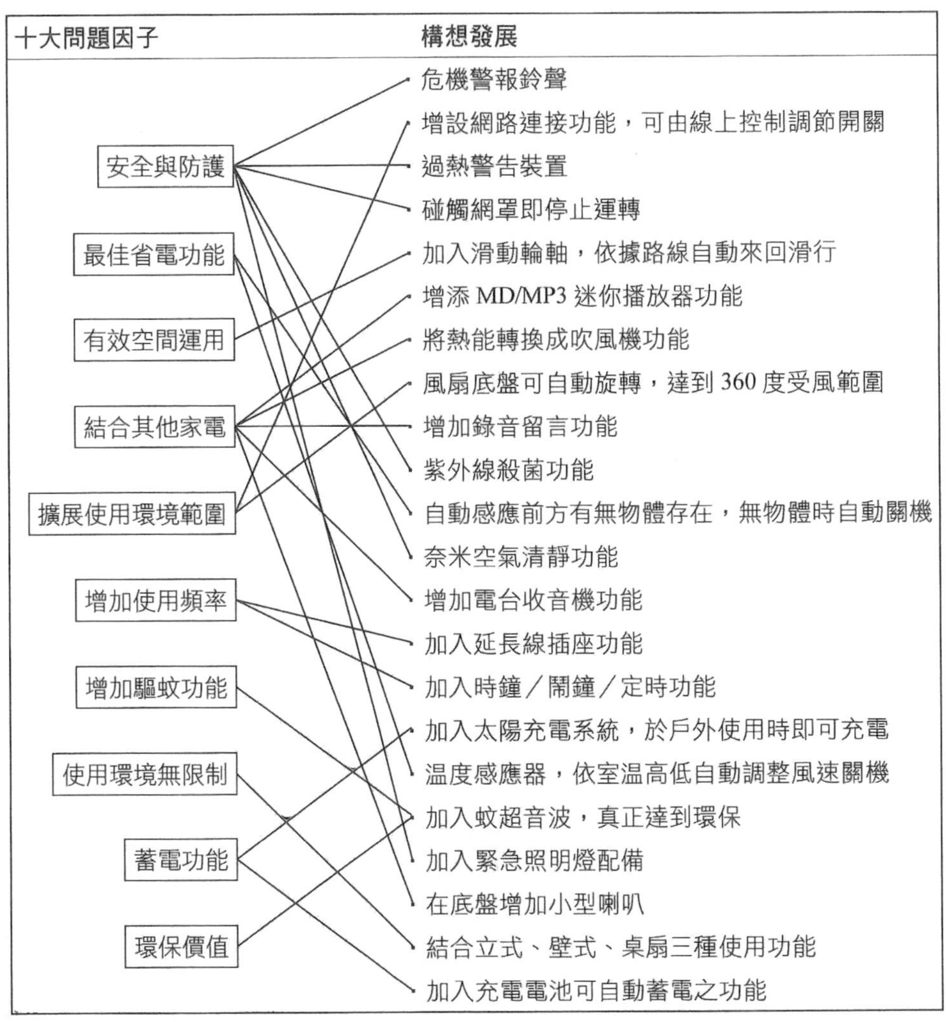

資料來源：出自陳蕙文（2004：42）。

W 法則可以幫助我們簡化事物，因此透過理智的思維，更容易引發創意構想，但W法則總是有其極限，這也是「結構式想像力」（structured imagination）所造成的影響，當我們運用W法則構思新的點子時，結構式想像力會受到我們既有思維模式的限制，無法天馬行空地亂想突破所有結構，因此，不妨結合其他創意方法，融合更有潛在價值的創意法則，發現更多創意。

創意現實問題

Key 大叔開個寵物旅館，生意興隆，他是怎麼做到的呢？

創意的發想與實踐

1. 請運用型態分析法或屬性列舉法，列出各種獨立參數、可變參數、改變特徵等，整體規劃寵物旅館房間內該有的設備。
2. 請以 W 創意法則檢視你所設計的內容或設備是否完善。

創意評量紅綠燈

	綠燈	黃燈	紅燈
可利用性			
新穎觀念			
有進步性			
有創新性			

只要思想不滑坡，辦法總比困難多。

——李長春

創意經典故事盒

魔鬼粘的發明

1948 年，一位叫喬治・德梅斯特拉爾（George de Mestral）的瑞士工程師，常在住處附近的樹林中散步打獵，每次回到家中，衣褲上總沾滿了倉耳、牛蒡果等帶鉤刺的小刺果，他常要花很多時間來清除他們，他很好奇為什麼這些刺果有那麼大的附著力呢？他用顯微鏡觀察，發現刺果的每根刺的頂端都彎曲成一個個「小鉤」，正是它們鉤住布料的纖維而附著在衣物上。

德梅斯特拉爾利用這個原理，研製出了用兩片尼龍絲絨做成的搭扣，每根絲都做成與刺果的刺相同的形狀，將兩絨片相合，輕輕一壓即可連結在一起，橫向用很大的力也不能將其分開，但縱向不用多大勁即可撕開它，他將這個發明命名為「綽格羅」（velcro = velour 絲絨＋ crochet 鉤鉤）。以後，德梅斯特拉爾和其他工程技術人員又進行改進研發，魔鬼粘一問世就得到廣泛應用，流行於鞋扣、服裝、工程、軍事、科技等眾多領域。

IDEA 筆記畫

☆我的感想：記憶、理解、應用、分析、綜合、評鑑的認知和後設認知思考，常是超越創意的工具。

☆我的問題：

☆我的聯想：

☆我的應用：

☆我的創造：

第七章

創意精靈法則

第一節　核花法則
　壹、檢核表法
　貳、蓮花綻放法
第二節　繞道法則
　壹、非線性思考法
　貳、反焦點思考法
第三節　轉移法則
　壹、轉移法
　貳、轉移法則的應用實例
　參、說服力實作分析法

◎ **創意問題轉圈圈**
◎ **創意經典故事盒**

思考，思考，再思考。
科學研究好像鑽木板，有人喜歡鑽薄的，
我喜歡鑽厚的。

——德國・相對論大師・*Albert Einstein*

創意精靈就好比是點燃我們靈感的火星塞，教我們如何發覺自己的創意，如何「再發現感動」，如何把這個感動化為工作與生活的動力，讓我們樂在其中，成為創作的題材、工作的妙方、生活的妙點子，創造一個感動的新世界（劉其偉，*1998*）。精靈是指生命的氣息，就像瑞典工人將他們的靈性表現在他灌模、打光的那片鋼鐵上（周伶俐譯，*1998*）。如果創意人能放開創意的障礙，有著創意精靈的魔法棒，相信所點燃之處，將會有茅塞頓開的新鮮感覺。

本章第一節介紹核花法則，包括檢核表法和蓮花綻放法的理論和應用實例。第二節說明繞道法則，包括反線性思考法和反焦點思考法的理論和應用實例。第三節闡述轉移法則，包括轉移法和說服力實作分析法的理論和應用實例。上述三節的創意法則，就像創意精靈一般有許多制式的法則可依循，也有許多突發奇想的不規則頓悟（insight）。但無論如何，應用精靈之妙，可以體現創作技術和產品，可說是兼具直覺和邏輯創意法則的全方位整合性思考法則。

第一節 核花法則

撼動創意（creaking creativity）腦袋，需要像達文西（Leonardo da Vinci, 1452-1519）、達爾文（Charles Robert Darwin,1809-1882）、愛迪生（Thomas Alva Edison, 1847- 1931）、愛因斯坦（Albert Einstein,1879-1955）等這些偉大發明家一樣，兼具創意精靈（creative spirit）腦袋，以及隨時利用筆記手冊，畫出創意腦袋構想的圖譜想法。如此，創意精靈才能在個人或群體合作的創意光輝中飛舞魔法。以下說明核花法則的檢核表法和蓮花綻放法之理論和應用實例。

壹 檢核表法

檢核表法（checklist method）對解決問題來說，或許是最簡單而且最有系統的一種推論思考方法。檢核法針對問題的特點，歸納成一些項目，在創新思考的過程中按照這些項目逐條檢核思考，藉以產生新的構想、創見或設計。檢核法可以是一堆問題的組合，用以激發新的構想、創見或設計（謝龍昌，*2001*）。檢核表對每項檢核方向逐一進行檢查，可以訓練周延思考的精密力，對於提問發想可以探究更多不尋常或被忽略的問題特質，構思出新的創意。所以，檢核表像是多爪章魚，每個觸角都可能因有所囊括而展露新機。

一、Osborn 檢核表

㈠檢核表創始者：Alex F. Osborn

Osborn於 1888 年生於美國紐約市，1909 年大學畢業後，於 1921 年，繼續到哈明頓學院（Hamilton College）進修，獲得碩士學位。Osborn從大學畢業後曾經擔任記者、業務員和行銷經理等工作，到了 1919 年，Osborn在紐約創立了 Bruce Barton and Roy Durstine 廣告公司，並於 1928 年，又把BBRD這家公司和另一家公司合併，組織形成了BBDO公司（Batten, Barton, Durstine & Osborn. Inc.）。他對於創意發明熱情不減，在 1954 年時，擔任美國水牛城（Buffalo）創造力教育基金會（Creative Education Foundation）主席一職，直到他逝世為止，他在 1953 年著有《應用想像力：創意思考的原則和步驟》（*Applied Imagination: Principles and Procedures of Creative Thinking*）（*Osborn,1953; Osborn,1963*），為發行多版、多國語言翻譯和頗受歡迎的創意書籍。

㈡檢核表的檢核項目

檢核表是一種發想創意的有用工具。Osborn在《應用想像力：創意思考的原則和步驟》一書中，列出解套問題原則，作為檢核推敲的線索，是一種水平擴散思考的方法。

Osborn 檢核表（如下表 7-1）是現在所有檢核表中，最常用及最受歡迎的，主要有以下九項，每項中把簡短的文字或問題，寫在卡片上製成檢核表，促使構想能有更多改良或革新的方案。

表 7-1　Osborn 檢核表

1. 有其他的用途嗎（Put to other uses）？ 再造新用途如何？改造其他用途如何？ 2. 適應看看如何（Adapt）？ 是否有其他類似事物，有否暗示著某種意義，與過去是否有類似能否改造？是否真的有類似事物？有人見習過嗎？ 3. 修正看看（Modify）？ 有新想法嗎？意思、顏色、動作、音韻、型體等是否能加以其他變化？ 4. 擴大看看（Magnify）？ 是否能加上其他事物？將時間加長如何？頻率加快？或加強？加高？加長？加厚？附加的價值如何？是否能加材料進去？複製？加倍？誇張？ 5. 縮小看看（Minify）？ 是否能減掉些什麼？使它更縮小？濃縮如何？小型化如何？更低？更短？或更輕？省略如何？流線型？分割如何？私底下能如何做？ 6. 代用看看如何（Substitute）？ 是否有人代替？有什麼可以用？其他構成要素如何？其他素材如何？其他製造工程如何？其他動力場所如何？其他方法？其他語調？ 7. 重新安排（Rearrange）？ 將要素轉換如何？有無其他類型？其他設計？其他順序？原因與結果交換如何？將速度改變如何？將時間改變？ 8. 倒置過來（Reverse）？ 正負交換如何？倒過來如何？往後看如何？上下顛倒如何？相反角色如何？靴子換看看？帶子轉動？轉換其他方向如何？ 9. 組合看看（Combine）？ 混合金、備品組合如何？將單位組合看看？將目的組合看看？將創意組合看看？

資料來源：出自楊淑芬譯（1993：124）。

下圖 7-1，是最常測試大家創意的九點猜謎智力競賽難題（puzzle），第一題假設是：「用四條直線畫過九點圓心且不能斷掉」，第二題假設是：「一筆畫過九點，但不能是交叉或垂直線」。一般人的思考方法多從直線、垂直等觀點畫出九點連結線，很難從既有的九點含括空間跳開思維，去畫出九點外的線條。

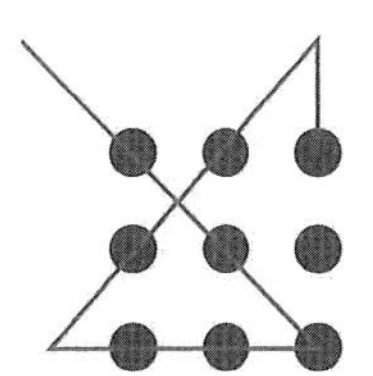
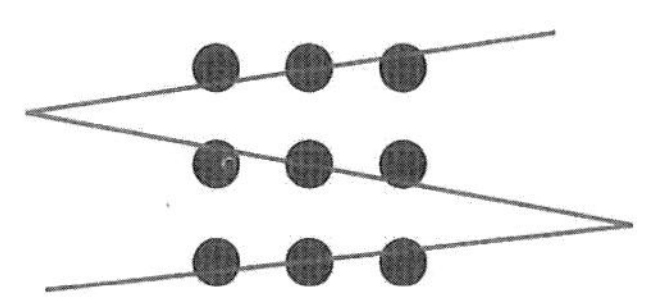

圖 7-1　九點猜謎智力競賽難題
資料來源：整理自 Fogler , H.S. & LeBlanc, S.E.（1995：62）。

此時如能應用表 7-1 檢核表法則，從可否以相反的作用／方向作分析、可否增加些什麼等，一一檢核觀點去推敲空間關係，即可畫出如圖 7-1 的解題線條。

二、SCAMPER

檢核表技術是從一個與問題有關的列表上來旁敲側擊，尋找線索以獲得觀念的方法（郭有遹，*1975*）。最早是由Osborn提出，之後經G. A. Davis和他的同事修正為長式和短式兩類檢核表，長式檢核項目繁多，短式檢核表有七個要領：加減某些東西、改變形狀、改變顏色、變動體積大小、改進質料、設計型態改革、零件或某部分位置調換等（張玉成，*1991*）。Eberle於 1971 年據此理念，則提出「奔馳」（SCAMPER）的聯想字詞供檢核表使用（*Eberle, 1982*），以下說明之（沈翠蓮，*2005*）：

㈠代（Substituted, S）

何者可與其「取代」？誰可代替？什麼事物可代替？有沒有其他的材料、程序、地點來代替？

㈡合（Combined, C）

何者可與其「結合」？結合觀念、意見？結合目的、構想、方法？有沒有那些事物可與其他事物組合？

㈢調（Adapt, A）

是否能「調整」？有什麼事物與此調整？有沒有不協調的地方？過去有類似的提議嗎？

㈣改（Modify; Magnify; Minify, M）

可否「修改」？改變意義、顏色、聲音、形式？可否擴大？加時間？較大、更強、更高？

㈤用（Put to other uses, P）

利用其他方面？使用新方法？其他新用途？其他場合使用？

㈥消（Eliminate, E）

可否「取消」？取消何者？減少什麼？較短？有沒有可以排除、省略或消除之處？有沒有可以詳述細節、增加細節，使其因而變得更完美、更生動、更精緻的地方呢？

㈦排（Rearrange; Reverse, R）

重新安排？交換組件？其他陳設？其他順序？轉換途徑和效果？有沒有可以旋轉、翻轉或置於相對地位之處？你可以怎樣改變事物的順序、或重組計畫、或方案呢？

簡單來說，SCAMPER 包括如下關鍵字詞（*Michalko, 1998*）：

S：取代。

C：結合。

A：調適。

M：修正、變大或縮小。

P：變成其他用途。

E：消除。

R：重排或翻轉。

從檢核表項目所列出檢核點可以看出，大部分人的思考模式，都是採行順勢而為，以順向推理的方式，一步一步地往下或是往上思索。這是以垂直的思維為主軸的思考（垂直思考），然後才隨著主軸兩側沿線的不同需求（水平思考），而在需求之處，延展出一些補強、支援、救濟等的辦法。大家對這種思考模式都已經習以為常，可是這種順向思維的思考模式，卻隱藏著許多的風險。所以，縱使已經做好了規劃，也有可能因為變數的掌控不易，導致前功盡棄，功敗垂成（王舜清，*2000*）。這時候，腦袋瓜無妨暫時停頓，希望能出現創意精靈，來拯救難以收拾的局面。如下圖 7-2 所示「男人和美女圖」，讓變形的男人臉龐出現溫柔的美女軀體畫面。

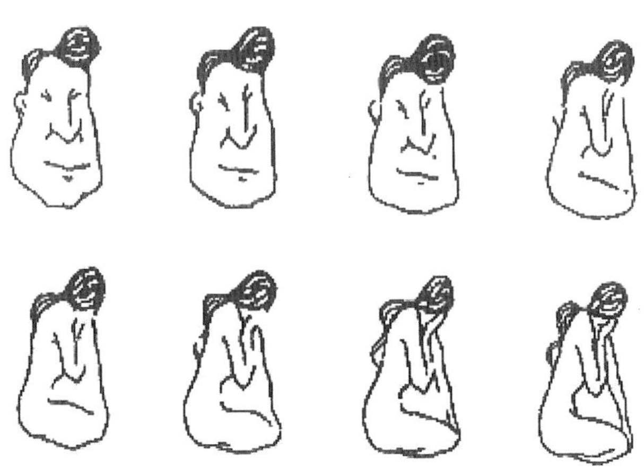

圖 7-2　男人和美女圖

資料來源：出自 Michalko, M.（1998：96）。

三、創意十二訣

創意十二訣由是由張立信等，依據檢核表法的原則，創出十二種改良物品的方法，概要如下表 7-2（引自陳龍安，*1997*；香港教育統籌局，*2003*）：

表 7-2　創意十二訣一覽表

要訣	核心概念	內容概要
第一訣	增添、增強、附加	在某些東西（或物品）可以加添些什麼呢？或可以如何提高其功能？ 例如：手提電話上加添「微型防狼發聲器」及「電子遊戲」等功能。
第二訣	刪除、減省	在某些東西（物品）上可以減省或除掉些什麼呢？也許會給人耳目一新的感覺。 例如：長袖的防風褸在兩肩加上拉鏈，便可隨時變成背心。
第三訣	變大、擴張伸延	令到某些東西（物品）變得更大或加以擴展。 例如：擴大一輛汽車變成「七人家庭」的旅行車。或把一把傘子擴大成為露天茶座的太陽傘。
第四訣	壓縮、收細	縮細、縮窄或壓縮某些東西或物品。 例如：將電視機或手提電話變得更薄更輕巧。
第五訣	改良、改善	改良某些東西（物品）從而減少其缺點。例如：皮鞋的底部混入「防震軟膠」，從而減少對足部的勞傷。
第六訣	變換、改組	考慮改變某些東西（物品）的排列次序、顏色、氣味等。 例如：將無色清淡的鹼性飲品變成「藍色」帶「草莓」味的健怡飲品。
第七訣	移動、推移	把某些東西（物品）搬到其他地方或位置，也許會有別的效果或用處。 例如：將電腦鍵盤的輸入鍵位置設計具可調校的功能，使它更接近人體雙手的活動位置，從而更方便用者使用。
第八訣	學習、模仿	考慮學習或模仿某些東西或事物，甚至移植或引用某些別的概念或用途。 例如：「輕」而「硬」的鈦金屬本應用於太空飛行工具之上，但商人善用其他特色，應用於製造手錶外殼的技術上。

表 7-2　創意十二訣一覽表（續）

要訣	核心概念	內容概要
第九訣	替代、取代	有什麼東西（物品）可以替代或更換。 例如：利用「光碟」代替「磁碟」來記載資料
第十訣	連結、加入	考慮把東西（物品）連結起來或可加入另一些想法。例如：將三支短棍以金屬鏈相連，變成三截棍。
第十一訣	反轉、顛倒	可否把某些東西（物品）的裡外、上下、前後、橫直等作顛倒一下，產生換然一新的果效。 例如：設計一件底面兩用的風褸，風褸的內裡也可成為另一件不同顏色圖案的新「衣裳」。
第十二訣	規定、規限	考慮在某些東西或事物上加以規限或規定，從而可以改良事物或解決問題。 例如： 1. 某些政府嚴格限制外匯的出入境數額，從而減少被「國際投機者」衝擊其金融市場。 2. 某些國營的大企業嚴格限制外資擁有其股份數量，從而阻止自己國家的經濟命脈落入外資的手中。

資料來源：出自陳龍安（1997：148）。

四、SCAMPER 的實例應用

㈠取代（Substituted, S）

生活中許多新設計，都是用新的物料、形狀等方式「代替」原有設計的一部分。例如日本研發「隱形絲襪噴霧」，是將絲襪做成超微粒子化的粉末狀絲襪，只要噴一下，再用雙手按摩均勻，即可展現秀麗的雙腿，且具有抗紫外線功能，可用於手臂、頸部等。又因為是屬粉末狀，因此雙腿絕不悶熱、緊繃，隱形絲襪噴霧不包覆指尖，最適合穿上涼鞋，展現真實的雙腳與塗上指甲油的美麗腳趾，令人清爽的新感覺絲襪，卸除時只要用香皂或沐浴乳，即可輕鬆卸除乾淨（*http://www.e-live.com.tw/front/bin/ptdetail.phtml? Part=161132*）。

㈡結合（Combined, C）

運動公園裡的「座椅」也能結合「運動器材」變化成另一兼具「休閒和運動」的椅子，運動完後可以稍做休憩的座椅，當然，在餐廳外椅子也能結合飲食餐具，變成有特殊意義造型的椅子。目前，中油加油站亦有複合式商店，亦是結合消費者「加油」＋「送油券」＋「複合式商店消費」等模式來設計。此外，百貨公司週年慶和各項節日慶，通常會結合許多「積點活動」＋「秀場表演」＋「贈獎折扣」等消費活動，來吸引客戶。

「結合」是各類設計常用的法則，例如下圖 7-3 的購物車，即是「購物車」＝「購物」＋「車」的方式，來建構購物車的車體設計概念。

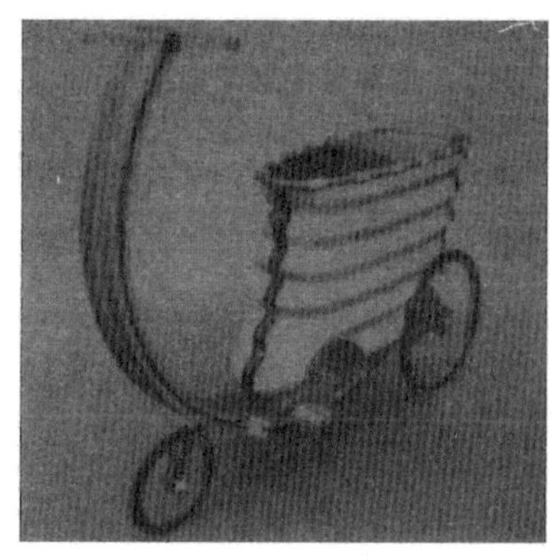

圖 7-3　購物車

資料來源：出自國立雲林科技大學工業設計系（2005：174）。

㈢調適（Adapt, A）

這是由香港設計師葉智榮設計的壽司計算機（如下圖 7-4），把以竹簾卷製壽司的概念「調適」運用於收藏型計算機，設計出如壽司般捲起的計算機，獲得英、韓及香港博物館永久收藏，十二年來賣出過百萬部。能設計出這樣的作品，可見設計師的腦袋就像攪拌機，將平時的所見所聞不停「攪動」產生新意念。

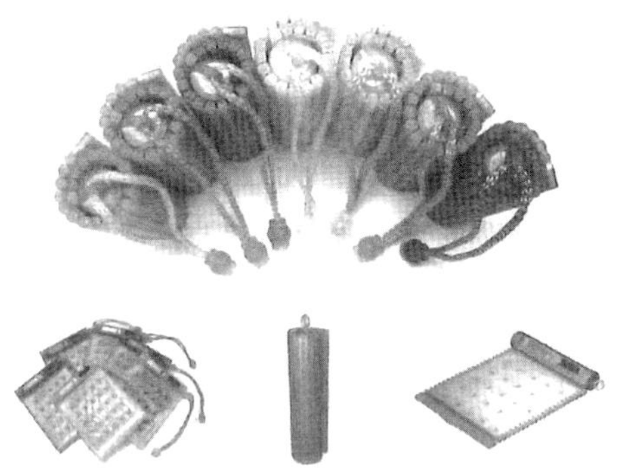

圖 7-4　壽司計算機
資料來源：http://tds.ic.polyu.edu.hk/td/theme1/scamper_%20r.htm

㈣修改（Modify; Magnify; Minify, M）

修改意味著可以擴大或縮小，提供更多的想像創意。例如，電池的美麗新境界是更輕薄、蓄電力更強、使用時間更長，目前最常用的是 1991 年開發出來的鋰電池發電，鋰是一種反應性金屬，特別適合用來快速儲存和釋放能量。但目前科學家已在研發以甲醇當電力的手機。另外，利用修改大小原理，目前正在研發製造像針頭一樣小的「奈米引擎」供行動電話使用（甄立豪譯，*2004*）。而大型影印機也可以修改為桌上型影印機。

㈤他用（Put to other uses, P）

十幾年前東西德統一時，魯爾區還是德國污染嚴重的主要工業區，廢棄的礦坑，失業的工人，讓這個曾是德國的工業心臟成了國家毒瘤。但經過十年的規劃和重建，如今的魯爾區已脫胎換骨，成為舉世矚目的生態新生區。德國魯爾工業區大約是台灣的八分之一大面積，得以成功改造計畫是「他用」（Put to other uses）的典範。以下茲舉魯爾工業區移作他用的兩個成功實例說明之（聯合報，*93.4.5*）：

1. 杜路易仕堡景觀公園為傑出個案

1989 年，德國政府意識到魯爾區的問題，這不只是產業蕭條或污染而已，他必須進一步跟向未來，建立自己在下個世紀的競爭條件，也要提供居民嶄新的生活環境。北部魯爾區所在的北萊西法倫邦政府，於是展開了這項改造計畫，在十年間，完成超過 120 個建築和環境改造計畫，許多廢棄的工廠空間，如今變成著名的觀光景點。其中杜路易仕堡景觀公園就是一個傑出的個案，一座廢棄的貯煤場，高聳的混凝土壁變成人工攀岩場，大人和小孩都可以找到不同難度的岩壁練習，原本貯存冷卻水的筒形槽，被改造成潛水和水底救難訓練場，槽底還有沈沒的船和汽車。

極富創意的另一隅，是一座直衝 62 公尺、高度近 120 公尺的歐洲最大瓦斯槽，被改裝成獨特的展覽場，遊客可以乘著電梯在槽內上升，體驗廠內縱橫交錯的管道，被改成兒童的創意滑梯，高大礦井升降梯的鐵架，頂端放置了一座飛碟型的圓艙，成為廣告公司的辦公室。

2. 德國產業史重要紀念物再生

魯爾工業區這些工廠將是德國產業史的重要紀念物，再利用計畫保留工廠的結構和空間配置。透過巧思，一座現代創意博物館在煉焦炭廠誕生，還附設具有後現代趣味的高級餐廳。過去工人的洗澡堂，成為舞蹈團的排練場和表演場，運河中巨大的船舶升降機機房，成為產業紀念博物館。現代美術館、設計工坊、創意產業公司、新能源開發公司等，透過規劃陸續在廢工廠中找到駐足及棲身之地。有的廢棄工廠，則被保留了運作的功能，向世人展示德國工業文明的有過的輝煌。

㈥消除（Eliminate, E）

發想新點子時，消除意味著：1.這個東西能拿掉什麼？2.如何把它流線化？3.把這切開來會怎樣？4.若我們把這分開來會影響誰？5.若我們把這拿掉，還剩什麼？6.若我們把它變得更短、更小、使用時間更短或更複雜，功能有何改變？

運用消除在組織中則變成：1.排除流程；2.排除形式主義；3.排除業績障礙；4.排除整個業務或部門；5.排除不必要的產品花樣；6.排除客戶。

在排除不必要的花樣，例如，美國大陸航空公司把長途航程的頭等艙改成商務艙，公司擺脫了那些利用累積里程數免費占用頭等艙的旅客，大幅吸引了那些只願意支付長途商務艙票價的商務旅客搭乘。此外，西北航空也移除了頭等艙旅客餐盤上的一只玻璃杯，此一做法幫西北航空公司每年省下十五萬美元（甄立豪譯，*2004*）。

㈦重排（Rearrange; Reverse, R）

環保潮流令不少女士出外購物也會自備手提袋，但很多時候，連她們自己也不能預計會買多少東西，又經常只帶同一個袋。所以，要設計出完全乎合他們心意的袋子並不容易，設計師要大花心思，考慮如何迎合她們的要求，倒不如以「重排」手法，設計出百變手袋讓她們自行配搭。例如，Endless Bag（如圖 7-5）的基本組合包括三個部分，手提把手、袋身和底部，全部是以拉鏈連接，因此可以按實際需要，加減袋的大小。Endless Bag也照顧女士配襯的問題，單是袋身便有多達十六個鮮豔顏色供選擇，女士們可按當天的衣飾或心情，做出不同的配搭。

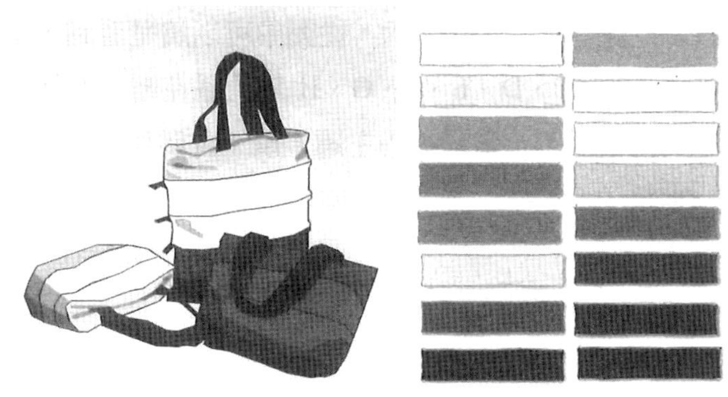

圖 7-5　可以重排 Endless Bag 百變袋

資料來源：http://tds.ic.polyu.edu.hk/td/theme1/scamper_%20r.htm

貳 蓮花綻放法

一、蓮花綻放法的意涵

Michalko（*1998*）研究指出，蓮花綻放法（Lotus Blossom）是由日本千葉市（Chiba City）的一家管理研究中心（Yasuo Matsumura of Clover Management Research）所發展的創意技法，此一技法是模仿主題圖（theme mapping）的大主題、中主題、小主題等一一延伸創意構想而來。蓮花綻放法的使用，剛開始可以先找一個核心主題，接著擴展次主題和觀念，一直到創造出許多次主題為止，核心主題周遭圍繞許多花瓣，花瓣可以另成一主題，變成一個關鍵因素，等到問題被探究完畢為止，從蓮花花瓣一一剝落，到另一主題點探究出答案，再回復到原核心主題檢驗適切與否，這象徵著蓮花綻放的獨立、美麗與智慧。

二、蓮花綻放法的圖譜和進行步驟

蓮花綻放法的圖譜如下 7-6 所示，從圖中可以清楚看到，中間方形的核心主題外有 A、B、C、D、E、F、G、H 等八個花瓣，八個花瓣再一一置放到每一個九宮格角落，當成核心主題。以下說明蓮花綻放法的進行步驟（*Michalko, 1998*）：

㈠寫上核心主題

在蓮花綻放圖方形中心寫上核心主題。

㈡寫下構想或應用

在核心主題的 A、B、C、D、E、F、G、H 等八個花瓣，寫下構想或應用主題名稱。

㈢外移另成一核心主題

把 A、B、C、D、E、F、G、H 分別置放到另一個九宮格中間當核心主題，繼續發想所有的構想和應用。

㈣動態完成

每個主題一直修改、填滿到蓮花綻放圖滿意為止。

	3	7	6	3	7	6	3	7
2	F	4	2	C	4	2	G	4
5	1	8	5	1	8	5	1	8
6	3	7	F	C	G	6	3	7
2	B	4	B		D	2	D	4
5	1	8	E	A	H	5	1	8
6	3	7	6	3	7	6	3	7
2	E	4	2	A	4	2	H	4
5	1	8	5	1	8	5	1	8

圖 7-6　蓮花綻放圖

料來源：出自 Michalko, M.（1998：66）。

三、實例應用

蓮花綻放法對於每個主題，事實上都可以不斷增加其構想和應用的創意價值，這個技法最大特點是動態流竄到每一個花瓣點，進行系統性的動態思考，雖只是一種直線、因果論點的推展創意構想和應用點，但卻是一種多元的互動環（loops of interaction），透過互拋觀念自成系統的交互作用，產生相當大的創意作用力，就像精靈一般可以游移各處產生動力。

例如，要創作「新版大野狼&巫婆魔法劇」，運用蓮花綻放圖的整個構思如下：

㈠寫上核心主題

新版大野狼&巫婆魔法劇。

㈡寫下構想或應用

A 花瓣：白雪公主。
B 花瓣：小紅帽。
C 花瓣：七隻小羊。
D 花瓣：烏鴉帽。
E 花瓣：美人魚。
F 花瓣：三隻小豬。
G 花瓣：金履鞋。
H 花瓣：哈利波特。

㈢外移另成一核心主題

把 A—白雪公主、B—小紅帽、C—七隻小羊、D—烏鴉帽、E—美人魚、F—三隻小豬、G—金履鞋、H—哈利波特等，變成另一核心主題，發展故事主題新的創意構想和觀點。例如，F—三隻小諸的蓮花構想圖，可以再構想出F1、F2、F3、F4、F5、F6、F7和F8的新點子，整個應用如下：

1. F1 地點：日本和美國。
2. F2 人物：三隻小豬＋哆啦 A 夢＋葉大雄＋靜香＋大野狼。
3. F3 事件一：三隻小豬到富士山渡假溜冰時，遇見哆啦 A 夢、葉大雄和靜香，到富士山尋找遺失的時光機器。
4. F4 事件二：葉大雄脫隊溜冰遇見冰雪女郎（大野狼變的）。
5. F5 事件三：三隻小豬和哆啦 A 夢解救大雄擺脫大野狼後，被龍捲風一吹，吹到美國白宮遇見布希。
6. F6 時間：清晨、夜晚、美國國慶放煙火。
7. F7 場景：日本的富士山和美國的白宮。
8. F8 特殊效果：煙火和龍捲風。

㈣動態完成

當 A、B、C、D、E、F、G、H 八個大野狼&巫婆新版兒童魔法劇，分別構想完成每個核心主題後，A到H八個花瓣分別有八個構想或運用，總共有 64 個次要主題系列構想之後，再回到核心主題來協調、評估、回饋、修正，使整個故事劇的串聯，充滿蓮花綻放的創意。

㈤劇情故事創作

根據上述蓮花綻放法的構想和步驟，可以創作如下的劇情，編擬成多媒體動畫或舞台劇：

> 三隻小豬搭乘神奇飛毯到了日本旅遊，在富士山山上往下看，看見山中湖的冰塊非常結實，就飛下來溜冰。碰巧遇到了哆啦 A 夢、葉大雄和靜香帶著竹蜻蜓，到富士山尋找遺失的時光機器，因為他們上次到富士山玩弄丟了，所以急著想要找回22世紀時光機器。

三隻小豬邀請哆啦A夢他們一起溜冰，無奈葉大雄一個不注意溜到山中湖的湖岸邊，遇見冰雪女郎（大野狼變的）出來找東西吃，「啊—嗚！」當大野狼現出原形高興的叫著想吃掉大雄時，哆啦A夢和三隻小豬一起來救大雄，他們共同克敵打敗大野狼完成任務後，卻被龍捲風一吹，吹到美國白宮，遇見布希正在散步，當時正值美國國慶日白宮外有許多的煙火和遊行，讓哆啦A夢他們目不暇給，接著和布希聊天完後，他們忽然很想家。於是，哆啦A夢就拿出「任意門」回到日本了……。

第二節 繞道法則

當人可以學著像繞口令一般，釋放自己強烈的情緒、思維障礙，繞道（detour）換個方向和擱置原有障礙，常會有心靈受困解脫的快感。因此，利用非線性思考和反焦點思考的繞道法則進行創意精靈思考，可以快速地把問題和困難拋諸腦後，產生更多的創意想法和做法。

壹、非線性思考法

一、非線性思考意義

出身於日本、獲得麻省理工學院核子工程博士學位的國際知名管理學大師大前研一，在《思考的技術》一書中，最令人嘆為觀止的是非線性思考的建議，使人對於「線性思考行不通」、「為沒有答案的問題找答案」，獲得啟發思考限制和新的解題方式。他認為新思考典範指出支持「忠於自己想做的事情」，只聽聞自身內心鼓聲前進，努力學習的「街頭營生者」（Stree

Smart），而嘲弄那些只會重覆前輩、主流當權派所教導的過去知識，那種「學術派營生者」（Academic Smart）（李仁芳，*2005*；劉錦秀、謝育容譯，*2005*）。

大前研一以自己獨特風格的科學方法，指出線性思考行不通，只有記住「天空是藍色的」，卻無法提出「為什麼？」的答案，解答為什麼天空經過光的折射原理探究，才知道「天空是黑色的」道理。如此「合乎邏輯思考的答案」，無法跳躍、轉向或繞道而行，思考就只會停留在原點。

因此，如果一個人可以用自己的觀察，觀想外在許多物理現象所發生的種種事物，再回到問題原點思考問題的解決方法，而非套用過去的常識，此即「非線性思考」。

二、非線性思考圖解

例如，下圖 7-7「半球體掛勾架」的結構，是由基本撐架加上掛勾加上半球體等元件，所建構的作品簡圖，而圖 7-8「半球體掛勾架創意圖」

圖 7-7　半球體掛勾架圖　　圖 7-8　半球體掛勾架創意圖

料來源：出自 Finke, R.A., Ward, T.B., & Smith, S.M.（1992：85）。

的圖左，由於現實生活當中太多類型的「生活經驗」（例如有的常接觸家具、個人裝飾品、科學實驗器材、應用設計、運輸工具、廚房器皿、玩具遊樂器或武器等），創意思考屬於線性思考組合模式；圖 7-8 的圖右創意屬於非線式思考模式，跳離原點，從「動作」的物理現象思考，可能產生像球體耳環、可攜式食物攪拌機、石磨、攻擊武器等創意作品。

三、非線性的繞道思考：投射心理測驗

許多心理測驗為了更確實掌握當事者的心理狀態，會運用各式各樣經過科學標準化程序編製的心理測驗，來對當事者施測。心理測驗在投射技術當中有兩個重要的測驗是很著名的，一項是羅夏克（H. Rorschach）在1921 年，所發展出來的墨漬測驗；另一項測驗便是在 1938 年由墨瑞（H. A. Murray）與其同事所編製完成的主題統覺測驗。這些測驗的主要特點就是，由測驗者將一系列內容不明確的圖卡或是圖片，展示給接受測試的人，再由受測者依照他們自己對於圖片的感覺，去編造一個故事來說明圖畫當中的內容（葛樹人，*2001*）。

以下茲舉出三張有名的心理測驗圖，如果跳脫習慣性注意力的線性思考，並擅長運用非線性思考運作，很快可以看出圖 7-9「老婦與少女」和圖 7-10「哪個台階高？」的整體和部分主題統覺焦點差異，圖 7-11 喝了六

圖 7-9　老婦與少女

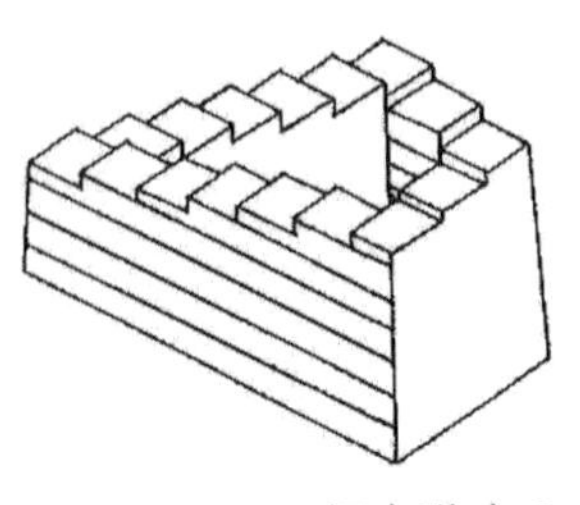

圖 7-10　哪個台階高？

圖 7-11　老人與公主

瓶啤酒前後看「老人與公主」正看和反視之間的差異。這些投射心理測驗雖是一種直接線性的反射反應，但是在實際測驗後的解釋，心理學家卻是非線性思考，來解釋受識者的潛意識行為，這實在是非常有趣的現象。

貳 反焦點思考法

一、反焦點思考意義

焦點是習慣性注意力的集合，反焦點是擺脫或擴大習慣性注意力的集合。

不良的習慣就像是一條扭曲變形了的鐵軌，隨時會讓人有出事的可能。要想改變壞習慣，與其動腦筋來整修變了形的軌道，不如立即脫離這個環境，讓一切重新歸零之後，再重新構築一條嶄新的軌道，讓自己運行其上，這時候唯一能讓自己不再脫軌的方法，就是努力地做好自己的頭腦管理。

良好的習慣就像是一條很正常的軌道，只要不脫軌，那麼就不會讓自己亂了腳步，走錯方向，但是它卻也有其負面效應。頭腦管理的觀念就是像軌道系統裡的「轉轍器」一樣，它可以隨著你的成長與環境的轉變，適時地來調整你的軌道，改變積沈已久的習慣，另闢一條通往新境界的康莊大道（王舜清，*2000*）。跳脫被「形」給框住了的行為模式、舊有的窠臼、甩不掉傳統的包袱，可以應用反焦點思考的繞道法則，延伸另一創意出來。

二、反焦點思考圖解

例如，圖 7-12「焦點法則思考圖」是多湖輝（*1995*）在《構想力》一書中（陳蒼杰譯，*1995*），所提出的「焦點法則」，利用縮小方式層層消除過去既有的答案，所以最後可由圓形螺心找出答案。反焦點思考剛好相反，脫離原有思考環境，逆向思考與焦點無關的創意問題，發展出新的創意論點。所以，反焦點思考獲得的答案正像雨傘下掛的黑雨滴，閃閃發亮，如圖 7-13「反焦點法則思考圖」。

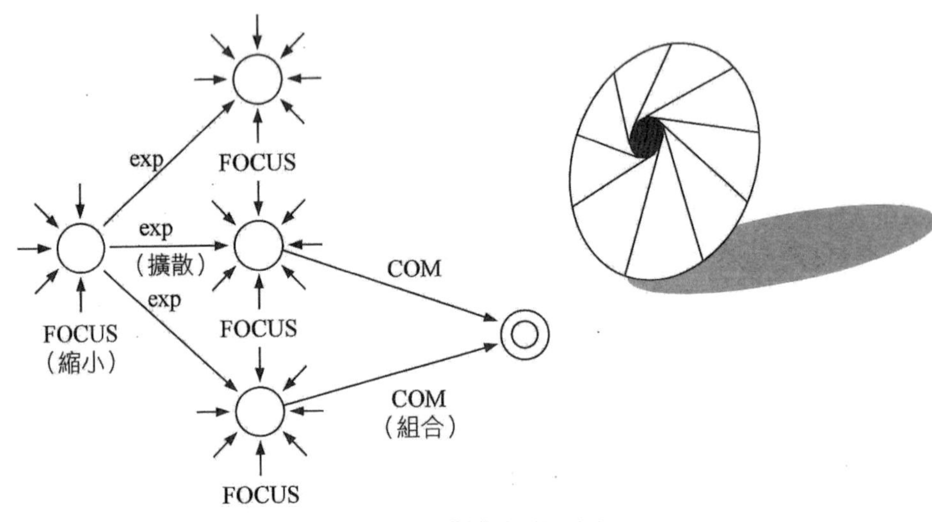

圖 7-12　焦點法則思考圖

資料來源：出自陳蒼杰譯（1995：101）。

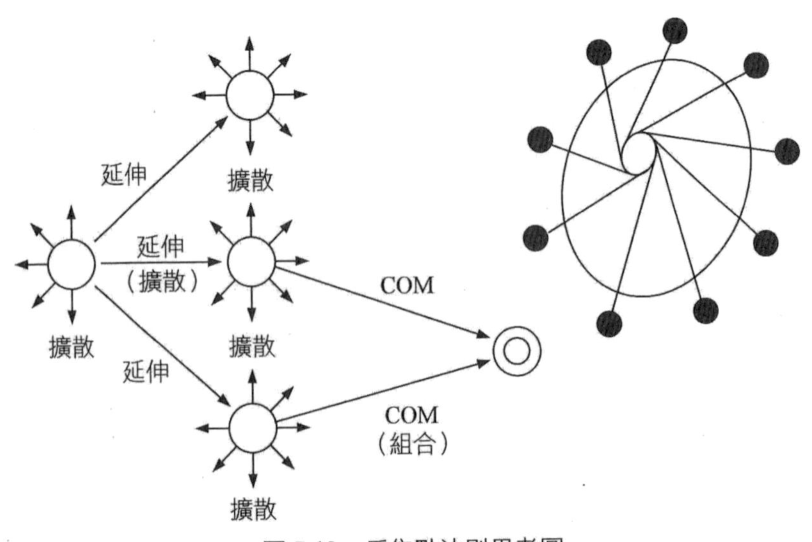

圖 7-13　反焦點法則思考圖

三、反焦點法則的應用實例

以下茲以美國AT&T、嬰兒奶嘴公司，和達文西圖畫的繞道創意實例（林碧翠、楊幼蘭譯，*1993*；*Michalko, 1998*），說明之：

㈠美國 AT&T 送電話型巧克力

美國AT&T曾經想要與電話卡顧客作直接接觸，於是大家聚在一起作腦力激盪，決定製作何種贈品。有人提出先想想電話有什麼功能，結果想出一大堆點子：可以幫助銷售、訂約會、購物、洽詢、與電腦連線傳遞消息、電話傳真……等等，那又如何呢？後來其中一人突然有了靈感，「我們一直談能用電話做什麼，為什麼不談談電話不能用來做什麼？」於是又有一大堆點子出現：不能拿來睡覺、不能放在口袋、不能當煙抽、不能拿來吃、不能拿來喝！慢著，不能拿來吃？誰說電話不能拿來吃？於是AT&T訂製了大量的電話型巧克力送給電話卡用戶，感謝他們的支持。

㈡嬰兒奶嘴公司生產保險套

生產嬰兒奶嘴的公司正面臨重大瓶頸～生產率下降，餵母奶比例升高，銷售量大減。該公司如果不能為嬰兒奶嘴找到新的消費者，就得另開發新產品，於是他們朝「嬰兒奶嘴的功能」的正反兩面開始思考。它很小：它不大；它是給想要嬰兒的父母使用的：它是給不想要嬰兒的父母使用的；它有個小洞可讓牛奶流出：它因為不夠密實，所以不能防止牛奶滲漏。不大、不夠密實、給不想要小孩的父母使用……該公司已經找到問題的答案，他們開始生產保險套。

㈢達文西的圖畫

具有創造力的天才，主要特徵之一是具有廣闊和延伸視野的特質。所以，達文西將圖畫、圖表和圖解視為是一種獲取資訊、闡述問題和解決問題的方法，而在畫圖過程中，他經常使用反焦點思考法，擺脫或擴大習慣性注意力的集合，讓處處都是焦點，處處都不是焦點的模糊混沌狀態，完成其畫作。例如，表 7-3「擺脫五官焦點畫作組合表」，可以看出，達文西如果依此表畫出的畫作，產出像「犁溝前額頭＋下陷眼＋厚獅子鼻＋下垂嘴巴＋厚縮嘴」人臉的造型，這將是頗具創意的反焦點思考畫作。

表 7-3　擺脫五官焦點畫作組合表

頭	眼	鼻	口	下巴
子彈型	瞪大眼睛的	鸚鵡嘴	抿嘴	雙下巴
骨骼型	下陷的	鉤狀的	兔唇的	鬆垮的嘴巴
圓蓋型	腫脹	厚獅子鼻	薄酥餅	燈籠嘴
甲蟲頭	斜視的	（鷹等的）鳥嘴	下垂	下垂的嘴巴
喇叭狀	像珠子的	雪茄型	肥厚的唇	尖嘴巴
蛋形	歪斜的	波浪起伏的	弓狀物	粗厚的嘴巴
犁溝	浮腫的	寬闊的	健壯的	凸嘴巴
前額	紅眼	纖維狀的	喝醉了的	後縮嘴

資料來源：整理自 Michalko, M.（1998：116）。

第三節　轉移法則

人類正在經歷自蒸汽機發明以來的第三次工業革命，這場以微電子、生物科技、新人工材料技術、通訊、電腦科技，以及自動化機械技術等科技所帶動的革命，將把人類帶入以知識為基礎的新經濟世紀，席捲全球的新科技，不斷加速顛覆市場。以單一產品全球普及率達五千萬台為例，收音機花了三十八年，電腦花了十六年，而網際網路只花四年，電子商務僅僅花了短短一年半時間，就引起全世界矚目（*http://www.bnext.com.tw/mag/2000_01/2000_01_411.html*）。當人們把知識從原本的秩序化轉向不受監管的位移作用，即從某一個部位擴散到另一個部位，並發展成一個相同的或位移的新組織，轉移（transfer）即發揮效用。以下說明一般常用的轉移法和說服力實作分析法。

壹 轉移法

一、轉移的意義

將一事物的功能轉移到其他適用的場所，例如，醫療用訂書機即是將釘書針的原理移轉到手術房中，取代原來縫針的方式，且更節省時間及成本（李茂輝，*1997*）。因此，當個體從一個創作的意念與另一個意念間，尋求推移轉化的過程，而產生類似橋接（bridge）功能，即可謂之為轉移。所以，無論是小元件素材與其他元件素材間的連繫，大至整個產品、產業、段落、組織與其他產品產業段落組織間的銜接，都可稱之為轉移。

二、聯想是轉移的推手

若只依一般經驗所知的特性與物體而聯想，很容易得到平常的解決。但是，要獲得聰明而創造性的解決，卻非聯想到更深遠的狀況與物體不可。有許多事例可以說明聯想的法則被應用來解決日常的問題，以下依照日常創意和工程創意，列舉如下（游萬來、周鴻儒譯，*1983*）：

㈠日常創意

1. 原子筆的滾珠原理發展成滾式除臭器。
2. 衛生紙用完就扔掉的觀念發展出了用完扔掉的紙巾，用完扔掉的紙箱，用完扔掉的刮鬍刀片。
3. 糖果與布袋玩偶的組合，出現了可當布袋玩偶的糖果包裝。
4. 手錶演進至手錶式計算器，手錶式收音機。
5. 充電式汽車電池應用為充電式閃光燈電池。
6. 平行鐵軌的觀念相同於電桿上平行的電線。
7. 電燈泡應用成照相機閃光燈泡。
8. 彈夾應用成鋼筆的卡式墨水管。
9. 機關槍的彈帶應用成釘書針。
10. 從有內胎的輪胎到無內胎的輪胎。
11. 夏日貯冰用的鋸木屑，成為家庭保溫的隔熱材料。
12. 冬天的暖氣，夏天轉變成冷氣。
13. 自動販賣機發展為香煙、郵票等自動販賣機。
14. 自助式商店發展為電熨斗，更發展為蒸氣熨斗。
15. 燒炭熨斗發展為電熨斗，更發展為蒸氣熨斗。

㈡工程創意

1. 阿基米德在試驗黃金純度時，用水算出皇冠的體積，而解決了有名的問題。
2. 由各種材料不同的組合，可得新的合金。
3. 由算盤演進到電腦。
4. 汽車的低壓配線應用為家庭的低壓配線。
5. 柔軟的橡膠管應用為易變的管路。
6. 電氣配電板演變為水力式配電板。

7. 滑車曬衣繩應用為收音機的選台機構。

8. 邦浦仿自人體食道。

9. 電腦仿自人類大腦。

10. 火箭仿自 12 世紀中國的沖天炮。

11. 軸承仿自輪子而來。

12. 力矩變換機仿自邦浦。

13. 增加信賴度的複式電路來自於預備胎的構想。

14. 汽車擋風玻璃上的雨刷有 2 支，是由倍增的聯想而來。

15. 電晶體收音機是由縮小連想而來。

16. 自動控制系統仿自人類行為。

17. 獎金制度是薪資制度的再編成。

18. 推進飛機的螺旋槳是由反轉聯想而來。

三、前導組體是轉移教學的端點

「以物易物」是最基本的交易行為，如能在交易過程中加入有意義的轉移法則，此物已非原來之物，特別是在新舊知識經驗的銜接上，如能有適當的前導組體（advanced organizers）來引導轉移作用，將產生無限智價。

奧斯貝（D. P. Ausubel）是美國著名的教育心理學家，1943 年獲得布蘭迪斯大學醫學博士學位，1950 年獲得哥倫比亞大學發展心理學博士學位，1950-78 年任教於伊利諾大學和紐約市立大學，退休後為榮譽教授，之後自辦診所擔任精神科開業醫生，主要代表作《教育心理學～一種認知觀點》（*Educational psychology: A cognitive view*），強調前導組體是學生轉化認知結構和保持增強新知識的主要手段。他認為教師教學時應運用學習者所熟知概念、術語、命題、類推等作為前導組體，可以有效統合解釋或比較新知識和學生認知結構的銜接（沈翠蓮，*2005*；*Ausubel, 1963*；*Joyce, Weil, & Showers, 1992*）。

所以，個體獲取新知的管道，主要依靠基模對外在訊息的接受。基模像認知的街區，是一個複雜相互連結的網路概念，有些基模容易找出訊息的提示組織，而能化複雜為簡單，就能把舊基模結構和新基模結構連結，很快找到街區出路抵達目標（*West, Famer, & Wolff, 1991*）。當教師能使用前導組體，作為思考知識終端和開端的端點，提供解釋性前導組體（expository organizers）讓學生熟悉的環境或知識，作為解釋新學習內容的依據，或者提供學生比較性前導組體（comparative organizers），使新概念和認知結構中現存的基本概念能統整起來，釐清新舊概念避免學生產生混淆，設計有組織性材料，學生自然得以理解知識內容，思考轉移知識內容的新知。

貳 轉移法的應用實例

一、學習曲線

例如，下圖 7-14「學習曲線」和圖 7-15「信息傳遞的典範轉移跳躍曲線」。從簡單的圖示作為前導組體，即可用來解釋新舊知識之間的理解，當教師講解時，得以讓人從舊經驗知識的狹隘面，擴展轉移到新經驗知識的思考，充分理解到何謂學習曲線和跳躍式學習曲線。

㈠舊經驗知識

曲線一般多是由連續點所繪製而成的拋物線。

㈡圖式前導組體

說明：「學習曲線」是在 1930 年代，由一群飛機製造廠商所發現的，它說明了當累積產量增加一倍時，飛機製造成本卻下降 30%，且學習效果是會以複利的方式如滾球一般，愈滾愈大，這種成本下降主要的原因是工人、管理者、銷售人員、顧客都會將過去所獲得的經驗、累積的 know-how，更有效地運用在下一次的生產上。所以，學習曲線就是指成本和累積產量成反比連續點所繪成的曲線。如下圖 7-14 所示。

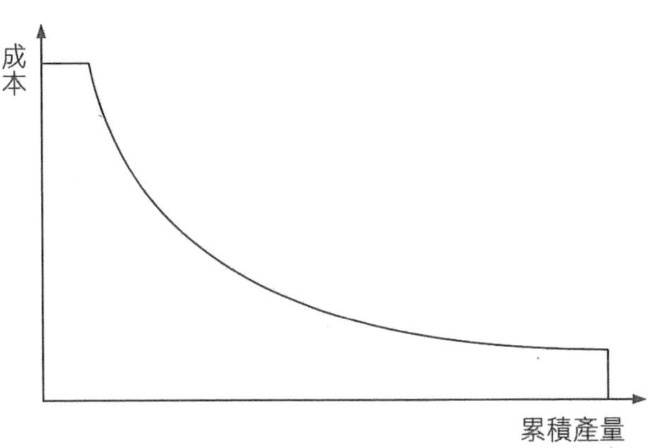

圖 7-14　學習曲線圖

資料來源：出自林東清（2002：268）。

㈢新經驗知識

提出新知識問題：下圖 7-15，何謂「信息傳遞的典範轉移跳躍曲線」，由於有圖 7-14「學習曲線圖」作為前導組體，圖 7-15 知識轉移的理解（或稱學習知識遷移）就容易多了。

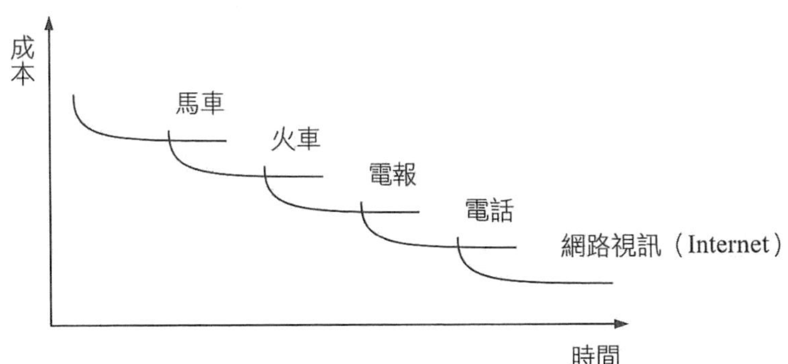

圖 7-15　信息傳遞的典範轉移跳躍曲線

資料來源：出自林東清（2002：269）。

說明：「信息傳遞的典範轉移跳躍曲線」則是把傳統營運模式的典範轉移，被突破性的新模式所完全取代的一種現象，此是一種非連續性、跳躍式的轉換，而非同一般的學習曲線是在同一曲線內連續性的績效改善，它是跳到另一個學習曲線上」（林東清，*2005*）。

二、廁所轉移為休憩室

逛百貨公司的人，很希望上廁所能獲得身心解壓的空間，再次Shopping能有敏銳的觀察力，購買自己所要的物品。中部有一家百貨公司業者，把「上廁所」只是純粹「生理需求」（大小便）的觀點，轉移到「安全需求」（享有心靈隱私）、「歸屬感需求」（好朋友也可以在廁所等待閒聊）、「尊嚴需求」（上廁所是一件自尊和尊人的人際尊嚴學問）的動機需求理論點，設計了 13 間主題廁所，開創了廁所觀光文化，創造百貨公司刺激消費者購物，追求新意的消費文化。以下茲舉出該百貨公司整個廁所設計「轉移」構想和實況如下：

㈠綠野仙蹤

1. 轉移構想：是一座專屬父親與孩子之間的秘密基地，彷彿進入迷霧森林，綠樹、流水、蟲鳴、鳥叫，還有隨處可見的驚喜。

2. 實況：如下圖 7-16。

㈡宮廷巴洛克

1. 轉移構想：歐式造型壁燈，還有金碧輝煌的飾條加上緹花板面，以為走入了飯店或 KTV 場景，處處展露巴洛克浪漫風情。

2. 實況：如下圖 7-17。

圖 7-16　綠野仙蹤廁所造景

圖 7-17　宮廷巴洛克廁所造景

㈢海底總動員

1. 轉移構想：隨著海豚在水底悠遊，看著小丑魚在上方盤旋，喔！還有章魚正張開牠的八爪，孩子無限的夢想就從這裡開始，夢幻的藍，豐富了你我的想像。
2. 實況：如下圖 7-18。

㈣暢飲可口可樂

1. 轉移構想：廁所裡喝可樂，別懷疑！這是事實，可曾想過在易開罐裡上廁所的感覺？還有滿室可口可樂懷舊廣告，讓可口可樂迷們，徜徉其中！
2. 實況：如下圖 7-19。

圖 7-18　海底總動員廁所造景

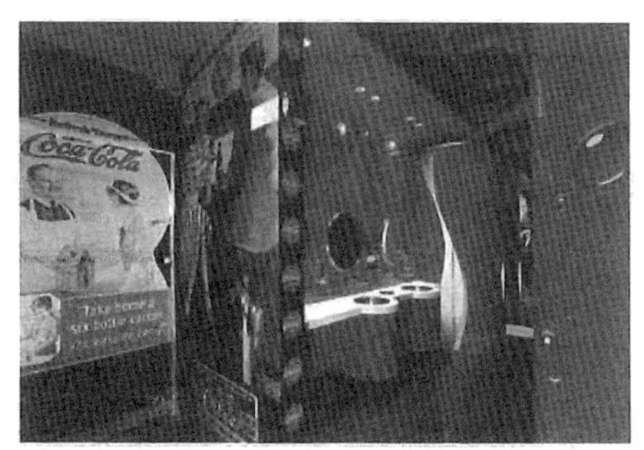

圖 7-19　暢飲可口可樂廁所造景

三、轉移法的搞定

㈠鬆綁 ABCDEFG 規準

轉移法則運用過程當中，很容易因轉移注意力放在無關緊要的問題上「轉圈圈」，如果又缺乏創意實務經驗，很容易迷失在創意森林中，既無法體驗森林雲霧之美，又無法發現森林創意奇蹟，那麼整個轉移過程就缺乏創意作用力。以下透過英文字母ABCDEFG引申的創意聯想，作為轉移思考的指導性原則，以下說明 ABCDEFG 的意涵和聯想：

A：Abandon existing the rule，放下舊框框。

B：Browsing，博覽群籍。

C：Considering，深思熟慮。

D：Do it，勇於嘗試。

E：Evaluation，評析。

F：Feeling，用心感受。

G：Go around，繞道工程。

鬆綁ABCDEFG的規準，許多的轉移創意會像旋轉木馬，展露許多高低起伏的表現。

㈡測試自我轉移表現

1. 三角形轉移測試

如果你能在十秒中之內，移動三子把A有十顆子的正三角形轉換為B倒三角形，如圖 7-20，那就表示你已能發揮ABCDEFG規準的檢視功能。

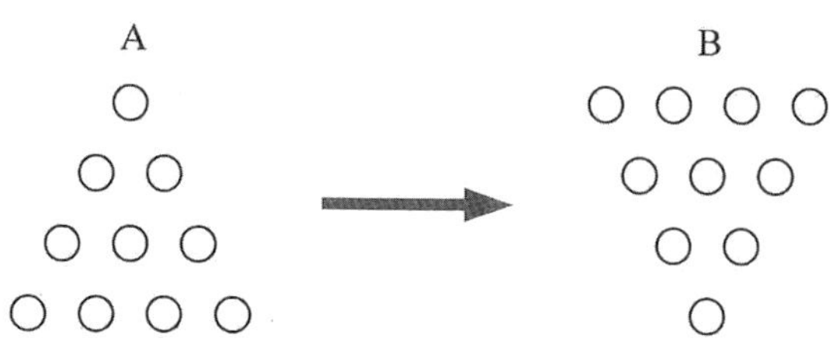

圖 7-20　三角形轉移測試題

資料來源：出自 Finke, R.A., Ward, T.B., & Smith, S.M.（1992：148）。

2. **轉移解析**

即把圖 7-21 左邊的第四排最外側二只，移動到第二排的兩側，再把左邊第一排的第一只移至最下一排，如圖 7-21 所示即完成轉移。

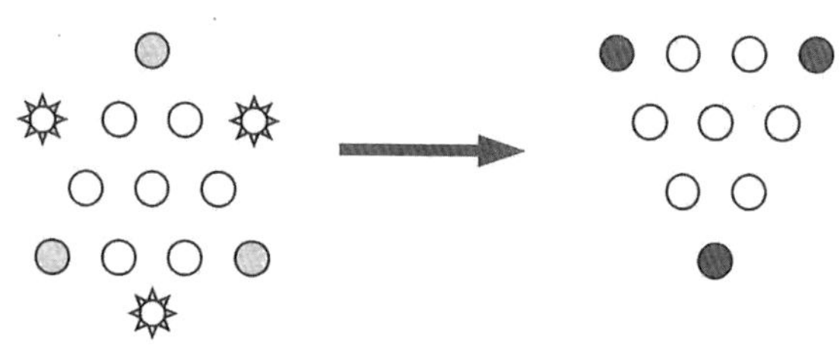

圖 7-21　三角形轉移測試題解答

通過圖 7-21 測試者，從上述 ABCDEFG 規準分析，可以發現掌握轉移規準者，轉移作用將會愈快速和愈準確：

1. A：測試者必須放下「順序」、「行列」的舊框框。
2. B：見多識廣，許多書籍和網路的 Puzzle 智力測驗題，有許多變形題。
3. C：深思「到底移動哪些？」、「如何避免動一髮而動全身？」
4. D：沒關係，多做幾次自然學習到如何佈局動線。
5. E：如果錯，如果錯是錯在哪裡？這一次有比上一次進步嗎？
6. F：我感到每次都是有趣的挑戰。
7. G：外加內插試試看，換個方向想想看。

參 說服力實作分析法

一、意義

說服力實作分析（force field analysis），是一種可以發揮創意的有力技巧，是由社會心理學家Kurt Lewin所發展出來的。這個技法是用可以看得到的方式，確認積極性和消極性力量，是如何將其力量發揮到極致或是到達其他程度，以活潑動態方式來影響主題和狀態，讓基本上許多假設，傾向於將主題視為是靜態和不變的現象，從世界是處於不斷變遷的狀態下，採取積極性和消極性力量，不斷地將主題推拉至最大極致程度，使主題對象和關係都能動態、多變的。說服力實作分析是一種探究力量，為發明一種能達到最大極致狀態的實施工具，這個創意技巧具有下列效益（*Michalko, 1998*）：1.給予你的挑戰一個較好的定義；2.對於所有關係重大的因素進行仔細的評估；3.確認你能發揮到最大化的優點；4.確認你能減到最小的弱點；5.補充更多優點。

二、進行步驟

Michalko（*1998*）研究指出說服力實作分析，包括下列進行步驟：

1. 挑戰：寫下你正試圖要解決的挑戰。

2. 決定其最大的極致狀態：在紙張的左邊，描述出最糟的情形／狀態。在同一直線上的右邊，描述出最佳的情形／狀態。

3. 列出重要因素：在中心位置上，列出主題或情況之所有重要因素或情形。在建立圖表時，盡你所可能地列出有助於你的許多重要因素。

4. 畫出所處情境符號：當你在列出所有的情形／狀態時，你將能發現

有些力量將你推進最佳的狀態中，且同時有些力量正將你拉向大災難中。畫出一條直線，其能反映出不論你是被此些因素所推擠或所拉曳，且在你覺得目前的你所處的位置上畫上X符號。

5. 檢視所有X符號，且從「最佳狀態」延伸到「最糟狀態」的連續直線上畫上一個X，此能針對現在的你處於何種狀態，而給予你一個簡要了解。

三、實例說明

從圖 7-22 成為有創意的「達文西」或「笨蛋」的說服力實作分析的例子中，可以看出個人對於如何成為一位創意思考者相當有興趣，且決定分析探討其自身的創造力。她將自身最佳的狀態定為是成為「達文西」，且將最糟的狀態定為是「成為笨蛋」，她列出了所有她自身有關創意思考的重要因素，其中有些因素被拉向最佳的狀態，則有些被推擠到最糟的狀態。將 X 移動至最佳的狀態有三項選擇項目：1.最小化或減少你的消極性；2.將你的積極性發揮到最大化；3.多增加一些積極性力量。在例子中，有人可以選擇藉由研究而發展出能使缺點最小化的方式。例如：她也許藉由給予她自己每日一定的構想數量，每天撥一小時進行創意思考，開始練習創意思考的習慣，學習如何冒險或藉由構想變得有成效，不然決不放棄動作而變得更加堅持，藉由此方式可增加她的構想產物。

要變成達文西的說服精靈應掌握：1.保持積極的信念、好奇心、動力、準備、清楚目標和清楚益處努力方向；2.減少動機、構想產品、時間、技能、技法、堅持、習性等最糟狀態；3.確實一一列出具體行動目標，才有可能變成有創意的達文西而非盲目學達文西的笨蛋。

天才和白痴只有一線之隔，學會像創意精靈一樣隨時運用魔杖變出原創性思考，小小的轉移作用，將使你成為 easy-go 的大贏家。

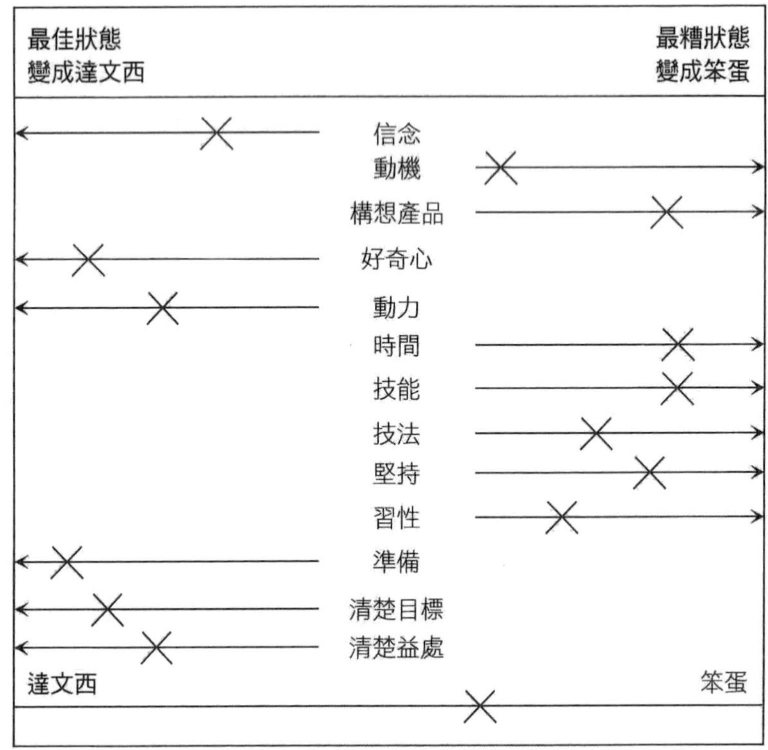

圖 7-22　成為有創意的達文西或笨蛋

資料來源：出自 Michalko, M.（1998：76）。

創意現實問題

1. 憤怒	2. 喜悅	3. 平和	4. 沮喪
5. 太陽	6. 柔軟	7. 痛苦	8. 我

創意的發想與實踐

1. 請使用鉛筆把每一種心情都用線條組成（粗細長短圓鉤、加印、放角落中間等不拘），但不能有問號、拳頭或象徵性意義的實物。
2. 你可以修改、變化你的各種心情。
3. 把你的心情圖譜，加個喜歡的戒指（或其他）當作禮物送人。

創意評量紅綠燈

	綠燈	黃燈	紅燈
可利用性			
新穎觀念			
有進步性			
有創新性			

大智興邦，不過集眾思；大愚誤國，不過好自用。

——陳惕龍

創意經典故事盒

吸塵器的發明

1901 年，有個美國人突發奇想，設計了一種「吹塵器」，想用它把塵吹入一個容器內。他在倫敦進行示範表演時，「吹塵器」吹得塵土飛揚，現場觀眾灰頭土臉，只有小部分塵土被吹入容器內。這項發明失敗，製造者也放棄了對它的進一步研究。

當時的觀眾裡有一位叫赫伯・布斯（Halber Booth）的英國土木工程師，他回去後認真思考：如果反其道而行，不用吹的方法，而是用吸的方法，這樣既可以避免原設計中將灰塵吹起的弊端，又利用了將灰塵吸入容器的巧妙構思。於是布斯製成了第一台吸塵器，這台吸塵器上有一台強力電動抽氣機，工作時通過伸向有灰塵處的軟管把空氣和灰塵一併吸入機體內，然後利用一個布袋將灰塵過濾掉後，再將潔淨的空氣排出機外，這也是現代吸塵器的工作原理。雖然布斯的吸塵器又大又笨重，但後來經過眾多科技人員的改進，吸塵器的使用範圍更加寬廣，清除汙物的能力更強。

當你看到某種不成功或不成熟的發明時，是否也能像布斯那樣反過來逆向思考一下？也許機遇正等著你呢！

IDEA 筆記書

☆我的感想：成熟和結論是創意的終結者嗎？

☆我的問題：

☆我的聯想：

☆我的應用：

☆我的創造：

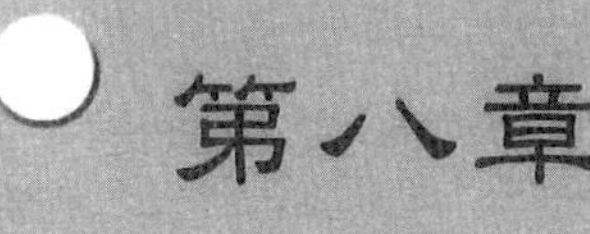

第八章

創意問題解決模式

總結來說，任何複雜概念的完全理解，不能被限制在某單一的認知模式或表徵方法。

——美國・多元智慧倡導人・*Howard Gardner*

創意是公平的，每個人都有創意，但「如何磨光創意才是功力」。如何讓一個剛冒出頭的小創意，變成驚動市場的大發明，這需要智價行動力的出發。創意並不能單憑冥想而來，它需要外在環境產品技術的滋潤和刺激，更需要內在思維的創意發想和學習力量，以及學習材料（material）、方法（method）、媒介（media）和模式（model）的整合表現行為，創意問題解決才能產生市場競爭力，美夢方能成真。

本章第一節說明創意問題解決的基本概念，了解問題解決的意義，以及創意問題解決模式的發展。第二節說明創意問題解決的模式，包括CPS模式、CPS 6.1™版模式，以及創意問題解決模式的應用。第三節評析創意問題解決案例，包括創意工業設計、創意生活設計和創意產業設計作品，探析傑出的金頭腦作品，如何靈活運用創意問題解決模式的局部或全部程序，獲得智價時代的核心價值美感作品。

第一節 創意問題解決的基本概念

問題解決可以分類為普通問題解決（ordinary problem solving，簡稱OPS）和創意問題解決（creative problem solving，簡稱 CPS），創意問題

解決是普通問題的連續體，創意問題解決目標主要是創造出更適切和原創性的解決方式（*Boden, 1995*）。易言之，創意問題解決需要普通問題解決的基礎，只是CPS在解決問題時，比起OPS表現出更可行獨創性的一面。

壹 創意問題解決的意涵

當人們面臨一種情境，無法立即找出適切的解答，存在一些障礙，即是處於面臨「問題」階段。從狹義來說，問題是指人有一定的目標要達成，但現有的概念和規則無法被利用，必須找尋或發現新的規則，才能達到目標所需的刺激情境（邵瑞珍、皮連生，*1989*）。所以，當舊經驗知識基模無法解題時，需要重新調整或同化才足以應付難解的問題，問題解決也意味著新的創意開展，可以創造更多新概念、新情境。

一、問題解決的意涵

問題是「呈現狀態」和「目的狀態」之間的衝突或差異（鄭昭明，*1993*），當期待和理想有落差產生問題時，思考亦隨著某個問題進行反覆的、嚴肅的、持續不斷的深思，經過「思索理出個頭緒來」，求得結論，問題便告一段落獲得暫時解決。因此，問題包括下列幾項特徵：1.條件（given）：問題起始階段包含的條件、對象等訊息；2.目標（goals）：問題預定達成的階段，解題就是要將問題由起始階段移至目標階段；3.障礙（obstacle）：由問題的起始階段移至目標階段，解題者並不一定能馬上知道解決的方法為何（*Mayer, 1998*）。

所以，Fogler & LeBlanc（*1995*）研究指出，創意問題解決策略最基本的是要界定問題（problem definition），有經驗的人界定問題第一階段需遵循下列四步驟：1.蒐集和分析資訊和資料；2.和熟知問題的人多談論；

3.盡所有可能，查閱一手資料；4.確認所有的發現。接著，才進行下四個階段；5.決定問題是否該被解決；6.繼續蒐集資訊和探討文獻；7.形成簡單假設並且迅速測試假設；8.腦力激盪潛在因素和另類解決方案。

當個體在遭遇到問題時，如能運用既有的知識去思考推理，找到適當的方法達到目的歷程，即為問題解決歷程（張春興，*1991*）。透過遭遇問題情境、界定問題、發展假設、驗證假設和情境應用的問題解決歷程，相當重要的是培養問題解決能力。詹秀美、吳武典（*1991*）研究指出，問題解決能力應包含下列五項能力：1.解釋推論的能力；2.猜測原因的能力；3.逆向原因猜測的能力；4.決定解決方法的能力；5.預防問題的能力。Brandsford & Stein（*1984*）亦提出問題解決能力應包含下列五項能力：1.定義問題的能力；2.精確的解釋及呈現問題的能力；3.蒐集可能的問題解決方法的能力；4.執行問題解決方法的能力；5.著重問題解決以後的影響的能力。綜言之，問題解決能力主要包括：如何思考問題，蒐集資料和解題方法程序等能力。

二、創意問題解決的特性

Triffinger, Isaksen, & Dorval（*2003*）認為創意問題解決是一種協助解決問題和有創意變化經營的模式，它是一種容易使用工具的組合，CPS可以協助轉化目標和願景成為真實面。具體而言，創意問題解決具有下列五P特性：

㈠可印證的（proven）

CPS 超過 50 年以上，在全世界各組織的使用和研究支持，以及數百篇的期刊論文，發表有關 CPS 的效能和影響。

㈡簡便的（portable）

CPS 連結人類自然的創意和問題解決特質，可以快速簡易地在各組織、團隊和文化當中，為個體或小組在好幾代的使用。

㈢強而有力的（powerful）

CPS可以和許多組織活動相連結，提供新的或增加的想法，造成實際解題的差異表現，CPS可以在人生和工作中提供重要的和持續性的變化。

㈣實際的（practical）

CPS可以實際應用在每天的問題解決上，也可以對於長程的挑戰和機會有實際的幫助。

㈤積極的（positive）

CPS可以幫助你宣洩創意天賦，以及思維更有結構性地聚焦。如果是小組，CPS更可以在面臨處理複雜機會和挑戰時，昇華團隊能力、合作能力和有建設性的多樣化。

貳 創意問題解決模式的發展

一、創意問題解決模式的沿革

愛因斯坦認為：「學習知識要善於思考、思考、再思考，我就是靠這個學習方法成為科學家的」。創意問題解決模式（Creative Problem Solving Model，簡稱 CPSM）的發展，是經過不斷的理論和實務修正發展驗證，如此方能促使創意的表現結果形式，兼具有多樣性、獨創性和有效性。以下說明創意問題解決模式經由萌芽階段、發展階段、修定階段三階段的發展沿革，至今所建構的 CPS6.1™ 版本，則在模式圖中另行介紹。

㈠萌芽階段

無論是普通問題解決（OPS）和創意問題解決（CPS），都包括幾個解決問題程序，然而這些創意思考程序，幾乎都遵循杜威在 1910 年發表的思維術，以及 Wallas（*1926*）所提出的準備、醞釀、豁朗和驗證等四個思考歷程，再延伸發展（*Mumford, Reiter-Palmon, & Redmond, 1994*）。

㈡發展階段

Osborn 於 1953 年在其著作《應用想像力》（*Applied Imagination*）提出創造過程的七個階段：問題說明、準備、分析、假說、醞釀、綜合、驗證。接著，由於 Osborn 的影響，其同事 Parnes 於 1966 年，首先提出眾所皆知且有清楚描述的CPS五階段：1.發現事實；2.發現問題；3.尋求構想；4.發現解答；5.尋求可被接受的點子，其最大的特色是每一個階段都先進行擴散思考，以免遺漏任何可能的答案，再進行聚歛思考，以從諸多可能解答中找出最佳者（*湯偉君、邱美虹，1999*）。

㈢修定階段

Treffinger & Isaksen在多年的實務運用經驗之後，修訂CPS模式如下：1.新增加發現困境（mess finding）；2.把發現事實改為尋找資料（data finding），因為有效的解題不只是考量簡單的事實而已，更需要許多相關的資訊；3.發展聚歛思考的指導綱領與技術，以平衡早期發展成熟的擴散思考。Treffinger & Isaksen 並且把 CPS 六個階段，組合成三個成分六階段，三個成分為：1.了解問題（getting the problem ready）；2.激發構想（generating ideas）；3.準備行動（plan for taking action）等，至此完成建立了 CPS 三成分六階段的模式（*Treffinger, Isaksen, & Dorval, 1992*）。

二、創意問題解決模式的發展版本

創意問題解決模式的歷史，從最早的版本到現在稱之為 6.1™ 版本，CPS模式如同電腦軟體常用術語，可比喻為「心靈的軟體」版本，以下歸納CPS的發展歷史版本（*http//:www.cpsb.com*，*http://www.creativelearning.com*），如表 8-1「創意問題解決模式發展版本」所示：

表 8-1　創意問題解決模式發展版本

＊*1.* 促使創意歷程更仔細深思詳盡敘述		
版本	出版日期	說明
1.0	1952, 1953, 1957	Osborn 首先說明提供概述 CPS 模式七個步驟，在《如何變得更有創造力》（*How to become more creative*）和《應用想像力》（*Applied Imagination*）兩書。
1.1	1963, 1967	修正說明 CPS 三個主要階段在 Osborn 的《應用想像力》（*Applied Imagination*）。
＊*2.* 準備 CPS 成為一種教學方案		
2.0	1966	Parnes 擔任大學講師在《創立和方案手冊》（*Manual for Institues and Programs*）歸納 Osborn-Parnes 的五段式 CPS 歷程。
2.1	1967	Parnes 的《創造力行為練習手冊》（*Creative Behavior Workbook*）圖解 CPS 的螺旋，包括五個特別階段的 Osborn-Parnes CPS 途徑。
2.2	1976, 1977	Noller, Parnes, & Biondi 的《創造力行動手冊》（*Creative Actionbook*）歸納像鑽石的水平系列架構，《創造力行動導引》（*Guide to Creative Action*）詳述教學方案。
2.3	1982	Treffinger, Isaksen, & Firestien 的《創造力學習指南》（*Handbook of Creative Learning*）轉化 CPS 圖解模式為一種垂直導向，以及提供聚歛思考較好的重點，介紹新的聚歛思考工具。
2.4	1988	Parnes 的《視窗》（*Visionizing*）版本，提出 CPS 整個五階段每個階段過程多樣化系列循環。

表 8-1　創意問題解決模式發展版本（續）

版本	出版日期	說明
＊3. 連結個人到歷程		
3.0	1985	Isaksen 和 Treffinger 的《創造力問題解決：基本課程》（*Creative Problem Solving: The basic course*）包括在 CPS 開始和結束之前，增加一個深思熟慮的發現混亂（Mess-Finding）階段（表列結果和障礙、個人導向、情境的展望、選擇混亂在擁有者的基礎上），採行創意聚歛思考的特殊指導綱領。
＊4. 打破歷程		
4.0	1987, 1989, 1991, 1992	Isaksen 和 Treffinger 在數篇專論中發表，打破六個階段到三個主要成分，這是從 Osborn-Parnes 的 CPS 歷程發展，首次具有區別性的版本。
＊5. 採取描述性途徑		
5.0	1992	Isaksen & Dorval 的論述和課程教材打破制式觀點，成為一種描述式的圖解和途徑（提供穿透歷程的不同徑路）。
5.1	1994	Isaksen, Dorval, & Treffinger 的《問題解決的創造力研究》（*Creative Approaches to Problem Solving*）取代規定制式的 CPS 模式，採取任務評價和歷程計畫去指導問題的解決者，該如何去決定適切的途徑和使用 CPS 架構。
＊6. 統整模式到一種系統性架構		
6.0	1994, 1998	Treffinger, Isaksen, & Dorval 的《創造力問題解決導論》（*Creative Problem Solving: An Introduction*）描繪出任務評價和歷程計畫的內含物。CPS6.0 版具有一個動態、開放、彈性的系統，在其核心是一個清楚的歷程計畫機制，區別系統的要素。〔可參考 Isaksen, Dorval, & Treffinger，《創意問題工具盒》（*Toolbox for Creative Problem Solving*）〕
6.1	2000	Isaksen, Dorval, & Treffinger 的《問題解決的創造力研究》（*Creative Approaches to Problem Solving*）（2nd Ed.）。Treffinger, Isaksen, & Dorval 的《創造力問題解決導論》（*Introductionto Creative Problem Solving*）（3rd Ed.）。他們採取任務評價和歷程計畫，來形成「計畫你的途徑」的構成要件，如同是一種後設認知式構成要素的管理。目前 CPS6.1™ 版本的系統，目前包括了四個構成要件和八個階段。

資料來源：整理自 http://www.cpsb.com，http://www.creativelearning.com

三、創意問題解決模式的特色

CPS模式運用在個體的主要思考方式，分別是擴散思考和聚斂思考，擴散思考的運用規則是「延緩判斷」（deferred judgment），聚斂思考的運用規則是「肯定判斷」（affirmative judgment），這二條規則是貫串整個CPS的根本規則（ground rule），掌握這二條規則，即掌握CPS的精髓。CPS模式具有如下的特色（湯偉君、邱美虹，*1999*）：

㈠利用多階段方式循序達到創意解題之目的。

㈡每一階段都使用聚斂思考（批判思考）和擴散思考（創造思考）。

㈢每一階段皆始於擴散思考，再行聚斂思考，後者在於評價、澄清、及聚焦前者生成之結果，並為下一階段思考的內容作準備。

㈣可適用於小組也可適用於個人解題。

㈤可以只使用局部的階段。

㈥各階段不必依固定程序進行。

㈦各步驟不必依線性程序進行，可以螺旋式的交互呈現。

以任務評價為中心，結合了解問題、激發構想和行動計畫的交互作用，才能對創意問題激發許多解決的創意思維。

第二節 創意問題解決的模式

創意絕非乍現的靈光，而是有規則的流程。自從Osborn的BBDO廣告公司（Batton, Barton, Durston, and Osborn Advertising Agency）大力在全世界的公司企業、政府機關、非營利組織等單位，推展創意問題解決模式後，經由其同事Parnes後來在學術研究機構（SUNY College at Buffalo）任教的支持，使得 CPS 模式對於全世界產業界和教育界實務運作貢獻相當多。之後，如表 8-1 創意問題解決模式發展版本，可知CPS模式固然有許多變形歷程，但每個創造力過程的發展精神，仍保有不變的創意。

壹 Osborn-Parnes CPS 模式

CPS 模式主要仍是依據 Osborn-Parnes 的構想，加以延伸轉化各種形式，所以每位專家學者和創意顧問公司在繪製 CPS 圖時，多有差異。

一、CPS 六階段之修訂和程序

㈠ CPS 修訂要素

1985 年 Isaksen 和 Treffinger 在商界和教育界的運用經驗之下，為了讓模式更易學習及運用，做了以下三個修訂（陳蕙文，*2004*；*Treffinger, Isaksen, & Dorval, 1992*）：

1. 新增一個階段：發現困境（Mess-Finding, MF）。

2. 重新定義發現問題（Problem-Finding, PF）改為發現資料（Data-Finding, DF），主張有效的解題不僅要考量簡單的事實而已，更要想到在解題過程中相關的資訊，他們認為感覺、印象、觀察、問題也同樣的重要。

3. 發展了聚斂式思考的指導綱領和技術，以平衡早已創立完善的擴散式思考。如可用於各階段聚斂思考期的「找出重點」（locating hit and hot spots）。

㈡ CPS 六階段程序

1. 發現困境（Mess-Finding, MF）。

2. 發現資料（Data-Finding, DF）。

3. 發現問題（Problem-Finding, PF）。

4. 發現構想（Idea-Finding, IF）。

5. 發現解答（Solution-Finding, SF）。

6. 尋求可被接受點子（Acceptance-Finding, AF）。

二、CPS 六階段模式圖

(一) Isaksen 和 Treffinger 的 CPS 六階段模式圖

Isaksen 和 Treffinger（1985）的 CPS 六階段模式圖，從聚斂思考和擴散思考向度，依據創意問題解決思考歷程，一一檢視每一階段問題解決的途徑，如下圖 8-1 所示。

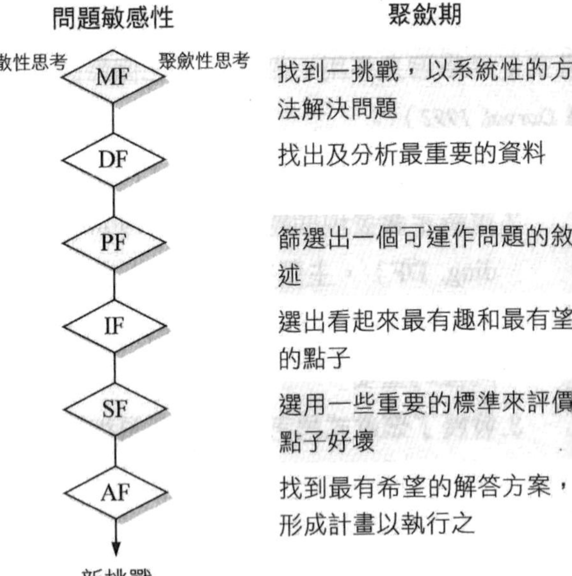

圖 8-1　Isaksen 和 Treffinger 的 CPS 六階段模式圖

資料來源：引自陳蕙文（2004：22）。

㈡ Creativityland 創意顧問公司的 CPS 六階段模式圖

Creativityland創意顧問公司，根據Osborn-Parnes的構想，從CPS六階段程序一一運用擴散思考和聚歛思考解決問題，每個程序均有一個對照思考檢視途徑，例如發現目標，檢視目標希望或挑戰，發現事實檢核點為蒐集資訊，發現問題檢視有沒有清楚的闡明或澄清，發現構想檢核點是有無產出答案，發現解答需對答案加以選擇和強化作用，尋求接納需檢視行動計畫等等，在每個鑽石方格中如能進行創意思維加上確實檢核，創意問題解決沒問題。圖 8-2 為 Creativityland 創意顧問公司的 CPS 六階段模式圖。

三、CPS 三成分六階段模式圖

Isaksen 等人持續修訂 CPS，發現人們在應用 CPS 於真實解題情境中時，並不會依序使用這六個階段，而是會自然地將之組合。於是 Isaksen（*1992*）開始注意到人們在進行解題活動時，會傾向於把這六個階段組合成三個成分：1.了解問題（getting the problem ready）；2.激發構想（generating ideas）；3.準備行動（plan for taking action）。第一個成分了解問題包括：發現困境、發現資料和發現問題等三階段；第二個成分激發構想則只包括發現構想第四階段；第三個成分準備行動包括：發現解答和尋求接受等第五、六階段。CPS 三成分六階段（如圖 8-3），更重要的任務是將創造力應用到組織團隊中，發想與實踐更多創意產物出來。

貳 CPS 6.1™ 版模式

CPS6.1™版本的系統，目前包括了四個構成要件和八個階段，可適用於個人或小組的創意問題解決，CPS6.1™版本可引導使用者兼具調和創意

發現目標	發現事實	發現問題	發現構想	尋求答案	尋求接受
擴散思考	**擴散思考**	**擴散思考**	**擴散思考**	**擴散思考**	**擴散思考**
假如……，會不會使情況變糟了？ 所要完成的是什麼？ 該怎麼做，才會比較好？才會比較與眾不同？	何人？何事／物？何地？何時？原因為何？用什麼方法？ 我們所知道的知識為何？／我們應知道的知識為何？ 是什麼阻礙了我們（發現事實）？	我們也許能以哪些方法去做？ 我們要如何……？ 如何去做……？ 什麼才是真正的挑戰？ 為何我們一直都無法解決此問題？	我們最異想天開的願望和夢想是什麼？ 假如沒有任何東西能阻礙我們，那我們會怎麼做？ 要達到上述的事情，是否有其他不同的方法？	哪一種重要的決定特徵才能衡量出這些構想的價值性？ 對於我們所選擇出的構想答案，哪一種方式才能測量出其優點所在？ 哪一種才能測量出其限制所在？	協助與反抗的來源為何？ 會出現什麼樣的阻礙？ 有什麼能使我們覺得更容易／更有趣的去做……？
聚斂思考	**聚斂思考**	**聚斂思考**	**聚斂思考**	**聚斂思考**	**聚斂思考**
最急迫的是什麼？ 最重要的是什麼？ 有什麼是我們能加以影響而改變它的？	何種議題必須一定優先被提出？ 在我們所關注的事物中，哪幾種能加以整合歸類為一起？ 資料的要點所在為何？	哪一種方式最能完整陳述出挑戰所在？ 哪一種人才是我們想一起共事的人？ 我們所要的為何？ 對於哪一種人來說，我們會想要從他身上獲得創見？	何種構想才能真正吸引我們？ 對我們來說，又是何種構想才算新穎？ 哪一種構想又需承擔最大風險？	何種構想是最重要的？ 這些構想要如何分級以相互進行比較？ 要如何修改此些構想以完成目標？	需做出什麼樣的修改？ 成就要如何才能測量／確認的出來？ 何種程序，何時該由何人來執行？
目標，希望或挑戰	蒐集資訊	闡明／澄清	產出答案	選擇及加強	行動設計

圖 8-2　Creativityland 創意顧問公司的 CPS 六階段模式圖

資料來源：http://www.creativityland.net/images/opcps/

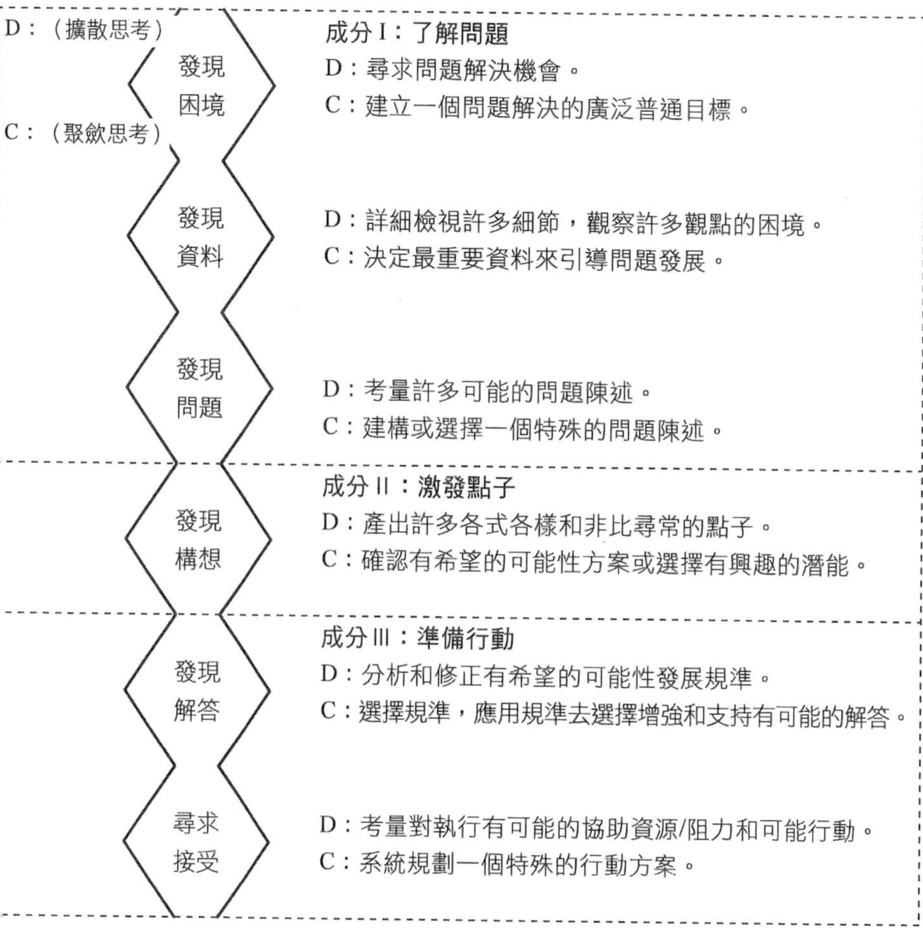

圖 8-3　CPS 三成分六階段模式圖

資料來源：出自 Firestien, R.L.（1993：271）。

和批判思考技能，從了解挑戰和機會、激發構想和發展有效能的解決問題計畫，以應付各種變化。CPS6.1™版本模式圖，如下圖 8-4「CPS6.1™版本模式圖」所示。

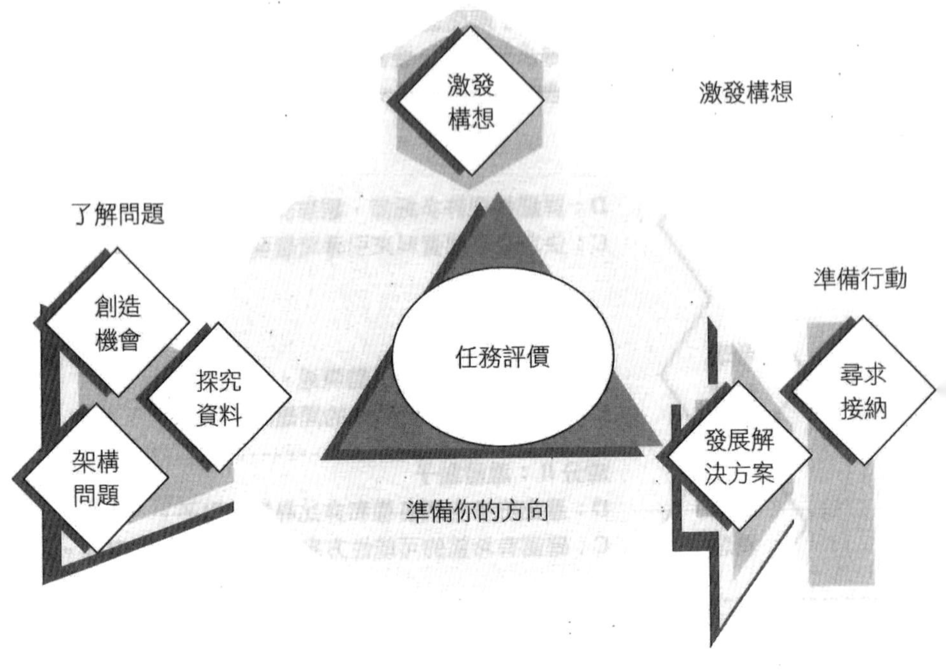

圖 8-4 CPS6.1™ 版本模式圖

資料來源：http://www.cpsb.com，http://www.creativelearning.com.

一、理解挑戰

理解挑戰包括調查廣泛的目標、機會或挑戰，以及澄清、形成或聚焦自己的思維到所要工作的主要方向上。所以在「創造機會」方面需深思可能的機會、挑戰和認同所獲取的目標，在「探究資料」方面，需從許多不同觀點，聚焦到任務情境中的最重要層面上，深思自己到底要什麼，什麼是核心所在？在「架構問題」方面，激發多樣化、非比尋常的方式到問題點上，並常用 W 法則來詢問各種問題。

二、激發構想

激發構想通常需要許多人發揮創意在腦力激盪中，創造出「絕點子」出來。所以在產出觀念時，通常需要流暢性思考、變通性思考和獨創性思考能力的培養，以及對於創造觀點透過認同作用，來挖掘、修正、發展和應用問題，如此所激發的構想才能有創意。

三、準備行動

準備行動包括以探究的方式做出有保證的選擇，以便在切實可行時，真正解決問題和準備可以成功達成目標。因此，在「發展解決方案」時，可以應用思考策略和工具來作分析、發展和修正各種可能性，並轉化為具有保證性的解決方案。另外，在「尋求接納解決方案」時，需深思各種途徑的支持或阻礙，並計畫以特殊的方式實踐結果和發揮效能。

四、準備你的方向

準備你的方向包括保持思考的軌跡，可以在事情發生時確保自己可以自由移動思緒的方向，應用 CPS 的個人魅力。在評價任務時，決定 CPS 是一個處理特殊問題有保障性的選擇，並深思善用 CPS 有效能地處理各種狀況。在設計程序時，運用對任務的知識和個人需求，來計畫 CPS 的構成要件、階段或工具，這將可以更順當有創意的達成目標。

從CPS6.1™版本模式圖，可以看出創意問題解決已從系統內因素，考慮到結合人本和環境系統的理解挑戰事實、激發構想和準備行動的全方位思考。據此，亦可以看出 Isaksen, Dorval, & Treffinger 等人，了解到顛覆變動的時代，需要聆聽和判斷周遭環境所發出的聲音，預先過濾不可行的創意，理解理想的創意是否可行，並學會拋出創意和團隊成員共同激盪開創創意構想，使得準備行動的競爭力充滿個體和團隊的智慧。

參、創意問題解決模式的應用

一、創意工程：V-dot 實踐歷程模式

㈠實驗背景

陳斐卿、郭泓男、葉則亮和蕭述三等人（*2004*）以激發創造力的六項原則：相反、轉移、合併、改變、延伸和減少等，在中央大學機械工程學系開設創意課程，共有大學部三、四年級同學 50 位修習「開放式創意機械工程設計」課程。該課程上學期以創造力培養及激發為主軸，教授創意思考發明方法，激發學生構想並配合理論提出專題設計計畫書；下學期再經由實驗、製作、與測試的過程，將產品製作完成。

㈡實驗模式

創意工程成品除了需要激盪得出創意的概念設計以外，還需要有很強的執行能力，該團隊依據共同規劃的一個鷹架模型 V-dot 圖，如下圖 8-5「創意工程V-dot實踐歷程模式」，來引導學生進行實作，這個V-dot圖，具有認知工具、溝通工具、評量工具、與經驗傳承工具的作用。

在V-dot圖的兩端，標示實踐歷程的重要步驟與詳細任務。右側Methodology 區流程包括：1.腦力激盪法；2.評估／點子決選；3.分工規劃／甘梯圖；4.市場調查；5.專利研讀；6.相關產品拆解；7.草圖繪製／設計原型；8.專家諮詢（老師、師傅、老闆、學長）；9.成品製作（含手冊）；10.成品測試（含結果報告）；11.成品展示。

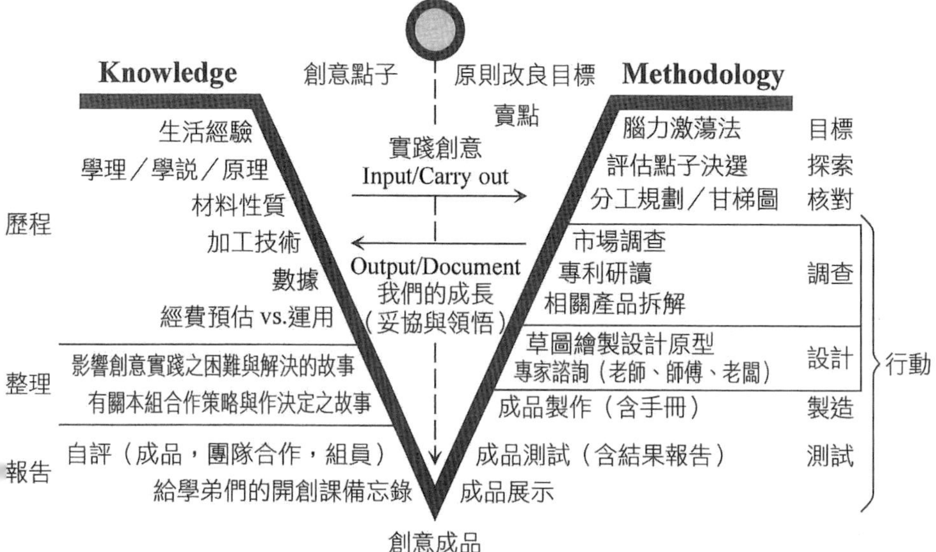

圖 8-5　創意工程 V-dot 實踐歷程模式

資料來源：出自陳斐卿、郭泓男、葉則亮、蕭述三（2004：3）。

左側 Knowledge 區的各個項目彼此之間較沒有流程的關係，包括：1.生活經驗；2.學理／學說／原理；3.材料性質；4.加工技術；5.數據；6.經費預估 vs.運用；7.影響創意實踐之困難與解決的故事；8.有關本組合作策略與做決定之故事；9.自評（成品、團隊合作、組員）；10.給學弟們的開創課備忘錄。

而在 V-dot 圖的中央，則闡明左側的知識面向與右側的方法論面向，透過不斷的理論與實踐的對話，而使創意點子在妥協與修正的聚歛過程中，逐步產出創意成品，學生則在這一歷程中得到成長。

㈢實驗結果與討論

1. 學生在實踐創意作品歷程的特徵

由學生在 V-dot 圖上各項紀錄，歸納出學生遭遇問題時採取的解決模式的幾項特色：1.學生創意聯想能力少以專業知識為基底做連結；2.隨著概念階段進入製作階段，使用創意解決策略之次數不斷減少。

2.電學的匱乏對實踐創意成品的影響

十二組學生中有一半以上的實踐歷程，都碰到了電學相關方面的困難，同時也採用捨棄成品某項功能，或是採取其他非電磁式的設計來處理問題。在電學方面的挫折似乎較機構設計方面要嚴重，其可能的幾項原因與背景為：1.學生缺少電學中功率相關的概念與實驗經驗；2.電學的東西相較於力學而言較難直接觀察；3.學生缺乏電路設計實作的除錯能力。

3.修改課程模組，加強創造性思考解決問題

該團隊發現學生在遭遇問題時，很容易急於尋求出單一個解法，而未能有機會嘗試對問題有一個多方向性的解決發展，在尚未做擴散性的思考前就已經做了聚斂性思考，因此看到的問題與解決面都是一個點，因此課程可以藉由「創造性問題解決」模式，於課堂中或是學生活動上給予思考性的幫助，使同學在創作歷程中能夠發揮創造性的思考問題解決。

4.加強課程的細部要求

包括：1.加強學生在創意產品的介紹報告，增加學生自行在學理應用方面發展能力，以及培養學生資料搜尋的能力與習慣；2.要求繪製專題實作時產品設計圖，圖內有使用材料與零件的規格、公差配合，並藉由選用材料性質、規格的訊息，簡單的預想加工製作時會遇到哪些問題，目的在於讓學生了解工程設計圖在創造力實踐的重要性，增加對於材料特性的了解，並且讓學生體驗蒐集工業材料規格資訊對於實作上的幫助；3.充實小組成員個人創意點的紀錄文件，在小組團隊過程中，充滿了許多稍縱即逝的創意想法，但很容易在雜亂的討論過程與時間的壓力下就將它捨棄掉了，藉由紀錄本的提醒對該創意點作進一步發揮，目的在於擴展學生發揮創意點的空間，以及訓練對於創意點的延續發展技巧。

教學或學習創意的發想與實踐，在發想歷程、彙整資訊和展現成果時，最重要的是需要有方法論的指導，透過外顯知識的表現和內隱知識的智慧整合，才能針對創意目標，進行系列探索、精密核對進程，加入調

查、設計、製造、測試等創意行動。再融合創意知識的思考歷程、整理、團隊報告，方能深化創意點子、實踐創意，獲得勝利（V點）的領悟成長產出創意成品。

二、創意設計：產品系統設計模式

㈠模式一：產品設計流程模式

林崇宏（*2000*）研究指出一般的產品設計流程主要包括：

1. 計畫概要：設計目標與方向的決定、綱要初步構想與方案的可行性。

2. 構想發展：資料搜尋分析與可行性方案的構想發展。

3. 細部設計：產品的結構、功能等的詳細設計。

4. 設計決策：構想成型、圖面完成與設計案的執行。

設計流程不適合發展為一個固定模式，作為設計樣板式的規範，以設計師執行設計行為的角度而言，「思考」是主要的發展途徑，經由思考可發展為設計的創意。因此，設計流程模式的架構乃是系統化的將輸入的資料轉換為輸出的具體成果，其發展的主要關鍵在於如何適當地將巨大的輸入資料，縮小於某特定的思考途逕。茲將刮鬍刀的產品設計流程模式列於下圖 8-6。

㈠模式二：CPS 系統設計流程圖

陳薏文（*2004*）以 Osborn-Parnes 傳統的線性 CPS 五步驟，加上 Isaksen & Treffinger 的 CPS 六階段模式圖，導入系統設計方法，結合創意思考技巧來解決各種開放性問題，試圖從許多不同的點子，以利創意產品設計之運作。如下圖 8-7，該模式包括：

1. 階段一

亂中尋緒，主要是從眾多問題和方向不清的狀況下，了解困擾問題，並從消費者立場去提出質疑點和困惑點，並加以歸納和分析，確認產品設計的初步方向。

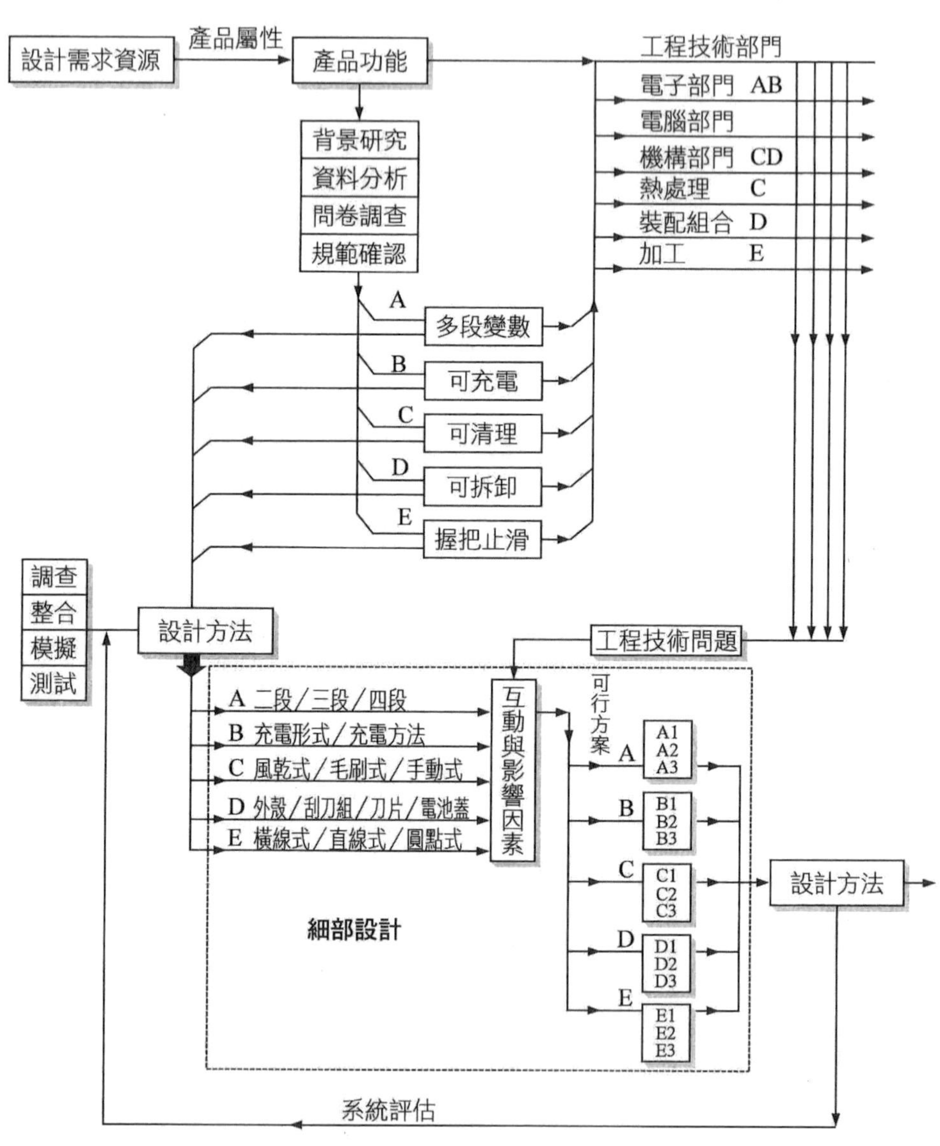

圖 8-6　產品設計流程模式

資料來源：出自林崇宏（2000：72）。

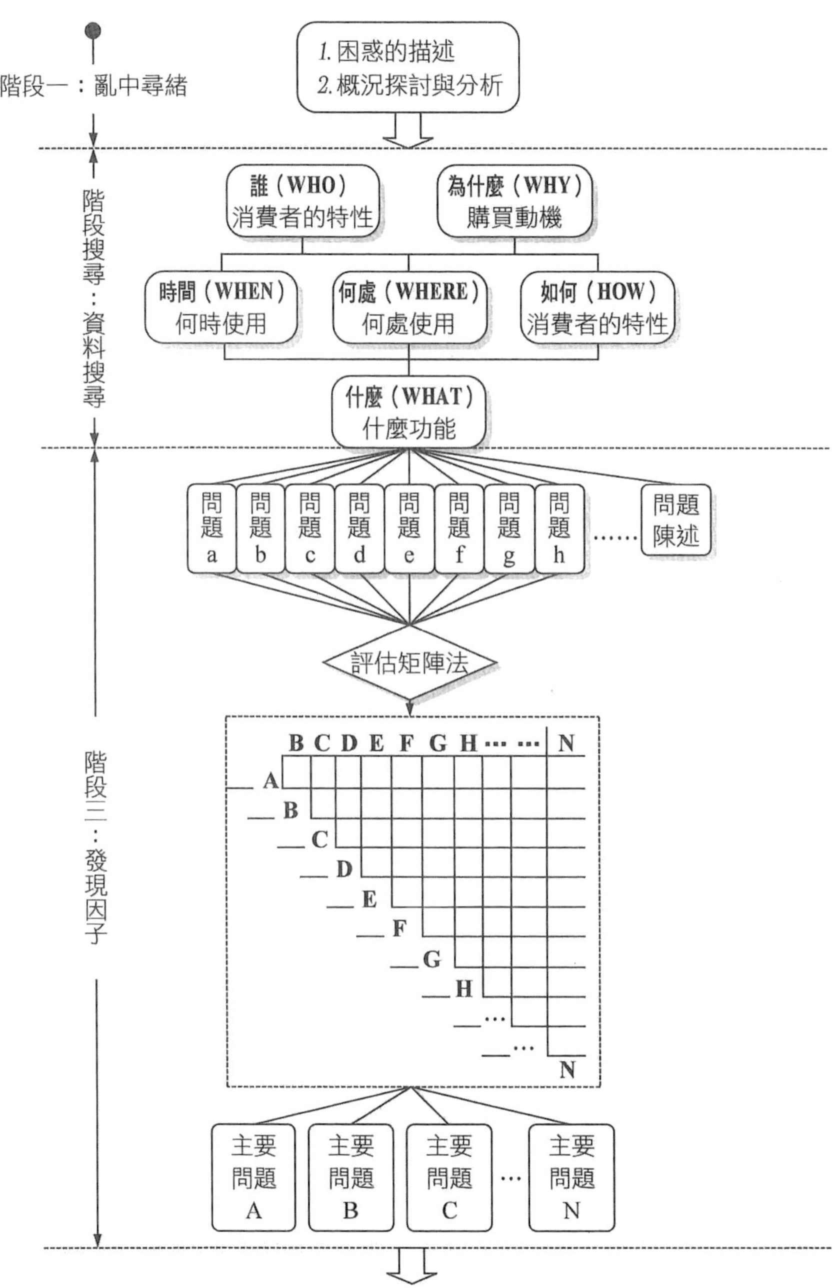

圖 8-7　CPS 系統設計流程圖

資料來源：出自陳薏文（2004：31-33）。

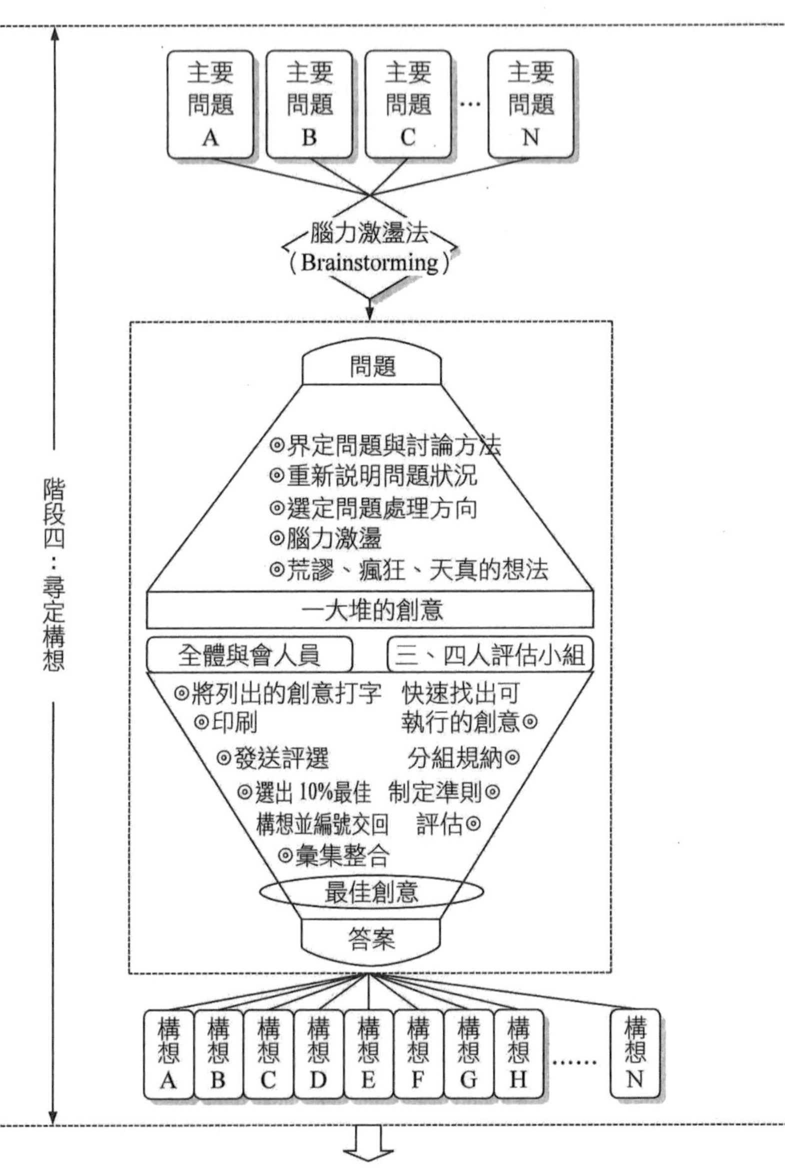

圖 8-7　CPS 系統設計流程圖（續）

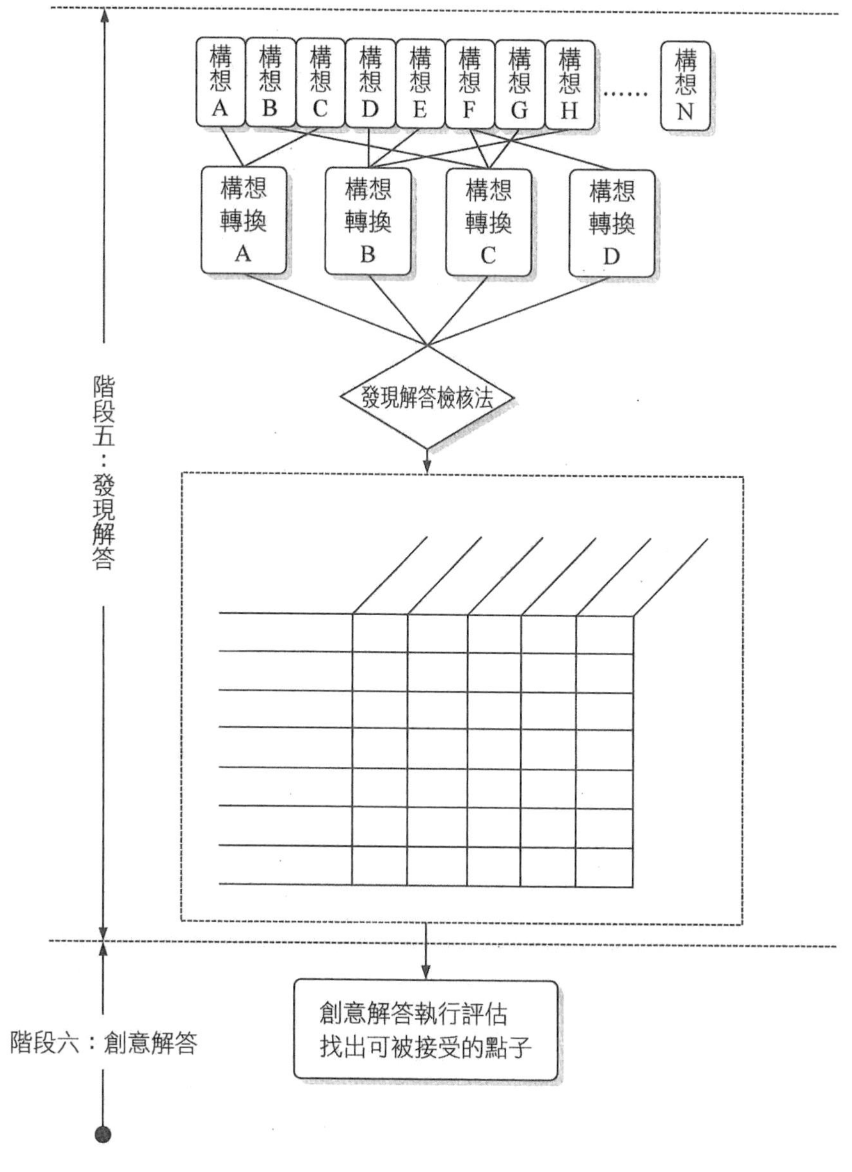

圖 8-7　CPS 系統設計流程圖（續）

2. 階段二

資料搜尋（消費者之關係），必須對目前環境狀況確認及了解後，進一步定義出產品之使用範圍（人、機、環境三者之關係），因此採用六何檢核表（5W1H），定義出設計需求方向，即可找出關鍵資料與發展方向。

3. 階段三

發現因子（消費者與製造者之關係），確認問題後，進行產品之市場調查，找出使用者希望的需求。以需求為探討重點，將所得到之因子，經由矩陣法（Matrix）進行問題間之關係評估，配合系統化設計的分析法找出創意範疇。

4. 階段四

尋求構想（消費者、製造者與環境之關係），在此階段需考慮（人、機、環境）三者之關係，並進行腦力激盪法（Brainstorming），將第三階段所產生之問題因子，依照權重等級大小，進行創意之擴散性思考，繼而可以找出消費、製造與環境三者關係之創意範疇。

5. 階段五

發現解答（製造者與環境之關係），將階段四所得到之創意範疇，進行範疇構面之界定與配合實際狀況轉換，可找出最具創意之適切解答。

6. 階段六

創意解答，將最後所得到之創意解答，建立創意評估之測量尺度，進行創意值評估，找出可行性高之創意構想發展。

當創意找出可被接受的點子，即可發現任何知識成果真正的力量來源是創造力，其他都不過是例行作業，創意已變成一切有價事物的 DNA。

第三節 創意問題解決的案例評析

創意問題解決實作是有趣的應用經驗，無論是學者型的 CPS 模式，或自創的 CPS 模式運用在專題製作，可以豐富具有專業的服務技術或產品設計，以下茲舉出三個案例評析之。

壹 創意工業設計作品：鐵馬咖啡車

一、創作者

創作者為雲林科技大學工業設計系 94 級畢業生的鐘健倫和劉昆達，兩位對於工業設計抱持著「縝密的思考，精細的分析，完美的設計」，以及「任何完美的事物，皆由醜陋衍生而來」創意態度，創作出具有太陽能概念的咖啡車構想，呈現實際的鐵馬咖啡館作品。

二、創意作品簡介

隨著各國環保意識的提升，腳踏車逐漸成為未來的交通工具。而經由改裝的咖啡腳踏車，機動力強，隨時隨地可停下來賣咖啡，再加上免營業稅、牌照稅、環保、成本低等優點，因此，該作品以咖啡杯的線條來刻劃出濃濃咖啡香的感覺，而透明的罩子，也讓消費者再等待熱咖啡的同時，能欣賞煮咖啡的過程和技巧，車的驅動方式除了腳踏車之外，也為太陽能車做概念性的詮釋。

該車具有以下特點（國立雲林科技大學工業設計系，*2005*）：1.前置咖啡工作區，讓販賣者可以邊騎邊賣咖啡；2.使用電瓶發電，避免電機或瓦斯的異味與重量；3.車頂為太陽能板，可吸收太陽能將水保溫；4.上半身可以 180 度旋轉，可轉至適合的角度定點販賣。

三、創意作品

雲林縣古坑鄉是咖啡的故鄉，鐵馬咖啡車的創意作品不只可以在華山地區、綠色隧道等產地賣咖啡，也可以走入市集鄉間或學校醫院作流動式的販賣，讓咖啡香舒緩生活步調。下圖 8-8 是鐵馬咖啡車的全貌，圖 8-9 為鐵馬咖啡車的車內咖啡機具台。

圖 8-8　鐵馬咖啡車的全貌

圖 8-9　鐵馬咖啡車內咖啡機具

資料來源：出自雲林科技大學工業設計系（2005：163-164）。

四、創意問題解決解析

㈠階段一：準備點子

嘗試從混亂的思緒、情境、問題意見中，去發想到底要做什麼？該怎麼做才比較好？哪些事物是可以聚焦在作品中一起呈現？我要的是什麼？透過蒐集資料、發現問題的過程，鐵馬咖啡車從「Where」——雲林、「What」——特產咖啡、「How」如何做出人人可以分享的咖啡等思緒發想，再經由類比「假使咖啡能像腳踏車一樣，那麼就可以……。」、「假使太陽能＋咖啡車組合在一起，能有什麼作用？」等等創意方法，層層解套思維，準備好創作鐵馬咖啡車的浪漫想像點子。

㈡階段二：尋求構想

此階段最重要的是針對問題，發展出各種可能的點，並選出最有趣、最有希望、最有創意的點子，當然在這些最異想天開的願望和夢想中，一定有些阻礙點或是風險（例如經費、時間、材料和能力等等因素），當然在尋求最佳構想時，知道什麼是最有新穎創意，以及各種可以突破障礙、風險的事實，此時宜化繁瑣為簡約，善用創意工具讓尋求構想具體化。

㈢階段三：行動計畫

此時在尋求解答和尋求認可，最重要的事如何突破限制，透過比較、修改、分析、綜合、檢核等方法，當然鐵馬咖啡館的作品，能夠以咖啡杯的線條刻劃出濃濃咖啡香的感覺，而透明的罩子，也讓消費者再等待熱咖啡的同時，能欣賞煮咖啡的過程和技巧，經過實際測量比較優缺點列舉後，思考各種材質的搭配，確實讓作品呈現優雅流暢、實用可行和進步思維的創意表現。

傳統制式的教育，強調頭腦不一定要一百分，但是下的苦工一定要百分百，不能有差錯。鐵馬咖啡館的作品，從做出「能動的咖啡車」半生不熟點子的發想，到做出真正的鐵馬咖啡車作品，在走出創意泡泡時，或許創意人是該想想，今天行不通的點子，如何讓它到明天變成創意問題解決的關鍵，把創意泡泡變成創意風箏的高遠境界。

貳 創意生活設計作品：任意變

一、創意作品團隊

這是由作者指導林冠廷、謝智成、邱世豐、胡弘志和簡玉靜等同學組成 PK 團隊，該團隊具有發揮創意把作品做到盡善盡美的特質。

二、創意作品的發想與實踐過程

㈠規劃目標

利用連桿來任意變換造型，讓使用者隨心所欲且求新求變，使伸縮連桿與連接點的彈力球互相配合，並且讓支架配合其他物品使用，作為置酒架、鞋架、書架或衣物等，具有彈性多功能用途的任意變。

㈡規劃步驟

1. 尋找實作及產品的相關資訊，評估及分析，欲做之產品占有何種優勢。
2. 確定產品的使用宗旨，彈性使用置物櫃（架）為主，擁有趣味為輔。
3. 建立實作置物櫃（架）的目標，包括其創造出的目的及用途。
4. 擬定各個可行方案，並討論之。
5. 選定最適的方案，然後，分配各個工作給各組員。
6. 開始實地製作「任意變」。
7. 遇到困難，再檢討，利用其他的替代方案或想出解決方案執行之。
8. 完成模型作品及完成圖。

㈢產品規格

該產品為求得以任意變長和縮短，整個規格如下表 8-2 任意變創意作品規格。

㈣產品的特色

1. 可以任意拆解連桿與球體，然後恢復原狀，可輕易收納。
2. 可配合物品大小形狀及高度來改變連桿（模型以保特瓶為例）。
3. 可任意變換造形增加了許多趣味性。
4. 可以轉動連桿。

㈤模型製作步驟

1. 準備彈力球、相連結之連桿。
2. 規劃球洞的位置。
3. 利用立式鑽床鑽洞。
4. 裁製連桿長度。
5. 測試連桿及彈力球孔徑配合度。
6. 組合桿件。
7. 完成。

表 8-2　任意變創意作品規格

名稱	長			直徑	預留長度
連桿（示意圖）	12cm	23cm	35cm	2cm	3cm
連桿（模型）	配合一般酒瓶長度而製			5mm	1cm
立式鑽床鑽頭	無			6mm	無
名稱	直徑	洞數		鑽洞孔徑	鑽洞深度
彈力球	3cm	24		6mm	5mm

㈥建議產品製作之材質

1. 利用塑性鋼土製成其球體，擁有強韌性球體可承受連桿的穿插。

2. 利用鈦合金（鎂合金）做成連桿，其強度夠，易支撐不易斷裂。

三、創意作品

該團隊成員相當投入在創意行動歷程，在創意產品的實作計畫中，實際以鑽床鑽孔做出成品，相當不容易，因為一個球體以 30 度鑽孔，需要相當穩定性的操作機具，方能讓作品可由各角度任意收縮、變化形狀，該作品可視需求加上置物板。其作品如圖 8-10「三段式伸縮連桿」、8-11「任意變作品——斜率」、8-12「任意變作品——醉酒架」和 8-13「任意變作品——我要去運動」所示。

四、創意問題解決解析

任意變作品的設計，誠如Jones（*1984*）所提出的設計方法，重視設計方法的分析、綜合和評估三階段，在分析方法階段對於初步規劃、找出問題和問題分析都能以建立初步構想為目標；在綜合階段，對於初步構想可行性、構想草圖和設計發展，朝向運用解決問題方法目標；在評估階段透過提案、修正、溝通和做出結論，以使設計構想定案。該團隊在設計方法部分，善於分析、綜合和評估問題；在設計過程於初步規劃、找出問題、分析問題都能言之有物，不會一直處於空想抽象設計階段，對於作品的可行性又能測試耐重力程度分析，畫出構想圖，規劃整個作品進行步驟；整個團隊分工能力佳，有的善於提案，有的善於修正、溝通和作結論。所以整個團隊從初步構想、解決問題的方法和設計構想定案，系統性創意解決問題歷程的內容相當紮實。

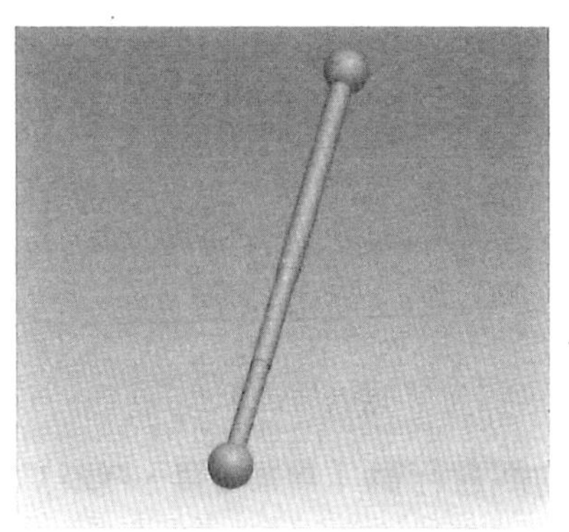
圖 8-10　三段式伸縮連桿

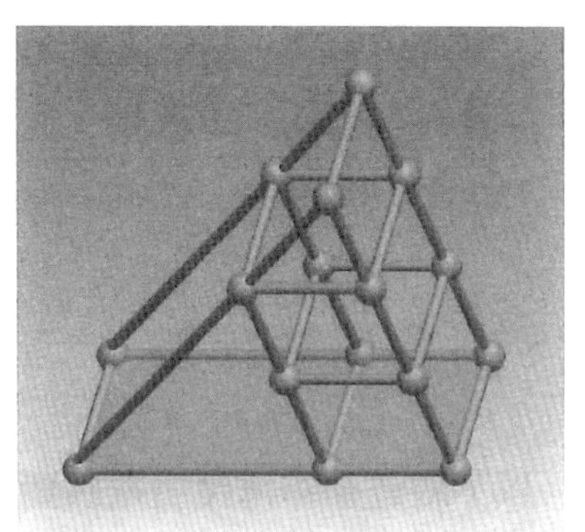
圖 8-11　任意變作品——斜率

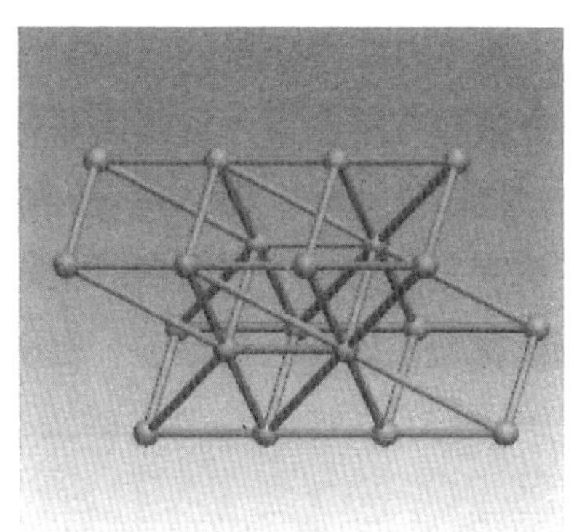
圖 8-12　任意變作品——醉酒架

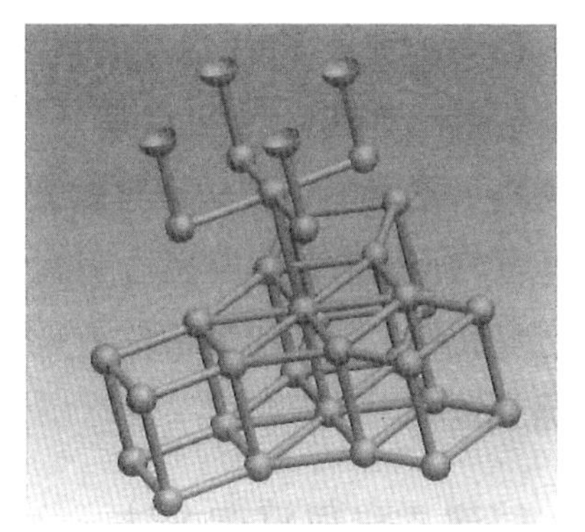
圖 8-13　任意變作品——我要去運動

參　創意產業設計作品：電腦斷層掃描

一、創意作品簡介

㈠創意人：郝菲德（Godfrey Hounsfield）。

㈡發明時間：8 年。

㈢突破關鍵：1972 年，郝菲德於北美放射線學會年會上發表電腦斷層掃描的論文，贏得滿堂喝采，因為從來沒有人能如此清晰地呈現人體內部組織。1979 年，此項技術獲頒諾貝爾生理學暨醫學獎（譚家瑜譯，*1995*）。

二、創意關鍵行動

以下敘述郝菲德發明電腦斷層掃描的創意行動（譚家瑜譯，*1995*）：

㈠搜尋新舊點子

郝菲德進入 EMI 公司曾向大家證明，他可以利用新興的電腦記憶體來完成傑出的創新。但 EMI 不想加入競爭激烈的電腦業，這讓郝菲德非常沮喪。當時的中央研究實驗室負責人白洛維（Leonard Broadway）知道郝菲德的務實個性能夠自行完成計畫，不需旁人鞭策，他告訴郝菲德記憶體已無前途，要他另想新點子，這讓郝菲德憶起他以前的舊點子，而電腦斷層就是其一。

㈡建立科學探究方法

郝菲德假設有個盒子裡裝滿東西，利用一些數字，從三度空間中的各個角度來偵測這個東西的表面，而你不需打開盒子就有足夠的資訊知曉盒子裡裝的是什麼。郝菲德思考的範疇是所謂的「型樣認別」（pattern recognition，電腦對數字、形狀、圖形等的自動識別），這在當時還屬理論科學，他的理念超越了當時所有的研究成果。他看見了一個複雜的數學謎題：如果能把那物體變成許多照片粒子，給每個粒子指定一個數值，再教電腦怎麼樣以它們在盒子裡的樣子重組，就可以在電腦裡顯示出重組的物體，而看到盒子裡是什麼。郝菲德的想法是把每個分子拍成照片，經由 X 光把這些照片送到電腦，電腦再將所有照片在螢幕上組合出來。

㈢結合聯想創意

郝菲德思考以人體透視來取代思考盒子的型樣認別，他突然想把他的概念和醫療放射學的知識聯想在一起，他想到以X光重複照射人體某部位或平面，就會得到所有待重組的粒子資料，再還原成這部分組織的影像，它就等於是盒子裡的物體。

㈣ W 法則檢核

郝菲德把想法推銷給政府的健安部門（健康與社會安全部）官員，他的理念在健安部獲得支持。他的理念太有革命性，雖然健安部裡沒人能理解他在說什麼，在健安部的人提出問題前，郝菲德早已想到問題的解決辦法，他總是比健安部的人早下了一步棋。在健安部提供經費前，郝菲德早已開始做機器，但機器零件幾乎可以說是從拍賣中拼湊出來的。但郝菲德還是利用一些備用零件拼成了一個可以記憶儲存又可運算的系統，這系統非常先進，但大家都不敢指望這機器能用。

㈤發現解答

1971 年，健安部大力投資電腦斷層計畫，甚至同意買下 EMI 生產的前五部掃描機，這時新原型尚未做出來，也未進行人體實驗，如果掃描機失敗，雙方都將損失慘重。1971 年秋天，郝菲德和工作夥伴安布斯（James Ambrose，一位臨床放射線專家）用電腦斷層掃描機掃描一位患有腦瘤的女士頭部，掃描過程只有數分鐘，但事後的處理轉換資料卻非常冗長，掃描結果顯示出的相片，非常清楚地呈現女士左腦上有一顆腫瘤。

㈥尋求接受

1972 年 11 月，安布斯在北美放射線學會的集會上，發表第一部頭部掃描機的臨床經驗，並示範操作掃描機，聽眾歡呼、鼓掌，他們瘋狂愛上了掃描機。此舉使 EMI 得以突破美國龐大而富有的醫療市場，而郝菲德也因此得到諾貝爾獎。EMI在五年之中雖因掃描機而賺錢，後來卻因為大量增產而賠錢，EMI挪不出經費繼續發展，因為公司最賺錢的唱片業亦正逢不景氣。1980 年，EMI 虧損三年，終於宣布退出醫療電子事業。

三、創意問題解決解析

成功商品的產出，來自於郝菲德的堅持完美創意的理想，從他搜尋舊點子發展出新點子，建立盒子內三度空間的科學假設去實作驗證，結合X光重複照射人體某部位或平面，就會得到所有待重組的粒子資料的聯想創意，運用 Who、Where、How 等法則檢核誰可以接受他的推銷，接著用電腦斷層掃描機掃描一位患有腦瘤的女士頭部發現解答，印證其作品行銷的人體試驗基礎，為求醫學界使用的肯定信效度，於北美放射線學會的集會上，發表第一部頭部掃描機的臨床經驗，並示範操作掃描機，尋求接受。

整個成功商品的發想與實踐，除了個人創意特質外，以 CPS 三成分六階段模式分析之，最重要的是郝菲德他能掌握：

㈠了解問題

1. 從困惑中了解環境事實，尋求資訊、感覺、現象、印象和問題的統合，確定發展方向。
2. 能從專業知識中蒐集資料，確認自己所需要，所必須且是一定要知道的關鍵資料。
3. 能以建立科學探究方法的演繹推理和現象歸納，發現問題的抽象點如何具體化表現。

㈡產生構想

他能善用聯想法、W 法則和腦力激盪方法，開創獨創性作品。

㈢活動計畫

1. 他能尋求人體實作具體化產品的功能性，以具體構想解決問題。
2. 最後能以尋求專業團體組織的認同，在放射線學會的集會上，發表臨床經驗，並示範操作掃描機。

創意思考者通常有三種類型，第一種是能想出好點子的人，這些創意人在研究問題後便能提出解決方案。第二種創意人是能舉一反三型，他們能看出其中的關聯，了解解決前面問題的方式，亦能應用到另一問題上。第三種創意人是能在腦中將整套系統與世界概念化（宋瑛堂譯，*2004*）。

創意問題解決模式是由許多創意專家學者和實務工作者，發展出完整的創意問題解決連線，在每個連線過程如能善用創意模式中的每個區塊，對於僵化、預設的想法，也就能找到個人創意活水，變成團隊中強化點子的創意生力軍。屆時，創意問題解決模式，就像傳染病法則一樣，一種物件，普及率愈高，效用就愈大，創意就無限遠播。

創意現實問題

＊台灣山區原住民部落，每次颱風來了經常造成土石流、斷水斷電、學校停課，甚至老弱婦孺無法就醫等人文與自然的災害。

＊台灣的文化創意產業極需要能夠改造創新舊產業的高手，請你就某一景點，進行 CPS 的創意思考吧。

創意的發想與實踐

1. 請就 CPS 三成分六階段的 I.了解問題：發現困境、發現資料、發現問題；II.激發構想：發現構想；III.準備行動：發現解答、尋求接受，開始進行創意問題解決模式的腦力激盪。
2. 請記錄每個創意發想，提出你的行動方案。

創意評量紅綠燈

	綠燈	黃燈	紅燈
可利用性			
新穎觀念			
有進步性			
有創新性			

不要灰心喪志，打得開鎖的總是你試的最後一把鑰匙。

——金克拉

創意經典故事盒

速食麵的發明

中國清代，有位叫伊秉綬的名畫家，又以隸書聞名於當時，他的書法特色是用顏真卿的楷書方法來寫隸書，又用隸書的筆法來寫顏體。他喜好結交名人雅士，常常設宴款待到訪的客人，有時一桌未散又有客人趕到，家中的廚師要不停地買菜做飯，疲於奔命。為了既方便又不失體面地招待客人，經過思考和實踐，伊秉綬讓人用雞蛋加水和麵粉，揉成麵條，捲曲成一個個小團，然後放在鍋裡油炸至金黃色，並收藏好。食用時放在碗裡，放好作料蔬菜等，再用開水一沖就成了一碗香噴噴的麵條，這種製麵法傳了出去，成了一種流行小吃，因為這種麵是伊家發明的，故人稱「伊麵」。這種油炸過的麵條不但別具風味，而且方便保存，伊麵因此還被人視為是現代速食麵的老祖宗。

現代速食麵則是日本日清食品公司董事長，日籍華人吳百福先生首先打入市場的。吳百福借鑑了我們祖先的發明，經過多年的研製，率先推出在麵粉裡加動物骨髓等營養物質的速食麵，該速食麵一經問世，就大受消費者歡迎。爾後吳百福在一次機遇中，有了內附小叉和調味料的碗裝麵構想，當他正在苦苦思索如何讓麵和調味料既保持乾燥又價格便宜時，一個空中小姐向他遞來的航空袋裝食品使他眼前一亮：用塗上錫箔的紙包裝！

回到日本，他的開發一舉成功，碗裝麵風靡全球，日本政府為了表彰吳百福對食品工業的巨大貢獻，並授予他「速食麵之父」瑞寶勳章。

IDEA 筆記畫

☆我的感想：快樂的需求可以提供創意「惑亂」的觸媒。

☆我的問題：

☆我的聯想：

☆我的應用：

☆我的創造：

第九章

撰寫創意行動計畫書

第一節　創意主題和團隊
　壹、創意主題的擬定
　貳、創意團隊的組成
第二節　撰寫創意發想與實踐計畫書
　壹、創意發想的動機與目的
　貳、創意作品的構想與實踐
　參、創意發想歷程與運用技法
　肆、創意實踐方法和創意問題解決
　伍、創意作品的相關專利研判
　陸、創意作品的成本與行銷
◎ **創意問題轉圈圈**
◎ **創意經典故事盒**

朝行適至，定慧圓明。我想多閱讀、散步、思考、做做看等創意行動，讓創意知識態度和技法模式的原理與設計，突破創意的發想和實踐吧！

——中華民國・創意原理與設計作者・沈翠蓮

在過去，管理者在乎的是產品製造；而現在，管理者在乎的是理解。教育不單是資料蒐集，還有一種產生陳述、假設，以及模式的複雜過程，這種過程會以經驗為基礎加以測試（蕭幼麟譯，2005）。方案或計畫書的撰寫，可以讓收訊者清楚理解到產品製造的事實，以及理解整個團隊完整創意的發想與實踐，更重要的是讓撰寫者不只是傳統製造業的「黑手」，而是既能創意生產，也能把創意歷程、創意情境壓力的事實，以「創意人」的角度，轉化知識為有智價的產品。

本章第一節，將說明創意主題的定位和團隊的組成，有了創意主題方向和團隊成員，執行創意計畫書已踏出觀念性架構的前鋒。第二節，探討創意行動計畫書格式化的種類和內容要點，提供創意撰寫的格式和思考取向，作為創意內容創新化具體體現，修正回饋資料的參考依據。

第一節 創意主題和團隊

壹、創意主題的擬定

一、創意主題標題的構思

㈠標準公式化

創意標題的標準公式，即以創意的「原創力」、「流暢力」、「敏覺力」為準則，忠於主題原味需求，加以衍生其標題的創意。所以，最普遍的標準公式化，可以下列方式來呈現主題：

1. 創意主題標準公式化＝流行字眼 or 流暢感覺＋原有主題。

2. 實例：

⑴「全家就是你家」，流暢地突顯全家商店主題名稱。

⑵「麥當勞都是為你」，流行的口頭禪「一切都是為你」，應用在業界讓消費者念起來覺得很順暢流利。

㈡例行出軌化

即是主要標題加上形容詞，透過有創意形容詞的描述，可以讓人尖銳地想像，不按牌理出牌地的創意產品到底有何待探索空間，創意主題的功能、作用的真正意涵是什麼？

1. 創意主題例行出軌化＝創意形容詞＋主題。

2. 實例：

⑴環保無針訂書機。究竟是什麼？訂書機怎麼可能無針，既然無針怎

麼可能把書或紙張固定好？因此，讓人必須進一步探索才可能知道，原來是利用摺紙原理把紙往前或往後摺，就可以把紙固定住。

⑵填替式魔術白板筆。一看就知道是白板筆，然而「填替式魔術」是什麼？原來是可以填充更替墨水又具有彩虹筆作用。

㈢煽動利益化

創意標題的煽動利益化是以矛盾、即時商機、挑逗趣味等為主要準則，看到此類標題，很快可以化解原有刻板印象，朝向掌握趨勢潮流的延伸效果。

1. 創意主題煽動利益化＝矛盾化、挑逗、商機＋主題。
2. 實例：

⑴「雞蛋魔豆」創意產品，意味著雞蛋加上「傑克與魔豆」故事書中的金雞蛋的聯想，可以聯想當現在風行從雞蛋中，可以以培養出巨大的魔豆樹的趣味。

⑵「We are family」的廣告標語，即是從我們都是一家人的關懷，尋找消費者的需求滿足。

㈣認知穎異化

創意標題的認知穎異化即以「你能運用聲音、意義、形象、變化……」等準則，讓人很快理解、想像、判斷和認識到標題的意義，使得主題令人產生一種聯想和意想不到的領悟。

1. 創意主題認知穎異化＝形音意義＋譯義異議主題。
2. 實例：

⑴「NEWStar IS U」，這是聯合報尋找紐時達人的廣告，從NEWStar的音譯即可感受到尋人廣告的尊榮感。

⑵「暴走克拉克」，這是一個會跑的鬧鐘主題，暴走取自日本暴走族的強勢、絕對意義，克拉克則是來自於英文Clock的意義，所以，

暴走克拉克令人有一番想像的動感。

無論是哪一種標題的訂法，最重要的是提供創意想像之外，最後還能理出創意頭緒，令人會心一笑之外，有個創意開始努力方向。下表 9-1 是由國科會主辦 2005 年「第六屆全國大學校院創意實作競賽入圍決賽隊伍」，可以選選看，哪一組的作品名稱是最有創意的標題。

表 9-1　第六屆全國大學校院創意實作競賽入圍決賽隊伍

第六屆全國大學校院創意實作競賽入圍決賽隊伍		
序號	作品名稱	隊名
1	洗澡趣	創意無限
2	風力增氧機	極速怪手
3	地上琵琶鼠	地球防衛隊
4	I'm watching you—瞳控滑鼠輔助操作系統	EYE love you
5	空間魔術師	空間魔術師
6	遙控行潔地裝置	潔地特攻隊
7	阿哩布達櫃	哩哩叩叩
8	高精密力回授伺服控制應用於雞蛋分類及自動化	力文隊
9	心靈樓梯	原味創意
10	起錨陽帆——賀 e 航（Anchor,Sunshine and E-sailing）	Noah's Ark
11	森臨奇境	森臨奇境
12	締	締
13	Fix & Flex 生活型態概念車	CROSS LINK
14	一種單機雙螢幕介面控制器之研製	紅樹林雙螢幕
15	高附加價值智慧型燈具	明日世界
16	垃圾網	垃圾網
17	超擬真 Golf 揮桿練習器	看這裡就隊

表 9-1　第六屆全國大學校院創意實作競賽入圍決賽隊伍（續）

序號	作品名稱	隊名
18	e 拍即合——資訊整合系統	e拍即合——資訊整合系統
19	E 手稿定	E 手稿定
20	救人喔！抓賊啦！	飛天小鴨鴨
21	知識探索家	萬能博士
22	RFID 之智慧型購物導覽系統	新穎隊
23	都是 WAVE 你	Fun Waver
24	舒活	OOAT
25	智慧型消遙杯	E 化——小巨人隊
26	Fish On Line	放手一博
27	E 化保鮮系統 Keep Fresh System	E 化保鮮系統 Keep Fresh System
28	E 化太陽能廣告招牌	后羿
29	CIRCULATE	G. A.
30	圓	水分子
31	集中式家電控制系統	爭鋒相隊
32	白光 LED 照明燈研製及其遙控式數位調光技術研發	照明尖兵隊
33	熱帶高溫地區之高效能冷氣	熱帶終結者
34	Green 童話	Green Style
35	P. D. F. P.（paper design for planet/plant）	P. D. F. P.
36	智慧型金屬罐壓縮分類收集機之研製	淡水金屬分類機
37	高光電效率太陽能板	興希望隊
38	省能冰箱	裕能
39	護士援助手——創意移位病床	Extend
40	e-touch（醫觸即 Fun）	Pure spiriT
41	輔助起坐升降扶手	遠大創新隊

表 9-1　第六屆全國大學校院創意實作競賽入圍決賽隊伍（續）

序號	作品名稱	隊名
42	Use of Best for a Web-Based Family Health Tree: Risk Assessment, Rapid Prototyping, and On Dietary Nutrition	F. H. T.
43	擺脫枷鎖、趣味無限——新型態運動器材設計	B. O. S.設計工作室
44	老人輔助行動器——悍馬 Ex-II	種子隊
45	健康守護神	無械可擊
46	Fun Simplay	Play 2
47	中藥環保無添加抗生素養豬法	超強抵抗力
48	快樂吃果凍，放心不再噎	無敵冠軍隊
49	捉住健康的倚靠	ASG 創意工作室
50	伸縮自如的移動插座設計	萃思薪傳隊
51	非接觸式清潔用品供給裝置	手到擒來
52	走到哪追到哪——移動式生理監控系統	三隻小喵喵喵
53	紅外線遙控影像伺服追蹤器	Robot Rocker
54	電子式自動復健輔具	Target 隊
55	國家寶藏	中華代表隊
56	感測人體自動調光節能之 smart 螢光燈	手心的太陽隊
57	S. E.無限供應	原子小金剛隊
58	空氣拳擊機	就是贏
59	鄒到阿里山	Ho Hi Yun
60	輪椅族曬衣架	衣依

資料來源：http://cia-contest.ncku.edu.tw/

二、創意標題意義解析

以下茲以作者指導創意精靈小組「Fun 電娃娃」，和地球防衛小組的

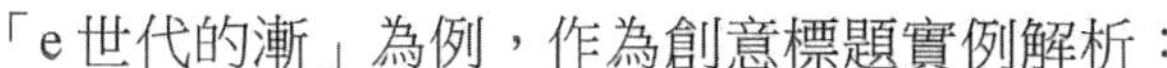

「e 世代的漸」為例，作為創意標題實例解析：

㈠ Fun 電娃娃

該作品主軸是由創意精靈團隊以「Fun」、「電」、「娃娃」作為創意標題主軸，Fun，取其英文有趣的和放線長度可以調整之意；電，取為隨插電即可用之意；娃娃，取其向俄羅斯娃娃之伸縮收納原理的意義。圖 9-1 即是 Fun 電娃娃之示意圖。

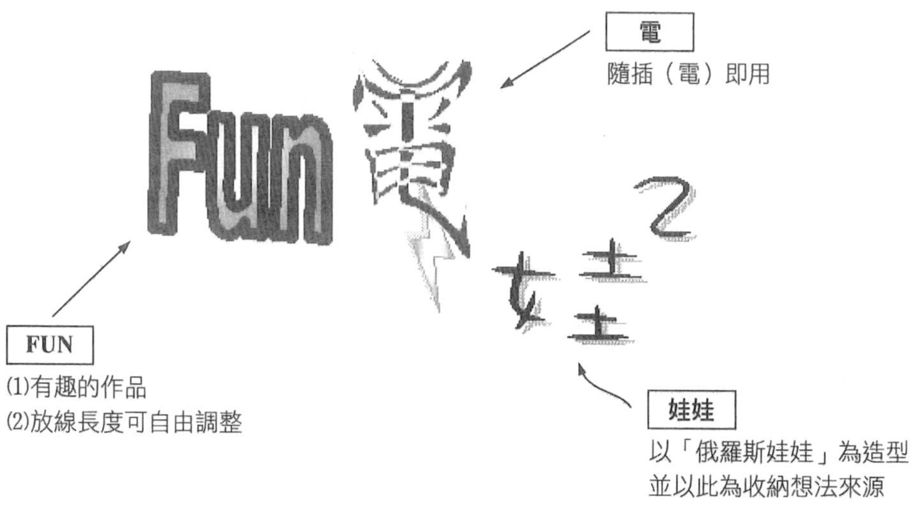

圖 9-1　Fun 電娃娃標題解析圖

㈡ e 世代的漸

1. e 世代：代表 22 世紀，新一代年輕人的時代。
2. 漸：有逐漸進步之意，以字形的車為中心，以及三點火作為燈的暗示，用以襯托創意思維之主題。

地球防衛小組團隊創造研發了三種不同的產品，來讓交通道路上的機車駕駛員行車能夠更加便利、安全，該作品主題探究對象為機車駕駛員，所以創意在於增加行車安全，降低釀成傷害意外的發生。

貳、創意團隊的組成

一、創意團隊的型態

吳靜吉（*2000*）研究指出，從創造力 4P（產品、個人、歷程、壓力／環境）來看創意團隊，包括下列型態：

㈠從團隊的目標和產品來區分類型

1. 核心團隊（the core team）

在創業（研究）時所形成的主要團隊，團隊的目標就是在創立一個企業體、組織、機構或大型研究計畫，這個團隊包含創始者，以及後來加入的重要成員，這個團隊常因此形成未來企業（研究）文化的基礎。

2. 既有工作團隊（intact work team）

這個團隊中的成員在日常就已經一起工作，其組成目的是維持一些組織中既有的工作，或運用既有的工作團隊推動新的計畫或因應新的需求，這樣的團隊通常有領導者或監督者。

3. 管理團隊（management team）

這個團隊通常由管理人員及其幕僚所組成，其主要的目的就是管理整個組織的運作，使整個組織能達到最佳效能。

4. 專案團隊（project team）

此一團隊組成的目的通常是為了在一段特定時間內完成某項特定的任務，團隊成員通常來自各個不同專業或不同層面以增進任務的成功。例如：設計團隊（design team）、採購團隊（procurement team）、產品發展團隊（product development）等。

5. **特定改進團隊（specific-improvement team）**

團隊的焦點通常在於評估現行系統以找出增進工作的方法。例如：品質改進團隊（quality-improvement team）、跨功能團隊（cross-functional team）、歷程改進團隊（process-improvement team）、品質管理團隊（quality-improvement team），其他如教學改進團隊、教評制度改進團隊、學習策略改進團隊、增進創意團隊也都是這樣的團隊。

6. **委員會（committees & councils）**

委員會組成的原因有很多，通常有下列議題：表現評估、獎勵、認可、升遷與衝突解決。

㈡從團隊成員來區分類型

如果以組成成員的特性來看創意團隊類型，有下面幾種：

1. **合作知識團隊（cooperative/collaborative knowledge team）**

組成成員具有不同的知識基礎，對於新觀念的產生有促進的功能。例如：李遠哲提出的中研院研究中心、學校中跨學科的教學研究中心、多元智慧中某個智慧的學習中心、協同教學團隊、大學中強調跨領域組合的研究中心。

2. **共享決定團隊（shared-decision-making team）**

有時也稱為學校改進團體（school-improvement team），通常由共享決定的各種關係人組成，例如：老師、行政人員、家長、支援幕僚及學生等。

㈢從團隊歷程來區分類型

1. **腦力激盪團隊（brain storming team）**

腦力激盪是在團隊創意中經常使用的一種方法，藉由團體成員的互相激盪，產生創意的可能。

2. **電子腦力激盪團隊**

腦力激盪的進行，可以是面對面在小組中進行，但也可以透過電腦在網路上進行腦力激盪，這樣方法的好處是可以降低面對面時的人際壓力。

*3.*分合團隊（**synectics team**）

即可經由譬喻和類比方式產生新奇又熟悉、熟悉又新奇的團隊。

*4.*角色扮演團隊（**role-playing team**）

即重視團隊成員中角色扮演、價值澄清和價值分享的團隊。

㈣從團隊壓力、環境來區分類型

如果以壓力／環境來看創意團隊，有所謂的「自發（自主）工作團隊」（autonomous work team）：這個團隊組成成員可以決定他們自己工作的方式、工作的標準、進度、生產過程、資源分配等等，而且通常沒有正式的監督者。例如，3M 公司每個人都可以有 15%的時間來進行個人的創意工作，到了將近完成時限時，每一個團隊都會利用公司所給 15%的時間極力去完成，這時所形成的就是一個自動自發的團隊。

簡單來說，需要運用創意思考，表現具有獨創、想像全新事物和新點子能力的團隊，即是創意團隊。所以，有些創意團隊主要是以問題解決為導向，有些團隊組成的目的，並不是為了解決問題，這個團隊的形成就是為了產生創意，例如研發單位的目的，就是為了創造新的產品、新的工作方式，另外，許多參加創意比賽的團隊，就是為了產生創意而組成的團隊。

二、創意團隊的分工

創意團隊成員在團隊中都需要表現對創意有貢獻的角色。在有系統創意的團隊中，成員之間彼此因為本身特質不同，所以扮演角色都不相同，有的成員需要在競爭壓力大的時候創意才會表現出來，有些人在創作時默不出聲，表現的很不確定，探索完畢時，卻能提出別具洞見、甚至石破天驚的點子，有些是屬於當機立斷、迅雷不及掩耳型的創意思考人（宋瑛堂譯，*2004*）。所以，有些喜歡競爭、當機立斷型的創意人，在傳統或前衛的團隊中，有時會贏得別人的認同而發揮創意到極致，有時卻因無法施展創意，而漸漸消失創意敏感度和省思能力，變得不願意發揮創意只願平凡一生。

每個團隊可以因為團隊成員的個人特質和對生活的不同體驗，鼓勵扮演下列角色，每人可以一人兼任多種角色，亦可每人專職一種角色，對創意團隊做出最佳的貢獻（林碧翠、楊又蘭譯，*1993*）：

㈠創造者（inventor）

即能由知識、情感、記憶和技能等多方詮釋和感動，發展出個人創意魅力，隨時發想提出好點子、絕點子、

㈡促進者（facilitator）

能依據創意引發一流想法，踏入未知的領域，例如，想像現金並不存在的問題，對人類的交易制度可能產生什麼影響。

㈢評估者（commentator）

雖然，世界上所有的分析數據，都無法產生新的點子，但是給予有分析性、建設性的洞識意見，卻是提供創意的重要踏板。

㈣組織者（organizer）

即能提供適切結構資源者，並擅長協調與整合團隊意見、維持持續激盪創意場面的人。

㈤魔鬼代言人（devil's advocate）

意即團隊中能鼓勵並接受反其道而行，甚至異端邪說的觀點，能毫無忌憚的暢所欲言，而不用擔心受到因瀆神而來的酷刑。簡言之，團隊中有人提 X 方案，魔鬼代言人就會主張「反 X 方案」（蕭幼麟譯，*2005*），透

過這種辯論過程，應變性分裂的另類觀點，可喚醒許多創見。

㈥儲存者（recorder）

即是點子檔案管理員，許多點子存檔後，並不是就這樣被束諸高閣，好的點子或可能發展成為好點子的創意，應該隨時可以取出來參考。

第二節 撰寫創意發想與實踐計畫書

由於每種創意方案或計畫書的目的、性質不同，因此創意計畫書的撰寫要點也不盡相同，以下茲以一般創意實作競賽的計畫書格式為例，說明之。

壹 創意發想的動機與目的

一、創意發想的撰寫方針

沒有前例可循的產品技術或過去解決問題的策略已經不適用現況，而必須運用創意的發想來解決這些問題，撰寫創意發想的動機，包括下面四點方針：

㈠思考待創意解決問題的起源

例如，傳統飯團的糯米對於腸胃消化不良的人，吃了容易脹氣，於是有人思考研究此一待解決問題，利用生物科技的技術抽離出單種酵素，並利用它分解成單純澱粉質，這樣去除飯糰的黏性，人體就可以直接消化吸收不易脹氣，創新產生「科技飯糰」。創意人對於待創意解決問題的起源，加以探索 why 到 know-how，就像科技飯糰不只是口號，更重要的是知道如何將米的口感和配菜發揮特色，創意行銷，才能靠創意來創業。

㈡文獻記載事實與現況有差異

例如，當東方的醬油碰上西方的冰淇淋會迸出什麼樣的火花？這似乎是令人難以想象的結合。「醬油料理饗宴鮮美露加味冰淇淋配方」，係以新鮮牛奶及濃郁鮮奶油，引出醬油的甘鮮風味，再將烘焙的杏仁糖片切碎後拌入冰淇淋中，使口感清新爽口不甜膩；同時，在冰淇淋外表上淋上鮮美露醬油結合的巧克力醬，撒入鮮甜軟Q、晶瑩剔透的鮮美露軟糖，再以櫻花蝦甜餅抓高成為裝飾焦點，不僅口感協調、和諧，更兼具視覺上感動。這個烹飪飲食創意，創新文獻上所記載事實與現況素材（或元件）。因此，不妨試試看各種東西方創意結合，將有另一種創意的發想與實踐。

㈢使用該產品或對該技術、現象的評論，引發的聯想

例如，許多人都看過藍芽技術運用手機的廣告，藍芽技術除此應用之外，還用在無線耳機、筆記型電腦等通訊技術上。或許，還可以進一步聯想：為機車騎士設想安裝和後座通話的藍芽技術通訊，去除騎機車因為風太大或速度過快，前後座無法聽清楚對方講什麼的處境。

㈣研發技術產品的缺失或特殊處，加以說明創意發想和實作的動機

例如，研發開著到處跑的洗頭車，可以為在工地、山地或海邊的上班族，提供另類的洗頭髮、燙頭髮、吹頭髮的技術服務。此一創意發想與行動舞台車、餐車、咖啡車、圖書車的聯想有些類似，但卻能變通不同的服務項目，顛覆洗頭一定要到美容店的做法。

創意發想的撰寫目的主要是呼應動機發展方向和現況描述的問題，做

出清楚明確的列舉，最好每個句子組成結構是由主詞、動詞和受詞方式，簡明敘述創意作品的功能、作用等目的。

二、創意發想動機與目的實例說明

(一)實例一：小乃的睡覺店

這是由中山大學財務管理學系學生所組成的「眠花堂創意小組」，參加 2005 第三屆創意的發想與實踐全國總決賽，在創意計畫書中的敘述：

根據最新資料調查顯示，台灣具有睡眠障礙的人口數（約 650 萬）於全球排名第二，為亞洲睡眠問題最嚴重，且是最缺乏睡眠健康意識的國家，此外，高達 70%以上的睡眠障礙患者不願意就診。

目前台灣約 650 萬人睡眠障礙的族群，其中意識到此問題嚴重性的民眾只有 2%，而願意至醫院求診的人數不足 30%。這個數據顯示，目前的醫療體制無法完整有效地根治這項對國民的健康威脅，並且患者也不願意尋求醫療體制的協助。在我們蒐集詳盡的資料及實地調查分析後，我們結合了精神及心理治療的醫療技術及資源，集合室內設計的概念，提供最佳的睡眠環境、專業的心理舒壓服務，將醫療技術成功的轉移至民生用途，成為台灣第一家的專業睡覺店。

根據上述動機，小乃的睡覺店創意構想之目的：

1. 第一階段（籌備期～第二年）：改良國人睡眠品質，建立繁忙都會生活中的溫柔夢鄉，開展小乃的睡覺店旗艦店，打出睡覺店的知名度。
2. 第二階段（第三年～第四年）：經由輕鬆舒適的環境，最新科技醫療技術，整合薰香療效，推出專案銷售，籌備旗艦店拓點，以建立睡覺店領導地位為目標。
3. 第三階段（第五年以後）：研發做到客戶走入睡覺店，完全減輕睡眠困擾，並致力於建立產品品牌知名度，增加專案客戶為目標（眠花堂創意小組，*2005*）。

㈡實例二：A-door 男性生活館

這是由輔仁大學織品服裝研究所研究生所組成的「To A-door, get adore」，參加 2005 第三屆創意的發想與實踐全國總決賽，在創意計畫書中的敘述：

A-door 男性生活館研究動機包括：1.跳脫傳統古蹟保存式的思維；2.懷舊氣息與藝術文化的可販售性；3.時尚消費文化與歷史建築的新連結。

依據上述動機，構想主要目的為：

1. 建構男性生活館的新風貌，活化傳統文化古蹟。

2. 尋覓都市更新計畫與男性生活服務市場。

3. 引進全系列的男性商品，由高級訂制服到運動服飾。

4. 規劃全方位男性生活館的導航系統，並提供晶片做全程消費紀錄。

5. 規劃男性專屬雪茄 BAR，以及服飾造型諮詢。

6. 為男性創造出極富時尚與文化的嶄新空間（輔大 *To A-door, get adore, 2005*）。

㈢實例三：靜電剋星——接地胎

這是由虎尾科技大學通識課程學生組成「卡哩卡哩小組」，參加 2003 年第一屆創意的發想與實踐課程中區競賽，在創意計畫書的敘述：

1. 創意動機

⑴被靜電電的經驗——你（妳）曾在寒冷的冬天，打開車門的瞬間被靜電電擊的經驗？此時我們身體上所帶的靜電高達 2 萬伏特。靜電大多發生在氣溫攝氏 15℃以下，濕度 55%以下，以濕度來說，愈是乾燥的環境愈是容易產生，辦公大樓、百貨公司、大飯店、汽車室

內等幾乎都使用空調，舒適的溫度中因為比較乾燥，也就比較容易產生靜電。在寒冷又乾燥的氣候下，空氣中的元素離子和車身板件上的金屬離子會互相磨擦產生靜電，相當於物理實驗中，毛皮摩擦玻璃棒而產生靜電的效應相同。

⑵改善現有的除靜電設備

①防靜電鑰匙圈——但只有對駕駛人有保護，對其他乘客沒有保護作用。

②接地線（俗稱防靜電線）——因為車輛行駛時，此「地線」與地面摩擦會有磨損，可能會造成接地不良。

2.創意產品目的

⑴確實導除靜電至地面——經由全體組員的討論一項新的替代方案，將汽車上唯一與地面接觸的地方——輪胎，改為可以接替「地線」的功能，因為車輪在正常的任何狀況下，都會和地面接觸，就利用這點將靜電電荷導離車身。

⑵增進車身美觀——省去車尾拖著一條小尾巴，不會在車輛行駛時飄來飄去的。

⑶使每位乘客受到保護——因為車體的靜電隨時都排除掉，所以不論何時乘客接觸到車殼都是安全的（卡哩卡哩小組，*2003*）。

從三項作品發想創意的動機與目的來看，均把握了引用文獻或數據、描述現況重要性的敘述，和簡潔敘述目的的要點。

貳 創意作品的構想與實踐

一、創意作品的撰寫要點

㈠呈現作品整體結構

如果是創意產品型態的創意作品，可以一開始即呈現作品整體結構，讓閱讀方案的消費者，可以立即判斷此作品的價值性高低、可行性推估和新穎性作用等層次高低。呈現作品整體結構可以使用各種繪圖軟體，從整體的俯視圖、仰視圖、3D立體圖或Flash等方式呈現，亦可作成模型或彩色繪圖後以照相或掃描方式，甚至把作品錄影起來，呈現作品結果。

㈡局部呈現作品部分結構

特別是具有特色的結構，突顯出某種意識、可以創新使用觀念、打破傳統規則等具體結構者。此時，可以將部分作品結構彰顯其關鍵點。無論是整體或局部作品規格，如能標示出大小尺寸、色彩明暗、使用手冊注意事項等，將使得作品更具能表達主題概念和美感。

㈢特別說明作品創意特色

在呈現作品整體或局部結構創意之後，宜有系統地一一陳述和評估作品的特點和一般差異之處。當然，亦可同時在呈現整體或部分結構之時，即時說明作品的創意特色。

二、創意作品的實例說明

㈠實例一：温馨之筆～填替式魔術白板筆

以下茲以作者指導由洪鄉安、劉建成、黃建中、洪將懷、王家偉、王志豪、陳建璋、廖惟志和韓凱倫等人，組成「全神隊」的創意作品「溫馨之筆～填替式魔術白板筆」為例，說明創意作品之呈現。

1. 溫馨之筆～填替式魔術白板筆外部結構——筆身

該團隊擅長繪圖軟體的使用，圖 9-2「溫馨之筆～填替式魔術白板筆外部結構——筆身圖」，即可讓人明白作品的筆身結構。

2. 溫馨之筆～填替式魔術白板筆外部結構——筆蓋

除了筆身圖之外，圖 9-3「溫馨之筆～填替式魔術白板筆外部結構——筆蓋」，可以讓人清楚一支筆完整結構的細膩精密部分創意構想。

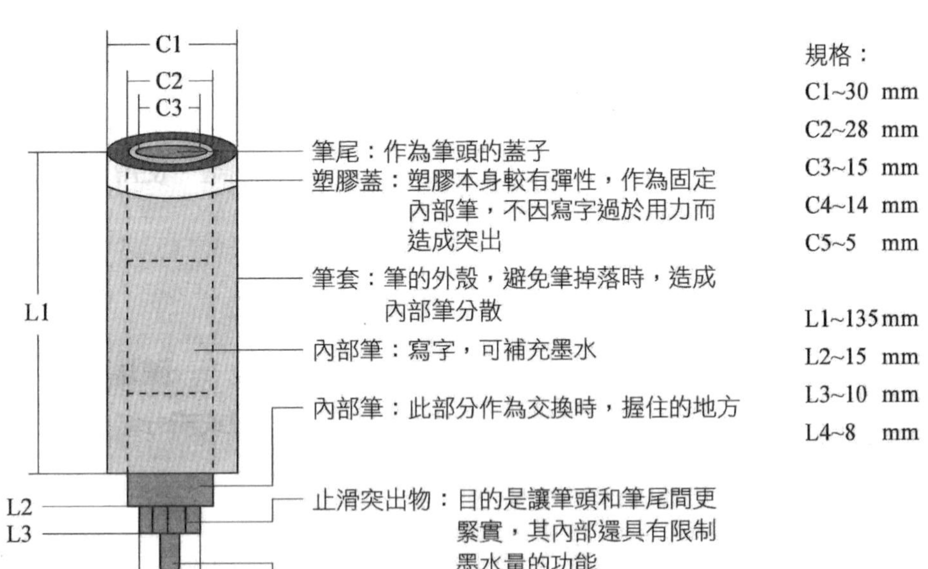

圖 9-2　温馨之筆～填替式魔術白板筆外部結構——筆身圖

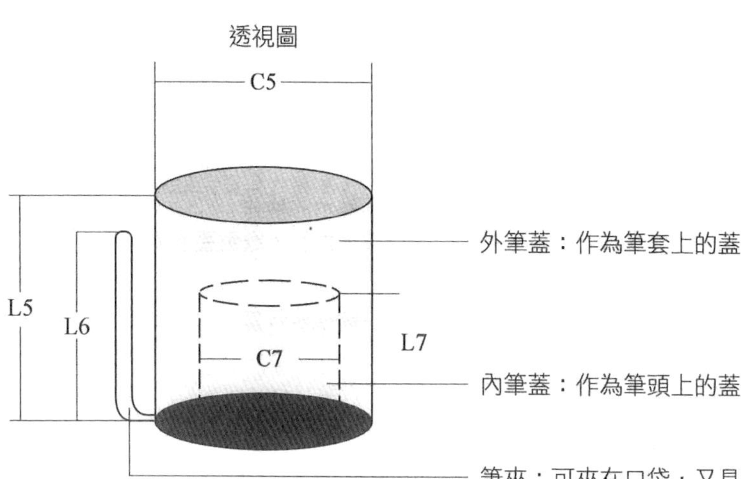

圖 9-3　温馨之筆～填替式魔術白板筆外部結構——筆蓋圖

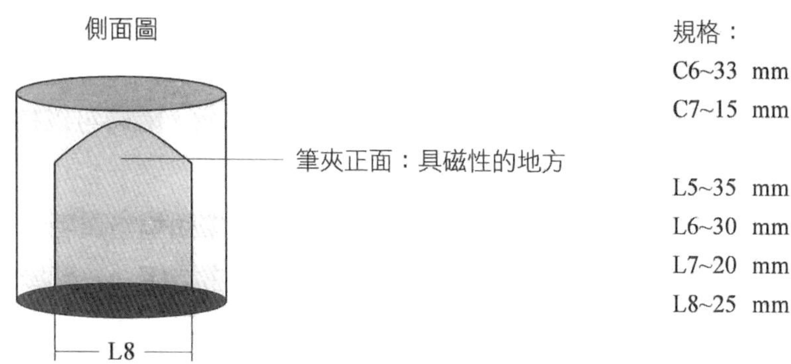

圖 9-4　温馨之筆～填替式魔術白板筆外部結構——筆蓋側面圖

3.溫馨之筆～填替式魔術白板筆外部結構——筆蓋側面圖

從圖 9-4「溫馨之筆～填替式魔術白板筆外部結構——筆蓋側面圖」，可以讓人看到作品在筆蓋側面貼上磁鐵具有磁性的巧思。

4.溫馨之筆～填替式魔術白板筆內部結構——筆頭

透氣孔：注入墨水時，有使空氣產生對流作用從功能上來看，圖 9-5

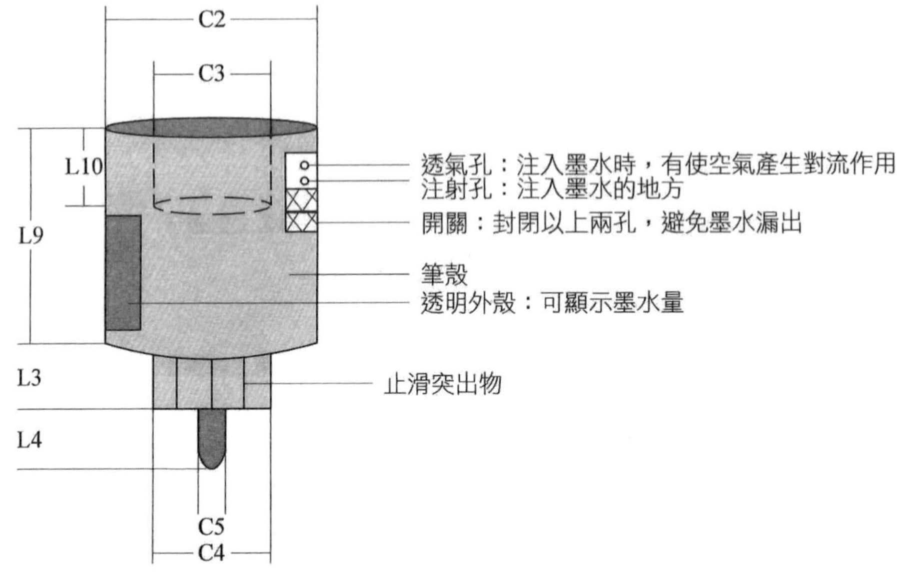

圖 9-5 溫馨之筆～填替式魔術白板筆內部結構——筆頭

「溫馨之筆～填替式魔術白板筆內部結構——筆頭」設計，可以讓人聯想到像水龍頭開關和補充包的設計，再加上止滑突出物，隨時可以控制出水量，透過圖解，了解作品強化功能設計意圖。

5.溫馨之筆～填替式魔術白板筆內部結構——筆頭規格說明

從圖 9-6「溫馨之筆～填替式魔術白板筆內部結構——筆頭規格說明」，可以看到創意團隊對於筆頭要表現的創意，有具體的規劃如何避免筆頭水分的溢出。

㈡實例二：接地胎

以下茲以作者指導由詹祐聖、吳登貴、王信凱、林聖乾等人，組成「卡哩卡哩隊」的創意作品「靜電剋星～接地胎」為例，說明創意作品之呈現。

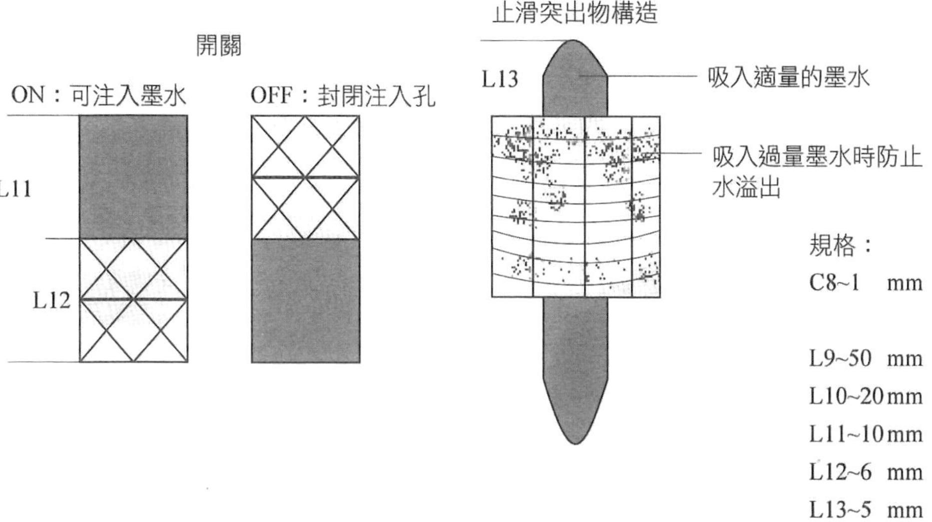

圖 9-6 温馨之筆～填替式魔術白板筆內部結構——筆頭規格

1. **接地胎作品剖面圖和說明**

⑴靜電排除的路程：輪圈⇒導線掛鉤⇒金屬導線⇒鋼絲胎體層⇒鋼絲環帶層⇒金屬導線⇒地面。

⑵金屬導線設置於輪胎內側，從車身外觀看不到金屬導線，增進美觀，也防止行駛時或是停在路旁被破壞的機會。

⑶接地胎作品剖面圖如下圖 9-7 所示：

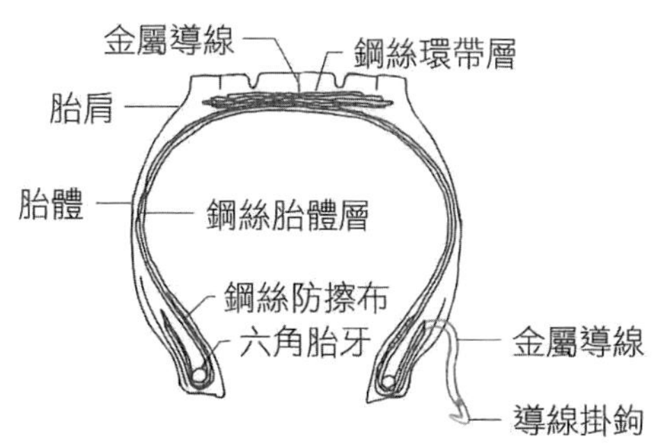

圖 9-7 接地胎作品剖面圖

2. 接地胎作品側面圖和說明

要使輪胎在任何位置都可以有導電性，故設計成多點導電，圖上的黃點代表金屬導線的位置。如下圖 9-8「接地胎側面圖」，和圖 9-9「胎面側面圖」。

圖 9-8　接地胎側面圖

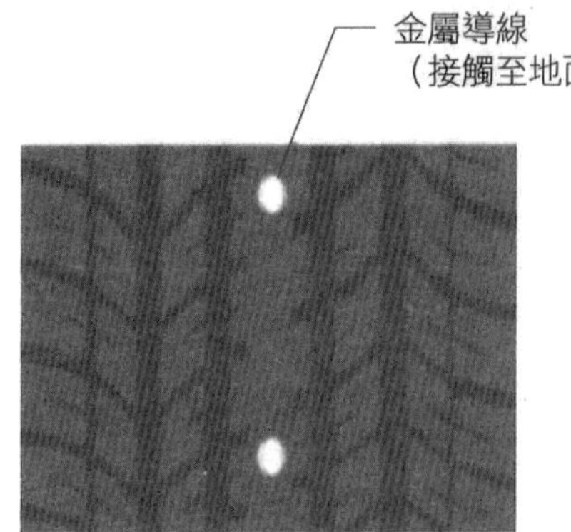

圖 9-9　胎面側面圖

參 創意發想歷程與運用技法

一、創意發想歷程的撰寫要點

㈠創意法則的運作

從作品點線面的聚斂思考或擴散思考，說明創意作品是利用哪些的創意法則（參見本書第五、六、七章所列之創意法則），例如：

1. 創意直覺法則

連結法、焦點法、聯想法、列舉法、類比法、仿生法、NM法、腦力激盪法、筆寫式腦力激盪法、創意角色激盪法。

2.**創意邏輯法則**

型態分析法、屬性列舉法、W 法則。

3.**創意精靈法則**

檢核表法、蓮花綻放法、繞道法的非線性思考法、反焦點思考法、轉移法、說服力實作分析法。

㈡創意歷程和作品發想的關聯性

將團隊討論作品的思考歷程，經歷哪些準備期、醞釀期、豁朗期、驗證期過程，觸及哪些創意法則的變化歷程，宜加以闡述，例如，在準備期、醞釀期時可能偏重希望列舉法、仿生法、類比法，但在豁朗期和驗證期，則可能偏重以型態分析法、屬性列舉法、W法則、檢核表法等發想創意作品，可以利用各種圖譜，詳細敘述其連接的構圖意象。

二、創意發想歷程的實例說明

㈠實例一：瑞士風鑰匙環

使用創意法則的類比法，以鑰匙環如果可以像瑞士刀一樣，收納到一個具有紅外線有聲鑰匙盒結構中，即可從混亂中很快地在定點中找到鑰匙，所以瑞士風鑰匙環結構像瑞士刀。

㈡實例二：1/3 轉圈圈

如下圖 9-10「1/3 轉圈圈」和圖 9-11「1/3 轉圈圈翹翹板」作品，使用類比、合併、轉移、相反創意法則，創作可以在陸地上和水面上行走的轉圈圈，創意發想來源，是想像作品如能類似初鹿牧場上的大型牧草轉輪，人人可以站在草輪上面轉圈圈，將產生許多親子同樂趣味，且該作品還可以拆解分開、相反組合成像翹翹板，坐起來可以背對背搖搖樂。

圖 9-10　1/3 轉圈圈

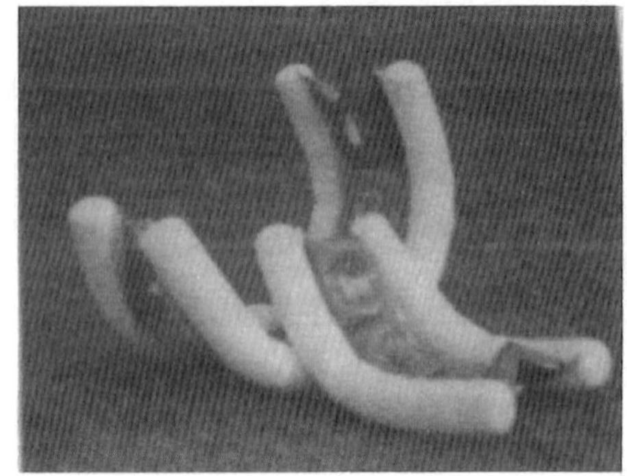

圖 9-11　1/3 轉圈圈翹翹板

資料來源：出自國立雲林科技大學工業設計系（2005：110-111）。

肆、創意實踐方法和創意問題解決

一、創意實踐方法

一般在創意實踐方法經常採用實作法、實驗法和 SWOT 分析法。

(一)實作法

可以依循下列要點呈現實作過程：

1. 說明所依據的理論模式。
2. 呈現實作作品器材、原件。
3. 呈現實作歷程步驟。
4. 列表圖示展現實作成果。
5. 說明實作注意要點。

(二)實驗法

1. 呈現實驗器材、元素。

2.說明實驗步驟要點。

3.列表說明實驗數據及意義。

4.比較說明文獻資料和實驗差異。

㈢ SWOT 分析法

1.蒐集相關資料。

2.腦力激盪 SWOT 的 Strength（優勢）、Weakness（劣勢）、Opportunity（機會）和 Threaten（威脅點）。

3.列表對照比較分析創意作品的進步性、新穎性和利用性的創意價值。

二、創意作品規劃步驟

㈠規劃步驟

具體陳述從發想到完成，在產品、技術或服務的整個創意問題解決（Creative Problem Solving，簡稱 CPS）歷程。

㈡呈現方式

可以鎖鏈圖、階層圖、心智圖、主題圖、記憶地圖、系統輪或其他有意義的概念圖，呈現整個創意作品規劃步驟，並下標題一一交代每個創意規劃步驟。

三、可能遭遇的困難

例如，在金錢方面，整個研發經費所需的器材原件製作費等一一估算出成本預算，具體敘述無法體現之原因。在人力及後續研發問題方面，限於團隊成員的時間、能力等問題，有些需要撰寫程式、電路圖或實作場境等專業知識問題。在創意作品效益評估方面，有關於整體經濟環境影響、市場投資者需求之規格、行銷策略、商品轉移技術等，均可一一陳述。

四、解決途徑

亦即如何補充足夠的技術和能力，如何調節團隊成員的潛能和情緒，如何發揮 Know-how 和 know-who 等隱性知識能力。

伍、創意作品的相關專利研判

一、創意作品的基本專利認知

專利法係為鼓勵、保護、利用發明或創作，促進產業發展的法律，在我國專利法中專利種類分為「發明」、「新型」和「新式樣」三種。發明依照專利法第二十一條規定是指：「發明，指利用自然法則之技術思想之創作」；新型依照專利法第九十三條規定是指：「新型，指利用自然法則之技術思想，對物品之形狀、構造或裝置之創作」。新式樣依照專利法第一百零九條規定是指：「新式樣，指對物品之形狀、花紋、色彩或其結合，透過視覺訴求之創作」。例如，數位相機屬於發明，改變數位相機的快門構造屬於新型，設計數位相機的造型則屬於新式樣。

對於創意作品的相關專利研判，可從國內外專利網站或公報，獲知所創作之產品技術，是否已為他人之發明、新型、新式樣之專利，若是，即無創意之創作價值，但可應用創意法則，變化與專利有所不同之創意目的、用途、技術、效果等差異性，創造新的利用性、新穎性和進步性，方有創意價值。清楚專利的各種作品表現特色，除了可以激勵各種創意法則的再發想之外，亦可避免法律侵權之行為產生。

張啟聰（*2002*）研究指出，申請專利之發明與先前技術之差異之認定，我國法律上少有討論，美國法律上，一般認為應就發明之整體為判斷。技術上差異之種類，有學者認為可分為「結構上或方法上之差異」及「功能或效能上之差異」，有判決另提出「問題之發現」亦為判斷中之項目。技術上之差異，依發明之過程及技術本質加以分析，其差異可分為「發明所處理問題之發現與確認」、「發明之目的及用途」、「發明之效果」及「發明所採用之技術手段」四類，在認定其差異時，應分就上開四點加以個別認定，始能精確掌握申請專利之發明與先前技術之不同。

所以，在創意作品發表之前，應先了解研判、比較分析和受保護之專利，究竟有何差異，提出理由說明，方能獲得信任。此外，在判斷之時亦應避免過度主觀化，察明技術資料的信效度，不斷充實專利方面專業知識，以使所提出創意作品，能獲得專業上認同，避免侵權之爭訟。

二、創意作品的專利研判實例

以下茲以作者指導由林冠廷、謝智成、邱世豐、胡弘志、簡玉靜組成的「P.K 團隊」，創作具有「可隨時隨地組合形狀」、「彈性地使用伸縮連桿」、「利用球面鑽孔來連結連桿」、「有豐富延展性及趣味性」等功能的任意變作品，故在專利搜尋上，即針對這幾個特色去找尋相關專利的置物櫃（架）。

㈠專利名稱：多功能置物架結構

表 9-2　多功能置物架結構專利研判一覽表

專利公告號	M261096	專利公告日期	2005/04/11	專利申請日期	0930811
專利申請案號	093212724		國際專利分類	A47B-047/03； A47G-025/14	
專利權類別	新型				
此專利的創意	伸縮連桿的使用，亦可與其他產品如掛架或掛籃等，一併使用。				

表 9-2　多功能置物架結構專利研判一覽表（續）

專利設計概念	利用主架與伸縮桿的結合，可任意調整此置物架的寬度，使此多功能置物架可以彈性的使用，不僅可以充分利用空間，也可以任意變換空間來符合需求。
此專利與本組專題之相關	與任意變相同的特色為可利用伸縮連桿來作為支撐架，使其大小更有變化性，但此產品侷限於方形形狀的改變，任意變可以組成各式各樣的形狀。
專利影像	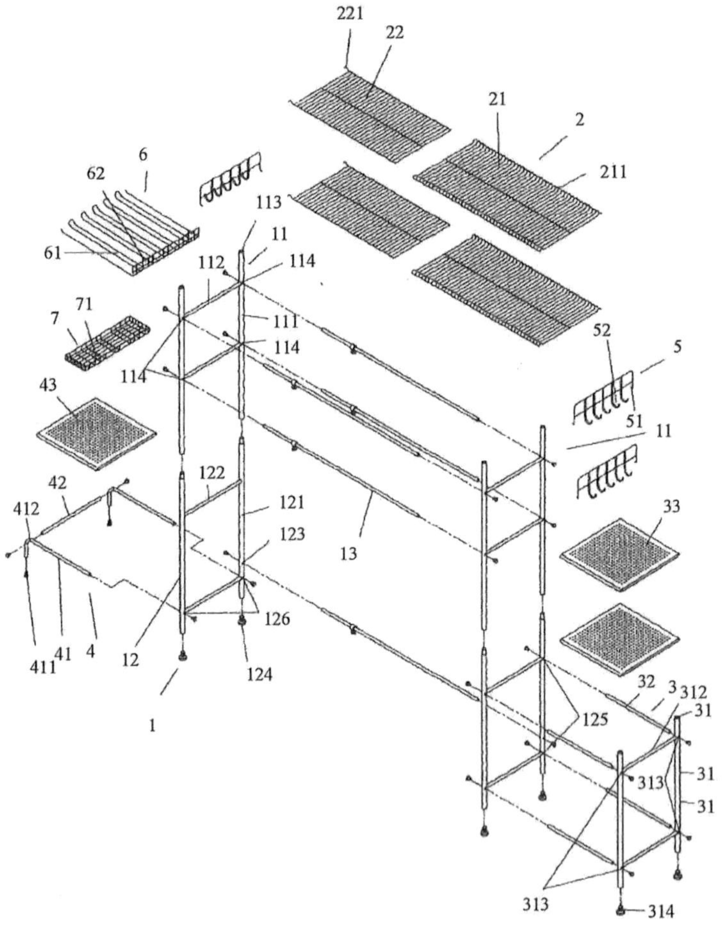

㈡專利名稱：置物架之環節式中空管組接結構改良

表 9-3　置物架之環節式中空管組接結構改良專利研判一覽表

專利公告號	M260644	專利公告日期	2005/04/01	專利申請日期	0930528
專利申請案號	093208434		國際專利分類	F16B-002/22	
專利權類別	新型				
此專利的創意	具有便利性，能任意改變高度，不需要複雜的組合觀念。				
專利設計概念	利用環節式中空管組合成一個置物架，由於組件具有徑向可彈性縮張特性，所以得利用此彈性使組件緊密配合。				
此專利與本組專題之相關	與任意變相同的特色是不需要利用螺絲或任何工具，即可組裝產品，不過此專利的組合方法只有一種，只能改變高度，無法改變置物架之形狀。				
專利影像	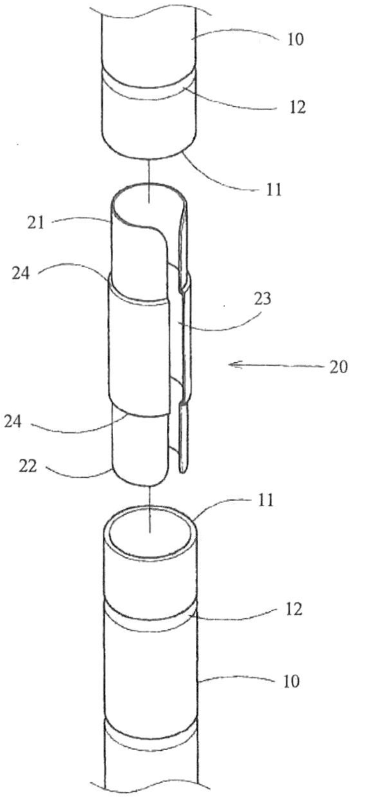				

㈢專利名稱：組合式之酒架結構

表 9-4　組合式之酒架結構專利研判一覽表

專利公告號	M244796	專利公告日期	2004/10/01	專利申請日期	0920725
專利申請案號	092213650		國際專利分類	A47B-047/00	
專利權類別	新型				
此專利的創意	各個肋板互相交錯而成，具豐富的組合概念。				
專利設計概念	數連結件，係由一圓形本體一端面延伸數縱向與橫向交錯之肋板，以形成十字狀分布且可從側向插入之四組定位插槽者；隔板，係由一塑膠材質製成之板體周圍包覆一金屬框條所構成，可自由組裝變化出各種不同擺放型態。				
此專利與本組專題之相關	由插槽使用之變化與任意變藉由連結點的不同，而讓產品更具豐富性的理念不謀而合，而此專利專為酒瓶而設計，其用途要窄，若想擺放其他物品，在形狀上的改變即受限制。				
專利影像	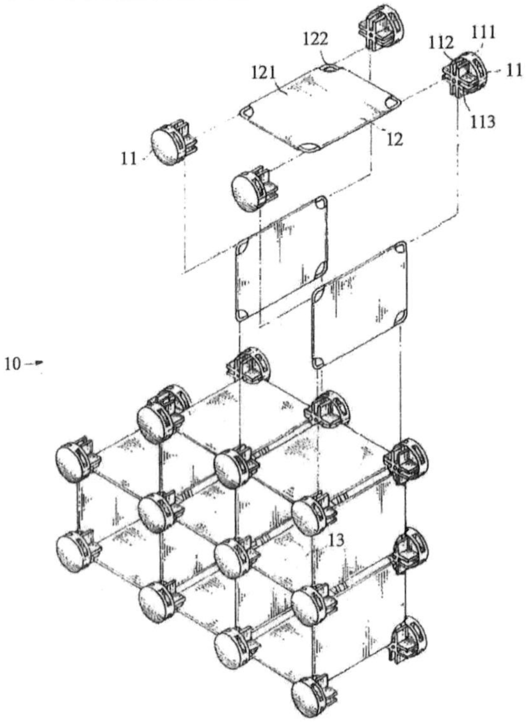				

陸 創意作品的成本與行銷

一、投入成本的成功商品案例

從天下文化出版《創意成真──十四種成功商品的故事》（譚家瑜譯，*1995*）的全球創意成真的成功商品，可以看出企業要突破困境，創造投資行銷契機，有許多是「專家找不出答案」的突破。

㈠史克大藥廠：治療潰瘍不必動刀──泰胃美（Tagamet）

1. 創意人：布萊克（James Black）。

2. 發明時間：14 年。

3. 突破關鍵：1976 年，史克大藥廠（Smith Kline & French Laboratories, SK & F）推出泰胃美，可以治療潰瘍症狀，沒有副作用，大大提高了潰瘍的癒合率，1988 年，此藥榮獲諾貝爾醫學獎。

4. 創意名言：最好的研究都是由那些能真正高度投入的人所完成的。這些人會非常努力地想得到一個結果，如果你提出反面意見，他們會拼了老命跟你辯到底──白杰（泰胃美研究負責人）（譚家瑜譯，*1995*，頁 *92*）。

㈡雷西恩：引爆廚房革命──微波爐

1. 創意人：亞當斯（Charles F. Adams）、史賓塞（Percy Spencer）、小倉慶志。

2. 發明時間：19 年。

3. 突破關鍵：1964 年，小倉改善史賓塞的微波磁電管，大幅降低微波爐的價格。1967 年開始，雷西恩公司（Raytheon Company）結合了

經銷商的力量，教育消費者大眾這項新技術，終於使微波爐進入家家戶戶的廚房。

4. 創意名言：由於我們在微波爐上的成就，使大眾的生活品質獲得改善，從此他們有更多的時間與家人共處。美國職業婦女只要用過微波爐，就能體會這種好處——羅妮康（譚家瑜譯，*1995*，頁 *176*）。

㈢蒙提迪森、三井石化：看不見的好東西——聚丙烯（Polypropylene）

1. 創意人：崔帕索（Italo Trapasso）、鳥居安次、戈里（Paolo Galli）。
2. 發明時間：7 年。
3. 突破關鍵：1975 年 8 月，義大利蒙提迪森（MontedisonSpA）公司與日本三井石化公司簽訂合作計畫，共享聚丙烯技術；三個月後即更新了聚丙烯的催化程序，使工業界得以擁有純淨的聚丙烯。
4. 創意名言：當實驗出了問題時，先不要忙著解決問題，要先去了解基本的現象，提出解釋，找到定律，再求解答。你必須具備深入的知識才能了解理論所呈現的表象——戈里（譚家瑜譯，*1995*，頁 *280*）。

從這些具有突破與眾不同概念，無法與任何既有慣例和認知方式相比較，但卻又可以運用新技術創造新市場，以概念的轉換來創造發明的商品。不僅具有創意的意想不到商品，又能運用創新的特別的技巧，把新技術應用於既有的產品、製程或系統，使現況創新，事實上，投入的有價和無形成本相當多，但最基本的是這些商品創意人都具有智價的創意知識。

二、行銷守則

行銷是一整體性之組織活動系統，用於定價、計畫、推廣和分配產品，期以比競爭對手更能滿足顧客之慾求，同時達成組織之目標（余朝權，2001）。由於行銷管理涉及面向相當寬廣，行銷主要在確認與滿足人類與社會的需求，行銷是指運用調查、分析、預測、產品發展、訂價、推廣、交易、實體配銷、顧客服務之技術來發掘、擴大及滿足消費者，對於商品或勞務需求的一系列人性活動。行銷與產品、價格、情境、策略、公司、競爭者、消費者、社會環境等因素息息相關，所以，創意作品行銷要面面俱到，相當不易。以下歸納基本行銷的守則如下（林重文譯，2003）：

1. 只要在少數特點上取得革命性創新，就可能成為風行商品。
2. 利用先行者優勢，調整產品體質。
3. 掌握通路，對企業來說是一項無可比擬的偉大成就。
4. 口耳相傳是最好的促銷手段。
5. 沒錢的創意人要善用媒體的免費宣傳。
6. 沒有顧好自己品牌名稱與智慧財產權，是一件不能容忍的大錯。
7. 答應消費者的承諾，一定要實現。
8. 好公司的正字標記：敢突破成規，探測未知的領域。
9. 創意無限的天才，需要八面玲瓏的幹才相輔相成。
10. 只要是能做得到的事情，夢想到的境界，便放手去吧。勇氣之中，暗藏天份、力量與魔力。

三、創意作品的行銷實例

以下茲以棉花堂創意小組在行銷「小乃的睡覺店」，所提出的銷售策略為例，說明之（眠花堂創意小組，2005）。

㈠產品策略

小乃的睡覺店所提供的核心產品為短時間的充分睡眠，以補充上班族的體力及精神，顧客除了在消費時得到的睡眠滿足，學習生理回饋儀的放鬆方式也能幫助顧客在日常生活中解除焦慮緊張，我們協助顧客快速入睡，暫時忘卻工作壓力，並恢復精神與接踵而來工作繼續對抗。

在有形產品方面，我們為了提供優質睡眠環境，將房間依人體睡眠需求作規劃，採用高級杜邦枕、醫療級的乳膠床具組、適合睡眠的燈光，並附有淋浴室，以及舒眠花草茶、生理回饋儀，以協助顧客進入睡眠狀態。

而我們也分析顧客的睡眠曲線，藉以了解顧客的身心放鬆程度，並給多顧客建議及放鬆指導，若評估結果顧客為不易放鬆的嚴重失眠患者，我們也協助其轉診至 802 陸軍醫院，我們所提供的不僅是睡覺的場域，我們也為目標消費者解決所有睡眠上的問題。

㈡推廣策略

本公司的推廣策略主要分為廣告、促銷折扣及業務推廣，茲以下表 9-5「小乃的睡覺店推廣策略一覽表」說明之。

表 9-5　小乃的睡覺店推廣策略一覽表

項目	具體做法
廣告	1. DM發放及雜誌廣告：在小乃的睡覺店開幕之前及開幕初期，我們會先發放DM，由於園區進駐人口約 10 萬人，因此我們大約發放 13 萬份。開幕前的 DM 發放地點主要在園區周邊，以及園區內的忠孝醫院門診部，而刊登雜誌類型以電子科技為主，廣告內容主要在公告睡覺店的開幕、服務內容，以及開幕的一週內免費體驗服務之優惠訊息。 2. 大型看板及外出媒體：大型看板設置地點主要在園區周邊，外出媒體以捷運站廣告為主。
促銷折扣	由於我們提供的服務具有無形性，為了讓顧客更了解我們的營業內容，在開幕後的一週內我們推動體驗行銷，讓消費者免費體驗三小時的無壓力深層睡眠，過夜時段則開始試賣，優惠八折促銷。
業務推廣	我們也同時派出業務員積極推廣，除了對中高階主管進行直接推銷之外，也極力爭取和企業結盟，建立園區廠商特約商店地位，並為中長期包套出售策略鋪路。

寫出一份參加創意競賽要信達雅、又要有創意的計畫書不容易，日後在業界要寫出事業計畫書又是一門學問，然而無論如何，滿足消費者、收訊者和消化者需求的創意內涵、精神不變，只要你願意挑戰性，相信定可在具有認知性、價值性和覺知性的創意闖關活動中，撼動腦袋，讓腦袋裡的晶片或燈泡產生動能，你，不僅是創意思想家，也是創意行動者，創造智價生活，讓人生充滿創意魅力歡喜收場。

茲將作者指導創意精靈團隊撰寫的「Fun 電娃娃」，和地球防衛隊小組的「e 世代的漸」創意的發想與實踐計畫書，列於附錄一、二。

創意現實問題

＊不管你是理工、管理、設計、人文、藝術、教育或醫農的專長，找一些創意同好，一起做點創意產品、服務或技術吧。

＊定下團隊想進行的創意主題，寫一份團隊創意行動計畫書吧！

創意的發想與實踐

寫完後，依照下列標準，給自己、同學或老師評評分吧！

1. 可利用性 30%　2. 新穎觀念 30%

3. 有進步性 30%　4. 團隊精神 10%

創意評量紅綠燈

	綠燈	黃燈	紅燈
可利用性			
新穎觀念			
有進步性			
有創新性			

當遇到困難時，可以改變你達到目標的方向，但不要改變你達到目標的決定。
——金克拉

創意經典故事盒

不鏽鋼的發明

英國冶金專家亨利・佈雷爾利（Harry Brearly）利於1912年受命研製一種合金鋼以製造一種要求較高的槍管。佈雷爾利嘗試著在鋼中加入18%的鉻和 8%的鎳進行熔煉，得到一種發出閃亮光芒的堅硬合金鋼，可惜這種材料雖然很硬卻韌性不足，至使槍管沒放幾槍就炸碎了，失望之餘，佈雷爾利將碎片收拾好丟進實驗室外的垃圾筒。有一天，他驚訝地發現碎片經過日曬雨淋，仍舊熠熠生輝，沒有一點鏽跡，佈雷爾利想到，這不就是科學家們苦思不得的「不鏽鋼」嗎？

1941年，他就用這種材料製造出了刀叉等餐具，解決了長期以來令人頭痛的鐵製餐具的生鏽問題，為我們的生活帶來很大的便利。其中鉻鎳不鏽鋼應用領域更包括：建築物的裝飾和外觀、炊具、餐具和日常用品、醫院和其他公共設施、洗衣和乾洗設備、管道固定裝飾和管道接頭、原油精煉設備及珠寶飾物。

IDEA 筆記畫

☆我的感想：創意的光芒很銳利，也可以很便利，產生很多公益。

☆我的問題：

☆我的聯想：

☆我的應用：

☆我的創造：

參考書目

一、中文部分

王文科（1994）。課程與教學論。台北：五南圖書出版公司。

王海山主編（1998）。科學方法百科。台北：恩楷股份有限公司。

王舜清（2000）。腦內遊歷——*8* 小時的思維蛻變。台北：高寶國際有限公司。

王瑤芬譯（2003）。加藤昌治著。考具：*21* 個攻無不克的思考利器。台北：商周出版公司。

毛連塭、郭有遹、陳龍安、林幸台（2000）。創造力研究。台北：心理出版社。

卡哩卡哩小組（2003）。靜電剋星——接地胎創意的發想與實踐計畫書。未出版手稿。

朱長超（2004）。創新思維。台北：倚天文化公司。

地球防衛小組（2004）。*e* 世代的漸——創意的發想與實踐計畫書。未出版手稿。

仲新元、張芝芳編（2005）。*108* 個金頭腦。台北：華漾出版社。

何明申（2003）。創新思維運動——連愛因斯坦都不知道。台北：達觀出版公司。

余朝權（2001）。現代行銷管理。台北：五南圖書出版公司。

吳忠宏譯（2000）。L. Beck, & T. Cable 著。*21* 世紀的解說趨勢。台北：品度股份有限公司。

吳靜吉（2000）。創意團隊的領導。載於創造力與創意設計教育師資培訓計畫——創意團隊小組教材（頁 *1-20*）。教育部委託專案報告。台北市，政治大學。

宋瑛堂譯（2004）。J. Mauzy, & R. Harriman 著。創意無限公司：有創意，才有高獲利。台北：藍鯨出版公司。

宋榕敏（1994）。飛行世紀。台北：圖文出版公司。

李仁芳（2005）。學習「思考模式」，非學習知識。載於劉錦秀、謝育容譯。大前研一著，思考的技術（頁 30-31）。台北：商周出版公司。

李咏吟（1998）。認知教學理論與策略。台北：心理出版社。

李宏偉譯（1997）。Edward de Bono 著。應用水平思考法㈠。台北：桂冠圖書公司。

李宏偉譯（1997）。Edward de Bono 著。應用水平思考法㈡。台北：桂冠圖書公司。

李美綾譯（2001）。S. I. Robertson 著。思考模式。台北：五南圖書出版公司。

李茂輝（1997）。跨越發明的門檻。台北：松崗出版社。

李軒（2003）。思考成功的捷徑。台北：雅典文化公司。

李德高（1991）。創造心理學。台北：五南圖書出版公司。

姜文閩譯（1992）。J. Dewey 著。我們如何思維。台北：五南圖書出版公司。

沈翠蓮（2005）。教學原理與設計。台北：五南圖書出版公司。

辛一立譯（2005）。K. Allison 著。行銷創意玩家。台北：美商麥格羅・希爾台灣分公司。

金雨（2004）。小轉變，大贏家。台北：海洋文化事業公司。

周怜利譯（1998）。D. Goleman, P. Kaufman, & M. Ray 著。創意精靈。台北：中天出版社。

周絢隆譯（2000）。P. Clark, & J. Freeman 著。設計。香港：三聯書店有限公司。

林東清（2002）。資訊管理——*e*化企業的核心競爭力。台北：智勝文化出版公司。

林品章（2000）。視覺傳達設計的理論與實踐。台北：全華科技圖書股份有限公司。

林重文譯（2003）。S. D. Strauss 著。大創意：如何化創意為賺大錢的商品。台北：臉譜出版。

林崇宏（2000）。產品設計流程的模式分析與探討。載於「*2000* 年科技與管理」學術研討會論文集（頁 67-73）。

林清山（1992）。心理與教育統計學（十三版）。台北：東華書局。

林隆儀譯（1984）。J. G. Rawlinson 著。創造性思考與腦力激盪法。台北：清華管理科學圖書中心。

林碧翠、楊幼蘭譯（1993）。C. C. Thompson 著。創意自動販賣機。台北：商周出版公司。

林寶山（1988）。教學原理。台北：五南圖書出版公司。

香港教育統籌局（2003）。校本資優課程教師培訓教材套：創意思維。2005 年 7 月 20 日，取自 http://www.prod1.e1.com.hk/education1/main.html

邵瑞珍、皮連生（1989）。教育心理學。台北：五南圖書出版公司。

邱順應譯（2000）。B. Gill 著。不守規則創意 *Book*。台北：滾石文化公司。

邱義城（1997）。策略聖經：終極贏家策略。台北：商周出版公司。

洪榮昭（1998）。創意領先。台北：張老師文化事業。

洪蘭譯（1999）。R. J. Sternberg, & T. I. Lubart 著。不同凡想——教育界、產業界的創

造力開發。台北：遠流出版社。

洪懿妍（2001）。世界向美走。2004 年 10 月 10 日，取自 http://www.lcenter.com.tw/2001edu/competitiveness-2-1.shtml

眠花堂創意小組（2005）。小乃的睡覺店創意的發想與實踐計劃書。未出版手稿。

徐克強（2004）。創造力——企業領先市場的指標。台北：大拓文化。

浩漢設計 & 李雪如（2003）。搞設計：工業設計 & 創意管理的 *24* 堂課。台北：藍鯨出版公司。

柴昌維（2001）。工程教育創造發明教學方法之研究。國立台灣大學機械工程學研究所博士論文，未出版，台北市。

張玉成（1991）。開發腦中金礦的教學策略。台北：心理出版社。

張玉燕（1994）。教學媒體。台北：五南圖書出版公司。

張建成譯（1992）。基本設計概論。台北：六合出版社。

張祖忻、朱純、胡頌華編（1995）。教學設計基本原理與方法。台北：五南圖書出版公司。

張春興（1989）。張氏心理學辭典。台北：東華書局。

張春興、林清山（1981）。教育心理學。台北：東華書局。

張索娃譯（2005）。B. Edward 著。像藝術家一樣反轉思考。台北：時報文化出版公司。

張啟聰（2002）。發明專利要件「進步性」之研究。東吳大學法律學系法律專業碩士論文，未出版，台北市。

張穎綺、張文欣譯（2005）。T. Tharp 著。創意是一種習慣。台北：張老師文化事業。

創意精靈小組（2005）。*FUN* 電娃娃創意的發想與實踐計劃書。未出版手稿。

曹亮吉（1988）。數學導論。台北：科學月刊出版社。

許珀理譯（1996）。品川嘉也著。激發創意腦。台北：世茂出版公司。

葉玉珠、詹志禹（2000）。個人創意之相關因素。載於創造力與創意設計教育師資培訓計畫——創意團隊小組教材（頁 *20-57*）。教育部委託專案報告。

雲林科技大學工業設計系（2005）。*Re.de.sign*——國立雲林科技大學工業設計系畢業展紀念冊。未出版手稿。

郭有遹（1975）。創造心理學。台北：正中書局。

郭有遹（1987）。創造的定義及其所衍生的問題。創造思考教育，*1*，10~12。

郭有遹（1994）。創造性的問題解決方法。台北：心理出版社。

郭有適（2001）。創造心理學。台北：正中書局。

郭有適（1993）。發明心理學。台北：遠流出版公司。

郭俊賢、陳淑惠譯（1998）。L. Campbell, B. Campbell, & D. Dickinson 著。多元智慧的教與學。台北：遠流出版公司。

陳文龍（2003）。從設計師到經營者。載於浩漢設計、李雪如著。搞設計——工業設計 & 創意管理的 *24* 堂課。台北：藍鯨出版公司。

陳正芬著（2005）。天才的創意作業簿。台北：麥浩斯資訊。

陳昭儀（1992）。創造力的定義及研究。資優教育季刊，44，12~17。

陳昭儀（1996）。二十位傑出發明家的生涯路（*2* 版）。台北：心理出版社。

陳斐卿、郭泓男、葉則亮、蕭述三（2005）。創意工程成品的設計與實踐之領悟歷程。94 年 7 月 28 日，取自 http://www.ncu.edu.tw/~ncume_ee/nsc88cre.ee/fcc/cre93_。

陳斐卿、郭泓男、葉則亮、蕭述三（2004）。創意工程成品的設計與實踐之領悟歷程。論文發表於國立台灣科學教育館舉辦之「2004 年第二屆創新與創造力研討會」，台北市。

陳斐卿、蕭述三、葉則亮（2002）。工科學生創造力開發課程之團隊合作模組。論文發表於國立台灣師範大學舉辦之「2002 知識經濟與科技創造力培育」國際研討會，臺北市。

陳振明（2004）。影響高一學生科學創造力的因素之研究。國立高雄師範大學特殊教育學系博士論文，未出版，高雄市。

陳密桃（1990）。兒童和青少年後設認知的發展及其教學效果之分析。教育學刊，9，107-148。

陳蒼杰譯（1995）。多湖輝著。構想力。台北：大展出版社。

陳蒼杰譯（2000）。高橋憲行著。企畫創造力大寶典。台北：；建宏出版社。

陳龍安（1988）。創造思考教學的理論與實際。台北：心理出版社。

陳龍安（1990）。創造思考教學的理論與實際。台北：心理出版社。

陳龍安（1997）。創造思考教學的理論與實際（五版）。台北：心理出版社。

陳龍安（1995）。創造思考教學。香港：青田教育中心。

陳龍安、朱湘吉（1998）。創造與生活。台北：五南圖書出版公司。

陳薏文（2004）。運用問題解決模式之創意值評估。國立成功大學工業設計研究所碩士論文，未出版，台南市。

陳峰津（1982）。布魯納教育思想之研究。台北：臺灣商務印書館。

張春興（1991）。現代心理學。台北：東華書局。

游萬來、周鴻儒譯（1983）。H. R. Bulh.著。創造性工程設計。台北：六合出版社。

曾望超（2004）。國小教師創意教學與學生後設認知能力、創造力及問題解決能力之相關研究。國立高雄師範大學教育系碩士論文，未出版，高雄市。

湯偉君、邱美虹（1999）。創造性問題解決模式的沿革與應用。科學教育月刊，223，2-20。

黃心藝譯（1998）。H. Doku 著。創意 *LIVE*。台北：海鴿文化出版公司。

黃炎媛譯（1995）。J.G. Rawlinson 著。創意激盪。台北：天下文化出版。

黃秉鈞、葉忠福（2005）。創新管理。台北：揚智文化公司。

黃寰（2005）。*2005* 年麥當勞大帝——雷．克洛克。台北：新瀚文化公司。

葛樹人（2001）。心理測驗學。台北：桂冠圖書公司。

楊子江、王美音譯（1997）。I. Nonaka, & H. Takeuchi 著。創新求勝。台北：遠流出版公司。

楊幼蘭譯（2004）。R. Luecke 著。如何做好創新管理。台北：天下遠見出版公司。

楊淑芬譯（1993）。星野匡著。創意思考的方法。台北：建宏出版社。

詹秀美、吳武典（1991b）。問題解決測驗指導手冊。台北：心理出版社。

詹志禹主編（2002）。建構論：理論基礎與教育應用。台北：正中書局。

賈馥茗（1976、1979）。英才教育。台北：開明書局。

甄立豪譯（2004）。S. Rivkin, & F. Seitel 著。有意義的創造力——如何把點子轉化成明日的創意。台北：梅霖文化事業有限公司。

蔡秀女、王琇玲（1996）。電光幻影一百年。台北：遠流出版社。

蔡煒震（2004）。*MMS* 記憶管理：圖像思考記憶法。香港：城邦出版公司。

輔大 To A-door, get adore（2005）。*A-door* 男性生活館創意的發想與實踐計畫書。未出版手稿。

臺北市立美術館、法國文化部造型藝術評議委員會、少與多法國國立當代藝術基金策劃主編（2001）。少與多：法國國立當代藝術基金會設計收藏展 1980-2000。台北：臺北市立美術館。

樂為良譯（2004）。M. Moore 著。沒有牆的世界。台北：早安財經出版公司。

劉其偉（1998）。創意的感動。載於周怜利譯，D. Goleman, P. Kaufman, & M. Ray 著。

創意精靈（序）。台北：中天出版社。

劉錦秀、謝育容譯（2005）。大前研一著。思考的技術。台北：英屬蓋曼群島商家庭傳媒公司。

劉立偉、賴淑琦譯（2004）。納谷嘉信、諸戶修三、中村泰三著。創造性魅力商品的開發。台北：六合出版社。

劉蘊芳譯（1999）。M. Gelb 著。*7 Brains*：怎樣擁有達文西的七種天才。台北：大塊文化出版公司。

鄭昭明（1993）。認知心理學。台北：桂冠圖書公司。

鄧成連（2001）。設計策略。台北：亞太圖書公司。

聯合報（2005/7/26）。高中生參加日本機器人競賽獲第一名。聯合報，C8 版。

聯合報（2004/4/5）。120 個創意德國魯爾區變身。聯合報，A3 版。

謝水南（2003）。實用彈性思考法。台北：心理出版社。

謝龍昌（2001）。創意設計技法。載於創造力與創意設計教育師資培訓計畫——創意設計理論與實務（機械類）（頁 *1-39*）。教育部委託專案報告。雲林縣，國立虎尾科技大學。

羅吉台，席行蕙譯（2001）。T. Armstrong 著。多元智慧豐富人生。台北：遠流出版公司。

羅玲妃譯（2004）。T. Buzan, & B. Buzan 著。心智繪圖思想整合利器。台北：宜智出版公司。

譚家瑜譯（1995）。P. R. Nayak, & J. M. Ketteringham 著。創意成真—十四種成功商品的故事。台北：天下遠見出版公司。

顏湘如譯（2005）。J. Maxwell 著。換個思考，換種人生。台北：天下遠見出版公司。

蕭幼麟譯（2005）。J. Wind, & C. Crook 著。超凡的思維力量。台北：紅螞蟻圖書公司。

蕭羨一譯（2000）。詹姆士、瓦森著。麥當勞傳奇故事。台北：經典傳訊公司。

藝風堂編輯部編譯（1991）。佐口七朗著。設計概論。台北：藝風堂出版社。

二、西文部分

Adams, J. L.（1974）. *Conceptual blockbusting*. New York: W. H. Freeman.

Allen, M. S.（1962）. *Morphological creativity: The miracle of your hidden brain power*. Englewood Cliffs, New Jersey: Prentice-Hall.

Altshuller, G. S.（2000）. *The innovation algorithm TRIZ, systematic innovation and technical creativity*. MA: Technical Innovation Center, Inc.

Anderson, J. R.（1983）. *The architecture of cognition*. Cambridge, MA: Harvard University Press.

Arends, R. L.（1988）. *Learning to teach*. New York: McGraw-Hill.

Arnold, J. E.（1962）. *Education for Innovation*. In S. J. Parnes, & H. F. Harding（Eds.）, A Sourcebook for Creative Thinking. New York: Scribners.

Ausubel, D. P.（1963）. *The psychology of meaningful verbal learning*. New York: Grune and Stratton.

Betz, F.（1993）. *Managing technology competing through new ventures, innovation and corporate research*. Englewood Cliffs, NJ: Prentice-Hall, Inc.

Bransford, J., & Stein, B.（1984）. *The IDEAL problem solver*. N. Y.: W. H.Freeman.

Bobic, M., Davis, E., & Cunningham, R.（1999）. *The Kirton adaption-innovation Inventory*. Review of Public Personnel Administratoin, 19, 18-31.

Boden, M. A.（1994）. What is creativity? In M. A. Boden（Ed.）, *Dimensions of creativity*. Cambridge, MA: MIT Press.

Boden, M. A.（1995）. *Creativity and unpredictability*. SEHR, 4, 2.

Boostrom, R.（1993）. *Developing creative & critical thinking*. Lincolnwood, IL: National Textbook Company.

Borich, G. D.（1996）. *Effective teaching methods*. Englewood Cliffs, NJ: Prentice-Hall, Inc.

Briggs, L. J.（1977）. *Instructional design: Principles and applications*. Englewood Cliffs, NJ: Educational Technology Publications.

Bruner, J. S.（1969）. *The process of education*. Cambridge, Massachusetts: Harvard University Press.

Byrd, R. E., & Byrd, J. L.（1989）. *Creative risk taking*. Developing Human Resource.

Chacke, G. K.（1988）. *Technology management-application to corporate markets and military missions*. NY: Praeger.

Clark, L., & Starr, I.（1986）. *Secondary and middle school teaching methods*. New York: Macmillan Publishing Company.

Clark, J. & Guy, K.（1998）. Innovation and competitiveness. *Technology Analysis & Strategic Management, 10*（*3*）, 363-395.

Cohen, L. M.（1989）. A continuum of adaptive creative behaviors. *Creativity Research Journal, 2*（*3*）, 169-183.

Davis, G. A., & Subkoviak, M. J.（1975）. Multidimensional analysis of a personality based test of creative potential. *Journal of Educational Measurement, 12*（*1*）, 37-39.

Dick, W.（1997）. A model for the systematic design of instruction. In R. D. Tennyson, F. Schott, N. Seel, & S. Dijkstra（Eds.）, *Instructional design: International perspective: Volume 1: Theory, research, and models*. Mahwah, New Jersey: Lawrence Erlbaum Associates, Publishers.

Driver, R., & Oldham, V.（1986）. A constructivist approach to curriculum development in science. *Studies in Science Education*, 13, 105-122.

Drucker, P. F.（1985）. *Innovation and entrepreneurship: Practice and principles*. London: Heinemann.

Eberle, R. F.（1971）. *SCAMPER: Games for imagination development*. NY: D. O. K. Publisher, Inc.

Eberle, B.（1982）. *Visual think: A "SCAMPER" tool for useful imaging*. New York: D. O. K. Publisher, Inc.

Lumsdaine, E., & Lumsdaine M.（1995）. *Creative problem solving*. New York: McGRAW-HILL.

Feldhusen, J. F.（1993）. A conception of creative thinking and creativity training. In S. G. Isaksen, M. C. Murdock, R.L.Firestien, & D. J. Treffinger（Eds）, *Nurturing and developing creativity: The emergence of a discipline*. Norwood, New Jersey: Ablex Publishing Corporation.

Finke, R .A., Ward, T. B., & Smith, S. M.（1992）. *Creative cognition: Theory, research, and applications*. The MIT Press.

Firestien, R. L.（1993）. The power of product. In S.G. Isaksen, , M. C. Murdock, R. L. Firestien, & D. J. Treffinger（Eds）, *Nurturing and developing creativity: The emergence of a discipline*. New Jersey: Norwood, Ablex Publishing Corporation.

Fogler, H. S., & LeBlanc, S. E.（1995）. Strategles for creative problem solving. Upper Saddle

Rive, New Jersey: Prentice Hall, PTR.

Frazee, B., & Rudnitski, R. A.（1995）. *Integrated teaching methods: Theory, classroom ap plications, and field-based connections*. Albany, New York: Dalmar Publishers.

Gagn'e, R. M. Briggs, L. J., & Wager, W. W.（1992）. *Principles of instructional design*. Tallahassee, Florida: Holt, Rinehart and Winston Inc.

Gordon, W. J.（1961）. *Synectics: The development of creative capacity*. New York: Haper and Row.

Griggs, R. E.（1985）. A storm of ideas. *Reported in Training*, 22, 66.

Guilford, J. P.（1967）. *Intelligence, creativity, and their educational implications*. San Diego: Knapp.

Gunter, M. A., Estes, T. H., & Schwab, J.（1995）. *Instruction: A models approach*. Boston: Allyn and Bacon.

Hoover, S. M.（1988）. *An exploratory study of high ability students' problem finding ability*. Unpublished doctoral dissertation, Purdue University, West Lafayette, IN.

Isaksen, S. G., & Dorval, K. B.（1993）. Changing views of CPS: Over 40 years of continuous improvement. *International Creativity Network*, 3, 1-5.

Isaksen, S. G., Murdock, M. C., Firestien, R. L., & Treffinger, D. J.（1993）. *Nurturing and developing creativity: The emergence of a discipline*. New Jersey: Norwood, Ablex Publishing Corporation.

Isaksen, S. G., & Treffinger, D. J.（1985）. *Creative problem solving: The basic course. Buffalo*, New York: Bearly Limited.

Isaksen, S. G., & Treffinger, D. J.（1987）. *Creative problem solving: Three components and six specific stages*. Instructional handout. Buffalo, NY: Center for Studies in Creativity.

Isaksen, S. G., & Treffinger, D. J.（1991）. Creative learning and problem solving. In A. L. Costa（Ed.）, *Developing minds: Programs for teaching thinking*（Volume 2, pp. 89-93）. Alexandria, VA: Association for Supervision and Curriculum Development.

Isaksen, S. G.（1989）. *Creative problem solving: A process for creativity*. Buffalo, NY: Center for Studies in Creativity.

Isaksen, S. G.（1992）. *Current approaches and applications of creative problem solving: A focus on facilitation*. Buffalo, NY: Creative Problem Solving Group.

Isaksen, S. G.（1996）. Task appraisal and process planning: Managing change methods. *International Creativity Network*, 6, 4-11.

Isaksen, S. G., Dorval, K. B., & Treffinger, D. J.（1994）. *Creative approaches to problem solving*. Dubuque, Iowa: Kendall/Hunt.

Isaksen, S. G., et. al.（1992）. *Current approaches and applications of creative problem solving: A focus on facilitation*. Buffalo, NY: Center for Studies in Creativity.

Isaksen, S. G., Dorval, K. B., & Treffinger, D. J.（1998）. *Nurturing and developing creativity: The emergence of a discipline*. New Jersey: Norwood, Ablex Publishing Corporation.

Isaksen, S. G., Dorval, K. B., & Treffinger, D. J.（1998）. *Toolbox for creative problem solving: Basic tools and resources*. Williamsville, NY: CPSB.

Isaksen, S. G., Dorval, K. B., & Treffinger, D. J.（2000）. *Creative approaches to problem solving: A framework for change*. Dubuque, Iowa: Kendall/Hunt.

Johne, F. A., & Snelson, P. A.（1989）. Product development approaches in established firms. *Industrial Marketing Management*, 18, 113-124.

Jones, J. C.（1984）. A method of systemic design. In N. Cross.（Ed.）, *Development in Design Methodology*. Chichester., West Sussex: John Wiley & Sons, Inc.

Jones, L. J.（1987）. *The development and testing of a psychological instrument to measure barriers to effective problem solving*. Unpublished MB. Sc. Dissertation, Manchester Business School.

Joyce, B., Weil, M., & Showers, B.（1992）. *Teaching model*. Boston: Allyn and Bacon.

Kepner, C. H., & Trego, B. B.（1976）. *The rational manager*,（2nd ed.）. Princeton, NJ: Kepner & Trego, Inc.

Kepner, C. H., & Trego, B. B.（1981）. *The new rational manager*. Princeton, NJ: Princeton Research Press.

Lumsdaine, E., & Lumsdaine, M.（1995）. *Creative problem solving*. New York: McGraw-Hill, Inc.

MacKinnon, D. W.（1962）. The nature and nature of creative talent. *American Psychologist*, *17*, 484-495.

MacKinnon, D. W.（1978）. *In search of human effectiveness*. Buffalo, NY: Creative Education Foundation.

Majero, S.（1991）. *The creative marketer*. London: Butterworth Heinemann.

Mayer, R. E.（1998）. Cognitive, metacognitive, and motivational aspects of problem solving. *Instructional Science*, 26, 49-63.

Michalko, M.（1998）. *Cracking creativity: The secrets of creative genius*. Berkeley, California: Ten Speed Press.

Mumford, M. D., Reiter-Palmon, R., & Redmond, M. R.（1994）. Problem construction and cognition: Applying problem representations in ill-defined domains. In Runco, M. A.（Ed.）, *Problem finding, problem solving, and creativity*. Ablex Publishing Corporation.

Negus, K., & Pickering, M.（2004）. *Creativity, communication, and cultural value*. London: SAGE Publications.

Noller, R. B., Parnes, S. J., & Biondi, A. M.（1976）. *Creative actionbook*. New York: Scribners.

Oldham, G. R., & Cummings, A.（1996）. Employee creativity: Personal and contextual factors at work. *Academy of Management Journal*, 37, 580-607.

Oliva, P. E.（1992）. *Developing the curriculum*（3rd ed.）. White Plains, New York: Harper Collins Publishers.

Osborn, A. F.（1952）. *How to become more creative: 101 rewarding ways to develop potential talent*. New York: Scribners.

Osborn, A. F.（1953）. *Applied imagination: Principles and procedures of creative problem solving*. New York: Charles Scribner's Sons.

Osborn, A. F.（1957）. *Applied imagination: Principles and procedures of creative problem solving*. New York: Charles Scribner's Sons.

Osborn, A. F.（1963）. *Applied imagination: Principles and procedures of creative problem solving*. New York: Charles Scribner's Sons.

Osborn, A. F.（1967）. *Applied imagination: Principles and procedures of creative problem solving*. New York: Charles Scribner's Sons.

Parnes, S. J.（1966）. *Manual for institutes and programs*. Buffalo, NY: Creative Education Foundation.

Parnes, S. J.（1967）. *Creative behavior guidebook*. New York: Scribners.

Parnes, S. J.（1988）. *Visionizing*. Buffalo, NY: Creative Education Foundation Press.

Parnes, S. J., Noller, R. B., & Biondi, A. M.（1977）. *Guide to creative action*. New York: Scribners.

Proctor, T.（1999）. *Creative problem solving for managers*. New York: Rouledge.

Raudsep, E.（1981）. *How creative are you?* New York: G. P. Putnam Sons.

Rhodes, M.（1961）. *An analysis of creativity*. Phi Delta Kappan, 42, 305-310.

Richey, R. C.（1986）. *The theoretical and conceptual bases of instructional design*. London: Kogan Page, Ltd.

Ritchey, T.（1998）. *Fritz Zwicky, morphologie, and policy analysis*. Paper Presented at the 16th Euro Conference on Operational Analysis, Brussels.

Ritchey, T.（1991）. Analysis and synthesis-On scientific method based on a study by bernhard riemann. *Systems Research, 8*（4）, 21-41.

Rosenshine, B.（1983）. Teaching functions in instructional programs. *The Elementary School Journal, 83*, 335-351.

Runco, M. A.（1994）. *Problem finding, problem solving, and creativity*. Norwood, NJ: Ablex Publishing Corporation.

Schumpeter J.（1934）. *The theory of economic development: An inquiry into profits, capital, credit, interest, and business cycle*. Cambridge, MA: Harvard University Press.

Seels, B. & Richey, R. C.（1994）. *Instructional technology: The definition and domains of the field*. Washington, D. C.: Association for Educational Communications and Technology.

Slavin, R.（1984）. Students motivating students to excel: Cooperative incentives, cooperative tasks, and student achievement. *The Elementary School Journal, 85*（1）, 53-63.

Snow, R. E.（1992）. Aptitude theory: Yesterday, today, and tomorrow. *Educational Psychologist, 27*（1）, 5-32.

Sternberg, R. J., & Luburt, T. I.（1993）. Creative giftedness: A multivariate investment approach. *Gifted Child Quarterly, 37*（1）, 7-15.

Sternberg, R. J., & Luburt, T. I.（1995）. *Defying the crowd: Cultivating creativity in a culture of conformity*. New York: The Free Press.

Sternberg, R. J.（1988）. *The nature of creativity: Contemporary psychological perspective*. New York: Cambridge University Press.

Sternberg, R. J., & Lubart, T. I. (1996). Investing in creativity. *American Psychologist, 51* (7), 677-688.

Sternberg, R. J., & Luburt, T. I. (1991). An investment theory of creativity and its development. *Human Development, 34* (1), 1-31.

Super, C. M. (1980). Cognitive cevelopment: Looking across at growing up. In C. M. Super, & M. Harkness (Eds.), *New directions for child development: Anthropological perspectives on child development, 8,* (pp.59-69). San Francisco: Jossey Bass.

Torrance, E. P. (1968). *Torrance tests of creative thinking: Normal-technical manual.* Princeton, N. J.: Personnel Press, Inc.

Torrance, E. P. (1972). Can we teach children to think creatively? *Journal of Creative Behavior, 6,* 114-143.

Torrance, E. P., & Orolw, E. B. (1984). *Torrance tests of creative thinking streamlined (Revised) manual.* Bensenville, IL: Scholastic Testing Service.

Treffinger, D. J. (1993). Stimulating creativity: Issues and future directions. In Isaksen, S. G., Murdock, M. C., Firestien, R. L., & Treffinger, D. J. (Eds.), *Nurturing and developing creativity: The emergence of a discipline.* New Jersey: Norwood, Ablex Publishing Corporation.

Treffinger, D. J., & Isaksen, S. G. (1992). *Creative problem solving: An introduction.* Sarasota, FL: Center for Creative Learning.

Treffinger, D. J., Isaksen, S. G., & Dorval, K. B. (1994). *Creative problem solving: An introduction (Revised ed.).* Sarasota, FL: Center for Creative Learning.

Treffinger, D. J., Isaksen, S. G., & Dorval, K. B. (2000). *Creative problem solving: An introduction (3rd ed.).* Waco,Texas: Prufrock Press.

Treffinger, D. J., Isaksen, S. G., & Dorval, K. B. (2003). *Creative problem solving (CPS Version 6.1TM) A contemporary framework for managing change.* Buffalo, NY: Center For Creative Learning, Inc. & Creative Problem Solving Group, Inc.

Treffinger, D. J., Isaksen, S. G., & Firestien, R. L. (1982). *Handbook for creative learning.* Sarasota, FL: Center for Creative Learning.

Treffinger, D. J., Isaksen S. G., & Dorval, K. B. (1992). *Creative problem solving: An introduction.* Sarasota, FL: Center For Creative Learning.

Vista, C.（2000）. Teaching Classroom educators how to be more effective and creative teacher. *Education, 120*（4）, 675-680.

West, C. K., Framer, J. A., & Wolff, P. M.（1991）. *Instructional design*. New York: Prentice-Hill.

Wallas, G.（1926）. *The art of thought*. New York: Harcourt Brace.

Zwicky, F.（1969）*Discovery, invention, research—Through the morphological approach*. Toronto: The Macmillian Company.

三、參考網站部分

大迅股份有限公司——旋轉隨身碟---www.ezmvp.com.tw

工業技術研究院——www.itri.org.tw/chi/rnd/advanced_rnd/advanced/XA92-02.jsp

中央日報⇒www.cdn.com.tw/daily/2005/04/10/text/940410d3.htm

中國大陸國家知識產權局⇒www.sipo.gov.cn

中華太陽能聯誼會⇒www.solar-i.com

中華文化創新發展協會⇒www.creatfield.org/index.php

中華民國專利資訊網⇒www.twpat.com/Webpat/Default.aspx

中華民國創新發展協會⇒www.ccda.org.tw

中華網家居頻道創意生活網——三和絃茶壺⇒jiaju.china.com/zh_cn/design/

中華網家居頻道創意生活網站——乾杯門鈴,溺水者浴缸塞⇒jiaju.china.com/zh-cn/

文化創意產業⇒www.cci.org.tw/portal/plan/index.asp

日本特許廳（JPO）⇒www.jpo.go.jp

台新銀行⇒www.taishinbank.com.tw

台灣工業銀行⇒www.wewin.com.tw

台灣之旅清真寺建築圖⇒taiwan.wcn.com.tw

台灣技術交易市場資訊網⇒www.twtm.com.tw/

台灣精品網站⇒taiwaninnovalue.com/Chinese

光寶科技創造力競賽網⇒active.udn.com/2004liteon/a.htm

全民創新運動⇒www.innovation.org.tw/

行政院青輔會⇒www.nyc.gov.tw/

車輛研究中心網站第一屆機動車輛創新設計競賽⇒www.artc.org.tw/

奇巧町⇒www.kikikaka.com.tw

科技與設計研習壽司計算機⇒tds.ic.polyu.edu.hk/td/theme1/scamper_%20r.htm

科學隨談⇒alumni.nctu.edu.tw/~sinner/science/talk/part_1/science000.htm

美國專利暨商標局（USPTO）⇒www.uspto.gov

英士達⇒bestinstart.com

財團法人醫院評鑑暨醫療品質策進會⇒www.tjcha.org.tw/study/study_body.asp

國立政治大學創新創造力研究中心⇒www.ccis.nccu.edu.tw

國立雲林科技大學⇒http://www.yuntech.edu.tw

國科會第六屆大學校院學生創意實作競賽⇒cia-contest.ncku.edu.tw/

國際在線 Xiclet⇒gb.chinabroadcast.cn

教育部創造力教育中程發展計劃入口網⇒www.creativity.edu.tw

教育部創造力教育網站⇒www.creativity.edu.tw/

設計共合⇒www.designrepublic.org.tw

陳龍安創意 3q 工作室⇒3qweb.creativity.edu.tw/

創思設計與製作競賽⇒140.118.199.154/robot8.nsf

創新創業教育網⇒www.tic100.org.tw/tic100/

就業情報網心智圖法⇒media.career.com.tw/treasury/treasury_main.asp

普洛瓦——指紋隨身碟⇒www.prowol.com

經濟部工業局⇒www.mobilehero.com/front/index.asp

經濟部技術處⇒mechanism.runride.com/

維納斯設計創意 logo 設計網站⇒venus-design.net

維基百科 TRIZ 理論⇒zh.wikipedia.org/wiki/TRIZ

維基百科比擬法⇒en.wikipedia.org/wiki/Edward_de_Bono

劍湖山世界⇒www.zanfusun.com.tw

數位時代⇒www.bnext.com.tw/mag/2000_01/2000_01_411.html

歐洲專利局（EPO）⇒www.european-patenroffice.org

2003NBC 年度攝影獎---www.maineiac.com/inspirational/2004.10.22

3M 公司⇒www.3M.com.tw

7-ELEVEn⇒www.7-11.com.tw

Biotechnologypatents 專利資料庫⇒www.nal.usda.gov/bic/Biotech_patents

Blogspot——瑞士刀隨身碟⇒beerbsd.blogspot.com

CCL⇒www.creativelearning.com

CPSB⇒www.cpsb.com

Creativityland 創意顧問公司⇒www.creativityland.net

Delphion-IPN 專利資料庫⇒www.delphion.com

Dialog 專利資料庫⇒www.dialog.com

e-live 隱形絲襪噴霧⇒www.e-live.com.tw/front/bin/ptdetail.phtml? Part=161132

ESP@CENET 專利資料庫⇒ep.espacenet.com

ICRT⇒wtest.icrt.com.tw

iVillage⇒www.iVillage.com

Keepwalk⇒www.keepwalking.com.tw/index.asp

L.CWorkshop 食品資訊網——大腦多一毫厘⇒www.geocities.com/lcworkshop

LG 電視冰箱⇒tw.lge.com/index.do

Micropatent 專利資料庫⇒www.micropatent.com

PATOLIS 專利資料庫⇒www.online.patolis.co.jp

PMgloves⇒www.pmgloves.com.tw

Q-PAT 專利資料庫⇒www.qpat.com

SWEMORPH 型態分析法⇒www.swemorph.com/

Toyota 梅山派出所⇒travel.toyota.com.tw/scenespot_detail.asp

TUM⇒www.unilli.com

TVBS 新聞網站——林邊國中獲科展第一名⇒www.tvbs.com.tw/news/2004.06.05

TWTC⇒www.taipeitradeshows.com.tw/invent/Chinese/news20050608.htm

vejaonline⇒vejaonline.abril.com.br

WIPO-IPDL 專利資料庫⇒www.wipo.int

附　錄

附錄一 Fun 電娃娃創意行動計畫書

一、團隊名稱和成員

1. 團隊名稱：創意精靈
2. 指導老師：沈翠蓮 博士
3. 隊　員：游宜珊、楊明振、張書龍

二、計畫書說明

1. 本作品榮獲教育部主辦 2005 年第三屆（2005.01.17）創意的發想與實踐全國觀摩總決賽最佳創業獎。
2. 本作品已獲得中華民國新型專利，請尊重研發者專利權。
3. 本作品由沈翠蓮博士提供該團隊成員創意原始構想，並指導該團隊撰寫計畫書架構綱要和修改計畫書內容。

目錄

壹．主題解釋

一、前言

隨著時代的進步，各式各樣的電器發明不斷推陳出新，「電」成了每個人生活中的必需品。例如電腦在家庭中的普級率愈來愈高，家中不管是學生或上班族都需要仰賴它做很多事，而在使用電腦時，除了電腦主機與螢幕外，可能還有些許的周邊設備，但往往插座不一定就在旁邊，就算有也沒有那麼多的插孔可以使用，而這時延長線就可以發揮功用了；除此之外，E世代的今天，學生看書要插電開書燈、天氣熱要插電開電風扇、手機沒電要充電、想放鬆心情就聽音樂……，家庭主婦作菜時可能要用要用烤箱、電鍋、微波爐……，這些用電的行為可能同時使用，但是這些電器並不一定是放在同一個位置，即使是有延長線，也會有電線不夠長或插座不足的困擾。這時使用者還得去增加插孔，還是再去買另一個延長線放在另一個位置嗎？答案是不需要的，因為本組此設計的宗旨就是要讓使用者能有效的利用一條延長線在不同的地點能使用不同的電器！除此之外，對於延長線的收納與造型，本組也做了很大的改革！

本組【創意精靈】之主題對象適合所有大眾，我們所研發的產品讓每個人在使用電器時，能夠更加便利，無論家居空間大小皆可自由調整延長線長短，並有賞心悅目的效果，增加生活中的樂趣，預期本產品能受到大眾的喜愛！

二、隊名

創意精靈

《理念》…將創意、便利融入生活中……

三、作品名稱

四、精神標語

當 Fun 電娃娃遇上強力電流，

就產生了不受空間限制引人注目的魅力，

一個、兩個、三個 Fun 電娃娃……

持續對你放電！

貳．發想過程

一、現況描述

今日，在日常生活中最常見的延長線為三孔設計、外殼雙層結構，且為一個主體加上一條依使用者需要的電線長度；在安全方面也有許多延長線有「自動斷電開關」及「通電顯示」這些功能。

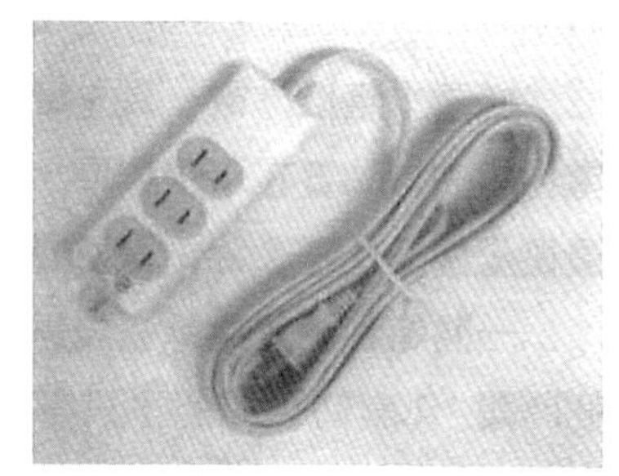

一般三孔式延長線

但本組組員非工業設計等科系出身，不擅長電路方面的工業技術，因而無法在電流、電壓、電路板迴路等做研發，只能由造型及其他附加功能發揮本組的想法，期許將設計成品完成！

二、特點描述

特　點	說　明
➢設計美觀	造型取材於「俄羅斯娃娃」，產生視覺上的美感及整合性的主體。
➢彈性延長	靈活的延長分插頭，使用者依其需求，取出電線長度或插座個數，增加了使用彈性，也提供給使用者一個全新的使用經驗。
➢方便收納	製作了伸縮自如的收線盒，電線以「自動捲線」方式收納，主體（即插座）可從小型娃娃收入中型娃娃，最後再收入大型娃娃，整個主體讓人看不出是由三個娃娃所組成的，而且不占空間。

三、發想過程

㈠起——Electric Power的靈感

這個學期在創意思維與設計這門課中，教授希望我們能發揮創意，並將創意附諸於行動，因此鼓勵我們能參加教育部的「創意發想與實踐計畫」。

一開始尋找主題就是腦力激盪的考驗，組員們有人望著天花板、有人對著教學的 notebook 發呆……，後來有人提出：「電」是我們每天的必需品，何不從這方面來著手。

㈡承——Electric 與 Life 的結合

於是本組以「電」為主軸，繼續發想與電相關的事物。由於日常生活中與電相關的物品實在不勝枚舉，所以範圍很廣，大家天馬行空的想法不斷湧出，最後覺得以「延長線」做改良。

一開始我們認為延長線是解決了每個人插座不足的問題，但是也發現了幾個問題：1.有時候可能不只需要一條延長線就能解決人的需求，最後造成在居家環境中到處都是電線，如果家中有小孩就容易因為踢到而跌倒，也使得家裡看起來較凌亂；2.即使使用了延長線，有些電器的電線仍不夠長，無法銜街；3.市面上的延長線在不使用時，必須要將電線一圈一圈地繞起來才能完成收納動作，顯然有些麻煩。

於是本組就想在延長線的外型上做改良，在同一條延長線上增加插座的個數，讓它可以在不同定點使用（如下圖），並且在每個插座之間設計自動收線的功能，以解決收納問題。

最初的想法

㈢轉——創意思維的激發

為了提升「收納」與「美觀」的特色，本組想到了另外兩種收線後的造型，以達到主體的整體感：

1. 趴趴熊造型

2. 俄羅斯娃娃造型

兩者不同的是，以趴趴熊呈現出來的主題，由於是層層相疊的，所以體積可能會比較龐大；而俄羅斯娃娃的收納方式是依小→中→大型收納，最後的主體是一個大的俄羅斯娃娃，如果沒有真正去使用，很難發現它是一個收納式延長線。

㈣合——期許「Fun電娃娃」的誕生

最後，本組決定以「俄羅斯娃娃」作為此次創意競賽成品的造型，把電力延伸、收縮插座及特別的收納方法，這些概念結合，期許能有令人眼睛為之一亮的成果！

參・產品的構思

一、創意來源（問題）

1. 一般延長線的插座只能固定位置使用
2. 一般延長線的外型不夠吸引人
3. 一般延長的收納方法須手動捲線

二、創意構思之目的

本組希望能解決上述問題，讓使用者在使用時感到方便，並把我們的創意結合這項產品，讓使用者能有前所未有的使用經驗，帶來生活中的樂趣！

三、創意構思之用途

1. 彈性使用：使用者可依個人需求，取出電線長度，並在不同定點使用插座，而不必擔心電器的電線不夠長，或是一般延長線的空間限制。
2. 方便收納：伸縮自如的收線盒，使用者不必再手動繞線收線，只要輕輕一按，電線就會自動捲入收線盒中。再者，另外兩個小的娃娃也能收到大型娃娃中，一點也不占空間。

四、創意構思之製作想法

我們想在每個俄羅斯娃娃的上頭裝上插座，並在插座下接自動捲線的收線盒。小的俄羅斯娃娃底部拉出電線與中型娃娃相接，才能互相通電，以此類推，中型娃娃底部拉出電線與大型娃娃，而最後的主體一大型娃娃就有一個插頭與牆上的插座導電！

肆・創意產品的研發

一、作品實例簡介

Fun 電娃娃成品模型

二、使用方法

如同一般延長線使用，但本成品改良成具有收納的方式，因此分為大、中、小，收納方式：小的娃娃可從中的底部收納成一個，中的娃娃可從大的底部收納成一個，這樣子外觀總成只有一個大的俄羅斯娃娃，當要使用時可從大娃娃底部拿出中娃娃使用範圍在 90 公分以內可以自控制，若使用超過 90 公分以外範圍時需在從中娃娃底部取出小娃娃，每個娃娃底部可控制收線長度，而控制方法即使用底座電線缺口（剛好附和電線寬度）當蓋子蓋上後就可以固定長度。而娃娃頭部設計兩個插座可供應兩種不同的電器使用，三個娃娃具有六個插座，可供六種不同位址電器使用。

三、作品規格

娃娃規格	大型娃娃	高 20 公分；寬 12 公分
	中型娃娃	高 13.5 公分；寬 9 公分
	小型娃娃	高 6 公分；寬 7.5 公分
電線總長		2 公尺
各娃娃電線長		90 公分
電流規格		15 安培
主電源插頭		1 個
捲電線器		2 個
插座數		每個娃娃 2 個插座，共 6 個

四、製作解說

㈠模型內部

①自動捲線的功能取材於捲尺，此為收線盒

②一般規格的插座黏著於模型所需的圓型厚紙板上

③將插座與收線盒結合

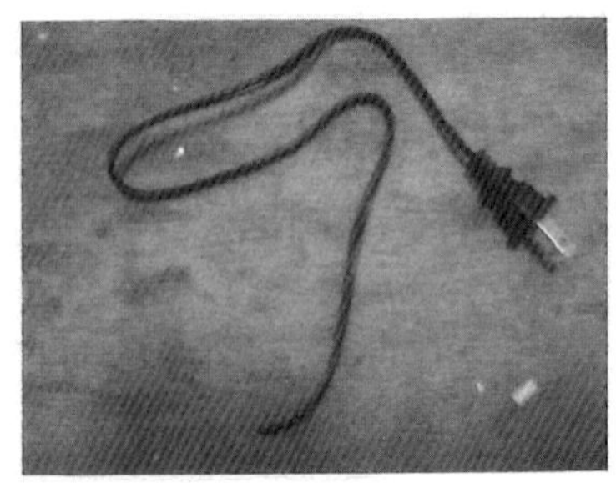

④將電線以順時針方向繞於收線盒上

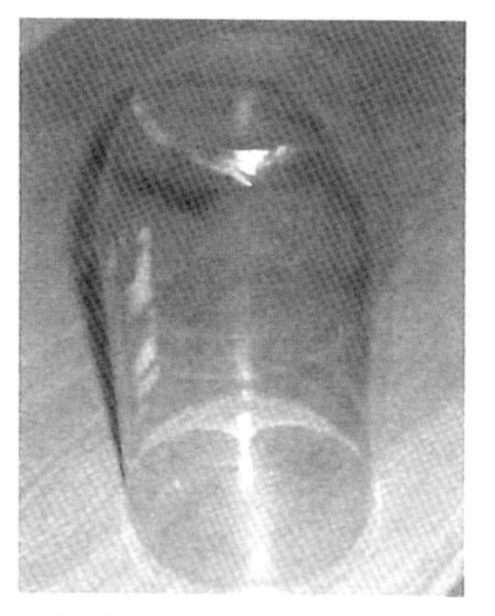

⑤測試自動捲線功能正常後，放入模型外殼內，成品如右圖➔

㈡外觀塑造

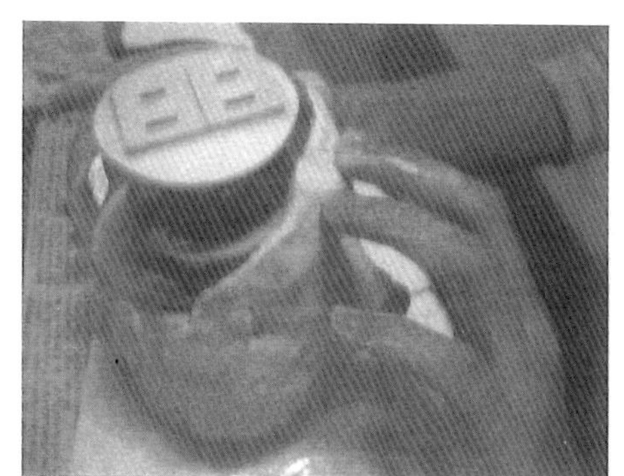

①外觀以紙黏土鋪底

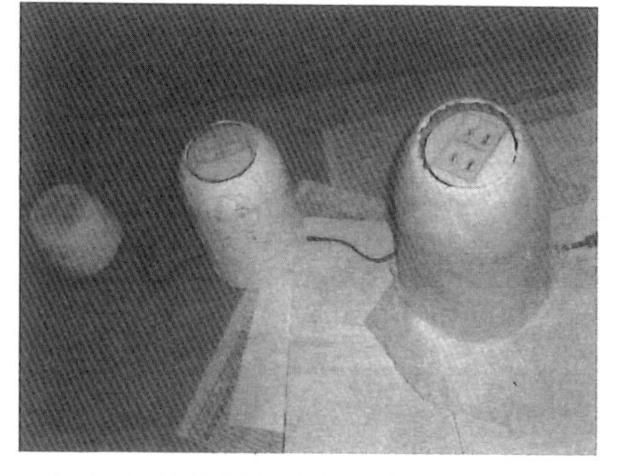

②三個都鋪上紙黏土後，等後約一、二天讓紙黏土乾燥，以利上色

③繪製草圖後，以水彩上色，最後噴上亮光漆，維持色彩的鮮豔

五、規劃創作步驟

1. 組員們尋找相關資料，以提供在實作方面建議，或解決困難的方法；
2. 衡量評估所構思的方法，及準備需要的材料與技術；
3. 參訪他人創作與設計巧思，從中仿效優點與改進缺點；
4. 撰寫企劃書，並指分派各組員的任務；
5. 大家分工合作，開始進行實作；
6. 討論實作部分產生的問題，設法解決，並尋找替代方案；
7. 初次完成成品內部裝置，並做簡單的測試；
8. 相同方法，完成其他成品模型，並做外部上紙黏土及色彩；
9. 將三個 Fun 電娃娃組合為一體；
10. 進行拍照紀錄資料，並記載實作過程。

六、在研發中所遭遇的困難及解決途徑

困難	說明	解決途徑
1. 收線盒與電線纏繞	當插座固定後，發現自動收線問題，電線會和收線器一起捲起來導致插在插座上的線會脫落。	因此以改為插座製作在收線器上和收線器一起旋轉，這樣子就可解決線會托落的情形。
2. 電線配置問題	在拉長電源線中發現固定線材的器材配置問題是要在內部還是在外部。	由底部挖個剛好附和電源線寬度的底座，一來可固定線，二來可成為收納放電娃娃的底蓋。
3. 通電問題	在收納放電娃娃時放發現三個放電娃娃無法通電的問題，這是我們技術上的困難。	目前的替代方法改為兩個插座一個可以插電源線，一個可以擴充，這樣子三個娃娃可以個別使用或是串在一起使用。
4. 娃娃價格昂貴	在虎尾、斗六的許多精品店尋找俄羅斯娃娃，終於找到一家有販售，但尺寸與我們所需的不符，且價格貴於昂貴，不符合成本。	此用保特瓶當模型代替，外觀貼上紙黏土後，再以手繪可愛圖案，最後上透明漆。

伍．產品的預期貢獻

一、「FUN 電娃娃」的使用對象及貢獻

對　象	貢　獻
全家大小 老少咸宜	「FUN 電娃娃」適合所有用電的人使用，因為電是每個人幾乎都會用到的，所以不分年齡、男女、老少都會需要它。
親朋好友 恩愛戀人	「送禮自用兩相宜」，在特別節日時，可以把造型可愛的「FUN電娃娃」當成禮物，送給好友或戀人，經濟又實用。
創意辦公室 效率上班族	新世代許多公司在辦公的環境很講究公司特有風格，「FUN 電娃娃」就能幫他們美化辦公室，員工能保有好心情，工作更有效率。
世界各地 無遠弗屆	「FUN 電娃娃」這個 IDEA 期望除了能讓家家戶戶使用到，也能推展至全世界，讓大家享受此便利。

二、「FUN 電娃娃」的前景和競爭利益

優勢（strength）

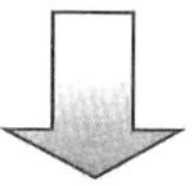

別出心裁

本組盡力地想做出別具風格的作品，希望能提高產品的價值感，讓使用者感受到我們的用心。

市場廣大

「FUN電娃娃」是日常生活中的必需品，所以消費者對它的需求度頗高。

電力十足

「FUN電娃娃」提供使用者解決插座不足及電線不夠長的問題，讓電器能更方便使用。

創造便利

「FUN電娃娃」方便收納、彈性伸縮等功能，預期能讓使用者提高生活便利性。

三、「FUN 電娃娃」未來之賣點

一個人要購買一項產品，其考慮因素不乎是這個產品的實用性、安全性、價值、是否方便、所占體積大小……等，有許多的專利，發現雖然有很多的專利很有創意，也有很多的功能，但在市面卻看不到他的產品，想想為何會有這樣的結果？

◎原因 1

可能是他在設計時未能考慮加工的便利，造成不易加工，因而大幅提高了成本，造成產品的價格太過於昂貴，不被大眾所接受。

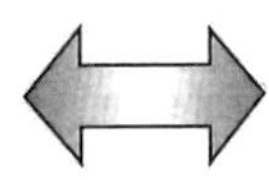

◎原因 2

它的產品不實用，或許為了提高某方面的功效，反而忽略了原本最基本的用處，想了太多的構想，反而喪失了其原本的意義了。

＊ FUN 娃娃之賣點分析

賣　點	原　因
1. 售價合理	FUN 電娃娃的製作成本低廉(約 150 元)，如果再請廠商協助，加以量產，便能將成本降低。而物美價廉是吸引大眾購買的最好方法，只要產品做的好，做的用心，自然會有人會認同的。一個價錢公道的創意產必然受到喜愛！
2. 用途多多	用途最基本的是延長線功能，還能自動收線，更能將主體收納不占空間。除此之外，設計美觀的外型，還能當作裝飾品，美化環境，更是當作送禮的好選擇。
3. 外觀多變	外觀不一定是俄羅斯娃娃，不一定原住民娃娃，也可以是可愛的動物，我們會徵求消費者的意願及建議去製作。到時候會看到市面上有各種不同樣貌的 FUN 電娃娃。
4. 改造空間大	因為 FUN 電娃娃的製作方式難度不高，且我們的 FUN 電娃娃屬於初期創作，日後有機會，可以推出第二代、第三代，做最佳的改造（e.g.：縮小體積、增加插座個數），做更多的功能擴充（e.g.：設置安全開關……）。

陸．成本預算

一、初步模型成本

材　料		費　用
捲尺		10 元／@個 × 3 →$30 元
插座		12 元／@個 × 6 →$72 元
保特瓶		0 元／@個× 3 →$0 元
電線		30 元／@條 × 1 →$30 元
紙黏土		24 元／@包 ×1 →$24 元
合計	共 156 元	

二、找廠商量產後之成本

材　料		費　用
自動捲線器		2 元／@個 × 3 →$6 元
插座		5 元／@個 × 6 →$30 元
模型		25 元／@個× 3 →$75 元
電線		10 元／@條 × 1 →$10 元
合計	共 121 元	

柒・專利研讀

由於本組的創意作品「FUN電娃娃」是具有「可在不同位置使用」、「自動捲線之收納方式」、「設計美觀」等功能的延長線，故在專利搜尋上，就針對這幾個特色去找尋相關專利的延長線。

一、專利名稱：電源延長線結構改良

專利公告號	M250416	專利公告日期	0041111	專利申請日期	93/02/09
專利申請案號	093201781	國際專利分類	H01R-033/92 ; H01R-033/965 ; H01R-013/73		
專利權類別	新型				
此專利所用到的創意原則		插座延伸，增加插孔數目，方便遠離電源之電器使用。			
專利設計概念		由一插頭、電線主體及插座盒所組成者；其特徵在於：下蓋的背面有一掛具，該掛具背面兩側具有突出的扣部，且其上方具有一掛勾，在正面裝設有一圓形磁鐵，可藉由扣部對應扣合在插座盒的背面的扣孔內。			
專利搜尋與本組專題之相關		此專利與本組Fun電娃娃的共同特色是"方便遠離電源插座的電器用品使用"，不過此專利是由一插頭、電線主體及插座盒所組成者，而本組是以一插頭、多插座主體所構成的。			
專利相關圖表		第三圖			

二、專利名稱：延長線之收納構造

專利公告號	00576567	專利公告日期	0040211	專利申請日期	92/06/11
專利申請案號	092210660	國際專利分類	H01R-013/72		
專利權類別	新型				
此專利所用到的創意原則	電氣盒體周邊尚有凹陷槽設置，令電線插頭之線體部分，可循之繞置於其周邊，達收納功能。				
專利設計概念	包含有一電氣盒體、一電線插頭及一黏扣帶，其中該電氣盒體內具有一插座型之嵌接槽設置，使電線插頭的插頭部分，可穩定地收納於電氣盒體內側，同時電氣盒體周邊尚有凹陷槽設置，令電線插頭之線體部分，可循之繞置於其周邊，並透過電氣盒體上一貫穿孔內具有之黏扣帶設置，即可固定繞置之電線，讓電線插頭可便捷穩固地設定於電氣盒體上，且黏扣帶亦可讓電氣盒體易於設定其位置，而達致具有良好之實用性效能者。				
專利搜尋與本組專題之相關	此專利與本組 Fun 電娃娃的共同特色是「不讓電線裸露在外頭」，不過此專利是製作一電氣盒，而本組是利用捲尺的內部構造，將電線以自動捲線的方式收納。				
專利相關圖表	12 1 22 3 13 21				

三、專利名稱：延長線插座之收線構造

專利公告號	00515600	專利公告日期	0021221	專利申請日期	90/03/09
專利申請案號	090203479	國際專利分類	H01R-013/72		
專利權類別	新型				
此專利所用到的創意原則		在延長線的主體製作一開口的收納空間，適供捲收線體。			
專利設計概念		令插座本體兩端各延伸出或組裝有二外端相離適距之限定片，使插座該端部形成一具開口之收納空間，藉此，令插座相連之延長線得由開口繞入收納空間內捲繞座體而受限於二限定片之中，適供捲收線體；另得於插座本體上設有限定件或槽孔，以藉該限定件或槽孔限定或容置延長線之插頭，而適予固定者。			
專利搜尋與本組專題之相關		此專利與本組 Fun 電娃娃的共同特色是「讓電線規則地收線」，不過此專利是需要手動去繞線，而本組則只要輕輕一放，就能將電線收納到收線盒中，而且不會露在外頭。			
專利相關圖表					

四、專利名稱：俄羅斯娃娃

我們的第一代 FUN 電娃娃，是採用俄羅斯娃娃的堆疊（nested）原則，而為了清楚表現出我們的宗旨，所以也將俄羅斯娃娃繪在作品上面，不過，這似乎有圖案的專利問題。但是台灣找不到俄羅斯娃娃的專利權，原因可能是因為它們是俄羅斯知名畫家親手繪製，俄羅斯傳統組合娃娃再加上美麗圖案，然後從俄國空運來台的，而非台灣人所製造的。

捌・市場調查

一、問卷調查目的

一個好的商品，必然要能受到大眾的喜愛與廣泛使用，才有創造這樣商品的意義。 為了知道大眾朋友們的愛好喜惡，獲知市場取向及消費者意見，所以市場調查是必然需要的，可知要進行的作品是否有製作的必要性，亦可由問卷調查資料得到製作時的參考及必須去克服的問題。

二、問卷調查內容

親愛的受訪者，您好：

我們是虎尾科大的學生，為了了解本組的創意作品「FUN 電娃娃」是否能受到大眾的青睞，是否能造就消費者的方便性及生活樂趣，因而進行此項調查。本問卷採不記名方式填答，問卷內容絕對保密，結果僅供本組參考。在此衷心感謝您的合作。敬祝 萬事如意

虎尾科技大學 創意精靈隊 敬啟

PART 1・基本資料：

性 別：□男 □女

年 齡：□20 歲以下 □20~30 歲 □30~40 歲 □40~50 歲 □50 歲以上

學 歷：□國中以下 □高中以下 □大專院校 □碩博士

職 業：□學生 □家管 □士 □商 □農 □工 □其他

PART 2・生活調查：

1. 請問您平時是否同時使用多種電器：□是 □否
2. 請問您經常使用延長線嗎：□時常 □不常
3. 請問您通常使用幾個延長線：□一個 □兩個 □三個 □三個以上
4. 請問您使用延長線有下列那些問題：（本題可複選）

□電線不夠長 □插座不足 □只能在固定位置使用 □收納不方便
□外形不美觀 □其他

PART 3．產品訪問：

1. 如果有一種改良式延長線，具有「能在不同位置使用、可自動收線、外形美觀」等功能，您是否願意嘗試：

   □願意　□不願意（請說明原因）

2. 如果本產品上市，價位大約為多少是您可接受的範圍：

   □100 以下　□100～150　□150～200　□200 以上

3. 此產品的外觀是否也在您要求的範圍內：□外觀很重要　□外觀無所謂

4. 若本產品上市，請問你是否願意購買?

   □願意＜繼續回答第 5 題＞　□不願＜跳至 6 ＞

5. 願意購買的原因：

   □非常實用　□新奇有趣　□價格合理　□其他

6. 不願意購買的原因：

   □不實用　□太過於奇怪　□價格昂貴　□其他

7. 您希望 FUN 電娃娃還有其他的功能嗎，請簡述：

本問卷全部完畢 謝謝您的熱心合作！

三、問卷調查結果

問卷發放期間：94.1.6~94.1.10 ，採抽樣方式，對象為虎尾地區之居民，發放問卷：80 份，有效問卷 76 份，分析如下：

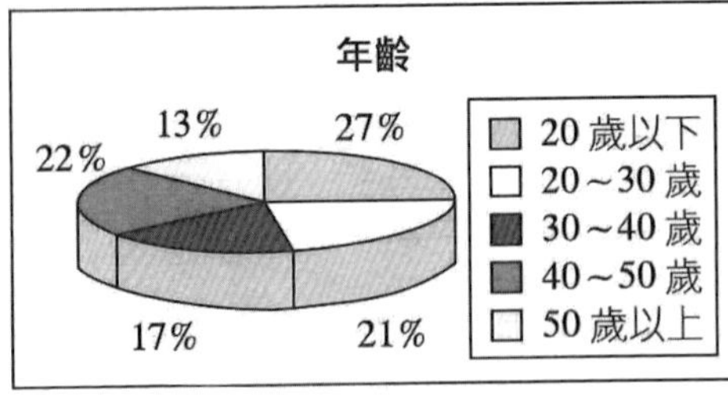

問卷取樣年齡分析圖

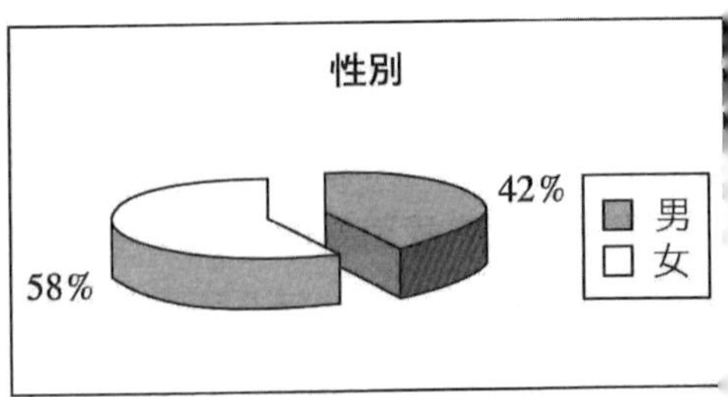

問卷取樣性別分析圖

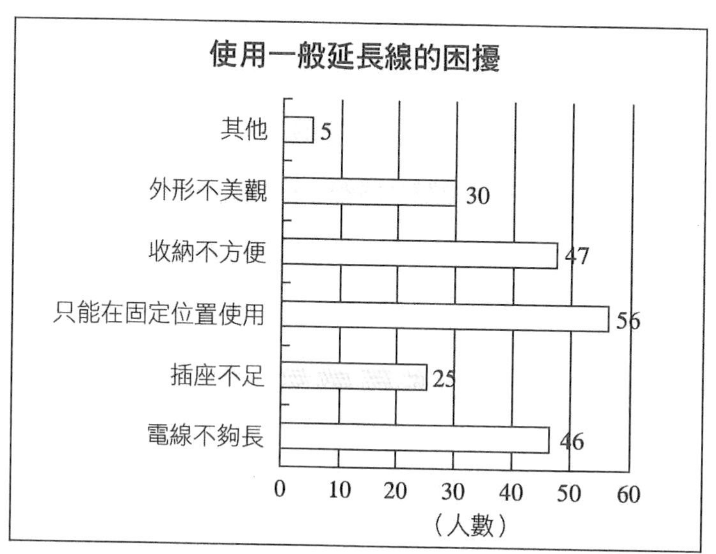

使用一般延長線的困擾分析圖

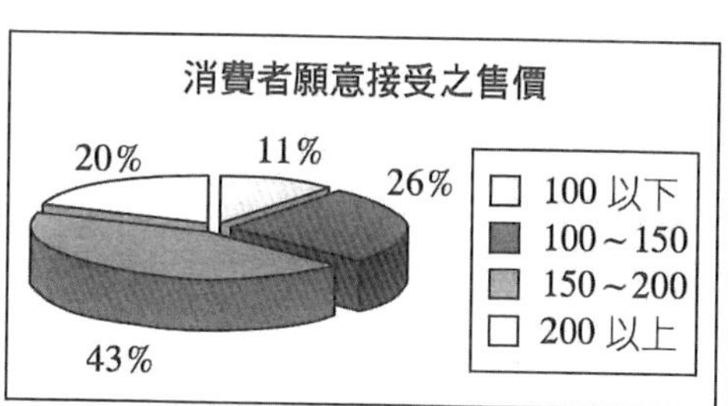

消費者願意接受之售價分析圖

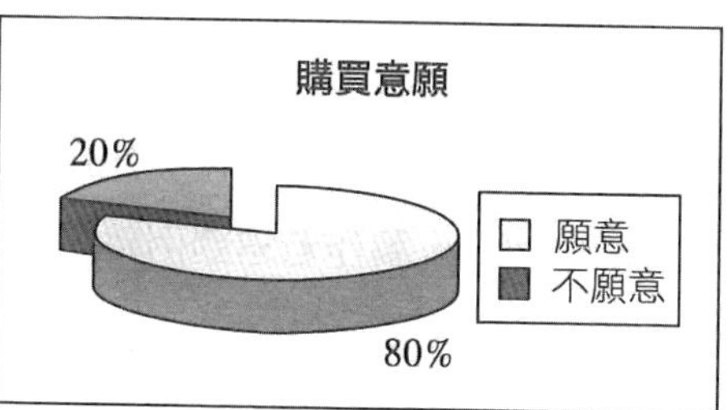

購買意願分析圖

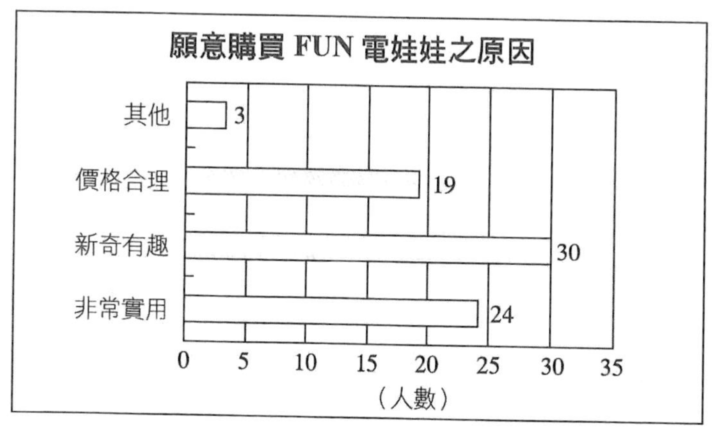

願意購買 FUN 電娃娃之原因分析圖

四、市場調查結論

由以上諸多問卷資料顯示，本作品-FUN 電娃娃，是男女老少皆認同的產品，將會是個非常具有潛力的新時代商品，值得去製作這樣多功能方便又舒適的作品，以解決消費者在生活中的諸多不便。這項調查也為本組成員製作此產品打了一劑強心針。

玖·「創意精靈」的成長感言

一、整體感言

1. 從題目到成品讓我們了解討論的用意是在於發表各人的想法不用去擔心受限的可行性，只要有想法就可以提出來。
2. 體會到每個人所分擔的工作一定是自己平常最容易上手，而做出最好的成品展現出來。
3. 了解個人製作若遇到困難，可以提出來大家互相討論或是採用其它的方法來取而代之。
4. 學習到許多不同的創意思考方向。
5. 讓大家知道分工合作在團體是非常非常的重要的若缺一個人，其它人的負擔就會變大。
6. 從此課程可以了解那些人有用心的在參與製作自己的成品，而不是敷衍了事應付應付。
7. 體會到如何去收集自己成品的相關資料，來完成一個有創意的作品。
8. 當所有問題解決後大家興奮的表情放在臉上是無法以言語來形容的。
9. 製作完成後讓大家有一種解脫的感覺在心裡瞬間的肆放，有種沒有束搏的快樂。
10. 最後在此要感謝開這門學分的老師，如果沒有他的自由教學方式無法體會到上述九個心得要點。

二、個別心得

「創意思維與設計」這門課，除了學到如何激發創意力，如何把創意化為行動去做出成果……，也讓我有了較深刻的感觸，從組員提出延長線的概念到大家互相討論的結果決定製作「Fun 電娃娃」，一開始零零碎碎的靈感到模型的完成，過程中有許許多多我們技術上的限制，也感覺到創作的堅辛經過多次討論，我們不斷地實驗替代方法試著找出解決問題的答案，最後在互相鼓勵下我們完成了大概的模型，看到Fun電娃娃上色的那一刻，便體會到「任何事沒有能不能做，只有肯不肯做！」

★游宜珊

修了這門學分感覺真是前所未有的興奮，從上課每次小組討論問題大家總是把個人的想法提出，然後融合成有趣或實用的產品，好像自己也在發明東西，了解到產品大概的發展過程是如何來的，問題點在那裡，實作困難度又在什麼地方，最後的成品可能無法呈現，但是每個人的想法創意真的是無限。如果時光能倒轉我希望能夠走工業設計這條路，做出許多更完美更有創意的作品來滿足人類生活的樂趣與便捷。

★楊明振

對於我們這組所想到的創意，我覺得非常有趣。雖然自己參與的時間不是很多，但由別人的想法，可以喚起自己的創意，非常感謝我們這組的所有人，讓我能學習到如何對事物更有創造力，也希望我們的作品能讓大家都喜歡。

★張書龍

附錄二｜e世代的漸創意行動計畫書

一、團隊名稱和成員

1. 團隊名稱：地球防衛小組
2. 指導老師：沈翠蓮 博士
3. 隊　　員：黃嘉盛、鄒政珉、陳明輝
陳志杰、林君樺、沈佳勳

二、計畫書說明

1. 本作品榮獲教育部主辦 2004 年第一屆（2004.01.19）創意的發想與實踐全國觀摩總決賽第一名。
2. 請尊重本作品之智慧財產權。
3. 本作品由沈翠蓮博士提供該團隊成員創意轉移構想，並指導該團隊撰寫計畫書架構綱要和修改計畫書內容。

目　錄

壹・主題解釋

一、意象說明

㈠字體說明

1. e世代—— 代表22世紀，新一代年輕人的時代。
2. 漸—— 有逐漸進步之意。

㈡字體隱喻

1. 以字形的車為中心以及三點火作為燈的暗示。
2. 用以襯托本組創意思維之主題。

二、主題目的

本組之主題對象為機車駕駛員，我們創造研發了三種不同的產品，來讓交通道路上的機車駕駛員行車能夠更加便利、安全，當然道路上其他事物也是我們保護的對象，預期本產品推出之後，能夠讓大眾接受並普及化，以增加行車安全降低釀成傷害意外的發生。

貳・發想過程

一、靈光乍現的曙光

起初，參加校內的通識課程—創意思維與設計，受到老師的要求，希望在十二月之前，構思出一個 Ideal，來參加教育部的比賽。

於是各位組員一起研究討論要創意何項發明的時候，有其中一位組員提起一個Ideal，就是在當他駕駛汽車以及騎乘摩托車的時候，有時候會碰到，後方來車駕駛員忘記將遠光燈關掉，而影響到他的行車安全，本組便以此問題為開端主軸來進行發想。

二、聲光交織的方式

在大家討論的過程當中，有一個組員想到：為何我們不在機車上面加個零件，來提示後方的來車，來告知他的遠光燈影響到別的行車駕駛員了，嚴重危害到前方駕駛員以及對方來車的行車安全。

然而在過程中第一個想到的方案是：想辦法將後方來車的遠光燈折射回去，讓後方行車之駕駛員知道自己的遠光燈未關，已經影響到前方駕駛員的行車安全了，或是提示告知後方來車將遠光燈改以近光燈。但在大家商討研究下，覺得此一方案有點兒不妥，會讓對方眼睛覺得刺眼，而覺得些許的挑釁意味，因此大家便否決此方案。

後來有人提出一個想法：我們何不利用機車上原有的燈光來進行加工改造，只要將尾燈改變成可以顯示出字樣的方法，用以提示後方未關遠光燈之駕駛員，或是蓄意開遠光燈的駕駛員，讓大家道路行車上可以更加安全。再經過本小組激烈辯論過後，覺得此法可行度很高，較能讓大眾容易得以接受，又不傷和氣，此為討論過程中第一個方案的終結。

三、物換星移的創意激盪

後來本小組成員有人提出另一個想法：既然前一項是將機車上現有的燈光加以改造，那我們何不再做其他方面的改造，我們把汽車原有的功能也讓機車能擁有相同之功能，「將汽車功能機車化」，這樣可以使汽車駕駛員所擁有的安全、便利，也讓機車騎士擁有。在此想法之下，於是大家又開始朝往另一番情境腦力的激盪。

在「將汽車功能機車化」的構思之下，之後我們又想出了汽車的方向燈會在方向盤回正時，會自動熄滅；而且在汽車倒車時，會有蜂鳴器鳴叫警示以及白色燈光提示附近行人和車輛駕駛人的注意（尤其是後方車輛駕駛員），我們便決定再增加這兩項創意產品。

四、機車鎧化，整裝出征

討論至此，本組決議將以「遠光警示燈」、「倒車提示燈」，以及「方向燈回復器」作為本組創意思維與設計之主題，希望本小組的這三項創意產品增加交通道路上的安全。

參・產品的構思

一、遠光警示燈

㈠創意來源（問題）

當後方車輛的遠光燈影響到該前方車輛駕駛員，會使駕駛員視線暈眩而造成意外事故的發生，而導致前後駕駛員的傷亡、車輛的損壞，甚或是對附近行人的生命財產安全構成威脅。

㈡創意構思產品之目的

當發生上述之情事，本組的遠光警示燈可以用來提醒後方駕駛員，讓後方駕駛員知道自己車子的遠光燈忘了關，已經影響到前方車輛駕駛員，使後方駕駛員關閉遠光燈。

㈢創意構思產品之用途

當駕駛員在行車時，發生上述之情形即可使用本組的創意產品——遠光警示燈，打開此燈時，會改變尾燈的發光情形，尾燈原本是依照燈罩型式而發出亮光，開啟遠光警示燈時，尾燈會改以 HL（High Light→遠光燈英文字）的字樣發出亮光，用以提醒後方駕駛員。

㈣創意構思產品之製作想法

近年來的機車尾燈都是以LED做出來的，我們想將開關改為 3 段式的開關（OFF、ON、Warning High Light），當開關檔位在 ON 時，尾燈的 LED 會全亮，當開關檔位在 Warning High Light 時，尾燈只會顯示 HL 的字樣（製作出可以控制全亮和只亮一部分LED的晶片，在將晶片和尾燈開關線路連接，用以控制尾燈的 LED 顯示狀況）。

二、倒車提示燈

㈠創意來源（問題）

當機車駕駛員欲將車輛後退時，時常要左顧右盼顧及四周圍的情況再慢慢往後退，而其他附近的車輛（尤其是後方車輛），還得看到有機車騎士到處左顧右盼、又有欲向後退的樣子才會知道這位機車騎士要往後倒車，相當危險。

㈡創意構思產品之目的

當有機車騎士欲倒車時，本組的倒車提示燈可以用來告知附近車輛駕駛員（尤其是後方駕駛員），有機車即將倒車，要注意一下（即將倒車之機車騎士還是得看附近狀況在倒車，但是多了倒車提示燈可以使倒車變的更加安全）。

㈢創意構思產品之用途

當有機車駕駛員欲倒車時，只須注意附近車況、路況，倒車提示燈會自動亮起（此時左右後方兩個方向燈會一起自動閃爍），還有蜂鳴器鳴叫作為警示，當機車騎士停止倒車時，倒車提示燈會自動熄滅，相當方便。

㈣創意構思產品之製作想法

我們想在機車後車輪的輪殼或是車輪上加裝一個感測器（Sensor），並和方向燈線路連接在一起，此感測器能夠判別機車車輪的轉動方向，當機車車輪往後轉時，它會發出訊號使得左右方向燈同時閃爍、蜂鳴器鳴叫；當機車車輪停止後退（或是往前進），則感測器會發出訊號使得方向燈停止閃爍以及讓蜂鳴器停止鳴叫。

三、方向燈回復器

㈠創意來源（問題）

汽車的方向燈可以在方向盤回正時，自動熄滅；可是機車的方向燈卻不可以在龍頭回正時，自動熄滅，還得自己手動切斷電源，相當不方便。→為何汽車駕駛員可以享有的便利，而機車騎士卻無法擁有。

㈡創意構思產品之目的

增加機車騎士在轉彎時的便利性，不必自己切斷方向燈開關。除了增加機車騎士的便利以外，也增進了行車安全（在轉彎時，最常發生意外事故）。切斷方向燈開關的這個小動作也許沒什麼，但是也有可能因為這個小動作，而造成行車上的疏忽，釀成意外事故，或是因為機車騎士忘了關方向燈而造成他人影響視線，危害他人行車安全。

㈢創意構思產品之用途

當機車騎士欲轉彎時，只要打開欲轉彎方向之方向燈，然後轉彎後，不必切斷方向燈開關只需專心注意路況、車況騎車，方向燈將會在機車騎士確定直行時，自動熄滅。

㈣創意構思產品之製作想法

我們想在機車龍頭的地方加裝感測器（Sensor），當機車駕駛員開啟某一方向之方向燈並轉彎，轉彎後，機車駕駛員欲直行，而當龍頭回正時，感測器會發出訊號給方向燈線路使得方向燈熄滅。

肆・創意產品的研發

一、作品簡介

㈠遠光警示燈

圖 1、圖 2、圖 3 和圖 4 為尾燈改進成兼具遠光警示燈之一般正常狀態（HL 燈沒亮，只有燈泡亮），均是白天測試的結果。

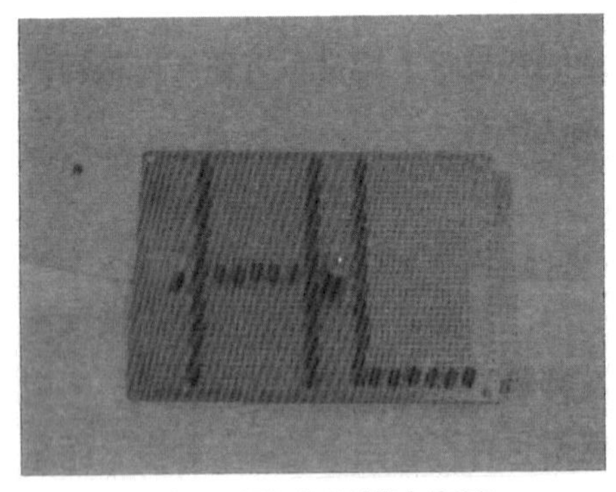

圖 1　HL 白天燈未亮圖
（此圖為遠光警示燈實驗品）

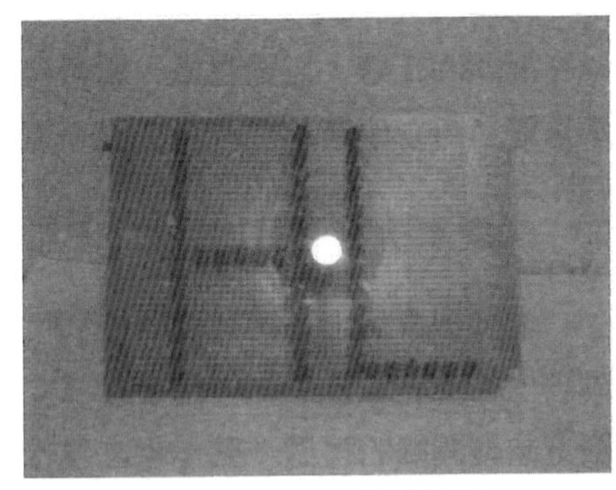

圖 2　HL 白天大燈亮圖
（此圖為白天時，一般大燈亮起時的狀態）

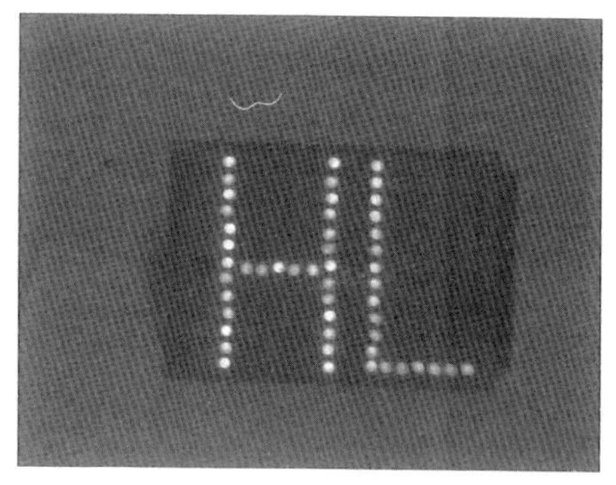

圖 3　HL 白天燈亮圖
（此圖為白天時，HL 燈亮起時的狀態）

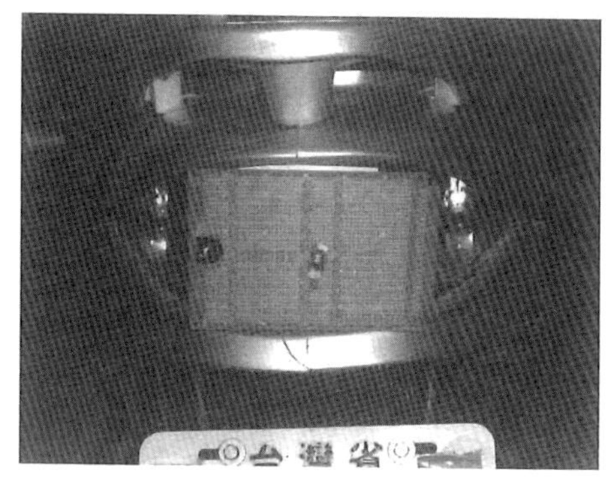

圖 4　HL 安裝在機車圖
（此圖為安裝在機車上的測試狀況）

圖 5 和圖 6 為晚上時候的情況，這兩張圖示為尾燈晚上亮的情況以及遠光警示燈之警示燈亮起狀態（其燈泡沒亮，只有 HL 燈亮），比較模擬在黑夜中兩者間的亮度是否足夠。

圖 5　夜晚大燈亮圖

圖 6　夜晚燈亮圖

㈡倒車提示燈

下面的圖 7 為倒車提示燈的簡單示意裝置。

圖 7　倒車提示燈示意裝置圖

㈢方向燈回復器

因構思製作方法失敗，故無實體相片，僅以手繪示意圖表示，如圖 8。

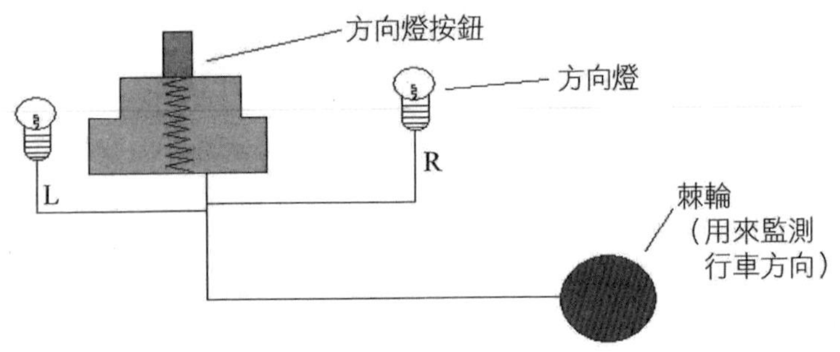

圖 8　方向燈回復器裝置圖

二、規劃步驟

1. 構思三項主題實做。
2. 大家上網去參考其他的文獻，看是否有資料對本組實作方面有良好建議或是幫助。
3. 衡量評估所構思的方式所需要材料與技術
4. 參訪他人創作與設計的巧思並對本身檢討以及改進。

5.把我們所需要的材料先列出來，然後把材料該如何去進行連接的動作指派給各組員先行去找資料，然後在大家一起討論。

6.再來就是前往電子相關材料行購買所需的材料

7.跟老闆討論我們目前遭遇的困難點，以解決我們的疑惑,方便我們的實作。

8.大家分配工作進行合作，開始進行實作。

9.討論實作部分產生的問題，並設法解決。

10.初步完成實作，並簡單進行測試。

11.解決上次問題並完成實作部分。

12.進行拍照紀錄資料並安裝於車上實際測試。

三、在研發過程中所遭遇到的困難以及解決途徑

㈠ 8051 晶片程式的撰寫以及相對與 sensor 的配合

因為本組員當中無人會晶片程式的撰寫，因此我們便想到使用最簡單的方法，將本組的構想簡易展現出來。

1.遠光警示燈

我們原本是要以全部LED的方式來呈現，但是此方法需要用到程式晶片的搭配撰寫部分，因此我們改採使用，一顆燈泡作為全亮的示意，然後用LED把我們原本想讓他部分亮的地方（HL），呈現出來。

2.倒車提示燈

我們原本是要使用Sensor來作動，但是又涉及到程式晶片，而我們又無法做到，因此想到使用一個開關：打開時代表Sensor感測到車輪往後轉，則Sensor發出訊號，使得左右方向燈自動同時閃爍、蜂鳴器也同步鳴叫；開關關閉時，代表Sensor感測到車輪停止後轉（或是往前轉），則Sensor發出訊號，使得左右方向燈自動同時停止閃爍、蜂鳴器也同時停止鳴叫。

3.方向燈回復器

我們原本是想使用Sensor來搭配作動，但是涉及到程式晶片，而我們又無法馬上做到這一部分，因此我們想到便想到利用機械的部分來簡易表達我們的構思的成果，想到的方法就像是運用自動原子筆的原理，當龍頭轉正之時，會

把開關自動彈跳回原位，但是還是沒有想到完整的做法，在此只是提出我們的想法構思。

㈡焊接

1. 因為焊接經驗非常欠缺（全組只有 1-2 人有過短暫經驗），所以向電子、電機科系的同學以及專家，討教該如何去焊接的技巧
2. 在焊 LED 時要注意正負極不可以把正負極焊在一起以免短路。
3. 要先把 LED 的每個點先固定好，再進行焊接動作會比較方便。

伍・創意產品的預期效應

一、創意產品使用對象及方法的貢獻

㈠大小通吃

本產品廣用於所有擁有機車的人，它的普遍性質極高，因為沒有年齡、老少以及男女之區分，是一種不錯的 Idea。

㈡天倫之樂

本產品對於社會人群也是有小小的貢獻，因為它不僅可以降低行車的意外事故，還可以避免悲劇的發生。

㈢行車愉快

另外一方面本產品也可以讓駕駛員較為輕鬆便利，所以本產品是社會的一大福音。

㈣家喻戶曉

本產品希望預期能夠達到家家戶戶，大街小巷每個人都知道，這樣我們的心血就沒有白費。

二、創意產品的前景和競爭利益

㈠極低風險

在市面上尚還沒有跟本產品相似的物品，競爭風險低，所以它的可行性滿高的。

備註：目前市面上發現相似產品是安裝在腳踏車後方的閃爍警示燈，用於夜晚光線不足的地方，本組造訪電子材料行詢問，確有販買此種產品（霹靂閃光輪迴燈），此產品規格極多但原理皆與上述相同。

㈡廣大市場

目前大多數人都是機車族，所以本產品未來的趨勢是滿被看好的。（上次的娜莉颱風襲捲全台造成北市公眾交通運輸工具，大眾捷運系統，嚴重癱瘓進而使得北市進入交通黑暗期，而那時台北市人民第一個想到要添購來作為代步工具的是機車，由此可見機車在台灣是擁有相當大的市場）。

㈢酷炫造型

基於現在e世代的年輕人比酷比炫，只要把本產品外表稍做改觀，必可讓e世代的我們為之瘋狂。

㈣安全至上

不僅讓年輕人接受也要讓老一輩人接受，因為他們深信「生命寶貴」，所以我們的產品可以說是大小通吃，都不放過。這樣你想它的前景利益為何呢？

㈤機車標準配備

本產品的價格並非很昂貴，人人皆有能力購買，所以我們的產品非常符合經濟效益。

㈥錢途無量

市場的廣大、競爭力低、風險小，以及成本低廉，所以該項創意的Idea是個賺錢的機會。

三、產品問卷的製作

本產品為求市場行銷知可行性分析，所以進行製作產品問卷調查，期許能從民眾反應依據下，作為市場修正上市參考之依據。

	5 非常同意	4 同意	3 沒意見	2 不同意	1 非常不同意
1. 請問您對於遠光警示燈的設計感到滿意嗎？	☐	☐	☐	☐	☐
2. 請問遠光警示燈的設計對您來說，是否增加了行車的便利性？	☐	☐	☐	☐	☐
3. 請問遠光警示燈的設計對您來說，是否增加了行車的安全性？	☐	☐	☐	☐	☐
4. 請問您會推薦給親朋好友遠光警示燈嗎？	☐	☐	☐	☐	☐
5. 請問您對於倒車提示燈的設計感到滿意嗎？	☐	☐	☐	☐	☐
6. 請問倒車提示燈的設計對您來說，是否增加了行車的便利性？	☐	☐	☐	☐	☐
7. 請問倒車提示燈的設計對您來說，是否增加了行車的安全性？	☐	☐	☐	☐	☐
8. 請問您會推薦給親朋好友倒車提示燈嗎？	☐	☐	☐	☐	☐

9.請問您對於方向回復器的設計感到滿意嗎？	□	□	□	□	□
10.請問方向回復器的設計對您來說，是否增加了行車的便利性？	□	□	□	□	□
11.請問方向回復器的設計對您來說，是否增加了行車的安全性？	□	□	□	□	□
12.請問您會推薦給親朋好友方向回復器嗎？	□	□	□	□	□
13.請問您對於本三項產品有何看法與建議？	□	□	□	□	□
14.請問如果以上三項產品皆上市發行您會全買還是只買某幾項，為什麼？	□	□	□	□	□

四、產品問卷的分析與評估

㈠遠光警示燈的設計滿意度

非常同意 10 %　　同意 35 %　　沒意見 21 %
非常不同意 16 %　　不同意 18 %

㈡遠光警示燈，是否增加了行車的便利性滿意度

非常同意 25 %　　同意 50 %　　沒意見 15 %
非常不同意 2 %　　不同意 8 %

㈢遠光警示燈，是否增加了行車的安全性滿意度

非常同意 50 %　　同意 30 %　　沒意見 10 %
非常不同意 5 %　　不同意 5 %

㈣遠光警示燈上市發售後的推薦度

非常同意 25 %　　同意 30 %　　沒意見 30 %
非常不同意 5 %　　不同意 10 %

㈤倒車提示燈的設計滿意度

非常同意 25 %　　同意 50 %　　沒意見 10 %
非常不同意 2 %　　不同意 13 %

㈥倒車提示燈，是否增加了行車的便利性滿意度

非常同意 55 %　　同意 32 %　　沒意見 2 %
非常不同意 3 %　　不同意 8 %

㈦倒車提示燈，是否增加了行車的安全性滿意度

非常同意 25 %　　同意 50 %　　沒意見 20 %
非常不同意 1 %　　不同意 4 %

㈧ 倒車提示燈上市發售後的推薦度

非常同意 45 %　　同意 30 %　　沒意見 13 %
非常不同意 2 %　　不同意 10 %

㈨方向回復器的設計滿意度

非常同意 15 %　　同意 45 %　　沒意見 18 %
非常不同意 10 %　　不同意 12 %

㈩方向回復器，是否增加了行車的便利性滿意度

非常同意 65 %　　同意 20 %　　沒意見 5 %
非常不同意 5 %　　不同意 5 %

(十一)方向回復器，是否增加了行車的安全性滿意度

非常同意 15 %　　同意 60 %　　沒意見 10 %
非常不同意 5 %　　不同意 10 %

(十二)方向回復器上市發售後的推薦度：

非常同意 45 %　　同意 30 %　　沒意見 10 %
非常不同意 5 %　　不同意 10 %

五、問卷上所得之意見

問題一

如果使用了遠光警示燈，卻發生忘記關閉的情形，勢必會影響到其他駕駛員行車安全，請問你們要如何解決？

解決方案

如果真正上市的話，是使用程式撰寫晶片，所以可以設定延遲時間來自動關閉遠光警示燈。

問題二

要在現有的機車上安裝這三項產品，成本是否昂貴、安裝是否麻煩？

解決方案

產品如果能順利推出，成本因素當然也是我們重要考慮的因素，而本組評估每一產品推出後成本可降至百來元（因為電子元件售價並不會很昂貴），唯一麻煩的地方就是要安裝這些組件的話，可能必須跑一趟機車行抑或機車材料行，畢竟本產品推出之初，不希冀大眾用各自的方法去安裝設定這些零組件，以能確保安裝的完整與安全。

問題三

後方駕駛員不了解遠光警示燈的作用時，怎麼辦？

解決方案

本小組在設計這些產品之時，便已經預想到後方車輛可能無法了解前方車輛 HL（High Light）的意思，可能必須在推出產品之前配合廣告宣傳，來盡量使每一位駕駛員都能夠獲知此一產品的資訊，也當然一定會有駕駛員不懂字母的意思，不過相信在本產品推出不久之後，每一位駕駛員都能安裝此一方便產品，更能多替對方車輛著想，當看到前方提醒您燈光已經影響到他，會主動將燈光改變回近燈模式。

問題四

這樣的產品可以達到普及化嗎？

解決方案

老實說本產品能否推出順利進而暢銷，可能必須全靠傳銷的方式，當然要是可以的話，能夠讓某一家機車廠商青睞我們的創意，將我們的創意直接安裝在他們的車輛上，讓每一位機車駕駛員在購買機車之時，機車上已經擁有這些功能在上面，相信只要能夠用此一方法，才或許能讓大眾更快速度接受本產品，進而普及道路。

陸・地球防衛日誌

一、防衛小組全體結論

1. 讓我們徹底了解團隊精神以及夥伴的重要，以及分工合作的重要性。
2. 大家在討論的時候，每個人都非常踴躍，然而我們也學習到要如何去尊重他人的 Idea，並且虛心討教自己不懂的地方。
3. 在一個團體中，我們學習到要互相體諒，包容以及最基本的做人道理。
4. 還有就是必須去接納他人的 Idea，並且討論該 Idea 的可行性。
5. 若大家有懶散的時候，就必須適時的給予壓力。
6. 若是其中有人表現不理想的時候，也要給予告訴讓他加以改進。
7. 還有在一個團隊中，守時是非常最要的，不管將來出了社會，這都是最基本該有的禮貌。

8.了解每個人的能力，讓每個人發揮自己最厲害的專長。

二、防衛小組隊員日誌

這一門課程，讓我們學習到很多創意的方法or想法，而不再被拘泥在一個小圈圈裡面。雖然自己所想出來的創意並非是最好的，但是這是一個新的開始。不過因為受到過去教育的影響，使得自己思考的模式有點受到限制。所以創意對自己來說並不是一件簡單的事情，不過上完了半個學期的課程，雖然進步的空間並不是很大，但至少已經在心中萌芽了，這對以後會有很大的進步和發展。這是我上這門課學到最有益處的部分。

~.~林君樺

參加了這次的通識課程，學到了該如何去創意 idea，也請了一些名人來校做演講，說了許許多多的創意設計的過程與經驗。創意設計的領域很廣泛，不只是發明實際的產品，也可以是無形的產物。它們都可以使我們的生活更加便利，在我們日常生活中就有我們可以創意的地方，只要你肯花費一些時間去動動腦，就能有一些不錯的 idea。所以說不論任何事情只要你願意去做的話，新的事物就即將出現，而你會是下一個愛迪生。

@.@沈佳勳

上了這門創意與設計的課程，讓我感覺到「創意」其實說簡單還不簡單，說難還真是有夠難呢？但是我發覺到良好的創意會改進我們的生活以增加便利，更進一步還可以造福社會大眾。其實這門課還算不錯的，讓大家去發揮他的創意,了解為何他人會有這樣的idea。所以我們要突破目前的困境，讓我們創意力、思考力、流暢力……等等。想辦法慢慢去提升中，不再拘泥於傳統的思考模式。讓我們一起來當個創意發明家吧！

^.^黃嘉盛

創意與人生，22 世紀是充斥創意的年代，創意造福人類也創造人類新生活，擁有創意的人才得以生活在這個新時代，在參與此課程之初，心情是格外的興奮異常，實在是之前從來沒接觸過的領域。從發想創意到實際作品呈現之過程，問題不少也學習到不少，從解決自己問題之所在。並同時也得知他人的創意。在接受他人創意之後，才深知在生活之中美各地方皆能創意而人人皆可成為創意高手，希望大家一起來努力。

+.+ 陳明輝

剛開始接觸到通識選課單的時候，看到有此門課程非常的好奇，這是一個在我們日常生活當中就能發生的。創意對我來說應該是個未知的事件，這輩子從來都沒想過去創意發明一個物件。當然我也利用了這個機會跟大家互相的研討該如何去做，但是遇到的困難滿多的。從來沒想過要「創造發明」，要把一個東西從無到有的過程，真的很難啊！不過這也是個難得的機會，這門課程讓我收穫滿多的，至少現在創意思考的模式有在進步中，總而言之值回票價。

+_+ 陳志杰

從發想到提出解決方案，花了我們滿多的時間，且在我們實作的過程也遇到一些問題困擾，但是經過大家互相的努力問題都不再是問題了，從這門課程不僅學到該如何去創意設計，同時也學習到做人最基本的道理，讓我們收穫多多呢！學期即將結束了，但是我們所學到的東西不會因此結束，反而會讓我們永遠畢生難忘，這是不常有的機會，我們大家都會好好的把握。

-.- 鄒政珉

家圖書館出版品預行編目(CIP)資料

創意原理與設計／沈翠蓮著. --二版. --臺北市：五南圖書出版股份有限公司, 2023, 03
面； 公分

ISBN 978-626-343-792-0 (平裝)

1.CST: 創意 2.CST: 教學法
3.CST: 設計 4.CST: 工藝美術

521.4 112001251

1IPY

創意原理與設計

作　　者 — 沈翠蓮（103.1）
發 行 人 — 楊榮川
總 經 理 — 楊士清
總 編 輯 — 楊秀麗
副總編輯 — 黃文瓊
責任編輯 — 黃淑真、李敏華
出 版 者 — 五南圖書出版股份有限公司
地　　址：106臺北市大安區和平東路二段339號4樓
電　　話：(02)2705-5066　　傳　　真：(02)2706-6100
網　　址：https://www.wunan.com.tw
電子郵件：wunan@wunan.com.tw
劃撥帳號：01068953
戶　　名：五南圖書出版股份有限公司

法律顧問　林勝安律師

出版日期　2005年7月初版一刷（共十五刷）
　　　　　2023年3月二版一刷

定　　價　新臺幣580元

Facebook 按讚

1 秒變文青

五南讀書趣 Wunan Books

★ 專業實用有趣

★ 搶先書籍開箱

★ 獨家優惠好康

不定期舉辦抽

贈書活動喔！！

經典永恆·名著常在

五十週年的獻禮——經典名著文庫

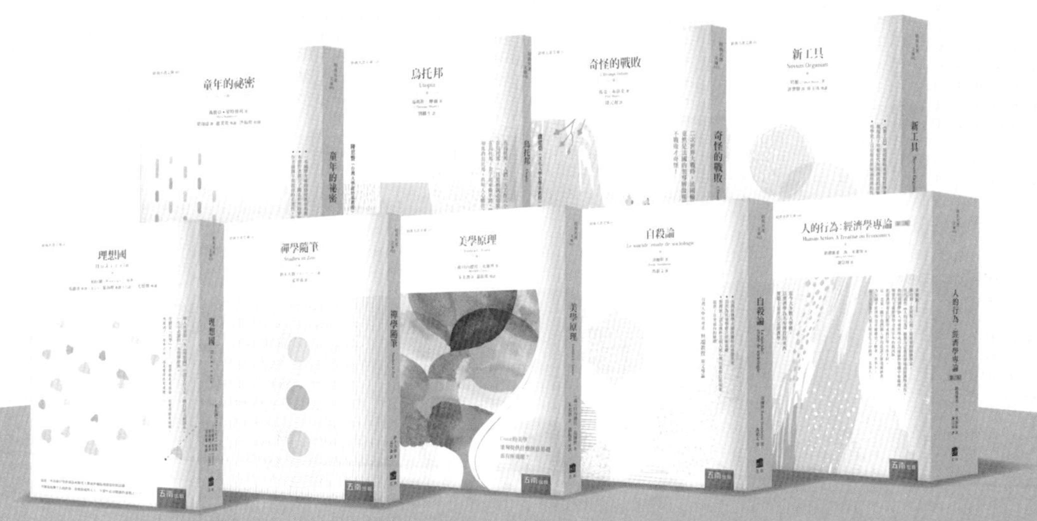

五南，五十年了，半個世紀，人生旅程的一大半，走過來了。
思索著，邁向百年的未來歷程，能為知識界、文化學術界作些什麼？
在速食文化的生態下，有什麼值得讓人雋永品味的？

歷代經典・當今名著，經過時間的洗禮，千錘百鍊，流傳至今，光芒耀人；
不僅使我們能領悟前人的智慧，同時也增深加廣我們思考的深度與視野。
我們決心投入巨資，有計畫的系統梳選，成立「經典名著文庫」，
希望收入古今中外思想性的、充滿睿智與獨見的經典、名著。
這是一項理想性的、永續性的巨大出版工程。
不在意讀者的眾寡，只考慮它的學術價值，力求完整展現先哲思想的軌跡；
為知識界開啟一片智慧之窗，營造一座百花綻放的世界文明公園，
任君遨遊、取菁吸蜜、嘉惠學子！